भारतीय समाज में नारी

भारतीय समाज में नारी

रमा शर्मा
एम. के. मिश्रा

अर्जुन पब्लिशिंग हाउस

भारतीय समाज में नारी

संस्करण, 2027

ISBN 978-81-8330-210-4

प्रकाशक :

अर्जुन पब्लिशिंग हाउस

4831/24, गोविन्द लेन,
अंसारी रोड, दरियागंज,
नई दिल्ली–110002
फोन : 23272541, 23242541
e-mail : arjunbooks2001@gmail.com

टाइपसेटिंग :

डिम्पल कम्प्यूटर्स

दिल्ली

प्रिन्टर्स :

मिलन इंटरप्राइजेस

दिल्ली

भूमिका

नर-नारी असमानता की प्रक्रिया आज के औद्योगिक युग और मुक्त समाज में भी परिवर्तित नहीं हो सकी। वैज्ञानिक आविष्कारों के उपरान्त भी आज तक समाज में वैज्ञानिक चिन्तन का उद्भव नहीं हुआ। औद्योगीकरण को प्रमुख रूप से आर्थिक प्रगति एवं उच्च जीवन स्तर की कुंजी के रूप में स्वीकार किया गया है। यदि आर्थिक प्रगति का केवल उत्पादन की दर से सम्बन्ध स्थापित किया जाए तो औद्योगीकरण की वर्तमान अवस्था को निर्विवाद रूप से स्वीकारा जा सकता है किन्तु वर्तमान औद्योगीकरण को सामाजिक सन्दर्भों में देखा जाए तो कहना होगा कि घरेलू उद्योगों की अवस्था में जिस शोषण का प्रारम्भ हुआ था वह शोषण वर्तमान उन्नत अवस्था में आज भी जीवित है। विशेषतः पूँजीवादी समाज में जहां पूँजी पर पूँजीपतियों का स्वामित्व है वहाँ श्रमिकों का आज भी शोषण हो रहा है। भारतीय समाज में औद्योगीकरण की अंतिम अवस्था का प्रारम्भ पूँजीपतियों के माध्यम से ही हुआ है।

ईश्वर यदि स्त्री-पुरुष की भूमिकाएँ इत्तफाक से बदल दे तो तय मानना चाहिए कि पुरुष दूसरे दिन ही ईश्वर के सामने गिड़गिड़ा उठेगा। कोई भी पुरुष-स्त्री के जीवन को एक दिन तो क्या एक क्षण भी नहीं जीना चाहेगा, क्योंकि स्त्री बनकर उसे झुकना पड़ेगा। सृजन की पीड़ा को सहना पड़ेगा और सबसे बड़ी बात उसे समझौते करने होंगे। सच तो यह है कि पुरुष हर तरह से स्त्री पर निर्भर होकर भी उसकी भूमिका और महत्व को स्वीकार नहीं कर पाता है। आधुनिक परिवेश में नारी को जहाँ अधिक स्वतंत्रता प्राप्त हुई है वहीं वह अनेक समस्याओं से घिर भी गई है। आज की नारी की जिम्मेदारियाँ बहुत हद तक बढ़ गई हैं? समाज में महत्त्वपूर्ण स्थान पा लेने के पश्चात् उसके उत्तरदायित्वों में वृद्धि हो गई है। वह आर्थिक समस्याओं को सुलझाने के लिए निरन्तर संघर्ष कर रही है।

नारी को अपने सम्मान की रक्षा के लिए भी संघर्ष करना पड़ रहा है। अस्मिता का प्रश्न उसके सामने खड़ा है। वह दहेज प्रथा से भी जूझ रही है। प्राचीन भारत के इतिहास पर दृष्टिपात करने से हमें ज्ञात होता है कि यहाँ महिलाओं को आदरपूर्ण स्थान दिया जाता रहा है। हमारे पूर्वजों का कथन था—

"यत्र नार्यस्तु पूज्यंते रमन्ते तत्र देवताः"

अर्थात् जहाँ स्त्रियों की पूजा होती है वहाँ देवता निवास करते हैं। इससे स्पष्ट है कि भारतीय परिवारों में नारियों की महत्वपूर्ण स्थिति थी।

यह संसार परिवर्तनशील है। यहाँ प्रत्येक क्षण स्थिति बदलती रहती है। नारी वर्ग की स्थिति में बदलाव आया है। मुगलकाल में नारी की दशा गिरावट की ओर चली गई। स्वतंत्रता प्राप्ति से पूर्व तक नारी जाति को शोषण का शिकार बनाया जाता रहा है। कुछ समाज सुधारकों ने इनकी इस दशा के विरुद्ध आवाज उठाई।

आधुनिक युग नवजागरण का युग है। विश्व भर में नारी स्वातंत्र्य का युग चल रहा है, इसका प्रभाव भारत की नारियों पर भी पड़ा है। विगत दो दशकों में नारी जागरण में प्रगति दृष्टिगोचर हो रही है। इसका अन्य कारण नारी शिक्षा में विकास भी है। आज की नारी आधुनिकता के परिवेश मे जी रही है। वह अनेक समस्याओं के साथ संघर्ष कर रही हैं। सामाजिक समस्याओं के अतिरिक्त उसे आर्थिक समस्याओं से भी जूझना पड़ रहा है। इसलिए उसे नौकरी करनी पड़ रही है। वह इस प्रकार परिवार को आर्थिक संकट से उबारने का प्रयत्न कर रही है। नारी के नौकरी करने से जहाँ परिवार का जीवन सुखद एवं सम्पन्न बनता जा रहा है वहाँ अनेक समस्याएँ भी जन्म ले रही हैं। इससे उसके परिवार को वे सहूलियतें नहीं मिल पा रही हैं जिनकी उससे अपेक्षा की जाती है। उसके बच्चे सहज स्नेह से वंचित रह जाते हैं। परिवार के वातावरण में एक अनकहा तनाव व्याप्त हो जाता है। कई बार उसे गुण्डागर्दी, बलात्कार एवं छेड़छाड़ का शिकार भी बनना पड़ता है। नारी को नौकरी करते हुए सादा जीवन उच्च विचार पर अमल करना लाभप्रद होगा। फैशनप्रियता के चक्कर में पड़कर वह अपना सम्मान गिराएगी तथा अपव्यय का शिकार भी बनेगी। नारी वर्ग को अपने अधिकारों के प्रति सचेष्ट होना चाहिए, पर अपने कर्त्तव्यों के प्रति भी सजग रहना चाहिए।

रमा शर्मा
एम.के. मिश्रा

अनुक्रमणिका

*****

1

भारतीय नारी का परिदृश्य

दुनिया के निर्माण के पश्चात् ईश्वर ने विचार किया होगा कि इस दुनिया को और अधिक सुन्दर बनाना होगा, और उन्होंने मानव की रचना की। मानव को दो रूप दिए,— एक पुरुष व दूसरा नारी। ये दोनों ही एक-दूसरे के पूरक हैं किन्तु नारी के बिना दुनिया का कोई अस्तित्व ही नहीं है। ईश्वर ने नारी की शारीरिक रचना ही इस प्रकार की है कि संसार के भविष्य की वह स्वयं निर्मात्री हो गई है। कई युगपुरुष हुए हैं जो नारी के किसी न किसी रूप चाहे वह माँ, बहन, पत्नी, भाभी अथवा दाई रही हो, से प्रभावित होकर महान् बने। अत: कहा जा सकता है कि युग चाहे जो भी रहा हो, संसार की तरक्की नारी के विकास पर ही आधारित है।

मनु महाराज ने मनुस्मृति में नारी का विवेचन करते हुए स्पष्ट लिखा है कि "यत्र नार्यस्तु पूज्यंते, रमंते तत्र देवता:।" अर्थात् जहाँ नारियों की पूजा होती है, वहाँ देवता निवास करते हैं। निश्चित ही प्राचीनकाल में नारियों का व्यक्तित्व सुरक्षित था, वे अपना जीवनसाथी स्वयं चुनती थीं। सीता हो, कुन्ती हो अथवा कोई अन्य सुकन्या, सभी को स्वयंवर का अधिकार रहा है। प्राचीनकाल में नारियों की स्थिति इतनी अच्छी होने के बावजूद अचानक भारत की परतंत्रता के साथ-साथ नारियों की परतंत्रता का भी श्रीगणेश हुआ। नारी शनै:-शनै: समय और विचारधाराओं में परिवर्तन से, ज्ञात और अज्ञात कारणों से घर की ऊँची-ऊँची चारदीवारी में बन्द होकर अविधान एवं अज्ञान के अन्धकार में डुबकियाँ लगाने लगी, उसका पग-पग पर अपमान होता रहा तथा लगातार ठुकराए जाने के बावजूद भी वह जीवन की अन्तिम श्वास तक सामाजिक यातनाओं को चुपचाप सहन करती रही। बाल विवाह, पर्दा प्रथा, विधवाओं की दीन-हीन दशा, सती-प्रथा, कन्या पक्ष का नीचा समझा जाना, नारी की उच्च शिक्षा का बहिष्कार, उत्तराधिकार से वंचित होना और आर्थिक परतंत्रता जैसी सामाजिक कुरीतियों ने पराधीन भारत को इतना निम्न बना दिया कि वह नारी की पीड़ा को समझ न सका और आज स्वतंत्रता के साठ वर्षों बाद भी बार-बार सचेत किए जाने पर भी भारत में पूर्णरूपेण नारी जागृति नहीं हो पाई है।

21वीं सदी में कदम रखने वाले भारतीय समाज में नारी को आज भी वह दर्जा प्राप्त नहीं हुआ है जो उसको बहुत पहले मिल जाना चाहिए था। वधू दहन आज भी निर्भयतापूर्वक होता है, तलाक नारी के लिए कलंक है व पुरुष के लिए आजादी है, जहाँ बालिका भ्रूण हत्या एक लैटेस्ट फैशन है, एक ऐसे अमानवीय पतनशील समाज में स्त्री फिर भी जीवित है, यह क्या किसी आश्चर्य से कम है? नारी ने पूरी शिद्दत के साथ विपरीत और विषमतर परिस्थितियों में भी अपनी पहचान और महत्ता को सिद्ध किया है। नारी शक्ति, शौर्य और सामर्थ्य का दूसरा नाम है।

प्रारम्भ में नारी व पुरुष के कार्यों में कोई भेद नहीं था। ज्यों-ज्यों मानव विकास की ओर बढ़ता चला गया, उसके कार्यों में विभाजन भी होता गया। इन कार्यों में विशेषीकरण आया तथा स्त्री-पुरुष में श्रम विभाजन हुआ, संसार का प्रत्येक समाज मातृसत्तात्मक परिवार होने से सम्पत्ति पर, परिवार के नाम पर, वंश, गोत्र इत्यादि पर नारी का अधिकार होता था जिससे उसकी स्थिति उच्च हुआ करती थी। धीरे-धीरे इस व्यवस्था में परिवर्तन हुआ, परिवार पितृसत्तात्मक हुए, उससे हर मामले में पुरुष ने अपना आधिपत्य स्थापित कर लिया और वह नारी को तुच्छ समझने लगा। उत्पादकता का आश्रय लेकर पुरुष ने नारी को घर की वस्तु बना दिया और स्वयं उसका मालिक बन बैठा।

हिन्दू दर्शन के अनुसार चार युग हुए—सतयुग, त्रेतायुग, द्वापर युग और कलियुग। वैदिकयुगीन सभ्यता में भारतवर्ष में आर्यों का राज्य था। आर्यों ने ही वेदों की रचना की, उनका जीवन सुखमय था, विवाह संस्कार माना जाता था। नारियों को समाज में आदर-सम्मान की दृष्टि से देखा जाता था।

वैदिकोत्तर कालीन समय में विवाह प्रतियोगिता के आधार पर होता था। आर्य समाज में समय बीतने के साथ-साथ नारियों की स्थिति में अपेक्षाकृत अन्तर आया। निम्न तथा उच्च जाति की नारियों में भेदभाव शुरू हुआ और ज्यों-ज्यों समय बीतता गया, नारी की स्थिति भी नीचे खिसकती गई। हिन्दुस्तान में नारियों के चरित्र के साथ अनेक सवाल जोड़कर उसे लाजवन्ती या छुई-मुई बना दिया गया।

रामायणकालीन समय में नारी को नैतिकता का आदर्श मान लिया गया था। वह पुरुष की दासी के समान हो गई। नारी का कर्त्तव्य पति सेवा तथा अन्ध-आज्ञा का पालन हो गया। द्वापर वह युग था जब नारी को बराबर का दर्जा हासिल था। उसे योनि शुचिता के आवरण से मुक्ति दिलाने के लिए श्रीकृष्ण ने पहला कदम उठाया था। यही नहीं, उन्होंने नारियों के साथ राधा, गोपियों आदि के साथ मित्रवत् सम्बन्ध स्थापित किया। नारी यदि कहीं नर के साथ बराबर हुई है तो वह केवल ब्रज में, और कहीं नहीं।

बौद्ध काल में नारियों की दशा अत्यन्त शोचनीय थी। जिस प्रकार नदी, पथ, मदिरालय आदि सबके उपभोग की वस्तुएँ थीं उसी प्रकार नारियों को भी सबके उपभोग की वस्तुएँ माना गया।

मौर्यकाल में चाणक्य जैसे महान् अर्थशास्त्री ने नारियों की दशा सुधारने का प्रयत्न किया। दास-दासी प्रथा भी उन्हीं के प्रयासों से समाप्त हुई।

सम्राट अशोक के समय प्रारम्भ में नारियों पर काफी अत्याचार हुए किन्तु बाद में कुछ सुधार भी आए। मुगलकाल में नारियाँ पूर्ण रूप से पर्दे की कैद में चली गई।

ब्रिटिश काल में पश्चिमीकरण का विशेष प्रभाव नारियों पर नहीं हो सका। बाल-विवाह, सती-प्रथा, कन्या वध आदि आन्दोलन केवल ऊपरी सतह तक ही नारियों की दयनीय स्थिति पर प्रहार कर पाए। इस अंतराल में यदि कुछ नारियों ने घर से बाहर कदम बढ़ाने की कोशिशें भी की तो उन्हें समाज की विरोधी नजरों को सहना पड़ा।

स्वतंत्रता संघर्ष के समय जरूर कुछ नारियों ने अपनी दृढ़ हिम्मत के बलबूते आगे आने का प्रयास किया जिसमें महारानी लक्ष्मीबाई का नाम सर्वोपरि है, जिन्होंने नारी जाति के मानस पटल पर स्वर्णिम तिलक अंग्रेजों से युद्ध करके अंकित किया।

राजा राममोहनराय तथा महात्मा गाँधी जैसे हमारे भारत के युगपुरुषों ने भी क्रमश: नारियों के लिए बनाई गई कुछ कुरीतियाँ जैसे सती प्रथा, बाल-विवाह, विधवाओं के साथ दुर्व्यवहार जैसी सामाजिक बुराइयों का नाश करने का भरसक प्रयास किया तथा स्वतंत्रता आन्दोलन में कमला नेहरू, सरोजिनी नायडू आदि को आगे लाने का प्रयत्न किया।

भारतीय परम्पराओं के अनुरूप वैदिक काल से ही उर्मिला, गार्गी, मैत्रेयी, लीलावती, अनुसूइया सदृश नारियों का अस्तित्व इस बात का प्रत्यक्ष प्रमाण है कि साहित्य और विशेष रूप से कविता में नारी का गुणगान होता रहा है किन्तु उसके साथ व्यवहार में कुछ और ही होता रहा है। उसे तो सिर्फ भोग की वस्तु एवं नौकरानी माना जाता रहा है। जब छोटी हो तो पिता की, विवाह के बाद पति की और बूढ़ी होने पर पुत्रों की आज्ञा का पालन करना ही उसका कर्त्तव्य माना गया है। वह पुत्र प्राप्ति का मशीन रूपी साधन मानी जाती रही है।

जब नारी को एक मनुष्य के रूप में देखने-पहचानने की शुरुआत हुई तब भी लगा कि नारी जैसे पहले गुलाम थी, उसी प्रकार तमाम आबोहवाओं-तमाम संस्कृतियों, सामाजिक व्यवस्थाओं, युद्ध या शान्ति में, हर जगह गुलामी की जंजीर में जकड़ी आक्रमित शोषित-पीड़ित ही एक वस्तु है।

भारतीय नारी का विकास काफी धीमा है। आधुनिक भारत में नारियों की शिक्षा का पर्याप्त विकास हो गया है किन्तु इस पुरुष प्रधान समाज में आज भी नारी को बराबरी का दर्जा देने में सुगबुगाहट है। यही नहीं, समाज की रूढ़िवादी परम्परावादी एवं कम पढ़ी-लिखी नारियों के विचारों में कुछ विशेष परिवर्तन आज भी नजर नहीं आता है। नारियों के केवल एक तबके में आया परिवर्तन पूर्ण समाज की नारियों का परिवर्तन कहना महज अतिशयोक्ति ही है।

वैवाहिक जीवन में आज भी पुरुष ही अपने फैसले करते हैं और नारी उस पर अमल करती है। यह सब अब धीरे-धीरे समाप्त हो जाना चाहिए। आज भी नारियों का जीवन यह प्रकट करता है कि अधिकांशत: वैधानिक अधिकार संविधान के पन्नों में धरे के धरे रह गए हैं। आज भी कानून में कुछ ऐसे उदाहरण हैं जो स्त्री को उन मौलिक अधिकारों से वंचित रखते हैं जहाँ पर उनका अधिकार होना चाहिए था।

नारियों की अभी भी बहुत बड़ी संख्या ऐसी है जो मुश्किल से पेट पालने की स्थिति में है, गरीब है, निरुपाय-सी है, रीति-रिवाजों के जालों में उलझी हुई है। इन स्त्रियों का जीवन सुलभ और गौरवपूर्ण बन सके इसके लिए प्रयत्न करना उच्च एवं मध्यम वर्ग की प्रत्येक नारी की जिम्मेदारी है। कई अध्ययनों ने यह प्रमाणित किया है कि गरीब तबके में पुरुषों की अपेक्षा रोजी कमाने वाली नारियों की संख्या ही बढ़ी है।

देश में नारियों की 26 करोड़ की आबादी में से 21 करोड़ स्त्रियाँ तो गाँवों में बसती हैं और कुछ गरीबी रेखा के नीचे ही जी रही हैं। लगभग तमाम गरीब नारियाँ आर्थिक गतिविधियाँ चलाकर कुछ न कुछ तो फिर भी कमा लेती हैं।

प्रारम्भ में जब मानव का उद्भव हुआ था, स्त्री-पुरुष के कार्यों में कोई भेद नहीं था। ज्यों-ज्यों मानव विकास की ओर बढ़ता चला गया तो उसके कार्यों में विभाजन भी होता चला गया, इन कार्यों में विशेषीकरण आया तथा स्त्री-पुरुष में श्रम-विभाजन हुआ। संसार का प्रत्येक समाज मातृसत्तात्मक समाज में परिवर्तित हुआ। प्रारम्भ में मातृसत्तात्मक परिवार होने के कारण सम्पत्ति पर, परिवार के नाम पर, वंश, गोत्र इत्यादि पर स्त्री का अधिकार होता था जिससे उसकी स्थिति उच्च हुआ करती थी। लेकिन धीरे-धीरे इस व्यवस्था में परिवर्तन हुआ और इसने पितृसत्तात्मक रूप ग्रहण किया। प्रत्येक मामले में पुरुष ने अपना आधिपत्य जमाना प्रारम्भ कर दिया और वह स्त्री को तुच्छ समझने लगा। उत्पादकता का सम्पूर्ण आश्रय लेकर पुरुष ने स्त्री को घर की वस्तु बना दिया और स्वयं उसका मालिक बन बैठा।

हिन्दू दर्शन के अनुसार चार युगों का वर्णन किया गया है—

1. सतयुग
2. त्रेता युग
3. द्वापर युग
4. कलियुग

वैदिक युग की सभ्यता इनके पूर्व हो चुकी थी क्योंकि इन सभी में वेदों की शिक्षा दी जाती थी। वैदिक युगीन-सभ्यता में भारत में आर्यों का राज्य था। आर्यों ने ही वेदों की रचना की। उनका जीवन सुखमय था। विवाह को संस्कार माना जाता था। स्त्रियों का समाज में आदर किया जाता था।

वैदिकोत्तर कालीन समय में शादियाँ प्रतियोगिता के आधार पर होती थीं। आर्य समाज में समय बीतने के साथ स्त्रियों की स्थिति में अपेक्षाकृत अंतर आया। निम्न व उच्च जाति की स्त्रियों में भेदभाव शुरू हुआ और ज्यों-ज्यों समय बीतता गया स्त्री की स्थिति भी नीचे सिसकती रही। हिन्दुस्तान नें स्त्रियों के चरित्र के साथ सवाल जोड़कर उसे लाजवन्ती या छुई-मुई बना दिया गया।

रामायण कालीन समय में स्त्री को नैतिकता का आदर्श मान लिया गया। वह पुरुषों की दासी के समान हो गई। स्त्री का कर्त्तव्य पति सेवा तथा अंध आज्ञा का पालन हो गया। द्वापर वह युग था जब नारी को बराबरी का दर्जा प्राप्त था। उसे योनि-शुचिता के आवरण से मुक्ति दिलाने के लिए कृष्ण ने पहला कदम उठाया। कृष्ण ने उन सोलह हजार नारियों से विवाह किया जो राक्षस की कैद में थीं। यह कृष्ण की उदारता एवं योनि आधार के विरुद्ध क्रान्ति थी। यही नहीं उन्होंने औरत के साथ मित्र का-सा सम्बन्ध स्थापित किया और जैसा कि इस सम्बन्ध में कहा गया है कि सारे संसार के इतिहास, साहित्य, वाङ्मय, किंवदंती में कृष्ण-द्रौपदी जैसा सखा-सखी सम्बन्ध नहीं मिलेगा। इसमें सभी तरह के सम्बन्धों का समावेश है, वह दुनिया को एक बनाने वाला सम्बन्ध है। नारी यदि कहीं नर के बराबर हुई है तो वह केवल बृज में, और कहीं नहीं। इस युग में द्रौपदी ही एक ऐसी औरत थी जिसने अपनी स्थिति को समझा, उसके खिलाफ आवाज उठाई। सच्चे मायने में द्रौपदी को ही हिन्दुस्तान की आदर्श नारी का प्रतीक होना चाहिए।

बौद्ध काल में स्त्रियों की दशा अत्यन्त हीन व शोचनीय थी। जैसे नदी, पथ, शराबखाने आदि सबसे उपभोग की वस्तुएँ हैं वैसे ही स्त्रियाँ भी सबके उपभोग की वस्तुएँ हैं ऐसा जातक कथाओं के अध्ययन से ज्ञात होता है। तब दासी प्रथा भी जोरों पर थी। स्त्रियों को सामान्य रूप से रहने का अधिकार समाप्त प्राय था, उनकी विशेष जगह एवं उपयोग निश्चित कर दिए गए थे। यह पुरुष की हृदयहीनता एवं संकीर्ण मानसिकता का परिचायक है।

चाणक्य महान् अर्थशास्त्री माने जाते हैं। मौर्यकाल में उन्होंने स्त्री की दशा सुधारने तथा दास प्रथा समाप्त करने का प्रयास किया।

सम्राट अशोक के समय प्रारम्भ में स्त्रियों पर काफी अत्याचार हुए किन्तु बाद में सुधार भी आए। सिकन्दर महान् को भी पंजाब में एक ऐसे राज्य का सामना करना पड़ा जहाँ एक स्त्री राज्य करती थी। मुगलकालीन औरतें पर्दे की कैद में चली गईं और शिक्षा, राजनीति, धर्म, सामाजिक व आर्थिक क्षेत्रों से ऐसे अलग कर दी गईं जैसे दूध में से मक्खी।

ब्रिटिश काल में औरतों के मामले में पश्चिमीकरण विशेष प्रभावी न हो सका। बाल विवाह, सती प्रथा, कन्या वध आदि आन्दोलन औरत की दयनीय स्थिति की ऊपरी सतह पर आघात पहुँचा सके। ब्रिटिश काल में आधुनिक शिक्षा का प्रचार हुआ। कुछ

स्त्रियों ने घर के बाहर कदम रखे किन्तु उन्हें समाजविरोधी नजरों को सहन करना पड़ा था।

राजा राममोहन राय ने सती प्रथा, बाल विवाह के विरुद्ध अत्यधिक प्रयास किया। महात्मा गाँधी ने भी स्वतन्त्रता आन्दोलन के नेतृत्व में औरत का सवाल उठाया था।

भारतीय परम्पराओं के अनुरूप वैदिक युग में आज तक हमारे साहित्य और विशेष रूप से कविता में स्त्री का गुणगान होता रहा है किन्तु उसके साथ व्यवहार में कुछ और ही होता रहा है। उसे तो सिर्फ भोग की वस्तु एवं नौकरानी माना जाता रहा है।

इतिहास, पुराणों में विवाह संस्था के चौखटे में स्त्री को मजबूती से बिठा लिया गया है। स्त्री-पुरुष का सम्बन्ध शाश्वत माना जाने लगा। मिल्कियत के अधिकार तथा विरासती अधिकार को मरणोत्तर किया कि धार्मिक विधि के साथ जोड़ दिया जिससे पुरुष बालक की महिमा बढ़ी। नारी को तो सिर्फ संतान प्राप्ति के साथ जोड़ा जाता। जब छोटी हो तब पिता की, विवाह के बाद पति की, बूढ़ी होने पर पुत्रों की आज्ञा का पालन करे। स्त्री को बेटा पैदा करने का एक साधन मात्र बना दिया गया। इसी सन्दर्भ में यह कथन महत्वपूर्ण है कि पुत्र ही पिता को नरक की खाई से बचा सकता है। इस आशय की दृढ़ धार्मिक मान्यता के चलते आर्थिक तथा आध्यात्मिक दृष्टि से पुत्र की महत्ता बढ़ गई। इसीलिए तो स्त्रियाँ पुत्र प्राप्ति के लिए, पुत्र की रक्षा के लिए मनौतियाँ मानतीं, व्रत-उपवास रखतीं, जितने पत्थर उतने देवता पूजती हैं। आज भी पुत्र जन्म पर खुशियाँ मनाई जाती हैं।

जाति में ही शादी करने का रिवाज, शादी की पवित्रता एवं पतिव्रता तथा दत्तक प्रथा के रिवाजों से स्त्रियों की परतंत्रता के दस्तखत होते चले गए। सावधानी के तौर पर स्त्रियों की रक्षा पिता, पति, पुत्र, भाई आदि के द्वारा करना तय हुआ जिससे स्त्री का जीवन पुरुष के आधिपत्य में चला गया। परिणामस्वरूप स्त्रियों को गुलामी तथा समाज में पुरुषों का आधिपत्य दोनों ही समाज व्यवस्था के अनिवार्य अंग बन गये। स्त्री आज भी धर्म की रूढ़ियों और पतनशील सामाजिक परम्पराओं और पुरुष के पाखण्ड की ताकत पर षड्यंत्र का शिकार है।

जब स्त्री को एक मनुष्य के रूप में देखने-पहचानने की शुरुआत हुई तब आँख खुली कि स्त्री तो गुलाम की गुलाम रही है तमाम आबहवाओं में, तमाम संस्कृतियों समाज व्यवस्थाओं में, युद्ध में या शान्ति में, हर जगह स्त्री आक्रमित-शोषित-पीड़ित ही मालूम हुई। एक दशक पूर्व सबसे प्रमुख समस्या थी स्त्री को मनुष्य व्यक्ति के रूप में स्वीकार करने की। भारत के संविधान में निश्चित ही यह स्वीकार्य दर्जा है, लेकिन व्यवहार में क्या है? घर में, परिवार में, आस-पड़ौस में, गाँव, नगर में, खेत में, बाजार में, बैंकों में, साहित्य पत्रिका में क्या स्थिति थी, जहाँ-जहाँ खोजा वहाँ-वहाँ से अस्वीकार की ही बू उठी। दूसरी समस्या थी अदृश्यता की, स्त्री को नजरअन्दाज करने की। स्त्री के घर

के काम को श्रम माना जाये या नहीं? उसकी कोई कीमत है भी या नहीं? अगर पत्नीत्व या मातृत्व सामाजिक तथा सांस्कृतिक जिम्मेदारी है तो समाज तथा सरकार स्त्री को इस जिम्मेदारी को निभाने में सुरक्षा तथा सहूलियत सुलभ नहीं करा सकता? यदि स्त्री खेतों में, जंगलों में, खदानों में, चुनाई के कामों में, घरों में गारे मिट्टी में मजदूरी कर रही है तो अधिक से अधिक उसे रोजी ही चुकाई जाएगी। इससे अधिक उसका कोई अधिकार नहीं है? अकाल, बाढ़, भूकम्प, आग, तूफान, दंगा, लड़ाइ, युद्ध, गरीबी, बेकारी, कुपोषण, बीमारी इन सबमें अंततः स्त्री को ही सब कुछ झेलना पड़ता है। स्त्री की सजगता, सहृदयता तथा जागृति और उसमें से पैदा होने वाली शक्ति सत्ता अपने महाप्रवाह में किसी को बाहर नहीं रखती, समेट लेती है, समा लेती है, उसी का नाम है स्त्री।

स्त्री से प्रजीवन शक्ति, संतुलन शक्ति है। वह केवल आबादी बढ़ाने वाला उपकरण मात्र नहीं है। स्त्री तो स्वयं प्रकृति है लेकिन यह दुख की बात है कि प्रकृति के विनाश का पहला शिकार स्त्री ही होती है। स्त्री-पुरुष एक-दूसरे के सृजन के साथी हैं, इनमें से एक के भी बिना सृजन असंभव है, जैसे सृष्टि सूरज से ही संभव है उसी तरह जीवन भी स्त्री के होने से ही संभव है, वह जीवन की ऊष्मा का ही दूसरा रूप है। समाज ने स्त्री के लिए जितनी भी जीवनद्रोही स्थितियाँ निर्मित की हों पर कुदरत ने उसे अपनी सृजन क्षमता, अपना होने का वरदान भेजा है। स्त्री को अपनी क्षमता एवं इस वरदान को पहचानना होगा।

महात्मा गाँधी के अनुसार—''हमारे समाज में कोई सबसे अधिक हताश हुआ है तो वे स्त्रियाँ ही हैं और इस वजह से हमारा अधःपतन भी हुआ है। स्त्री-पुरुष के बीच जो फर्क प्रकृति के पहले है और जिसे खुली आँखों से देखा जा सकता है, उसके अलावा मैं किसी किस्म के फर्क को नहीं मानता।'' गाँधीजी ने स्त्रियों को देश की लड़ाई के साथ जोड़कर साथ ही आश्रम में उनको समान हक व स्वतंत्रता प्रदान कर समाज में स्त्रियों का दर्जा कैसा होना चाहिए, इसकी अच्छी मिसाल कायम की है। दरअसल हमें समाज में ऐसा वातावरण निर्मित करना चाहिए कि जिस प्रकार स्त्री घर के कामकाज को आत्म-विश्वास तथा उत्साहपूर्वक करती है उसी तरह समाज के कामकाज में भी साझेदारी करने लगे और स्त्री-पुरुष दोनों स्वाभाविक सह जीवन का आनन्द उठा सकें। मनुष्य के रूप में यदि स्त्री का मूल्य प्रतिष्ठित नहीं होता तो स्त्री की प्रकृति संभव नहीं है।

''स्त्रियों के मूल्य को लेकर जबरदस्त अज्ञान व्याप्त है। केवल पुरुष वर्ग में ही नहीं अपितु स्त्रियों में भी। स्त्रियों के क्या-क्या कर्त्तव्य हैं, उनका क्या योगदान है? समानताएँ व विभिन्नताएँ क्या हैं? इन सबका हिसाब लगाया जाना चाहिए? देश में कौमें, धर्म, जातियाँ हैं, उनके रीति-रिवाज हैं, किन्तु किसी भी समाज में स्त्री अनुकूल जीवन जी रही है ऐसा देखने में नहीं आया। सब कहीं जैसे स्त्री हताश हो, ऐसा ही लगता है।

स्त्रियों की परिस्थिति के सम्बन्ध में मैं अवश्य कुछ कहना चाहूँगा कि स्त्रियों को जिस दृष्टि से समाज द्वारा देखा जाता है और लिंग में अन्तर करके उन्हें पुरुषों के समकक्ष न समझना इस विकसित समाज की एक बड़ी विडम्बना है। देखने व सुनने में स्त्रियों की स्थिति स्पष्टतः पुरुष वर्ग के पीछे है। यह सत्य है कि वर्तमान में स्त्रियों ने पढ़- लिखकर कुछ विशेष स्थानों तथा पदों पर पुरुषों की बराबरी कर ली है किन्तु इनका प्रतिशत बहुत कम है। स्त्री को किसी खास पेशे में नहीं बाँधना चाहिए, उन्हें हर पेशे व व्यवसाय की विभिन्न भूमिकाओं में देखना चाहिए। किसी भी काम का अधिकार लिंग नहीं होना चाहिए। स्त्री-पुरुष दोनों को विमान-चालक, इंजीनियर, अंतरिक्ष यात्री, मिस्त्री, कारीगर आदि भूमिकाएँ भी देनी चाहिए। ठीक इसी तरह से पुरुषों को नर्स, सेक्रेटरी, बच्चों को सँभालने वाला कार्य करना चाहिए।

स्त्री का वर्णन पुरुष के साथ और साझीदार के रूप में हो, मिल्कियत के रूप में नहीं। पुरुष की तुलना में स्त्री का दर्जा नीचा तो दुनिया भर में है। समानता तो किसी भी देश में नहीं है, फिर भारत में ही स्त्रियों के लिए इतने सारे बंधन क्यों? पतिपरायणता, त्याग, धर्मपालन का इतना सारा बोझ स्त्रियों पर ही क्यों है? ऐसा कैसा है हमारा समाज कि आज भी पाँच साल की बेटी को ब्याह दिया जाता है, नौ साल की विधवा को उम्र भर वैधव्य का जीवन जीना पड़ता है। कोख से बेटा पैदा न होने पर ससुराल वाले घर से निकाल देते हैं। कुँआरी माँ को आत्महत्या करनी पड़ती है। विश्वविद्यालय में गोल्ड मैडल प्राप्त करने वाली छात्रा शादी के बाद ससुराल वालों की इजाजत के बिना नौकरी नहीं कर सकती है। जैसा कि भारत में एक सर्वेक्षण में पाया गया कि हर 52वें मिनट में एक महिला के साथ बलात्कार, प्रति 26वें मिनट में किसी एक स्त्री पर शारीरिक हमला, प्रति 43वें मिनट में किसी महिला का अपहरण, प्रति 102वें मिनट में दहेज के कारण हत्या होती है। हमारे देश में दहेज के कारण 1000 स्त्रियाँ हर साल मारी जाती हैं। भारत में स्त्रियों की साक्षरता की स्थिति भी अच्छी नहीं है। यहाँ प्रत्येक 100 पुरुषों के पीछे 44 स्त्रियाँ ही साक्षर हैं। राजनीतिक एवं प्रशासनिक स्तर पर भी यहाँ महिलाओं का प्रतिनिधित्व बहुत ही न्यून है। दुनिया में सांसदों तथा प्रबन्धकीय पदों पर क्रमशः 11 एवं 12 प्रतिशत तथा भारत में यह प्रतिनिधित्व क्रमशः 7 एवं 2 प्रतिशत बताया गया है।

स्त्री अपनी परिस्थितियों के कारण मानती है कि वह पुरुष के उपभोग व तारीफ की वस्तु है। कोई आश्चर्य की बात नहीं कि विज्ञापनों और सिनेमा में स्त्री का निर्दयता से शोषण किया जाता है। लोक संचार माध्यमों में, मुख्यतः अखबार में, स्त्री का जो स्वरूप उभरकर सामने आता है वह गृहिणी एवं पत्नी के रूप तक ही सीमित है। इसके अलावा आम पाठक वर्ग का ध्यान देश की स्त्रियों की गंभीर समस्याओं जैसे असमानता, बेकारी निरक्षता आदि की ओर आकर्षित करने या उनका हल खोजने में नजर नहीं आता। यहाँ पर यह भी उल्लेखनीय है कि पत्र-पत्रिकाओं के विषयानुसार विश्लेषण में ऐसा एक निष्कर्ष

निकलता है कि 1950-60 के दौरान विधवा विवाह विरासती हिन्दू कोड बिल जैसी समस्याओं पर काफी चर्चाएँ एवं विचार-विमर्श देखने को मिले किन्तु 1960 के पश्चात् तो इनका कहीं अता-पता नहीं था। स्वतंत्रता आन्दोलन के दौरान स्त्रियों में जागृति लाकर उन्हें स्वराज्य की लड़ाई में सक्रिय बनाने के ध्येय को भारत के पत्रकारों ने स्वीकारा था किन्तु स्वतंत्रता प्राप्ति के पश्चात् यह उत्साह शनै:-शनै: ठंडा होता गया और उसकी जगह ले ली व्यावसायिक पत्रकारिता ने। पत्र-पत्रिकाओं में जीवन के प्रति नजरिया गुणात्मक हो सके ऐसी सामग्री क्यों नहीं दी जाती? मनुष्य के रूप में अपनी शक्ति को विकसित करने में ये स्त्री की किसी प्रकार सहायता नहीं करते। लोक संचार माध्यमों में फिल्म भी एक प्रमुख माध्यम है। फिरोज रंगूनवाला के अध्ययन के निष्कर्ष के अनुसार हिन्दी-फिल्मों में स्त्री का निरूपण रूढ़िगत ढंग से ही किया गया है। उसे थोड़ा-भी स्वतन्त्र, प्रगतिशील, अपने अधिकारों के प्रति सजग शायद ही कहीं चित्रित किया गया हो। समाज भी स्त्री को गृहिणी तथा पुरुषनिष्ठ पात्र के अलावा किसी दूसरे रूप में सह नहीं पाता।

अन्तत: उसे समाज के नियमों के अनुसार "Second Citizen" में ही बिठाया गया है। भारतीय फिल्मों ने भारत में स्त्रियों के दर्जे के सन्दर्भ में लोकतंत्र, समानता तथा सामाजिक न्याय पर निर्मित समाज को गढ़ने में, उपकारक मूल्यों को विकसित करने में, नकारात्मक भूमिका निभायी है। मनोरंजन के इस शक्तिशाली माध्यम ने स्त्री को एक यौन वस्तु बना देने में कोई कमी नहीं छोड़ी। स्त्री के वास्तविक स्वरूप को, उसकी समग्र प्रतिभा को पहचानने से साफ इंकार कर करके फिल्म उद्योग ने समाज की बड़ी कु-सेवा की है तो कहा जा सकता है कि औद्योगिक समाज में अपना माल बेचने के लिए, स्त्रियों के शरीर का, स्त्रियों के पत्नीत्व तथा मातृत्व की भावनाओं का जितना दुरुपयोग विज्ञापनों ने किया है उतना किसी और ने नहीं किया।

शिक्षा जगत में भी चाहे वे हिन्दी पाठ्यपुस्तकें हों या अंग्रेजी, स्त्रियों को दबा हुआ, अनपढ़, दुर्बल तथा मूर्ख सा दिखाया गया है। दूसरी ओर पुरुषों को स्वतंत्र वर्चस्व वाला तथा स्त्रियों से बढ़कर दिखाया गया है। भारत की पाठ्यपुस्तकों की प्रमुख समस्या स्त्री-पुरुष अलगाववाद की है। इन पुस्तकों को पढ़ने वाले किशोर लड़के-लड़कियाँ स्वाभाविक ही मान लेंगे कि स्त्री पुरुष वर्ग की तुलना में निम्न स्तर की है। बाल कथाओं में दिए उदाहरणों से पता पड़ता है कि स्त्री शिक्षा नहीं देती, बदलाव नहीं लाती, किसी किस्म का जोखिम नहीं उठाती, स्त्री घर का काम करती है जिसमें वह पुरुषों की सहायता लेती है। पुरुष स्वतंत्र रूप से कार्य करता है, हर काम में निर्णयकर्ता पुरुष होता है।

भारतीय नारी का विकास आज भी काफी धीमा है। इसका कारण हमारे पूर्वजों द्वारा स्त्री को किसी प्रकार की स्वतंत्रता देने का विरोधी होना है। दहेज जैसी घिनौनी प्रथा दकियानूसी लोगों की देन रही होगी। दहेज व्यवस्था करने वाले लोलुप रूढ़िवादियों ने ही विधवा विवाह पर रोक लगा दी थी। दहेज के कारण पति-पत्नी का चुनाव अनुचित

तथा प्रतिकूल हो जाता है। इसका समाधान एक तरीके से हो सकता है कि युवक-युवतियों का सान्निध्य प्राप्त हो। दहेज प्रथा दूर न होने के कारण हमारे देश के युवक भी दहेज के आधार पर अपना जीवनसाथी चुनते हैं न कि गुणों के आधार पर। जो राष्ट्र के माथे पर एक कलंक का टीका है।

आधुनिक भारत में स्त्रियों में शिक्षा का पर्याप्त विकास हो गया है किन्तु शिक्षा प्राप्त करके भी लोगों के यहाँ तक कि स्वयं स्त्रियों के विचारों में भी विशेष परिवर्तन नहीं आया है। मनोवैज्ञानिकों का मानना है कि पुरुष लोग व्यवस्थाबद्ध ढाँचे में विश्वास रखते हैं जबकि स्त्रियाँ परिणामलक्षी होने की वजह से तात्कालिक परिस्थिति को सुधारने पर जोर देती हैं। स्त्री के ढाँचे में मानव सम्बन्धों का स्थान नीति-नियमों की अपेक्षा कहीं अधिक महत्त्व रखता है। स्त्रियों को चाहिए कि वे पुरुष के वर्चस्व रूपी विचार से स्वयं मुक्त होकर न्याय व समानता के तत्त्व पर अपना दृष्टिकोण विकसित करें, और ऐसे भी देखा जाए तो स्त्रियों की संख्या अल्पमत में नहीं है, पर स्त्रियों की विडम्बना तो यह है कि उनकी हालत अल्पमत वालों से भी बुरी है। आर्थिक कमजोरी, सामाजिक रूप से निम्न वर्ग और फिर स्त्री, स्वयं तीनों इकट्ठा हो तो फिर राजनीतिक ताकत नहीं के बराबर ही हो सकती है न?

गाँधी के कथनानुसार, ''स्त्रियों को मताधिकार तो होना ही चाहिए। उन्हें कानून के तहत समान दर्जा भी मिलना चाहिए।'' संविधान की कलम 15 के तहत ''स्त्री-पुरुष के बीच किसी भी मामले में भेदभाव नहीं बरता जा सकेगा।'' अमेरिका और ब्रिटेन में स्त्रियों को मताधिकार पहले विश्व युद्ध के बाद जाकर मिला। जापान में भी 1946 के करीब, फ्रान्स में 1945 और स्वतन्त्रता की सबसे अधिक गुहार लगाने वाले स्विट्जरलैण्ड में तो 1971 में जाकर मिला। जबकि भारत में तो आजादी मिलने के प्रथम पल से ही स्त्री को समानाधिकार प्राप्त है। आजादी का आन्दोलन व गाँधीजी का नेतृत्व—इन दो शक्तियों ने भारत की स्त्रियों को राजनीतिक रूप में समान दर्जा दिया है। राष्ट्र के सर्वोच्च स्थान से अप्रैल, 1976 को लोकसभा में बोलते हुए **इंदिराजी** ने कहा था—''यहाँ मैं प्रधानमंत्री की हैसियत से नहीं बल्कि संसार के सबसे बड़े अल्पसंख्यकों के प्रतिनिधि की हैसियत से बोल रही हूँ। किसी भी वर्ग में स्त्रियाँ सबसे अधिक शोषित हैं। स्त्रियों के सम्पूर्ण विकास में कई तरह की बाधाएँ आती हैं, इसकी सबसे बड़ी वजह है मानसिक गतिरोध। पुरुषों का मानसिक रवैया जो समाज ने उसके मन में बैठा दिया है, वह बाधक बनाता है स्त्रियों को चाहे वे किसी भी तबके की हों, उन्हें जरूरत है अपने अधिकारों के प्रति जाग्रत होने की। अन्ततः तो स्त्रियों का राजनीतिक दर्जा उन्हें अपने समाज में कितनी समानता तथा स्वायत्तता प्राप्त है इसी बात पर निर्भर करता है।

भारत की लगभग आधी आबादी महिला मतदाताओं की है। संविधान के मुताबिक मतदाताओं को सजग रहकर अपने अधिकारों का उपयोग करना पड़ता है। हमारे संविधान

ने यह अधिकार स्त्रियों को भी दिया है। मगर इस अधिकार का वैसा प्रभावी अमल नहीं होता। स्त्रियों के कितने प्रश्न बीच अधर में लटके हुए हैं, जिनका कोई निराकरण नहीं होता। भारत की आजादी को 60 वर्ष से अधिक समय व्यतीत हो चुका है, संविधान में समान अवसर तथा हिफाजत का आश्वासन भी दिया है, कानूनी अधिकारों में भी सुधार किया गया है, व्यापक स्तर पर अक्षर ज्ञान देने के लिए राष्ट्रीय नीति बनाई गई है। इन सबके बावजूद हमारे समाज में स्त्रियों का मूल्य एवं स्थान उस स्तर तक नहीं उठ पाया जितना उठना चाहिए था। आज स्त्रियाँ कुछ जाग्रत तो हुई हैं किन्तु उनमें निराशा व्याप्त है। आजादी से पहले एवं बाद में भी स्त्रियों ने पर्याप्त सामाजिक कार्य किए हैं, वे कल्याण के काम भी करती रहीं किन्तु वे अपनी नारी शक्ति का निर्माण नही कर पायीं। संगठित नारी शक्ति या राजनीतिक शक्ति हो तो स्त्रियों के काम भी हो सकते हैं, फिर भीख माँगने की जरूरत नहीं पड़ती। लेकिन फिलहाल हमारे पास ऐसी कोई ताकत नहीं है। ताकत पैदा करने के लिए ठोस स्पष्ट कल्पना होनी चाहिए कि किस तरह के समाज की रचना करनी चाहिए। बड़ी दुखद स्थिति है कि आज राजनीतिक तख्ता कुछ इस तरह जमाया गया है जिससे कि स्त्रियों की आवाज उसके चलते सुनाई नहीं देती। वर्तमान भारतीय समाज व्यवस्था पुरुष प्रधान है, इसमें कोई दो मत नहीं। सभी धर्मों के पारिवारिक कायदों ने भी स्त्रियों के न्याय एवं समानता का अधिकार नकार दिया है। समानता के आदर्श की बातें जोर-शोर से करने वाले लोग राजनीतिक दल, लोकसभा, विधानसभा, स्थानीय स्वराज संस्थाओं या ग्राम पंचायतों में स्त्रियों को लेते ही नहीं जो एक अत्यन्त शोचनीय बात है। राष्ट्रीय आयोजनाओं के निर्माण में तथा उससे सम्बन्धित कार्यक्रमों को कार्यान्वित करने में जब स्त्री को भी साझेदार बनाया जाएगा तभी सही अर्थों में लोकशाही स्थापित हो सकेगी।

वैसे तो आज लगता है कि स्त्री-पुरुष में बराबरी स्थापित हो गई है परन्तु यह छलावा मात्र है। पुरुष प्रधान समाज में औरत का स्थान गुलाम जैसा है, वैवाहिक जीवन में पुरुष ही फैसला करता है और औरत उस पर अमल करती है। यह सब समाप्त होना चाहिए। आज भी नारियों का जीवन यह प्रकट करता है कि अधिकांशत: वैधानिक अधिकार संविधान के पन्नों में धरे के धरे रह गये हैं। भारतीय कानून में अनेक ऐसे उदाहरण हैं जो स्त्री को उन मौलिक अधिकारों से वंचित रखते हैं जहाँ पर उनका अधिकार होना चाहिए था। स्त्रियाँ भी चाहें तो अपने आँचल के दूध व आँखों के पानी को इस लायक बना सकती हैं कि जागरूकता का सतत् प्रवाह बन सके। परन्तु सफलता के लिए स्वाभिमान को जगाने की आवश्यकता है। यदि स्वाभिमान व आत्मस्वतन्त्रता जाग्रत नहीं होगी तो नारी समानता की कल्पना हमेशा सपना बनकर रह जाएगी। पंडित नेहरू ने कुछ प्रसंगों में कहा कि विधानसभाएँ, नगर पालिकाएँ, जिला परिषद, संसद आदि के प्रतिनिधियों में औरतों की संख्या 50 फीसदी होनी चाहिए। बर्नार्ड शॉ का कथन है कि महत्त्वपूर्ण

जगहों पर एक पुरुष एक स्त्री दोनों की नियुक्ति हो, उन दोनों द्वारा दिए गए निर्णय उचित व दूरगामी होंगे।

स्त्रियों की अभी भी बहुत बड़ी संख्या ऐसी है जो मुश्किल से पेट पालने की स्थिति में हैं, गरीब है, निरुपाय सी है, रीति-रिवाजों के जालों में उलझी हुई है। इन्हें गौरवपूर्ण जीवन सुलभ हो सके, इसके लिए प्रयत्न करना उच्च एवं मध्य वर्ग की स्त्रियों की जिम्मेदारी है। गरीब तबकों में पुरुषों की अपेक्षा रोजी कमाने वाली स्त्रियों की संख्या ही बड़ी है। इतना ही नहीं गरीब परिवारों में एकमात्र कमाऊ व्यक्ति स्त्री ही होती है। ऐसे गरीब परिवार 20-25 प्रतिशत होंगे। गरीब परिवारों में ही स्त्रियाँ एवं कन्या अधिक कठिन एवं उपेक्षित जिन्दगी जीती हैं। सामान्यत: परिवार की यह भ्रामक कल्पना है कि पति नौकरी करने जाए और पत्नी घर संभाले, कढ़ाई, बिनाई करे और शाम को जब पति नौकरी से लौटकर आए तो गर्म चाय पिलाए। ताजी रोटियाँ बनाकर खिलाए। घर में शान्ति फैलाए। हमारी स्त्रियाँ घर की रानियाँ हैं। घर की देवियाँ है, वे ही तो पर्दे के पीछे घर चलाती हैं। उन्हीं के पास तो सारी सत्ता है, ये तो सिर्फ उच्च वर्ग की फैंटेसी है। जहाँ पेट भरने के लिए स्त्री, बच्चे, पुरुष सभी परिश्रम कर रहे हों वहाँ शाम को तीनों घर में बैठकर खाना खाएँगे, विचारों का आदान-प्रदान करेंगे, ऐसा मान लेना भी एक भ्रामक सत्य है। परिवार तो एक विश्व अणु इकाई है। गरीबी और लाचारी की वजह से हमारे देश में आदमी का जीवन कितना सस्ता हो गया है कि इन्सान में स्त्री की देह तो एक माँ की देह है। नई पीढ़ी को जन्म देने वाली के मातृत्व की रक्षा हो यह किसी भी समाज के लिए अत्यन्त आवश्यक है। यदि देश के किसी छोटे-छोटे एवं सिरे पर जीने वाले मनुष्य की परिस्थिति में किसी प्रकार की राहत नहीं पहुँचेगी तो देश कैसे आगे बढ़ पायेगा?

देश में स्त्रियों की 26 करोड़ की आबादी में से 21 करोड़ स्त्रियाँ तो गाँवों में बसती हैं और गरीबी रेखा के नीचे ही जी रही हैं। लगभग तमाम गरीब स्त्रियाँ आर्थिक गतिविधियाँ चलाकर कुछ न कुछ कमाई तो करती हैं। हमारे देश में पीढ़ी दर पीढ़ी चले आने वाले कामों में स्त्रियों का महत्त्वपूर्ण योगदान रहा है। अन्न बोना, लुनाई करना, बीजों का संग्रहण करना, खेत में निराई करना, हिफाजत करना, पशुपालन करना, सिलाई, मटके, सुपे, टोकरे, झाड़ू बनाना, नमक पकाना, कताई बुनकर गिरी करना, पापड़ अचार बनाना, छोटी-मोटी पैदावार की बाजार में बिक्री करना, पानी भरना, खाना पकाना, घर का काम करना, बच्चों का लालन-पालन करना, बीमार की देखभाल करना, किफायत करके, छोटी-मोटी बचत करना आदि कार्य जो राष्ट्र की सम्पदा को बढ़ाने वाले बुनियादी किस्म के हैं गाँवों तथा शहरों की श्रमजीवी जनता करती आई है। भारत की जनता का सचमुच का आर्थिक योगदान सरकारी बही में आज तक भी दर्ज नहीं हुआ। चूँकि विद्वान अर्थशास्त्री सवेतन रोजगारी को ही आर्थिक गतिविधि मानते हैं। स्त्रियाँ अर्थोपार्जन के क्षेत्र में सख्त मेहनत का काम करती हैं। राष्ट्र के लिए बुनियादी किस्म की सेवाएँ करती हैं।

इसके बावजूद समाज या राष्ट्र उनके बच्चों की हिफाजत नहीं करता। छोटे गरीब बच्चों के लिए आँगनबाड़ी, पोषक आहार खेलकूद आदि की सुविधाएँ पर्याप्त मात्रा में प्राप्त हों यह आवश्यक है। बेटे व बेटी की एक सी परवरिश हो, बेटा हो या बेटी वे हमारी संतान हैं, वारिस हैं, उन्हें एक समान मानकर एकसा महत्व दिया जाना चाहिए।

सम्पूर्ण विश्व में समाज दो प्रकार से विभक्त है। एक प्रकार का विभाजन वर्गीकृत है और दूसरी तरह समाज संस्तरीकृत व्यवस्था में विभक्त है। मूल रूप से समाज को कार्ल मार्क्स ने आर्थिक वर्गों के आधार पर वर्गीकृत किया गया है। मार्क्स के अनुसार दुनिया का आज का इतिहास वर्ग संघर्ष का इतिहास है। मार्क्सवादी दृष्टिकोण से समाज पूँजीवाद ही व्यवस्था में श्रमिक और पूँजीपति दो वर्गों में विभक्त हुआ है।

कार्ल मार्क्स का सम्पूर्ण जीवन जर्मनी या इंग्लैण्ड जैसे देशों में बीता है। इसलिए उनके चिन्तन में इन्हीं देशों की पूँजीवादी व्यवस्था परिलक्षित होती है। यदि कार्ल मार्क्स ने भारतीय समाज को अपनी आँखों से देखा होता तो उन्हें दुनिया के एक अन्य वर्गीकरण का अहसास भी पूरी गंभीरता से होता, और यह वर्गीकरण है पुरुष और स्त्री की असमानता का। डॉ. राममनोहर लोहिया ने पूरी दुनिया में सात क्रान्तियों का उल्लेख किया है। उनके कथनानुसार, ''यदि हमें विश्व को खूबसूरत बनाना है तो हमें सात क्रान्तियों को लाने का प्रयास करना होगा उनके द्वारा प्रस्तावित क्रान्तियाँ इस प्रकार हैं--- पहली रंग भेद, दूसरी वर्ण भेद, तीसरी जाति भेद, चौथी नर-नारी असमानता, पाँचवीं वर्ग भेद, छठवीं हथियार भेद तथा सातवीं भाषा भेद।

लोहिया का चिन्तन सामाजिक असमानता के संदर्भ में सही हो सकता है किन्तु उन्होंने सामाजिक असमानताओं के एक महत्वपूर्ण पक्ष को प्रमुखता प्रदान नहीं की, और वह सामाजिक पक्ष है नर-नारी असमानता का। पूरी दुनिया में लगभग आधी-आबादी स्त्रियों की है और दुनिया के प्रत्येक समाज में वे उपेक्षित रही हैं। मार्क्स एवं लोहिया के चिन्तन में दो बातें उभर कर आती हैं। मार्क्स के मतानुसार पूरी दुनिया दो वर्गों में विभाजित है---मालिक और मजदूर जबकि लोहिया के अनुसार पूरी दुनिया नर-नारी में विभक्त है।

नर-नारी असमानता की प्रक्रिया आज के औद्योगिक युग और मुक्त समाज में भी परिवर्तित नहीं हो सकी। वैज्ञानिक आविष्कारों के उपरान्त भी आज तक समाज में वैज्ञानिक चिन्तन का उद्भव नहीं हुआ। औद्योगीकरण को प्रमुख रूप से आर्थिक प्रगति एवं उच्च जीवन स्तर की कुंजी के रूप में स्वीकार किया गया है। यदि आर्थिक प्रगति का केवल उत्पादन की दर से सम्बन्ध स्थापित किया जाए तो औद्योगीकरण की वर्तमान अवस्था को निर्विवाद रूप से स्वीकारा जा सकता है किन्तु वर्तमान औद्योगीकरण को सामाजिक सन्दर्भों में देखा जाए तो कहना होगा कि घरेलू उद्योगों की अवस्था में जिस शोषण का प्रारम्भ हुआ था वह शोषण वर्तमान उन्नत अवस्था में आज भी जीवित है। विशेषत: पूँजीवादी समाज में जहां पूँजी पर पूँजीपतियों का स्वामित्व है वहाँ श्रमिकों का

आज भी शोषण हो रहा है। भारतीय समाज में औद्योगीकरण की अंतिम अवस्था का प्रारम्भ पूँजीपतियों के माध्यम से ही हुआ है।

उद्योगों ने विशेषत: विशाल उद्योगों ने जिनका चरमोत्कर्ष 20वीं सदी से ही प्रारम्भ हो चुका था और चारों ओर के वातावरण को प्रदूषित करना प्रारम्भ कर दिया था। शक्कर, मिल, कपड़ा उद्योग, लोहा, चमड़ा, कोयला उद्योग, तेल शोधक एवं अन्य उद्योगों ने न केवल वायु को बल्कि नगरीय क्षेत्रों के जलाशयों नदियों आदि को भी प्रदूषित किया। साथ ही 20वीं शताब्दी के आधुनिक उद्योगों ने सामाजिक प्रदूषण को भी जन्म दिया। नगरों में अनियोजित औद्योगीकरण एवं नगरीय अभियोजन के आधार पर गन्दी बस्तियों का विस्तार, दरिद्रता, व्यापारिकता, मनोरंजन, औद्योगिक थकान, शोर, मानसिक चिन्ता, स्त्री-पुरुषों के वृहद आनुपातिक भेद, आदि समस्याओं का जन्म केवल औद्योगिक एवं नगरीय जनसंख्या प्रक्षेपण के आधार पर हुआ।

आर्थिक जीवन के औद्योगीकरण ने विशेष विकासशील देशों में जहाँ जनसंख्या अधिक थी वहाँ उद्योगों के मशीनीकरण ने मानवीय श्रम के महत्व को कम किया जिसके परिणामस्वरूप समाज में एक दरिद्रता एवं बेरोजगारी विकसित हुई तथा दूसरी ओर पूँजीवादी स्थितियों को प्रश्रय मिलता चला गया। पूँजीवादी स्थितियों का जन्म किसी भी समाज के लिए मार्क्सवादी धरातल पर विकास की अवस्था हो सकता है किन्तु पूँजीवादी अपने विशिष्ट गुणों के आधार पर व्यक्तियों में वस्तुओं के आकर्षण उपयोग की भावना को जन्म देता है जिसके परिणामस्वरूप सम्पूर्ण समाज विलासित की ओर अग्रसर होता है। दरिद्रता पारिवारिक व सामाजिक विघटन का एक महत्त्वपूर्ण कारक है किन्तु पूँजीवादी चिन्तन दरिद्रता के सकारात्मक पक्ष की चर्चा करता है। जैसा कि गन्स लिखता है कि ''दरिद्र व्यक्ति सम्पूर्ण समाज को स्वच्छ एवं निरोग रखने हेतु सकारात्मक योगदान देते हैं दरिद्रता पारिवारिक व सामाजिक विघटन का एक महत्वपूर्ण कारण है किन्तु पूँजीवादी चिन्तन दरिद्रता के सकारात्मक पक्ष की चर्चा करता है'' जैसा कि गन्स ने लिखा है कि ''दरिद्र व्यक्ति सम्पूर्ण समाज को स्वच्छ एवं निरोग रखने हेतु सकारात्मक योगदान देते हैं।'' इस प्रकार यह कहा जा सकता है कि औद्योगीकरण की प्रक्रिया ने सामाजिक एवं आर्थिक जीवन को प्रभावित किया है जिसका प्रभाव प्रत्येक समाज के सांस्कृतिक, सामाजिक एवं धार्मिक जीवन पर परिलक्षित होता है।

दूसरा दर्जा राष्ट्रीय अभ्यास समिति द्वारा निकाले गए निष्कर्ष के अनुसार है। कुल कामकाजी स्त्रियों में से 94 प्रतिशत असंगठित क्षेत्र में हैं। रोजगार के साथ ही शिक्षा, स्वास्थ्य, राजनीतिक अवसर एवं पारिवारिक व्यवहार में भी स्त्रियों को दूसरा दर्जा प्राप्त है। असंगठित क्षेत्र की जानलेवा स्थिति, कम वेतन एवं पोषण के सभी प्रकार की परेशानियाँ स्त्रियों के हिस्से में आई हैं। बेरोजगारी की बलि बनी ग्रामीण क्षेत्र की महिलाओं की संख्या 60 प्रतिशत एवं सम्पूर्ण देश का आँकड़ा 56 प्रतिशत है।

देश के कुल उत्पादन में 55-60 प्रतिशत योगदान जिन श्रमजीवी स्त्रियों का है, वे अब भी काफी सीमा तक अदृश्य हैं। उन्हें दृश्यमान बनाना, अर्थतंत्र में उनके लिए जगह पैदा करना, समाज में आत्मगौरव के साथ जी सकने के लिए न्यायपूर्ण स्थितियाँ निर्मित करना, फिर उनकी, उनके बच्चों की शिक्षा, स्वास्थ्य, पोषण, आहार, घर अर्थात् उनके सम्पूर्ण विकास की दिशा में प्रयत्न करना होगा। ऐसा अनुभव होता है कि स्त्रियों को अपनी योग्यता के उचित मूल्याँकन की जरूरत है। एक गृहिणी के रूप में किए जाने वाले उसके कार्यों को भी ऊँचा माना जाना चाहिए। देश की लगभग आधी आबादी स्त्रियों की है। देश के विकास में स्त्रियाँ पूरी तरह योगदान दे सके।

ईश्वर यदि स्त्री-पुरुष की भूमिकाएँ इत्तफाक से बदल दे तो तय मानना चाहिए कि पुरुष दूसरे दिन ही ईश्वर के सामने गिड़गिड़ा उठेगा। कोई भी पुरुष स्त्री के जीवन को एक दिन तो क्या एक क्षण भी नहीं जीना चाहेगा, क्योंकि स्त्री बनकर उसे झुकना पड़ेगा, सृजन की पीड़ा को सहना पड़ेगा और सबसे बड़ी बात उसे समझौते करने होंगे। सच तो यह है कि पुरुष हर तरह से स्त्री पर निर्भर होकर भी उसकी भूमिका और महत्व को स्वीकार नहीं कर पाता है।

दरअसल स्त्री उसके लिए एक आदत है, अस्तित्व नहीं। यदि स्त्री का अस्तित्व होगा तो उसकी उपस्थिति होगी। पर यह पुरुष नहीं चाहता कि उसके अलावा उससे अलग भी कुछ हो। अब भी स्त्री बँटी हुई है, कई स्तरों पर वह खंडित है, कई कोणों से। सचमुच स्त्री कोई भी हो उसे उसके दोहरे दायित्वों से निजात नहीं है।

उसे घर-गृहस्थी चलानी है, पति व परिवार के सारे दायित्वों को निभाना है, बदलते परिवेश में उससे बराबर आर्थिक सहयोग की उम्मीद भी की जाती है फिर भी उसे निर्णय लेने का हक नहीं है। जन्म देने का नैसर्गिक अधिकार रखने वाली स्त्री यह तय नहीं कर सकती है कि बच्चे कब हों और कितने हों? आखिर क्यों स्त्री के ही हिस्से में आती है सारी जिम्मेदारी? कहते हैं स्त्री और पुरुष गाड़ी के दो पहिए हैं फिर इन पहियों में कहीं संतुलन नजर क्यों नहीं आता? इस गाड़ी में तो सिर्फ स्त्री ही जुती है, वही खींच रही है। घर देखे, बच्चों को देखे, नौकरी करे, सामाजिक बंधन माने, रिश्ते, त्यौहार और परम्पराएँ निभाए, और जिसके लिए वह यह सब करती है उसकी नजर में इन कामों का क्या मोल है? अधिकांश पुरुष इन्हें स्त्री का फर्ज मान लेते हैं।

स्त्री कई स्तरों पर व्यस्त है और पुरुष एक ही आसन पर विश्राम कर रहा है। यह अक्सर दिखता और चुभता अन्याय है, पर न्याय कौन करेगा जरा सोचिए?

आधुनिक परिवेश में नारी को जहाँ अधिक स्वतंत्रता प्राप्त हुई है वहीं वह अनेक समस्याओं से घिर भी गई है। आज की नारी की जिम्मेदारियाँ बहुत हद तक बढ़ गई हैं? समाज में महत्त्वपूर्ण स्थान पा लेने के पश्चात् उसके उत्तरदायित्वों में वृद्धि हो गई है। वह आर्थिक समस्याओं को सुलझाने के लिए निरन्तर संघर्ष कर रही है।

नौकरी जीविका का साधन है। नौकरी आर्थिक समस्याओं का एक समाधान है। नौकरी स्वावलम्बन के प्रश्न का उत्तर है। नारी सौन्दर्य-बोध का मूर्तरूप है। वह मातृत्व और करुणा की सजीव मूर्ति है, उसके नयन। कोर उज्ज्वल चाँदनी की बौछार हैं। इन सबके बावजूद वह नौकरी करने के लिए विवश हुई। वह पुरुष के समान दफ्तर जाती है या कोई व्यवसाय चलाती है क्योंकि इसका एकमात्र उत्तर आर्थिक दबाव और विषमता तो है ही, पर इसके साथ-साथ युगों-युगों के बंधनों से मुक्ति की चिर कामना भी है।

नारी को नौकरी क्यों करनी पड़ती है? इस प्रश्न के कई उत्तर हैं। एक तो यह है कि इस प्रकार वह घर-परिवार की आर्थिक स्थिति सुधारने में सहायक होती है। दूसरे, अनेक प्रकार की विषम आर्थिक स्थितियों में उसे नौकरी करने को विवश होना पड़ता है। तीसरे, स्वतंत्र आर्थिक स्थिति का प्रलोभन उसे नौकरी की ओर आकर्षित करता है। चौथे, पुरुष पर उसकी आर्थिक निर्भरता मिटती है। इस निर्भरता के कारण उसे अनेक बार शारीरिक और मानसिक यंत्रणा झेलना पड़ती है। आर्थिक आश्रय देकर पुरुष वर्ग ने नारी को गुड़िया या मन बहलाव का खिलौना समझ लिया है, अत: नारी उसके चंगुल से मुक्ति-कामनावश नौकरी की राह पर चल रही है।

नारी के नौकरी की ओर आकर्षित होने ने अनेक समस्याओं को भी जन्म दिया है। परिवार की सुख-सुविधा का मुख्य दायित्व नारी पर ही है, पर नौकरी के चक्कर में घर की स्थिति होटल सी हो गई है। कार्य की अधिकता ने नारीसुलभ कोमलता को छीन लिया है और वह नीरस होती जा रही है। नौकरी करने वाली स्त्री मातृत्व का दायित्व भी कुशलतापूर्वक नहीं निभा पाती है। ममता और वात्सल्य के अभाव में बच्चों का जीवन पूर्णत: विकसित नहीं हो पाता। परिणामत: नई पौध बौनी होती जा रही है। नारी के नौकरी करने से पुरुषों के लिए नौकरी के अवसर कम रह गए हैं। इन सब समस्याओं को दृष्टिगत रखते हुए इसके लिए उनका स्वयं का विकास होना अत्यन्त आवश्यक है।

नारी का नौकरी करना इस दृष्टि से उचित कहा जाएगा कि नौकरी की बदौलत ही उसे समाज में उचित सम्मान मिल रहा है।

दहेज जैसी विकराल समस्या का एकमात्र समाधान नारी की नौकरी ही है। आर्थिक दृष्टि से परतंत्र नारी आत्महत्या की ओर दौड़ती है, क्योंकि उसे अपना जीवन भार स्वरूप प्रतीत होने लगता है। नौकरी करने पर उसे आर्थिक सुरक्षा मिलती है जिससे वह पुरुष के अत्याचार को सहन करने से इन्कार कर सकती है। स्त्री गृहिणी है। कामकाजी है। माँ है। अफसर है। स्त्री को उसके एक फ्रेम में तो रखना होगा इसलिए पुरुष ने स्त्री के कई टुकड़े कर डाले। उसे सब करना होगा। पर खण्डों में बँटी स्त्री की अपनी मर्जी है ही कहाँ...।

यदि हमें परिवार की समस्याओं को भी ध्यान में रखना है तो कुछ विशाल कार्यक्षेत्रों को नारी के लिए सुरक्षित करना होगा। शिक्षा, चिकित्सा, शिशु संरक्षण, कुटीर उद्योग आदि में कार्य करने से उसे घर के लिए भी पर्याप्त समय मिल सकेगा। अंशकालीन कार्य

(Part time job) उसे धन भी दे सकेगा तथा समाज का सामंजस्य बना सकेगा। नौकरी उसमें आत्मविश्वास का संचार करती है। नारी को घर-परिवार का भी ध्यान रखना होगा।

नारी को अपने सम्मान की रक्षा के लिए भी संघर्ष करना पड़ रहा है। अस्मिता का प्रश्न उसके सामने खड़ा है। वह दहेज प्रथा से भी जूझ रही है।

प्राचीन भारत के इतिहास पर दृष्टिपात करने से हमें ज्ञात होता है कि यहाँ महिलाओं को आदरपूर्ण स्थान दिया जाता रहा है। हमारे पूर्वजों का कथन था—

''यत्र नार्यस्तु पूज्यंते रमन्ते तत्र देवता:''

अर्थात् जहाँ स्त्रियों की पूजा होती है वहाँ देवता निवास करते हैं। इससे स्पष्ट है कि भारतीय परिवारों में नारियों की महत्वपूर्ण स्थिति थी।

यह संसार परिवर्तनशील है। यहाँ प्रत्येक क्षण स्थिति बदलती रहती है। नारी वर्ग की स्थिति में बदलाव आया है। मुगलकाल में नारी की दशा गिरावट की ओर चली गई। स्वतंत्रता प्राप्ति से पूर्व तक नारी जाति को शोषण का शिकार बनाया जाता रहा है। कुछ समाजसुधारकों ने इनकी इस दशा के विरुद्ध आवाज उठाई।

आधुनिक युग नवजागरण का युग है। विश्व भर में नारी स्वातंत्र्य का युग चल रहा है इसका प्रभाव भारत की नारियों पर भी पड़ा है। विगत दो दशकों में नारी जागरण में प्रगति दृष्टिगोचर हो रही है। इसका अन्य कारण नारी शिक्षा में विकास भी है। आज की नारी आधुनिकता के परिवेश में जी रही है। वह अनेक समस्याओं के साथ संघर्ष कर रही है। सामाजिक समस्याओं के अतिरिक्त उसे आर्थिक समस्याओं से भी जूझना पड़ रहा है। इसलिए उसे नौकरी करनी पड़ रही है। वह इस प्रकार परिवार को आर्थिक संकट से उबारने का प्रयत्न कर रही है।

नारी के नौकरी करने से जहाँ परिवार का जीवन सुखद एवं सम्पन्न बनता जा रहा है वहाँ अनेक समस्याएँ भी जन्म ले रही हैं। इससे उसके परिवार को वे सहूलियतें नहीं मिल पा रही हैं जिनकी उससे अपेक्षा की जाती है। उसके बच्चे सहज स्नेह से वंचित रह जाते हैं। परिवार के वातावरण में एक अनकहा तनाव व्याप्त हो जाता है। कई बार उसे गुण्डागर्दी, बलात्कार एवं छेड़छाड़ का शिकार भी बनना पड़ता है। नारी को नौकरी करते हुए सादा जीवन उच्च विचार पर अमल करना लाभप्रद होगा। फैशनप्रियता के चक्कर में पड़कर वह अपना सम्मान गिराएगी तथा अपव्यय का शिकार भी बनेगी। नारी वर्ग को अपने अधिकारों के प्रति सचेष्ट होना चाहिए पर अपने कर्त्तव्यों के प्रति भी सजग रहना चाहिए।

कामकाजी महिलाओं के संवैधानिक एवं कानूनी अधिकार

भारतीय संविधान के अनुच्छेद 39 में राज्य द्वारा अनुसरणीय नीति तत्वों में उपबन्धित है कि राज्य अपनी नीति का विशेषत: इस प्रकार संचालन करेगा कि सुनिश्चित रूप से

पुरुष और स्त्री सभी नागरिकों को समान रूप से जीविका के पर्याप्त साधन प्राप्त करने का अधिकार हो, पुरुषों एवं स्त्रियों दोनों का समान कार्य के लिए समान वेतन हो तथा इन कर्मकारों के स्वास्थ्य और शक्ति का तथा बालकों की सुकुमार अवस्था का दुरुपयोग न हो एवं आर्थिक आवश्यकता से विवश होकर नागरिकों को ऐसे रोजगार में न जाना पड़े जो उनकी आयु या शक्ति के अनुकूल न हो। इसी प्रकार अनुच्छेद 42 काम की न्यायसंगत और मानवोचित दशाओं का तथा प्रसूति सहायता के लिए उपबंध करने का निर्देश देता है। अनुच्छेद 43 स्त्री एवं पुरुष कर्मकारों के लिए निर्वाह मजदूरी आदि की व्यवस्था करने का निर्देश देता है क्योंकि राष्ट्र के आर्थिक विकास में भागीदार स्त्री-पुरुष श्रमिकों की गरिमा एवं उनके व्यक्तित्व को बनाए रखने के लिए उन्हें निर्वाह योग्य मजदूरी दिया जाना तथा उन्हें सामाजिक सुरक्षा प्रदान करना अपरिहार्य है। अभी हाल ही में जोड़े गए अनुच्छेद 43-क के अनुसार उद्योगों के प्रबन्ध में स्त्री-पुरुष कर्मकारों की भागीदारी सुनिश्चित करने का राज्य को निर्देश है।

स्वास्थ्य, सुरक्षा तथा काम के घण्टे

कारखाना अधिनियम-1948 में कर्मकारों के स्वास्थ्य, सुरक्षा, कल्याण, काम के घण्टे तथा अल्प वयस्कों को नियोजित करने के लिए कानून बनाए गए हैं। इन नियमों में महिलाओं के लिए अलग से व्यवस्था की गई है। धारा 19 में पुरुष और स्त्री कर्मकारों के लिए अलग-अलग टायलेट (शौचालय) बनाने का प्रावधान है। धारा 27, रुई, धुनाई के स्थानों के समीप स्त्रियों और बालकों को नियोजित किए जाने पर प्रतिबन्ध लगाती है। धारा 34 के अनुसार किसी व्यक्ति को किसी कारखाने में इतना अधिकार भार उठाने, ढोने या हिलाने के काम में नियोजित नहीं किया जाएगा कि उसके द्वारा उसे क्षति कारित होने की संभावना हो जाए। यही धारा राज्य सरकार को ऐसे नियम बनाने के लिए प्राधिकृत करती है जिनमें कि महिलाओं व बच्चों के लिए अधिकतम भार विहित कर दिया जाता हो।

कारखाना अधिनियम के अध्याय 5 में कर्मकारों के कल्याण के लिए उपबंध हैं तथा धारा 42 पुरुष तथा महिला कर्मकारों के लिए पृथक और समुचित धुलाई की सुविधाएँ प्रदान करने की व्यवस्था करती है। इस प्रकार कपड़ों को इकट्ठा करने और सुखाने के सम्बन्ध में सुविधाएँ मुहैया करने, विश्राम के समय में बैठने की जगह प्रदान करने, प्राथमिक चिकित्सा उपकरण रखने, कैंटीन, शरण-गृह, विश्राम-गृह आदि व्यवस्था करने के आदेशात्मक उपबन्ध हैं।

अनेक कारखानों में ऐसी स्त्रियाँ नियोजित होती हैं जिनके गोद खेलते बच्चे होते हैं। स्त्रियाँ ऐसे बच्चों को अपने साथ लाती हैं। विभिन्न अधिनियम पारित किए हैं जिनमें स्त्री-पुरुष कर्मियों की कार्यदशा सुधारने का प्रयास किया गया है, इनमें प्रसूति, प्रसूति सुविधा अधिनियम, मजदूरी संदाय अधिनियम, न्यूनतम मजदूरी अधिनियम, बोनस

संदाय अधिनियम तथा कारखाना अधिनियम आदि प्रमुख हैं। कुछ अधिनियम स्त्री-पुरुष कर्मकारों के मध्य बराबरी लाने के इरादे से पारित किए गए जिनमें समान पारिश्रमिक अधिनियम प्रमुख हैं। प्रसूति, प्रसृति सुविधा अधिनियम केवल स्त्री कर्मकारों की विशिष्ट लैंगिक स्थिति के कारण उपलब्ध बनाने के लिए पारित किया गया है।

स्त्री की शारीरिक संरचना और मातृक-कृत्यों का पालन जीवन-निर्वाह के लिए उसे अलाभ की स्थिति में रखते हैं तथा उसकी शारीरिक भलाई, लोकहित और सावधानी का विषय हो जाता है ताकि उसके परिवार की क्षमता और उत्साह का परिरक्षण किया जा सके। इस कारण स्त्रियों के पक्ष में विशेष उपबन्ध आवश्यक हैं। विधायिका ने इन वैज्ञानिक तथ्यों के आधार पर स्त्री कर्मकारों के कार्य के घण्टे, स्वास्थ्य व सुरक्षा हेतु उपबंध तथा शिशु-गृह आदि की व्यवस्था से सम्बन्धित विधि पारित की है जो विभिन्न अधिनियम से परिलक्षित होती है।

जिन्हें शिशु-गृहों के अभाव में इधर-उधर खेलने के लिए छोड़ दिया जाता है। मिलों में ये बच्चे आवाज की खड़खड़ाहट और चलती मशीनों के खतरे और धूल से भरे हुए वातावरण के शिकार बनते हैं। अत: धारा 48 हर कारखाने में जिसमें साधारण रूप से 30 या इससे अधिक स्त्रियाँ नियोजित हैं छह वर्ष से कम आयु के बच्चों के उपयोग के लिए उपयुक्त कमरा या कमरे उपलब्ध कराने का प्रावधान करती है जिसे सार्वजनिक शिशु-गृह में तब्दील किया जा सके। ऐसे शिशु-गृहों में समुचित स्थान प्रदान किया जाएगा। इन्हें पर्याप्त रूप से प्रकाश और हवा से युक्त रखा जाएगा तथा ऐसा बालगृह, बालकों एवं शिशुओं की देखरेख के कार्य में प्रशिक्षित महिला के प्रभार के अन्तर्गत रखा जाएगा। इस सम्बन्ध में राज्य सरकार को यह भी शक्ति दी गई है कि वह नियमावली बनाकर ऐसे शिशु-गृहों के लिए स्थान नियत करे और उन गृहों के निर्माण, उनमें उपलब्ध स्थान, फर्नीचर और उचित साज-सज्जा के मानक स्थिर करे। ऐसे कारखानों में महिला कर्मकारों के शिशुओं की देखरेख के लिए अन्य अतिरिक्त सुविधाएँ प्रदान करने, धुलाई के लिए स्थान एवं पानी आदि की समुचित सुविधाएँ और स्त्रियों के वस्त्र बदलने के लिए उचित एवं सुरक्षित व्यवस्था करने, ऐसे शिशुओं के लिए नि:शुल्क दूध या नाश्ता या दोनों के लिए व्यवस्था कारखाने में ही करने तथा आवश्यक अंतरालों पर ऐसे बच्चों की माताओं को उन्हें अपना दूध पिलाने की सुविधा देने की व्यवस्था करने का आदेशात्मक उपबन्ध करता है।

इसी अधिनियम के अध्याय 6 में वयस्कों के काम के घंटों के सम्बन्ध में विशद विवेचन है कि इनमें अधिकतम कितने घण्टे काम लिया जा सकता है तथा ओवरटाइम लेने पर मजदूरी की दर क्या होगी? श्रम विषयक रायल कमीशन ने अपने प्रतिवेदन में यह संकेत किया था कि स्त्रियों के लिए पुरुषों की अपेक्षा काम के घण्टों की अधिकतम सीमा कम निर्धारित करने का प्रमुख आधार यह है कि स्त्रियों को घरेलू काम भी करने

पड़ते हैं अत: धारा 66 यह प्रावधान करती है कि स्त्रियों को किसी भी कारखाने में 6 बजे प्रात: से 7 बजे सायं तक की अवधि के उपरान्त की अवधि में काम करने की न तो अपेक्षा की जाएगी और न ही आज्ञा दी जाएगी। लेकिन राज्य सरकार को कतिपय परिस्थितियों में इसमें ढील देने की अनुमति है, जैसे—मत्स्य-उपचार या मत्स्य कैनिंग के कारोबार में जहाँ कि कथित निर्बधनों की सीमा से बाहर की अवधि में काम करना आवश्यक हो ताकि कच्चे माल को बिगड़ने या क्षतिग्रस्त होने से बचाया जा सके। यह छूट सिर्फ एक सीमा तक दी जा सकती है तथा महिलाओं को 10 बजे रात्रि से 5 बजे तक प्रात: तक के नियोजन से मुक्त रखना आवश्यक है। इस प्रसंग में ओमान वूमेन बनाम ए. सी. टी. लिमिटेड (1991) का वाद उल्लेखनीय है जिसमें कर्मचारियों को नियमित रूप से आत्मसातीकरण हेतु ली जा रही आन्तरिक परीक्षा में कर्मकारों को शामिल किए जाने से इस कारण मना कर दिया गया कि वे स्त्रियाँ थीं तथा कारखाने की रात समेत सभी पालियों में काम करने में अक्षम थीं। लिंग भेद के आधार पर महिलाओं को परीक्षा से वंचित किया जाना संविधान के अनुच्छेद 14 एवं 15 का उल्लंघन करार देते हुए केरल उच्च न्यायालय ने निर्धारित किया कि स्त्रियाँ केवल रात दस बजे से प्रात: पाँच बजे तक ही उपलब्ध नहीं हैं, बाकी पालियों में वे पुरुषों के साथ काम करने में सक्षम हैं अत: उन्हें परीक्षा में बैठने का अधिकार है।

मार्च, 2005 में केन्द्रीय सरकार ने महिलाओं को फैक्ट्री में रात की पाली में काम करने की अनुमति प्रदान करने हेतु कारखाना अधिनियम, 1948 में संशोधन करने का निर्णय लिया है। वर्तमान संदर्भ में सूचना तकनीक आधारित कार्यों के कारण अनेक कार्य रात की पाली में ही सम्पन्न होते हैं अत: महिलाओं को रात की पाली में कार्य करना आवश्यक होता जा रहा है। महिलाओं को रात में कार्य करने एवं आवागमन की सुरक्षित एवं समुचित दशाएँ प्रदान करने का प्रावधान करने की घोषणा भी सरकार ने की है।

मातृत्व एवं प्रसूति अवकाश

कारखाना अधिनियम की धारा 79 मजदूरी सहित छुट्टी की गणना में किसी स्त्री कर्मकार द्वारा ली गई बारह सप्ताह से अधिक की प्रसूति छुट्टी का आकलन करने का प्रावधान करती है। अध्याय 9 की धारा 87 में राज्य सरकार को यह शक्ति दी गई है कि खतरनाक या जोखिम भरी क्रियाओं वाले कारखानों में स्त्रियों तथा बच्चों के नियोजन पर रोक लगा सकती है।

मातृत्व प्रत्येक स्त्री का पवित्र अधिकार तथा ईश्वर द्वारा दिया गया दायित्व है जिसकी पूर्ति करते हुए वह स्वयं को धन्य मानती है। प्रसूति प्रसुविधा अधिनियम 1961 शिशु-प्रसव से पूर्व और उसके बाद की कुछ अवधि में स्त्रियों के नियोजन को विनियमित करने के उद्देश्य से बनाया गया है। इसका उद्देश्य महिला कर्मकारों को सामाजिक न्याय प्रदान करना है। उच्चतम न्यायालय ने अपने विनिश्चयों में कहा है कि इस अधिनियम के

उपबन्धों का निर्वचन करने में न्यायालय को उदारवादी नियम का पालन करना चाहिए जिससे कि न केवल महिला कर्मकारों का भरण-पोषण हो सके बल्कि वे अपनी क्षीण शक्ति को पुनः प्राप्त कर सकें। शिशुओं का पालन-पोषण हो सके तथा अपनी कार्यक्षमता को बनाए भी रख सके।

प्रसूति प्रसुविधा अधिनियम की धारा 4 के अनुसार उद्योग में नियोजित प्रत्येक महिला को प्रसव तथा गर्भपात के लिए 12 सप्ताह का विश्राम पाने का वैधानिक अधिकार प्राप्त है। कई राज्यों में तथा कई सेवाओं में प्रसूति अवकाश बढ़ाकर 135 दिन कर दिया गया है। इस अधिकार को प्रदान करना नियोजन के लिए बंधनकारी है क्योंकि यह प्रावधान आदेशात्मक है। अधिकारों को प्रदान न करने पर उसे दोषसिद्ध किया जा सकता है। कोई भी नियोजक जानबूझकर ऐसी महिला को काम पर नहीं लगाएगा जिसे 6 सप्ताह के अन्दर ही बच्चे को जन्म देने की संभावना है। इसी से जुड़ा हुआ दूसरा अधिकार है कि प्रसव से 6 सप्ताह की छुट्टी पर जाने के एक माह पूर्व यदि वह स्वामी से लिखित प्रार्थना करती है कि उससे अधिक और भारी काम न लिया जाए जिससे उसका तथा होने वाले बच्चे पर कुप्रभाव का डर या स्वास्थ्य पर विपरीत असर पड़ने की संभावना है तो नियोजक उसकी प्रार्थना पर कार्य करने तथा उसे श्रमसाध्य कार्य न देने के लिए अपेक्षित है।

मातृत्व लाभ के आकलन विधि पर प्रकाश डालते हुए कहा गया है कि सप्ताह में बिना मजदूरी वाली छुट्टियाँ भी सम्मिलित होंगी। 6 सप्ताह की अवधि में आने वाले रविवार तथा अन्य अवैतनिक अवकाश सम्मिलित माने जाएँगे। यदि वह स्त्री प्रसव कार्य के पूर्व ही मर जाती है तो उसकी मृत्यु के दिन तक का मातृत्व लाभ देय होगा। यदि स्त्री बच्चे को जन्म देने के बाद मर जाती है और बच्चा जीवित रहता है तो प्रसव के 6 सप्ताह का मातृत्व लाभ देय होगा, लेकिन यदि जच्चा-बच्चा दोनों ही काल-कवलित हो जाते हैं तो उनके जीवित रहने के अन्तिम दिन तक का लाभ दिया जाएगा। यदि माता की मृत्यु के समय नवजात शिशु जीवित है और माँ के मरने के बाद मरता है तो जितने दिन वह जीवित रहा उस समय तक का मातृत्व लाभ स्त्री के नामित व्यक्ति या उसके वैधानिक उत्तराधिकारी को देय होगा। मातृत्व लाभ देने का उत्तरदायित्व नियोजक का होता है। यदि वह मातृत्व-लाभ बोनस अनुचित ढंग से रोकता है तो दोषसिद्ध किया जा सकता है तथा दण्ड का भागीदार हो सकता है। बी.शाह बनाम प्रिसाइडिंग लेबर कोर्ट कोयम्बटूर (1977) के मामले में उच्चतम न्यायालय में यह मत व्यक्त किया गया है कि संविधान के अनुच्छेद 42 में अभिव्यक्त निर्देशों की बहुत उपयोगिता है तथा यह अनुच्छेद महिला कर्मचारियों को अपने नवजात शिशु की देखरेख कार्यकर्मी के रूप में अपनी कार्यकुशलता

का पोषण, अपनी कार्यक्षमता व उत्पादन-शक्ति का पुन: संग्रह करने का अवसर करने की नीति प्रस्तुत करता है।

सी. बी. मुथम्मा बनाम भारत संघ (1979) में उच्चतम न्यायालय ने उस नियम को असंवैधानिक घोषित कर दिया जिसमें यह प्रतिबन्ध था कि यदि कोई स्त्री कर्मचारी विवाह करना चाहती है तो पहले सरकार से लिखित अनुज्ञा प्राप्त करे और यदि सरकार का समाधान हो जाए कि कि वैवाहिक जिम्मेदारियों के कारण सेवा में विघ्न होगा तो उसे त्यागपत्र देना होगा। ऐसे ही दूसरे नियम के अनुसार किसी विवाहित स्त्री को सेवा में नियुक्ति का अधिकार नहीं होगा। न्यायालय ने कहा कि यदि स्त्रियों के मामले में पारिवारिक जिम्मेदारियों से सेवा में विघ्न हो सकता है तो पुरुषों के मामले में भी उतना ही विघ्न हो सकता है।

इसी प्रकार एयर इण्डिया बनाम नरगिस मिर्जा (1981) के मुकदमे में एयर इण्डिया कॉर्पोरेशन के विनियम में यह उपबंध था कि एयर होस्टेस चार साल के अन्दर विवाह करने या प्रथम गर्भावस्था (जो भी पहले हो) पर सेवामुक्त कर दी जाएगी। उच्चतम न्यायालय ने चार वर्ष विवाह न करने का प्रतिबन्ध उचित ठहराया, पर इस शर्त को पूरा करने के बाद प्रथम गर्भावस्था पर सेवामुक्ति करने की शर्त को अवैध घोषित कर दिया।

समान कार्य के लिए समान वेतन

यद्यपि समान कार्य के लिए समान वेतन का सिद्धान्त संविधान के भाग-3 में दिए गए मौलिक अधिकारों में नहीं दिया गया है लेकिन भाग-4 के अनुच्छेद 39 (घ) में राज्य की नीति के निदेशक तत्व के रूप में यह उपबन्ध है कि पुरुषों और स्त्रियों दोनों का समान कार्य के लिए समान वेतन हो।

स्त्रियों की 80 प्रतिशत जनसंख्या गाँवों में बसती है। अत: ग्रामीण स्त्रियों का विकास होना निहायत जरूरी है। श्रमजीवी स्त्रियाँ घर का काम, खाना बनाना, कपड़ा, बर्तन साफ करना, साफ-सफाई आदि काम तो करती ही हैं इसके अतिरिक्त वे बाहर की कड़ी धूप में लगातार एक ही स्थिति में बैठकर या खड़े होकर करने वाले कार्य करती हैं। इस तरह रोजी प्राप्त करके वे परिवार का आर्थिक पोषण करती हैं। कुल मिलाकर 14-15 घंटे कार्य करती हैं। इसके बावजूद उन्हें पोषण नहीं मिलता क्योंकि उन्हें कार्य के बदले पर्याप्त वेतन नहीं मिलता। परिणामस्वरूप उनका स्वास्थ्य कमजोर रहता है। स्वास्थ्य की दृष्टि से नुकसानदेय पदार्थ बीड़ी, तम्बाकू, धूपबत्ती, खदान का काम, पत्थर तोड़ने आदि जैसे कामों के चलते उनका स्वास्थ्य प्रभावित होता है। खेतिहर टोकरे वाले, ढुलाई वाले, मजदूरों को बरसात, ठंड, गर्मी, सब ऋतुओं में सारे दिन काम करना पड़ता है जिसका प्रतिकूल प्रभाव स्वास्थ्य पर पड़ता है। कम आयु की वजह से वे ठीक से अपना इलाज भी नहीं करवा पातीं। इन स्त्रियों के लिए न तो बीमारी की छुट्टियाँ होती हैं और न ही

स्वास्थ्य बीमा योजना जैसी कोई चीज। गर्भवती होने पर कोई अतिरिक्त देखभाल नहीं होती। प्रसव व प्रसव के बाद या गर्भपात के बाद की भी वही स्थिति होती है। पुत्र-पुत्री के जन्म के पश्चात् भी फर्क किया जाता है। पुत्री पैदा होने पर जच्चा-बच्चा दोनों की ही पूर्णत: देखभाल नहीं की जाती। बीमार होने पर सही तौर पर इलाज नहीं कराया जाता जिससे 5 साल तक के बच्चों की मृत्यु दर लड़कों की तुलना में लड़कियों की अधिक है। श्रमजीवी स्त्रियों को प्रसूति अवकाश भी नहीं मिलता है। असंगठित वर्ग की काम पर जाने वाली स्त्रियों के लिए जगह-जगह झूलाघर की सुविधाएँ, स्त्रियों के लिए मातृत्व सहायता आदि योजनाएँ होनी चाहिए। तभी वे अपनी बेटियों को भी पढ़ने भेज सकेंगी। बचपन से ही अगर उनको अक्षर ज्ञान दिया जाएगा तो उनके रूढ़ हो चुके विचारों में भी बदलाव आएगा। आरोग्य में सुधार होगा तथा बाल मृत्यु दर में कमी आएगी।

भारत की आर्थिक स्थिति शुरू से ही लड़खड़ाती रही है और आज भी स्थिति को सुदृढ़ नहीं कहा सकता। इसीलिए स्त्रियों एवं बालकों को श्रम पर जाना पड़ता है। इस आर्थिक परिस्थिति में जबकि आवश्यक वस्तुओं की कीमतें समय-समय पर बढ़ती हैं सीमित आय में सारत आवश्यकताओं की पूर्ति करना असंभव हो जाता है। समाज का आर्थिक ढाँचा भी ऐसा ही है कि समाज में आर्थिक वर्गीकरण मजदूर वर्ग, मध्यम वर्ग, व पूँजीपतियों के आधार पर किया गया है। इसमें मजदूर तथा मध्यम वर्ग निरन्तर संघर्ष करते रहे हैं। अर्थव्यवस्था की पूर्ति करते-करते ही वे अपनी उम्र पार कर लेते हैं एवं शोषण का शिकार बने रहते हैं। हमारे देश की आर्थिक स्थिति खराब होने का एक बड़ा कारण यहाँ की जनसंख्या है। जनसंख्या की दृष्टि से विश्व में भारत का द्वितीय स्थान है। देश की जनसंख्या का एक बड़ा हिस्सा गरीबों की रेखा के नीचे जीवनयापन करता है। गरीबों में भी पुरुष की अपेक्षा स्त्री अधिक गरीब है, उस पर भी गरीब श्रमजीवी स्त्रियों के लिए तो न घर का काम है न बच्चों की परवरिश, उनकी तकदीर में तो बस मजदूरी ही लिखी है। तमाम सामाजिक-आर्थिक तबाही, पतन, मारकाट का सबसे बुरा शिकार होती हैं गरीब स्त्रियाँ।प्रारम्भ में जब मानव का उद्भव हुआ था, स्त्री-पुरुष के कार्यों में कोई भेद नहीं था। ज्यों-ज्यों मानव विकास की ओर बढ़ता चला गया तो उसके कार्यों में विभाजन भी होता चला गया, इन कार्यों में विशेषीकरण आया तथा स्त्री-पुरुष में श्रम-विभाजन हुआ। संसार का प्रत्येक समाज मातृसत्तात्मक समाज में परिवर्तित हुआ। प्रारम्भ में मातृसत्तात्मक परिवार होने के कारण सम्पत्ति पर, परिवार के नाम पर, वंश, गोत्र इत्यादि पर स्त्री का अधिकार होता था जिससे उसकी स्थिति उच्च हुआ करती थी। लेकिन धीरे-धीरे इस व्यवस्था में परिवर्तन हुआ और इसने पितृसत्तात्मक रूप ग्रहण किया। प्रत्येक मामले में पुरुष ने अपना आधिपत्य जमाना प्रारम्भ कर दिया और वह स्त्री को तुच्छ समझने लगा। उत्पादकता का सम्पूर्ण आश्रय लेकर पुरुष ने स्त्री को घर की वस्तु बना दिया और स्वयं उसका मालिक बन बैठा।

❑❑❑

2

भारतीय नारी के विविध रूप

एक आदर्श नारी में जो गुण होने चाहिए वे सभी गुण भारतीय नारी में प्राय: मिल जाते हैं। आज की भारतीय नारी एक होते हुए भी अपने आपको अनेक रूपों में अभिव्यक्त करने में सक्षम है। वह जहाँ एक ओर आदर्श गृहिणी है वहीं पूजनीय माँ भी है। उसमें जहाँ माँ की ममता है, वहीं भगिनी का प्यार भी है, इन सबसे ऊपर वह एक सुलक्षणा पत्नी है जो अपने परिवार तथा समाज में अपना वर्चस्व बनाए हुए है।

समाज व परिवार में भी नारी की कई भूमिकाएँ हो जाती हैं, जैसे—सास-बहू, माँ-बेटी, बहिन, सखी एवं सहकर्मी, जिठानी-देवरानी, ननद-भाभी आदि।

प्रत्येक रूप में नारी को भाँति-भाँति की पात्रता अभिनीत करनी पड़ती है। चूँकि आज नारी का कार्यक्षेत्र परिवार तक ही सीमित नहीं रह गया है, उसे अपने कार्यस्थल पर भी अनेक रूपों में अपना दायित्व भली-भाँति निर्वहन करना पड़ता है। इस प्रकार एक ही नारी को एक ही दिन में कई प्रकार की भूमिका निभानी पड़ती है। आजकल की कामकाजी नारी के रूप अत्यधिक विस्तृत हो चुके हैं। अत: स्पष्ट है कि नारी शक्तिरूपा है, जगत-जननी है। नारी के सम्बन्ध में यहाँ तक कहा गया है कि उसमें पृथ्वी के समान क्षमा, सूर्य के समान तेज, समुद्र के समान गंभीरता, चन्द्रमा के समान शीतलता एवं पर्वत के समान उच्चता के एक साथ दर्शन होते हैं।

जहाँ नारी के इतने मर्यादित एवं चारित्रिक रूप उसे एक उज्जवल छवि प्रदान करते हैं वहीं उसके परित्यक्ता, रखैल एवं वेश्या वाले रूप उसकी छवि को धूमिल बनाते हैं।

नारी रूपों का यह क्षेत्र अत्यधिक व्यापक है तथा इन रूपों को विस्तारपूर्वक अभिव्यक्त करना अत्यधिक कठिन है किन्तु सारांश में प्रत्येक रूप का वर्णन इस प्रकार प्रस्तुत है—

माँ—नारी के विभिन्न रूपों में माँ का रूप सर्वाधिक गौरवशाली है। पत्नी के रूप में उसके व्यक्तित्व का विकास अवश्य होता है, किन्तु मातृत्व के बिना उसके जीवन में पूर्णता नहीं आती, यह रूप आकर्षण, गरिमा और साफल्य का बोध कराता है। संतति को जन्म देना, उसका पोषण करना, प्रत्येक स्थिति में उसकी रक्षा करना उसके लिए अपना सर्वस्व-न्यौछावर करना और हर स्थिति में उसका कुशलक्षेम चाहना मातृत्व की पहचान है। आज की माँ यदि शिक्षित है तो अपने पारिवारिक दायित्वों को वहन करने के साथ-साथ वह अपनी संतति को स्वयं से अधिक शिक्षित करने का कर्त्तव्य भी भली प्रकार वहन कर रही है। यहाँ यह कहना अतिशयोक्ति नहीं होगा कि जिन नारियों को बच्चों को जन्म देने का सौभाग्य भले ही प्राप्त नहीं हुआ हो किन्तु वे भी ममत्व एवं वात्सल्य से परिपूर्ण हो सकती हैं एवं स्वयं के न सही, और माताओं के बच्चों का पालन-पोषण भी अपने बच्चे की तरह करने के भाव रखती हैं। इसका ऐतिहासिक उदाहरण माता यशोदा एवं पन्नाधाय ने कुशलतापूर्वक प्रस्तुत किया। इस प्रकार माँ के हृदय में छुपी अपनी संतान के प्रति कोमलता, विशालता एवं सहिष्णुता ने नारी को श्रेष्ठ पद पर आसीन कर उसे इस सुन्दर ब्रह्माण्ड की जननी से सुशोभित कर दिया।

पत्नी—नारी के जीवन में एक महत्त्वपूर्ण भूमिका है पत्नी की। पति-पत्नी के सहयोग से ही दाम्पत्य जीवन का निर्वाह होता है परन्तु उसके पारम्परिक पतिपरायण रूप के साथ-साथ नारी स्वातंत्र्य की भावना भी समाहित होती है जिसमें उसका स्वयं का अस्तित्व निहित होता है। यदि पत्नी अनपढ़ है और पति उसे किन्हीं कारणों के कारण मारता या प्रताड़ित करता है, तब भी वह नारी पतिपरायणता का उदाहरण प्रस्तुत करती है। कुछ पत्नियाँ ऐसी भी हैं जो पति के अन्यत्र सम्बन्धों को स्वीकार करके त्यागपूर्ण जीवन जीती हैं। भारतीय पत्नी अधिकांशत: तभी पति का विद्रोह करती है जब वह पति के अवगुणों से अत्यधिक दु:खी हो जाती है तथा यदि वह शिक्षित होती है तो पति का घर त्यागकर आर्थिक रूप से स्वतन्त्र होकर अपनी संतान का पालन करती है।

भारतीय समाज में पत्नी-भक्ति को अत्यन्त ही महत्त्वपूर्ण एवं भव्य बनाकर प्रस्तुत किया है जबकि पश्चिमी सभ्यता से प्रभावित एवं शिक्षित नारी पति को मित्र और सहयोगी अधिक समझती है।

प्रेमिका—नारी और पुरुष का आकर्षण एक शाश्वत एवं नैसर्गिक सत्य है। इसी आकर्षण के परिणामत: सृष्टि के क्रम का नैरंतर्य है। यह आकर्षण जिस भावना को जन्म देता है वह प्रेम है। पुरुष के जीवन का सत्य है संघर्ष, और नारी जीवन का सत्य है समर्पण। इसलिए प्राचीन काल से हमारे समाज में यह मान्यता रही है कि नारी जिससे एक बार प्रेम करती है जीवन भर उसी की होकर रहती है। नारी का अपने प्रिय के प्रति अनन्य प्रेम उसकी श्रद्धा एवं भक्ति का परिचायक है। श्रीकृष्ण के प्रति राधा एवं मीरा के

अनूठे प्रेम तथा शाहजहाँ का अपनी मुमताज महल के प्रति प्रेम का इतिहास साक्षी है। प्रेम नारी के यौवन का बोध कराता है।

भारतीय हिन्दी साहित्यकारों मैथिलीशरण गुप्त ने उर्मिला का, मलिक मोहम्मद जायसी ने नागमती का तथा अमृता प्रीतम, मन्नू भण्डारी जैसी अनेक लेखिकाओं ने अपने कथा साहित्य में ऐसी प्रेमिकाओं की वेदनाजनित दशा का सहानुभूतिपूर्ण चित्रांकन किया है एवं प्रेम जैसी अनमोल भावना की पराकाष्ठा अपनी लेखनी द्वारा वर्णित की है। प्रेम में न तो जाति-पांति आड़े आती है और न छोटा-बड़ा। प्रेम-प्रेम है और प्रेमिका, प्रेमिका।

सखी—नारी अधिकांशत: अन्य नारियों के प्रति असहिष्णु होती है और परस्पर कोई भी रिश्ता हो, कहीं न कहीं कभी न कभी ईर्ष्यालु हो उठती है। बहन-बहन के बीच, माँ-बेटी के बीच, देवरानी-जेठानी के बीच, सास-बहू के बीच, ननद-भाभी के बीच कभी न कभी प्रतियोगिता या तुलना का भाव आ ही जाता है कि जो दूसरों को मिला हुआ है, वह काश मुझे मिल जाता किन्तु दो सखियों में ऐसा एकात्म एवं सामंजस्य होता है कि एक-दूसरे के लिए कुछ भी करने तथा देने के लिए सदैव प्रस्तुत रहती हैं। सखियों के परस्पर अनुराग एवं विश्वास की तुलना प्रेमी-प्रेमिका के परस्पर सम्बन्ध से की जा सकती है। कभी-कभी सखियों की मैत्री धरातल स्पर्श करती है। जहाँ सखी में वात्सल्य भी जागता है और श्रद्धा भी। कई बार सखियों में स्वभाव विपरीत होते हुए भी एक-दूसरे के प्रति पूरकता देखने को मिलती है। कभी-कभी तो सखियों की घनिष्ठता इतनी बढ़ जाती है कि एक सखी दूसरी के लिए पितृ-मातृ, सहायक, स्वामी और सखा सब कुछ हो जाती है।

सखी अथवा सहेली की अंतरंगतता ही मित्रता की प्रथम शर्त होती है। मित्र और केवल मित्र को ही अपने मन का दर्द एवं रहस्य बताया जा सकता है। इस प्रकार सखी में एक नारी का दूसरी नारी के प्रति आत्मीयता एवं ममत्व का यथार्थ बोध होता है। सखियाँ यदि घनिष्ठ हों तो एक-दूसरे के इतनी अधिक समीप होती हैं कि उस रिश्ते के आगे अन्य रिश्तों को ताक पर रख देती हैं। सखियों के बीच अधिकतर दर्द का रिश्ता होता है, वे एक-दूसरे की पीड़ा बाँटने के लिए तत्पर होती हैं, वे एक-दूसरे में कमजोरी भी नहीं देखतीं वरन् गुण देखती हैं। वे एक-दूसरे के समक्ष अपना हृदय खोलकर रख देती हैं।

बहिन—नारी जीवन का एक कोमल पक्ष बहिन के रूप में भी प्रकट होता है। बहिन के व्यक्तित्व में माँ एवं बहिन के कुछ तत्व समाहित होते हैं, जैसे बहिन यदि भाई से बड़ी है तो उसका स्नेह मातृत्व में परिवर्तित हो जाता है और यदि वह छोटी है तो भाई से उसी प्रकार की अपेक्षाएँ रखती है, जैसे कोई बच्ची अपने पिता से। बहिन के रूप में नारी में अपनों के प्रति कोमलता, मधुरता और त्याग की भावना निहित होती है। उसका वह रूप वात्सल्य की गरिमा से मण्डित होता है।

सास—भारतीय परिवार में सास का स्थान बड़ा महत्त्वपूर्ण है। पति की माँ हो या पत्नी की माँ, दोनों ही सासें श्रद्धा की पात्र होती हैं और स्नेह-अनुराग की मूर्ति। लड़के की सास तो अपने दामाद की उन्नति की कामना करती है, लड़की की सास की छवि अवश्य खराब है। एक आतंकमयी के रूप में उसे भारतीय लोकगीतों में भी हौआ बनाकर रख दिया है। वैसे वह भी एक ममतामयी माँ होती है किन्तु बहू के आने पर अपने अधिकार क्षेत्र में हस्तक्षेप हुआ देखकर कुछ-कुछ रूखी और कभी-कभी कठोर भी हो जाती है परन्तु आज के समय में जब नारी ने इतनी प्रगति की है, सास का रूप परम्परावादी न होकर बिल्कुल परिवर्तित हो चुका है। इसलिए ऐसी सास और बहू के रिश्ते एक-दूसरे के प्रति प्रेम, सहानुभूति एवं समझौतावादी देखने में आते जा रहे हैं।

बहू—बहू नारी जीवन की वह भूमिका है जो बड़ी निरीह मानी गई है। यद्यपि वह गृह स्वामिनी के पद की उम्मीदवार होती है और गृहलक्ष्मी के रूप में उसका स्वागत होता है। वह वंशवृद्धि का पर्याय होती है, घर की खुशहाली की चाबी होती है, परिवार के सभी सदस्यों की अपेक्षाओं, आकांक्षाओं की पूर्ति करती है। एक आदर्श बहू अपनी सास एवं परिवार के अन्य सभी सदस्यों का सम्मान करती है, बहू के रूप में नारी का आज्ञाकारी, सहृदय और उदार रूप प्रतिबिम्बित होता है।

ननद-भाभी—जब नारी विवाहित होकर आती है तो अपरिचितों की भीड़ में उसे अपना-सा जो लगता है वह है उसकी ननद जो यदि हमउम्र हो तो सखी-सी लगती है और बड़ी हो तो बड़ी बहिन सी और छोटी हो तो छोटी बहिन सी प्रतीत होती है। ननद को भाभी से बड़ा लगाव होता है। वह उसे माँ का दर्जा देती है, बड़ी बहिन का भी और सखी का भी। वह ससुराल में उसका मार्ग-दर्शन भी करती है। वह अन्य परिजनों एवं नववधू के बीच परिचय का सेतु भी बनाती है किन्तु कभी-कभी सपत्नी द्रोह के दृश्य भी देखने को मिल जाते हैं। कुछ जिद्दी स्वभाव की ननदें होती हैं जो भाभी से प्रतियोगिता करती हैं व माँ से उनकी शिकायतें करती हैं। इस प्रकार नारी के ननद-भाभी के रिश्ते जहाँ आदर और वात्सल्य एवं सख्य भाव रखते हैं वहीं दूसरी ओर कहीं पराएपन का भाव भी रखते हैं। ये प्रत्येक नारी स्वभाव पर आधारित होते हैं।

परित्यक्ता—भारतीय समाज में वह नारी जो किसी कारणवश पति का घर छोड़कर आयी हो या जिसका पति उसे छोड़कर गया हो, समाज में अत्यन्त हीन दृष्टि से देखी जाती है। इसीलिए परित्यक्ता शब्द नारी के लिए गाली जैसा है। पति में कमी होने पर भी, उसके अन्यत्र अनुरक्त होने पर भी, उसके दुर्व्यवहार करने पर भी, उसके नशाखोरी करने पर भी, उसके लालची और विलासी होने पर भी नारी को उसके दहलीज से ही चिपक कर बैठा रहना चाहिए कुछ इस प्रकार की मान्यता है इस समाज की। परित्यक्ता नारी के कई प्रकार हैं—

(1) पति के कहीं अन्यत्र सम्बन्ध होने के कारण पत्नी का परित्याग, (2) पति के दुर्व्यवहार के कारण व अपने बच्चों के पालन-पोषण के लिए स्वयं पति का घर त्यागना, (3) पत्नी की साध्य बीमारी के कारण पति द्वारा परित्याग करना, (4) पत्नी के नि:संतान होने के कारण पति द्वारा उसे छोड़ना। परित्यक्ता चाहे नारी किसी भी दृष्टिकोण से क्यों न हुई हो, कलंकित केवल वही कहलाती है। यही सामाजिक सत्यता है।

रखैल—नारी, माँ, पत्नी, बहिन और बेटी के रूप में जितना सम्मान और पारिवारिक सुरक्षा पाती है उतनी ही अपमानजनक एवं सामाजिक असुरक्षा की स्थिति से तब ग्रस्त हो जाती है, जब उसे कोई वैधानिक सम्बन्ध प्राप्त नहीं होता, अपितु इच्छा या अनिच्छा से रखैल बन जाता पड़ता है। यह नारी जीवन की समस्यामूलक स्थिति है जो सदा ही अवांछनीय है।

वेश्या—वेश्या का स्वरूप नारी जीवन की बहुत बड़ी विडम्बना है, उसका अभिशाप है, उसकी दर्दनाक स्थिति है। जीनव की बहुत बड़ी मजबूरी ही उसे इस राह पर लाती है। इस स्थिति में नारी कभी भी संतुष्ट या प्रसन्न नहीं रहती किन्तु कुछ नारियाँ अपने कामावेग के समक्ष विवश होकर भी यौन उच्चछृंखलता की ओर अग्रसर होती हैं। शरीर का सौदा करना मजबूरी हो सकता है किन्तु पति से बेवफाई करना कोई मजबूरी नहीं। नारी की लज्जाशीलता, नारी के संस्कार ही प्रथमत: तो उसके आड़े हैं। मन विचलित हो जाए, मन अनैतिकता की राह पर चल पड़े तब भी संस्कार तन को रोक लेते हैं। वेश्यावृत्ति नारी की अधोगति है। इसमें लिप्त नारी को तथाकथित प्रेम मिल सकता है, वैभव मिल सकता है, सौ जान से न्यौछावर होने वाला प्रिय मिल सकता है किन्तु घर, परिवार और सम्मान नहीं मिल सकता।

शिक्षित महिला—शास्त्रों के अध्ययन से ज्ञात होता है कि नारी शिक्षा की ओर वैदिक काल से ही पर्याप्त जागरूक थी और शिक्षित नारी का समाज में सम्मानजनक स्थान था। उस समय की अनेक विदुषी नारियाँ भी उल्लेखनीय हैं यथा गार्गी, मैत्रेयी, शतरूपा, अरूंधती आदि। मध्यकाल में नारी शिक्षा की ओर से समाज का ध्यान हटा हुआ पाया जाता है। यवनों के आक्रमण के बाद भारतवर्ष में पर्दा-प्रथा बढ़ी, परिणामस्वरूप नारी-शिक्षा पिछड़ गई। वीरगाथा काल से रीतिकाल तक का साहित्य इस बात का प्रमाण है कि देश में युद्ध का वातावरण रहा। देशी राजाओं की आपसी लड़ाइयों के कारण नारी शिक्षा की ओर से उदासीन हो गई।

उन्नीसवीं शताब्दी में नवजागरण एवं पुनरुत्थान की प्रवृत्ति से प्रभावित होकर महिलाओं से सम्बन्धित रुढ़िवादी धारणाएँ जैसे बाल-विवाह, अनमेल-विवाह, सती-प्रथा, पर्दा प्रथा, आदि शनै:-शनै: समाप्त हो गई और नारी शिक्षा का प्रचार-प्रसार होने लगा। आज तो प्रत्येक क्षेत्र में शिक्षित नारी की उपलब्धियाँ बढ़ती जा रही हैं। हर

व्यवसाय में यहाँ तक कि सेना, पुलिस, प्रशासन, रेल-सेवा, हवाई-सेवा, परिवहन सेवा में नारी प्रवेश कर रही हैं। साहित्य के क्षेत्र में भी नारी की उपलब्धियाँ उल्लेखनीय हैं। आज की शिक्षित महिला समर्थ है और आत्मनिर्भर है। शिक्षित युवती तर्कशील एवं स्पष्टवादी है। वह अपने पति को प्रत्येक स्तर पर सहयोग कर सकती है।

अशिक्षित महिला—शिक्षा जहाँ नारी की अन्तर्दृष्टि को जाग्रत करती है, दूरदृष्टि को विकसित करती है, व्यक्ति को जागरूक और आत्मनिर्भर बनाती है, उसके रोजमर्रा के क्रियाकलापों को सुगम और सुविधापूर्ण बनाती है, वहीं शिक्षा के अभाव में नारी को पग-पग पर बाधाओं-कठिनाइयों का सामना करना पड़ता है। अशिक्षित नारी के समक्ष कभी-कभी बड़ी विडम्बनापूर्ण स्थिति उत्पन्न हो जाती है। पढ़ी-लिखी घरेलू नारियाँ अवकाश का समय पढ़ने-लिखने में व्यतीत करती हैं जिससे उनमें ज्ञानवृद्धि भी होती है और मन बहलाव भी किन्तु अशिक्षित नारियों के लिए समय काटना एक समस्या बन जाता है। उन्हें अपनी जिन्दगी पास-पड़ौस वालों के भरोसे ही काटनी पड़ती है और जब अर्थाभाव की समस्या सामने आती है तो अपने हाथ-पैरों के अतिरिक्त उन्हें किसी का सहारा नहीं दिखता, उन्हें दो जून की रोटी के लिए कभी पिसाई, सिलाई या मेहरी वाले काम करने पड़ते हैं।

कामकाजी नारी—स्वतंत्रता प्राप्ति के पश्चात् समाज में जो उल्लेखनीय परिवर्तन हुए हैं उनमें नारी समाज की सापेक्षित मुक्ति भी एक है। बदलती हुई आर्थिक स्थिति के कारण नारियों की शिक्षा एवं नौकरी की दिशा में भी महत्त्वपूर्ण परिवर्तन हुए हैं। परिवार की आर्थिक स्थिति कमजोर होने पर अथवा आत्मनिर्भर और सामर्थ बनने के लिए नारी को घर-परिवार की चारदीवारी लाँघकर बाहर की दुनिया के कर्मक्षेत्र में पदार्पण करना पड़ा है। निर्धन वर्ग की कई नारियाँ तो बहुत समय से अर्थोपार्जन में संलग्न हैं। उनके निखट्टू पिता या पति उनके दिन भर की परिश्रम की कमाई शराब पीने में खर्च कर देते हैं और किंचित् भी संकोच नहीं करते।

कामकाजी नारियाँ शिक्षित या अशिक्षित दोनों होती हैं, उनकी अपनी कई समस्याएँ हैं, घर, बाहर दोनों की जिम्मेदारी उन्हें निबाहनी पड़ती हैं। वस्तुत: कामकाजी नारी की स्थिति चक्की के पाटों में फँसे दानों की भाँति हो जाती है। अपना अस्तित्व वह बचा नहीं पाती है, उसे अपने लिए भी समय की खोज करनी पड़ती है, उदाहरणार्थ एक लेक्चरार कामकाजी महिला के पास समय नहीं रहता है, सवेरे उठकर वह बच्चों को तैयार कर स्कूल भेजती है, फिर खुद तैयार होती है, तैयार होते-होते ही वह नौकरानी को आदेश देती है। नाश्ता करते-करते ही वह अपना लेक्चर तैयार करती है, फिर काम पर निकल पड़ती है। चाहे वह जिस किसी भी वाहन से जाती हो, यातायात की परेशानी उठाती है। शाम को थकी-हारी आती है, बच्चों की पढ़ाई देखती है, घर में राशन-पानी की चिंता

करते हुए शाम के खाने की तैयारी में जुट जाती है। इस प्रकार अपने स्वयं के लिए उसके पास समय कहाँ बचता है? कामकाजी नारियों को अत्यधिक मानसिक तनाव झेलना पड़ता है। उन्हें घर-गृहस्थी के साथ-साथ अपने कार्यालय के कार्य का भी बोझ सहना पड़ता है। मजदूरी पेशा कामकाजी नारियों की स्थिति और अधिक दयनीय है। दिनभर की मजदूरी उसी दिन समाप्त हो जाती है साथ ही साथ अगर पति शराबी हो तो वह भी उसकी कमाई छीन लेता है। वह अपने बच्चों को पढ़ाने में भी असक्षम होती है।

कुछ समाजशास्त्रियों के अनुसार भारत में महिला आन्दोलन की शुरुआत 19वीं शताब्दी के मध्य से मानी जाती है जब देश के कुछ महापुरुषों ने उन प्राचीन वैदिक परम्पराओं का सहारा लिया जिसमें महिलाओं को पुरुषों के बराबर का दर्जा दिया गया था। आर्य समाज ने इसी मार्ग को अपनाया। इन लोगों एवं संगठनों ने उस समय बाल-विवाह तथा सती प्रथा पर रोक लगवा कर स्त्री शिक्षा और विधवा विवाह को आरम्भ करवाकर महिला आन्दोलन के पक्ष में भूमिका तैयार की थी। विदेशी सत्ता के उस दौर में भी वे महिला के हक में कुछ कानून बनवा पाये थे। बाद में बीसवीं शताब्दी के दूसरे एवं तीसरे दशक में कई शिक्षित बुद्धिजीवी महिलाओं ने स्वाधीनता आन्दोलन में सक्रिय भाग लिया। सिर्फ़ पढ़ी-लिखी ही नहीं बल्कि गाँव-गाँव की किसान-मजदूर-महिलाओं ने भी स्वत: स्फूर्त पुरुषों के साथ कंधे से कंधा मिलाकर संघर्ष में भाग लिया था। बीसवीं शताब्दी का मध्य भाग बंगाल के तेभागा और आन्ध्र के तेलंगाना जैसे प्रसिद्ध किसान विद्रोह में महिलाओं की भूमिका की याद दिलाता है। इसके अलावा वामपंथी, समाजवादी विचार से जुड़कर ढेरों महिलाओं ने मजदूर-किसान संगठन में शिरकत की। साथ ही महिला की स्वतन्त्र पहचान और बराबर के मुद्दे को भी उठाया। एक दौर में गाँधी विचार का भी महिला आन्दोलन पर काफी असर पड़ा। गाँधी ने व्यवहार में राजनैतिक, सामाजिक कार्यों में महिला को बराबरी का स्थान उस समय भी दिलाया। यह कितना आश्चर्यजनक है कि दबी हुई महिला के पक्ष में आवाज उठाने वाले या उसके हक में कानून बनवाने वाले अधिकांश पुरुष ही थे। राजा राममोहन राय, अगारकर, रानाडे, नटराजन, महात्मा फुले, हरविलास शारदा, महात्मा गाँधी, पेरियार, विवेकानन्द, ईश्वर चन्द्र विद्यासागर, दयानन्द सरस्वती, डॉ. अम्बेडकर जैसे कई महापुरुषों का योगदान महिलाओं को ऊपर उठाने के लिए आज भी याद किया जाता है। आज की नारीवादियों का एक हिस्सा पुरुष नाम की वस्तु से ही मुक्ति चाहता है।

1947 में देश की स्वतन्त्रता के पश्चात् बने संविधान में महिलाओं को पुरुषों के बराबर शिक्षा, विवाह, तलाक, नौकरी, सम्पत्ति, वोट आदि के अधिकार प्रदान किए गए जिसके पीछे निश्चित ही महिला संगठन का दबाव और ताकत थी। बाद के दौर में जैसे-जैसे अलग-अलग मुद्दों के संघर्ष तेज होते गए वैसे-वैसे नए कानून और नियम बनाए

गए। भोथरे (बेकार) पड़ गए कानूनों को और ज्यादा पैना और सजग बनाया गया। महिला संगठनों की तादाद भी राजनैतिक और गैर राजनैतिक स्तर पर लगातार बढ़ती गई। महिलाएँ जागरूक भी हुईं, आर्थिक, प्रशासनिक, वैज्ञानिक, सामाजिक और राजनैतिक रूप में आगे भी बढ़ीं। उसमें कहीं ज्यादा अत्याचार, दमन, हिंसा, गैरबराबरी, बलात्कार, भ्रूणहत्या, दहेज, बाल-विवाह और शोषण भी बढ़ा। सामंती समाज से ज्यादा बुरी हालत आज के आधुनिक, वैज्ञानिक शिक्षित समाज में है। कहीं इसका कारण तथाकथित शिक्षा और जागरूकता ही तो नहीं। वैसे स्त्री सम्बन्धी कानून तो कई बने परन्तु न्यायालयों ने उन प्रश्नों पर अपना पारम्परिक सोच अभी भी नहीं बदला है। उनके निर्णयों में प्राय: संभ्रांत वर्गों, पुरुषों के हित संरक्षण की झलक साफ दिखाई देती है। मथुरा, माया, त्यागी, भँवरी, बलात्कारी कांड और देवराला सती का मुद्दा इसका साफ उदाहरण है। संविधान के सम्बन्ध में भी आजकल महिला संगठन साफ कहने लगे हैं कि यह स्त्री को पारिवारिक इकाई से हटकर एक स्वतन्त्र व्यक्तित्व नहीं मानता।

संविधान की मूल प्रकृति पितृसत्तात्मक है। पितृसत्ता को स्त्री समानता की राह में रोड़ा न मानकर उसे एक प्राकृतिक संस्था के रूप में संविधान मानता है। संविधान के समानता और धार्मिक स्वतन्त्रता के अधिकार में भी अन्तर्विरोध है। इसके सम्बन्ध में राजकुमारी अमृता कौर ने 31 मार्च, 1947 के अपने पत्र में स्पष्ट कहा है कि पर्दा-प्रथा, देवदासी, सती प्रथा, बाल विवाह, अंतर्जातीय-विवाह का विरोध सम्पत्ति के उत्तराधिकार की जड़ें, धर्म में ही निहित हैं तथा धार्मिक स्वतन्त्रता का मूल अधिकार हमारे संविधान में है तथापि इन बुराइयों को हटाया जा सकता है।

प्रौद्योगिक क्रान्ति के इस दौर में कुछ नवीन खतरे महिलाओं के सामने उभर रहे हैं। यह अत्यन्त दु:खदायी है कि आधुनिकता की चकाचौंध में स्वयं महिला ही इसमें फँसती जा रही है। उपभोक्ता वस्तुओं के विज्ञापन और विक्रय के लिए प्रारम्भ हुई सौन्दर्य प्रतियोगिता, डिपो प्रोवेरा जैसे परिवार नियोजन के नये-नये खतरनाक साधन पैदा हो रहे हैं। बड़ी-बड़ी डिग्रियाँ तथा पद के बाद युवकों की बढ़ती दहेज की माँग, अति आधुनिक जीवन जीने की लालसा, इलेक्ट्रॉनिक और प्रिन्ट मीडिया में उभरती महिला की शर्मनाक तस्वीर, गर्भजल परीक्षण जैसी पद्धति के पश्चात् बढ़ती हुई महिला भ्रूण हत्या आदि के कारण आज की महिलाएँ कहीं अधिक बुरी स्थिति में हैं। सबसे अधिक चिन्तनीय विषय यह है कि आज के शिक्षित समाज में सोच, समझ, संवेदना तथा मानवीयता समाप्त होती जा रही है। इसके कारण महिलाओं पर अत्याचार एवं अपमान के मामले लगातार बढ़ते जा रहे हैं। एक तथ्य यह भी सामने आ रहा है कि शिक्षित, उच्चवर्गीय, सवर्ण समाज के द्वारा ही महिलाओं पर अत्याचार किए जा रहे हैं। जबकि

सबसे अधिक नैतिकता की बात भी वही करते हैं। कुल मिलाकर आज के आधुनिक पूँजीवादी समाज में नारी निकृष्ट कोटि की मजदूर, पूँजी बाजार में बिकने वाली वस्तु अथवा सजावटी गुड़िया बनकर रह गई है जो सामंती समाज के पुरुष-स्वामित्व अथवा यौन-शोषण से भी अधिक खतरनाक है।

महिला राजनैतिक संगठन

''सर्वहारा-वर्ग तब तक स्वतन्त्रता प्राप्त नहीं कर सकता है जब तक कि महिलाओं के लिए पूर्ण स्वतन्त्रता प्राप्त नहीं कर ले। यदि महिलाओं को राजनीति में, सार्वजनिक कामों में सम्मिलित नहीं किया जाता, उन्हें रसोई की घुटन से बाहर नहीं निकाला जाता, उन्हें बराबर का दर्जा प्राप्त नहीं होता, तब तक वास्तविक स्वतन्त्रता की बात करना असंभव होगा, जनवाद की स्थापना करना भी असंभव होगा, समाजवाद की बात तो दूर। ''

—लेनिन

अपनी इसी सोच के कारण लेनिन ने सबसे पहले किसान-मजदूरों के प्रत्यक्ष संगठनों से अलग नारी संगठन बनाने की बात कही थी। उनके नेतृत्व में रूस की बोल्शेविक पार्टी में स्वतन्त्र महिला समूह का निर्माण हुआ था। यही दौर था जब विश्व कम्युनिस्ट आन्दोलन में भी प्रथम बार महिला-मुद्दों पर एक स्वतन्त्र ढाँचे के तहत लड़ने की शुरुआत हुई। लेनिन ने नारी आन्दोलन में मौजूद कई अवैज्ञानिक धारणाओं का भी विरोध किया। उन्होंने कहा कि स्वतंत्रता का आशय स्वच्छन्दता (अराजकता) और पुरुष से मुक्ति का अर्थ यौन मुक्ति नहीं होता। इसे उन्होंने कम्युनिस्ट नैतिकता और विज्ञान के विरुद्ध बताया।

उन्नीसवीं शताब्दी के पहले नारी-मुक्ति की लड़ाई सामाजिक आन्दोलनात्मक स्तर पर नारी समुदाय की लड़ाई के रूप में कभी नहीं लड़ी गई, और न ही इसका कोई दार्शनिक, वैचारिक आधार ही था। इस प्रकार औरत की अपनी स्वतन्त्र लड़ाई का वस्तुगत आधार पहली बार पूँजीवादी युग में ही पैदा हुआ। सोच के इसी धरातल पर भारत में भी कम्युनिस्ट पार्टी ने महिलाओं के संघर्ष के लिए स्वतंत्र महिला-संगठन की स्थापना की जिससे महिलाओं में आत्मविश्वास, नेतृत्व की क्षमता और स्वतन्त्र सोच विकसित हो तथा वे अपने अधिकारों को प्राप्त करने के आत्म-निर्भर बन सकें। हमारे यहाँ यह पहली शुरुआत थी जिसने महिला मुद्दे को एक स्वतन्त्र महिला संगठन के तहत उठाया। आजादी के आन्दोलन की बात हो या अन्य समस्या, कम्युनिस्ट पार्टी के महिला संगठन अखिल भारतीय महिला फैडरेशन ने पूरे जोर-शोर से उसे उठाया और लड़ा। इस लड़ाई में अन्य समान विचार वाले संगठनों का सहयोग भी रहा।

महिला फैडरेशन का आधार गाँव, देहात और निचले तबके की महिलाएँ ही रहीं। उस दौर के प्रसिद्ध तेलगांना और तेभागा विद्रोह में महिलाओं की बड़ी भूमिका थी। इसमें

लाल झंडे के तले महिलाओं ने 'नारीवाहिनी' बनाकर तथा हथियारों को लेकर गाँव की सुरक्षा का काम भी किया। इसके अलावा शोषित, पीड़ित तबके के अन्य कई आन्दोलनों में भी महिलाओं की भागीदारी हमेशा रही। इन लड़ाइयों के साथ-साथ स्वयं महिला अत्याचार और शोषण से सम्बन्धित मुद्दों को भी इन्होंने बड़ी सक्रियता से उठाया। बलात्कार, दहेज, बाल-विवाह, विधवा-विवाह, सती प्रथा, समान काम समान वेतन, वेश्यावृत्ति जैसे महत्त्वपूर्ण मुद्दों पर लगातार संघर्ष का ही परिणाम था कि इन सब बुराइयों के खिलाफ कानून बने। महिला-संगठन की ताकत का ही परिणाम था कि अंग्रेज सरकार को भी कई कानून बनाने पड़े। 1935 में ही महिलाओं को हमारे यहाँ मतदान का अधिकार मिल गया, जबकि कई सारे विकसित देशों में यह अधिकार बाद में मिला।

महिला-फैडरेशन से शुरू हुई महिला-संगठन की यह धारा आगे चलकर जनवादी महिला समिति, प्रगतिशील मंच से होकर कई सारे नक्सलवादी वामपंथी महिला संगठनों तक जाती है। इनके नेतृत्व में भी कई आन्दोलन हुए। 1917 का श्री काकूलम का गैर-आदिवासियों से जमीन छुड़ाने का संघर्ष हो जिसमें महिलाओं ने हाथ में मिर्च पाउडर लेकर छापामार लड़ाई लड़ी थी अथवा 1970 का लाल निशान पार्टी के नेतृत्व में महाराष्ट्र में खेतिहर महिला मजदूर का संघर्ष हो अथवा करीम नगर (आन्ध्र) चामवासा (बिहार) या मथुरा बलात्कार कांड जिसमें देश भर की महिलाएँ बलात्कार तथा पुरुष सत्ता के खिलाफ सड़क पर उतर आई थीं, आज भी महिलाओं के कारण ही जाने जाते हैं। अरुणा आसफ अली, विमला फारूकी, रेणु चक्रवर्ती, अहिल्या रंगणेकर, सुशीला गोपालन, पूर्णिमा बनर्जी, कमला देवी चटोपाध्याय, उषा मेहता, दुर्गा भाभी, विमला रणदिवे, डॉ सरोजिनी नायडू, मृणाल गोरे, तारा रेड्डी जैसे कई जाने-माने नाम उस समय के महिला-संगठन और संघर्ष के लिए याद किए जाते हैं। 1918 में एनीबेसेंट की अध्यक्षता में कांग्रेस समर्थित ऑल इण्डिया वीमेंस कौन्सिल का जन्म हुआ। यह संगठन मुख्य रूप से कानूनी सुधारों, शिक्षा और राजनीति में भागीदारी का पक्षधर था जिस कारण केवल मध्यमवर्गीय महिलाओं की भागीदारी ही इनके साथ हो सकी जो पारम्परिक ढाँचे की हिमायत थीं। इन पर महात्मा गाँधी का प्रभाव भी था जो सीता को आदर्श मानते थे। गाँधी की सोच तथा व्यावहारिक दृष्टि के कारण स्वतन्त्रता संघर्ष में हजारों महिलाओं ने भाग लिया। परन्तु महिला की स्वतंत्र अस्मिता तथा बराबरी की सोच इस लड़ाई में नहीं उभर सकी। 1927 में राष्ट्रीय स्तर पर ऑल इण्डिया वीमेंस कांफ्रेंस बनी, जिसकी सोच प्रगतिशील थी। इस संगठन ने जिसका नेतृत्व पूर्णरूप से महिलाओं के हाथ में ही था शिक्षा, बराबरी का अधिकार, बाल-विवाह, वृहद विवाह और विवाह-विच्छेद रोकने का अभियान चलाया। 1930 में नमक सत्याग्रह, 1932 में सविनय अवज्ञा आन्दोलन, 1942 में भारत छोड़ो आन्दोलन जैसे महत्त्वपूर्ण संघर्षों में भी हजारों महिलाओं ने घर-बार

छोड़कर भाग लिया। 1941 में करीब 5 हजार महिलाओं ने पर्दा-प्रथा के खिलाफ एक सम्मेलन का आयोजन किया। 1905 में बंगाल विभाजन विरोधी आन्दोलन में महिलाओं ने 'राखी बाँधने' और 'रसोई बनाने' के बहिष्कार का नारा दिया जो तत्कालीन समाज के हिसाब से क्रान्तिकारी था। स्वतन्त्रता प्राप्ति के पश्चात् धीरे-धीरे राजनैतिक पार्टियों की महिला शाखा का प्रचलन बढ़ता गया और लगभग उनकी भूमिका पार्टी और उनके पुरुष साथियों की ताकत बढ़ाना ही रहा। इस कारण वे महिला मुद्दे पर भी एक साथ नहीं आ सकीं। बल्कि एक-दूसरे पर सोशलिस्ट, नारीवादी, वामपंथी, नारीवादी या भाजपाई नारीवादी जैसे आरोप लगाए जाने लगे। राजनैतिक ताकतें नारी-आन्दोलन का दोहन करने लगीं। इसका उभरा हुआ रूप आज महिला आरक्षण के मुद्दे पर स्पष्ट दिखाई देता है। कितने आश्चर्य की बात है कि कई पार्टियों के नेतृत्व में महिला सबसे ऊपर रही पर महिला हित के लिए उसने कुछ काम नहीं किया। आज भी पार्टियों से जुड़े महिला-संगठनों की अपनी छुट-पुट ताकत है पर एक साथ आने की कमी और आपसी दुश्मनो से उसका अहसास नहीं हो पाता। चूँकि धुर दक्षिण और धुर वाम के बीच एकता न तो संभव है और न होनी चाहिए पर वामपंथ के भी तो कई खेमे हैं ? पुरुषवादी वर्चस्व की स्थिति वामपंथी पार्टियों में भी आज उभर आयी है, तभी तो उनके नेतृत्व की पहली पायदान पर आज एक भी महिला नहीं दिखती। उनके महिला-संगठन भी अब शोभा की सुपारी बन कर रह गए हैं। राजनैतिक महिला-शक्ति की इस निष्क्रियता और ठहराव के पश्चात् पिछले दो-ढाई दशक से स्वायत्त अथवा स्वतंत्र महिला-संगठनों की सक्रियता बढ़ी है।

स्वायत्त महिला समूह

1975 का साल पूरी दुनिया के समान भारत की महिलाओं के लिए भी मील का पत्थर सिद्ध हुआ है। यह वह साल था जब भारत में स्वतंत्र महिला-संगठनों की शुरुआत हुई। इन संगठनों का पहला महिला मुक्ति सम्मेलन पूना में इसी वर्ष आयोजित हुआ। 1975 में ही संयुक्त राष्ट्र संघ के आग्रह पर भारत में बने महिला आयोग की रपट भी प्रकाशित हुई जिसने सम्पूर्ण भारतवर्ष में काफी हलचल मचा दी। इसी साल को महिला वर्ष के रूप में भी पहचाना गया। इसी समय मैमिनिष्ट नेटवर्क और मानुषी जैसी महिला पत्रिका भी प्रारम्भ हुई। आगे 1975 से 1985 का दशक महिला दशक भी घोषित हुआ। निश्चित ही इन दो-ढाई दशकों (1975 से 1999) में गैर राजनैतिक महिला समूहों ने अपनी पहचान बनाई है और अपनी उपस्थिति दर्ज कराई है। इस दौर के कई सारे संघर्ष उनके हक में जाते हैं। देवराला सती की बात हो, मथुरा या भँवरीबाई के साथ हुए बलात्कार का मुद्दा हो, गर्भजल परीक्षण के खिलाफ संगठित संघर्ष हो अथवा परिवार-नियोजन के खतरनाक साधनों के खिलाफ उठी आवाज या अभी ताजा-ताजा महिला आरक्षण का मुद्दा हो, सभी के संघर्ष में इन स्वतंत्र महिला-संगठनों की भूमिका महत्वपूर्ण

रही। दहेज कानून, विवाह कानून, बलात्कार कानून, अपराध कानून, सम्पत्ति कानून और समान वेतन अधिनियम में संशोधन, पारिवारिक अदालतों की स्थापना, महिला थाने की शुरुआत आदि इसी संघर्ष के दौरान हुई। उत्तराखण्ड में गौरा देवी के नेतृत्व में पर्यावरण के खिलाफ चला 'चिपको आन्दोलन' जिसमें 90 प्रतिशत महिलाओं की भूमिका थी या एक हद-तक बड़े बाँधों के विरोध में चला 'नर्मदा बचाओ आन्दोलन' भी महिला, संगठित संघर्ष की याद दिलाता है। ये आन्दोलन राजनैतिक न होते हुए भी राजनैतिक सोच के आन्दोलन थे। और इन्होंने राजनैतिक पार्टी तथा गैर सरकारी संगठन दोनों से हटकर अपनी स्वतन्त्र और स्वायत्त सोच विकसित की। इनका मानना है कि हम अपनी परेशानी, कष्ट को सही तरह से समझें, आपस में एकता बनाएँ और इस पुरुषवादी सत्ता के खिलाफ लड़ें। व्यक्तिगत समस्या को अपनी लड़ाई का हथियार बनाएँ। जबकि राजनैतिक पार्टी से जुड़े महिला संगठनों के लिए महिला का मुद्दा भी एक समग्र परिवर्तन की लड़ाई का मुद्दा है। यह व्यवस्था परिवर्तन की सोच तक जाती है।

1975 का साल इसलिए भी महत्त्वपूर्ण था कि भारत में पहली बार महिलाओं के हर पहलू का जायजा लेने वाली रपट प्रकाशित हुई जिसने आजादी के उपरान्त (और संभवत: उससे भी पूर्व) देश में महिला के सामाजिक, आर्थिक, शैक्षणिक, राजनैतिक, सांस्कृतिक, स्वास्थ्य आदि पहलुओं की विस्तृत व्याख्या की। इसके बाद महिला मुद्दों को राजनैतिक, आर्थिक अथवा सामाजिक नजरिये से देखने की शुरुआत भी हुई। पहले महिला बराबरी या मुद्दों का मतलब मात्र दहेज या बाल-विवाह का विरोध ही था। इस रपट ने जहाँ देशभर में महिला की खराब हालत को उजागर किया वहीं उन्हें सक्रिय होने के लिए प्रेरित भी किया। वहीं भारत सरकार के आँख, कान खोलने में भी यह रपट महत्वपूर्ण रही। कहते हैं सबसे ज्यादा महिला-समूह संस्थाएँ इसी दौरान बनीं। परन्तु ये प्राय: महनगरों, नगरों तक ही सीमित रहीं और उनका नेतृत्व भी मध्यम, उच्च मध्यमवर्गीय महिलाओं के हाथ ही रहा। दिल्ली जैसे महानगरों में इस दौरान महिला-संगठनों की बाढ़-सी आ गई। यूनेस्को द्वारा घोषित महिला दशक के विराट कोष और विश्वस्तरीय आयोजनों में भाग लेने की सुविधा ने ऐसे ढेरों संगठनों को जन्म दिया। इन महिला-समूहों पर काफी हद तक पश्चिम के नारीवाद का प्रभाव था। यही कारण है कि ब्रा-बर्न्स सोसाइटी (चोली जलाओ समूह) से लेकर पुरुषों के समान सिगरेट एवं दारू (जो कि किसी के लिए भी सही नहीं है) पीने को स्वतंत्रता माना गया। सेक्स के मुद्दे को भी बहुत ही अराजक तरीके से प्रस्तुत किया गया और उसे महिला स्वतंत्रता कहा गया।

वास्तव में भारतवर्ष के नारीवादी (स्वायत्त) आन्दोलन ने अपने देश, समाज की जमीन को नकार कर जिस पश्चिम की नकल की वहाँ का समाज ऐतिहासिक विकास-यात्रा के परिणामस्वरूप काफी आगे निकल चुका था। वहाँ के समाज में पुरुष के

स्वामित्व और वर्चस्व के रूप सूक्ष्म थे। पूँजीवादी जनतांत्रिक मूल्य होने के कारण वहाँ स्त्री शोषण का नग्न रूप दिखाई नहीं देता था। वहाँ प्रश्न नारी की अस्मिता का था, उपभोक्ता समाज की विकृतियों का था, सत्ता में भागीदारी का था, तथा इन सबके खिलाफ जनमानस तैयार करने का था। उसके एकदम विपरीत हमारे समाज में मध्ययुगीन नारी शोषण का घिनौना रूप कायम था जहाँ आज भी बहुएँ दहेज के लिए जलाई जा रही थीं, पति के साथ महिला को सती होने के लिए उकसाया जा रहा था, जहाँ बलात्कार और हिंसा की संख्या बढ़ रही थी, जहाँ डायन कह कर उसे मारा जा रहा था, और जहाँ आज भी महिला की भूमिका माँ, बेटी या बहिन की ही थी। समाज में विकास की गति धीमी थी। झूठे मूल्य, मान्यताएँ तथा नैतिकता पुरुष ने ही महिला के लिए बनाई थीं जिसे बाद में पूँजीवाद ने भी अपना लिया। समाज के अधिकांश क्रिया-कलापों में नारी की कोई भूमिका नहीं थी। ऐसी सब सच्चाइयों को नकार कर या अनजाने में ही खड़ा हुआ नारी आन्दोलन आखिर कितने दिन जिन्दा रहता ? गाँवों, कस्बों अथवा शोषित, पीड़ित, उपेक्षित तबके की महिला से कटे जाने के कारण भी इस आन्दोलन की सोच जिस जमीन से पैदा हुई थी वह मुट्ठी भर थी और वहीं तक सिमट कर रह गई। यह भी कहा जाता है कि यह महिलाओं की वास्तविकता को नहीं जान पाया। यह पूरा आन्दोलन आधी आबादी के आर्थिक शोषण, यौन शोषण, उत्पीड़न, पुरुष की गुलामी परम्परा और मूल्यों की दिमागी गुलामी, अलगाव आदि को ठीक से अनुभव नहीं कर पाया। आज भी अधिकांश नारी-संगठन शहरों की मध्यमवर्गीय, शिक्षित औरत तक सिमट कर रह गए हैं। अभी भी किसान मजदूर औरत की व्यापक आबादी इनसे कोसों दूर है। आम मध्यम वर्ग की औरत भी ऐसे महिला-संगठनों को नहीं जानती है। शायद यही सब कारण है कि पर्याप्त समय के उपरान्त भी स्वायत्त महिला आन्दोलन लगभग ठंडा पड़ने लगा है (जिसकी स्वीकृति कभी-कभी यत्र-तत्र सुनाई भी देती है) अथवा सेमीनारों, भाषणों या संगोष्ठियों में सिमट कर रह गया है। अपने समाज को ठोस परिस्थितियों, जातीय परम्पराओं अथवा लड़ने वाले या पीड़ित समुदाय के व्यापकतम हिस्से के कटाव से खड़े हुए किसी भी आन्दोलन का शायद यह अनिवार्य परिणाम है। इसके अभाव में कोई भी संगठन या आन्दोलन जिन्दा नहीं रह सकता। आन्दोलन की कमजोरी का ही परिणाम है कि आज नारी के प्रताड़ित होने का घिनौना रूप पुन: उभर रहा है। सरे आम महिला को नंगा करने की बात हो, हर क्षण होने वाली बलात्कार की घटना हो, भ्रूण हत्या का मुद्दा हो, दहेज हत्या की बढ़ती संख्या हो या विज्ञापन में नंगे करने की बात, नारी लगातार पूँजीवादी पुरुष सत्तात्मक ढाँचे की शिकार होती जा रही है और उनको संगठित करने अथवा उनके साथ खड़ा-होने वाला कोई नहीं।

नारी मुक्ति सम्मेलन द्वारा जारी घोषणा पत्र

'स्वायत्त महिला-समूहों का छठवाँ सम्मेलन दिसम्बर, 1997 में राँची में सम्पन्न हुआ। इस सम्मेलन में छोटे-छोटे महिला समूह-संगठन और व्यक्तियों के अतिरिक्त कई नक्सलवादी महिला संगठनों ने भी भाग लिया। इस सम्मेलन में पारित घोषणा पत्र की कुछ प्रमुख बातें निम्न हैं-'

यह घोषणा पत्र हमारे विचारों, राजनीति और महिला आन्दोलन के प्रति हमारी वचनबद्धता की अभिव्यक्ति है। हम अलग-अलग महिला-समूहों व संस्थाओं से भी हैं व व्यक्तिगत रूप में भी इस सम्मेलन में सम्मिलित हुईं। हम अलग-अलग राज्यों, नगरों और गाँवों की विभिन्न राजनैतिक धारणाएँ लिए हुए अलग-अलग धर्म और संस्कृति को मानने वाली, अलग-अलग वर्ग, जाति और भाषाएँ बोलने वाली औरतें हैं। हम सभी समाज के अत्याचारी ढाँचे को चुनौती देने के लिए कार्यरत हैं। हम एक-दूसरे से जुड़ने की, अपने संघर्षों पर चर्चा करने की और हमारी एकता को अभिव्यक्त करने की आवश्यकता अनुभव करते हैं।

हम कहना चाहेंगी कि औरतें पुरुषों से निम्न या कमजोर नहीं होतीं। समाज ने जैविक अन्तर का इस्तेमाल स्त्री/पुरुष के बीच एक क्रमबद्ध और अत्याचारी सम्बन्ध बनाने के लिए किया है। औरत होने के नाते हम सब एक प्रबल वर्ग, जाति और पितृसत्तात्मक ढाँचे के शोषण और दमन की शिकार हैं। घर और बाहर लिंग आधारित काम के बँटवारे से हमारे श्रम पर नियंत्रण किया गया है।

इसके अलावा हमारे शरीर को बाजारू व एक उपभोग की वस्तु बना दिया गया है। परिवार, बाजार, मीडिया, शिक्षा, धर्म तथा कानूनी संस्थाएँ इस उत्पीड़न को मजबूत करने में सहायता करती हैं।

हम वर्षों से महिलाओं संबंधी विशेष विषयों, जैसे—बलात्कार, दहेज हत्या, लिंग-जाँच-पड़ताल, मादा भ्रूणों का गर्भपात, परिवार-नियोजन कार्यक्रम की जबरदस्ती, अश्लील साहित्य आदि को संबोधित करते आ रहे हैं। इस आन्दोलन ने पर्यावरण, आवास आदि मुद्दों को भी उठाया है। हमारा विश्वास है कि ये सब मुद्दे महिलाओं से सम्बन्ध रखते है और हर विषय को औरतों के दृष्टिकोण से देखना चाहिए। बहुत सी औरतें आदिवासियों और किसानों के अधिकारों, भूमि अधिकारों, पर्यावरण और श्रमिक-वर्ग के संघर्षों में भाग ले रही हैं जिससे इन संघर्षों को ताकत मिल रही है। विभिन्न संघर्षों के बीच सम्बन्ध बनाना जरूरी है, इससे हम एक-दूसरे की ताकत बढ़ा पाएँगे।

हमें मौजूदा विकास मॉडल पर मूल रूप से आपत्ति है क्योंकि इसमें केवल प्रभावी वर्ग/जाति का निहित स्वार्थ सिद्ध होता आया है। इसके फलस्वरूप श्रमिक-वर्ग का एक बड़ा भाग कंगाल होता चला गया है व एक भयंकर संकट खड़ा हो गया है। महिलाओं,

आदिवासियों, दलितों और निर्धन किसानों का सबसे अधिक शोषण किया गया है। विकास की विकृति की यह अवस्था है कि औरतों के विकास के लिए बने कार्यक्रमों तक में औरतों के श्रम का शोषण हो रहा है।

नई आर्थिक नीति तथा वर्तमान सुधार नीतियाँ इस सिद्धान्त पर आधारित हैं कि पूँजी को अधिकतम मुनाफा बनाने की हर सुविधा की जानी चाहिए क्योंकि इससे घरेलू और विदेशी पूँजी क्षेत्रों से अधिक पूँजी निवेश होगा। फलत: विकास की दर में वृद्धि होगी।

हम असहमत हैं कि पूँजी के लिए अधिकतम मुनाफे का रास्ता ही आर्थिक विकास का सबसे अच्छा मार्ग है। इस तर्क की वजह से खास नीतिगत बदलाव किये गए जो औरतों और मजदूरों के सदियों के योगदान को नकारते हैं। परिणामत: अमीर और भी अमीर हो रहे हैं जबकि गरीब और भी ज्यादा गरीब। यही नहीं, आज बाजार की महत्ता के फलस्वरूप बढ़ते उपभेक्तावाद व दृश्य संचार माध्यमों के व्यापक फैलाव ने मिलकर औरतों के अश्लील प्रदर्शन व वस्तुकरण को प्रोत्साहन दिया है। कई औरतें अनौपचारिक रूप से कम तनख्वाह पर असुरक्षित काम कर रही हैं।

वार्षिक बजट में स्वास्थ्य और शिक्षा जैसी सुविधाओं पर खर्च लगातार कम किया जा रहा है, हम इस नीति के खिलाफ हैं। नई आर्थिक-नीति और विकास नीतियों का औरतों के वैतनिक और अवैतनिक श्रम पर गहरा प्रभाव पड़ेगा। औरतों का घरेलू श्रम अदृश्य होता है, हम उन सब आर्थिक नीतियों के खिलाफ हैं जो औरतों पर बोझ बढ़ाती हैं और उन पर उल्टा असर डालती हैं।

हम एक ऐसे आर्थिक ढाँचे के प्रति वचनबद्ध हैं जो लोगों को रोजगार की गारंटी दे, आबादी के हर वर्ग की आर्थिक गतिविधियों में भागीदारी सुनिश्चित करे और इसके फायदे के सभी भागीदार हों।

औरतें अपने शरीर और स्वास्थ्य पर नियंत्रण पाने की दिशा में संघर्ष कर रही हैं, क्योंकि वे जान गई हैं कि स्वस्थ होने का अर्थ केवल रोग की गैर मौजूदगी या शरीर का ठीक से काम करना नहीं है। इसमें व्यक्ति की सामाजिक-सांस्कृतिक और आर्थिक बेहतरी भी सम्मिलित है। हम सक्रिय रूप से अभियान चला रहे हैं—उन भेदभावों के खिलाफ, जिनसे औरतों का स्वास्थ्य स्तर गिर रहा है, हानिकारक प्रजनन तकनीकों द्वारा किए गए नुकसान व शारीरिक अत्याचार और दिन-प्रतिदिन घटती स्वास्थ्य सेवाओं के खिलाफ। औरतों के स्वास्थ्य को सिर्फ उनके प्रजनन-तंत्र के स्वास्थ्य तक सीमित करना हमें मान्य नहीं व यही संघर्ष का केन्द्र-बिन्दु है जो औरतों पर जबरदस्ती अपने लक्ष्य प्राप्त करने की कोशिश करता है। स्वास्थ्य-शिक्षा, आत्मसहायता, सुरक्षित गर्भ-निरोधक, स्वास्थ्य सुविधाओं की पहुँच और वैकल्पिक इलाज के तरीकों का समर्थन और मूल्याँकन हमारे वैकल्पिक स्वस्थ्य दृष्टिकोण का अहम हिस्सा हैं।

लिंग, जाति, देश, वर्ग, धर्म व यौनिकता, गहरी जड़ें पकड़ी हुई हैं जो प्रत्येक व्यक्ति में अभिव्यक्त होती है। इतिहास के प्रत्येक क्षण में व्यक्ति की कौन-सी पहचान उसे कब शक्ति देगी, यह सामाजिक सम्बन्ध निधारित करते हैं। हमारा संघर्ष ऐसी किसी भी पहचान के दावे के विरुद्ध है जो औरों की पहचान और अस्तित्व पर आक्रमण करे। जैसे कि हम कट्टरपंथी हिन्दुत्व के विरुद्ध हैं जिनका दम कुछ औरतें और मर्द भर रहे हैं। औरत होने की पहचान को मजबूत करना महिला आन्दोलन का अभिमुख बिन्दु रहा है। हम उन औरतों के सशक्तिकरण का समर्थन करते हैं जो पहचान के कुछ और कमजोर पहलुओं, जैसे—आदिवासी, दलित, निर्धन, श्रमिक, समलैंगिक या द्विलैंगिक आदि होने के कारण हाशिए पर धकेल दी गई हैं।

हम अपने जीवन, शरीर, लैंगिकता और आत्मीय सम्बन्धों के सम्बन्ध में चुनाव कर पाने के अधिकार की माँग करती हैं। हम में से कुछ एकल हैं, कुछ विवाहित हैं, कुछ औरतों के साथ भावनात्मक लैंगिक- शारीरिक-आंतरिक सम्बन्ध हैं, कुछ के मर्दों से और कुछ औरतों के दोनों से सम्बन्ध हैं। हमारे बीच ऐसी भी औरतें हैं जो किसी के साथ भी यौन सम्बन्ध नहीं रखतीं। हमें महसूस होता है कि हमें कुछ हिमायती ढाँचे विकसित करने होंगे जो हमारी इन भावनाओं को अर्थपूर्ण सच्चाई बनाने में मददगार हों।

औरतों के खिलाफ हिंसा का मुद्दा भी हमारी चिन्ता का विशेष क्षेत्र है। हमें विश्वास है कि औरतें हिंसा का शिकार इसलिए बनती हैं क्योंकि वे मर्दों के अधीन हैं। हिंसा का एक और व्यापक रूप अब दिखाई दे रहा है वह है यौन उत्पीड़न और आक्रमणशील पौरुष, जो आगे बढ़कर औरतों, बच्चियों और किशोरियों से बलात्कार और हत्या में परिवर्तित होता है।

हमें ऐसे संघर्षों को मजबूत बनाना है जो पीड़ित औरतों को लगातार मदद करते हैं। हमें देखना है कि कानूनों में परिवर्तन हो तथा उन्हें लागू किया जाए। इसी तरह पुलिस और न्यायविदों के पूर्वाग्रहों को दूर करने के लिए भी संघर्ष करना है।

हम स्त्रियों और पुरुषों पर राजसत्ता द्वारा की गई हिंसा की निन्दा करते हैं। दोनों ही पुलिस, अर्द्ध-सैनिक बलों और सेना के हाथों कष्ट झेलते हैं विशेषत: अल्पसंख्यक, जैसे—आदिवासी, दलित, मुस्लिम और पंजाब, कश्मीर एवं उत्तरपूर्वी क्षेत्रों में निवास करने वाले लोग। सामूहिक बलात्कार को शासन और शक्तिशाली वर्ग दबाने के लिए एक हथियार की तरह इस्तेमाल करते हैं। जैसे-जैसे आर्थिक संकट आदि का दबाव बढ़ता जाता है वैसे-वैसे समस्याओं का हल खोजने की बजाय राजसत्ता जन संघर्षों को दबाने के लिए अधिक हिंसा पर उतर आती है।

महिला- आन्दोलनों की बढ़ती शक्ति को देखते हुए राजसत्ता ने महिलाओं के लिए स्थानीय सरकारों में आरक्षण कर प्रजातांत्रिक अधिकारों को औरतों तक पहुँचाया है तथा

महिलाओं के लिए विशेष विकास कार्यक्रम भी प्रारम्भ किए हैं। राजसत्ता वैधता पाने के लिए हमारे विचारों और कार्यक्रमों को सहयोजित करती है।

वैसे तो आज लगता है कि स्त्री-पुरुष में बराबरी स्थापित हो गई है परन्तु यह छलावा मात्र है। पुरुष प्रधान समाज में औरत का स्थान गुलाम जैसा है, वैवाहिक जीवन में पुरुष ही फैसला करता है और औरत उस पर अमल करती है। यह सब समाप्त होना चाहिए। आज भी नारियों का जीवन यह प्रकट करता है कि अधिकांशत: वैधानिक अधिकार संविधान के पन्नों में धरे के धरे रह गये हैं। भारतीय कानून में अनेक ऐसे उदाहरण हैं जो स्त्री को उन मौलिक अधिकारों से वंचित रखते हैं जहाँ पर उनका अधिकार होना चाहिए था। स्त्रियाँ भी चाहें तो अपने आँचल के दूध व आँखों के पानी को इस लायक बना सकती हैं कि जागरूकता का सतत् प्रवाह बन सके। परन्तु सफलता के लिए स्वाभिमान को जगाने की आवश्यकता है। यदि स्वाभिमान व आत्मस्वतन्त्रता जाग्रत नहीं होगी तो नारी समानता की कल्पना हमेशा सपना बनकर रह जाएगी। पंडित नेहरू ने कुछ प्रसंगों में कहा कि विधानसभाएँ, नगर पालिकाएँ, जिला परिषद, संसद आदि के प्रतिनिधियों में औरतों की संख्या 50 फीसदी होनी चाहिए। बर्नार्ड शॉ का कथन है कि महत्त्वपूर्ण जगहों पर एक पुरुष एक स्त्री दोनों की नियुक्ति हो, उन दोनों द्वारा दिए गए निर्णय उचित व दूरगामी होंगे।

स्त्रियों की अभी भी बहुत बड़ी संख्या ऐसी है जो मुश्किल से पेट पालने की स्थिति में हैं, गरीब है, निरुपाय सी है, रीति-रिवाजों के जालों में उलझी हुई है। इन्हें गौरवपूर्ण जीवन सुलभ हो सके, इसके लिए प्रयत्न करना उच्च एवं मध्य वर्ग की स्त्रियों की जिम्मेदारी है। गरीब तबकों में पुरुषों की अपेक्षा रोजी कमाने वाली स्त्रियों की संख्या ही बड़ी है। इतना ही नहीं गरीब परिवारों में एकमात्र कमाऊ व्यक्ति स्त्री ही होती है। ऐसे गरीब परिवार 20-25 प्रतिशत होंगे। गरीब परिवारों में ही स्त्रियाँ एवं कन्या अधिक कठिन एवं उपेक्षित जिन्दगी जीती हैं। सामान्यत: परिवार की यह भ्रामक कल्पना है कि पति नौकरी करने जाए और पत्नी घर संभाले, कढ़ाई, बिनाई करे और शाम को जब पति नौकरी से लौटकर आए तो गर्म चाय पिलाए। ताजी रोटियाँ बनाकर खिलाए। घर में शान्ति फैलाए। हमारी स्त्रियाँ घर की रानियाँ हैं। घर की देवियाँ है, वे ही तो पर्दे के पीछे घर चलाती हैं। उन्हीं के पास तो सारी सत्ता है, ये तो सिर्फ उच्च वर्ग की फैंटेसी है। जहाँ पेट भरने के लिए स्त्री, बच्चे, पुरुष सभी परिश्रम कर रहे हों वहाँ शाम को तीनों घर में बैठकर खाना खाएँगे, विचारों का आदान-प्रदान करेंगे, ऐसा मान लेना भी एक भ्रामक सत्य है। परिवार तो एक विश्व अणु इकाई है। गरीबी और लाचारी की वजह से हमारे देश में आदमी का जीवन कितना सस्ता हो गया है कि इन्सान में स्त्री की देह तो एक माँ की देह है। नई पीढ़ी को जन्म देने वाली के मातृत्व की रक्षा हो यह किसी भी समाज के लिए

अत्यन्त आवश्यक है। यदि देश के किसी छोटे-छोटे एवं सिरे पर जीने वाले मनुष्य की परिस्थिति में किसी प्रकार की राहत नहीं पहुँचेगी तो देश कैसे आगे बढ़ पायेगा?

देश में स्त्रियों की 26 करोड़ की आबादी में से 21 करोड़ स्त्रियाँ तो गाँवों में बसती हैं और गरीबी रेखा के नीचें ही जी रही हैं। लगभग तमाम गरीब स्त्रियाँ आर्थिक गतिविधियाँ चलाकर कुछ न कुछ कमाई तो करती हैं। हमारे देश में पीढ़ी दर पीढ़ी चले आने वाले कामों में स्त्रियों का महत्त्वपूर्ण योगदान रहा है। अन्न बोना, लुनाई करना, बीजों का संग्रहण करना, खेत में निराई करना, हिफाजत करना, पशुपालन करना, सिलाई, मटके, सुपे, टोकरे, झाड़ू बनाना, नमक पकाना, कताई बुनकर गिरी करना, पापड़ अचार बनाना, छोटी-मोटी पैदावार की बाजार में बिक्री करना, पानी भरना, खाना पकाना, घर का काम करना, बच्चों का लालन-पालन करना, बीमार की देखभाल करना, किफायत करके, छोटी-मोटी बचत करना आदि कार्य जो राष्ट्र की सम्पदा को बढ़ाने वाले बुनियादी किस्म के हैं गाँवों तथा शहरों की श्रमजीवी जनता करती आई है। भारत की जनता का सचमुच का आर्थिक योगदान सरकारी बही में आज तक भी दर्ज नहीं हुआ। चूँकि विद्वान अर्थशास्त्री सवेतन रोजगारी को ही आर्थिक गतिविधि मानते हैं। स्त्रियाँ अर्थोपार्जन के क्षेत्र में सख्त मेहनत का काम करती हैं। राष्ट्र के लिए बुनियादी किस्म की सेवाएँ करती हैं। इसके बावजूद समाज या राष्ट्र उनके बच्चों की हिफाजत नहीं करता। छोटे गरीब बच्चों के लिए आँगनबाड़ी, पोषक आहार खेलकूद आदि की सुविधाएँ पर्याप्त मात्रा में प्राप्त हों यह आवश्यक है। बेटे व बेटी की एक सी परवरिश हो, बेटा हो या बेटी वे हमारी संतान हैं, वारिस हैं, उन्हें एक समान मानकर एकसा महत्व दिया जाना चाहिए।

सम्पूर्ण विश्व में समाज दो प्रकार से विभक्त है। एक प्रकार का विभाजन वर्गीकृत है और दूसरी तरह समाज संस्तरीकृत व्यवस्था में विभक्त है। मूल रूप से समाज को कार्ल मार्क्स ने आर्थिक वर्गों के आधार पर वर्गीकृत किया गया है। मार्क्स के अनुसार दुनिया का आज का इतिहास वर्ग संघर्ष का इतिहास है। मार्क्सवादी दृष्टिकोण से समाज पूँजीवाद ही व्यवस्था में श्रमिक और पूँजीपति दो वर्गों में विभक्त हुआ है।

कार्ल मार्क्स का सम्पूर्ण जीवन जर्मनी या इंग्लैण्ड जैसे देशों में बीता है। इसलिए उनके चिन्तन में इन्हीं देशों की पूँजीवादी व्यवस्था परिलक्षित होती है। यदि कार्ल मार्क्स ने भारतीय समाज को अपनी आँखों से देखा होता तो उन्हें दुनिया के एक अन्य वर्गीकरण का अहसास भी पूरी गंभीरता से होता, और यह वर्गीकरण है पुरुष और स्त्री की असमानता का। डॉ. राममनोहर लोहिया ने पूरी दुनिया में सात क्रान्तियों का उल्लेख किया है। उनके कथनानुसार, ''यदि हमें विश्व को खूबसूरत बनाना है तो हमें सात क्रान्तियों को लाने का प्रयास करना होगा उनके द्वारा प्रस्तावित क्रान्तियाँ इस प्रकार हैं—

पहली रंग भेद, दूसरी वर्ण भेद, तीसरी जाति भेद, चौथी नर-नारी असमानता, पाँचवीं वर्ग भेद, छठवीं हथियार भेद तथा सातवीं भाषा भेद।

लोहिया का चिन्तन सामाजिक असमानता के संदर्भ में सही हो सकता है किन्तु उन्होंने सामाजिक असमानताओं के एक महत्वपूर्ण पक्ष को प्रमुखता प्रदान नहीं की, और वह सामाजिक पक्ष है नर-नारी असमानता का। पूरी दुनिया में लगभग आधी-आबादी स्त्रियों की है और दुनिया के प्रत्येक समाज में वे उपेक्षित रही हैं। मार्क्स एवं लोहिया के चिन्तन में दो बातें उभर कर आती हैं। मार्क्स के मतानुसार पूरी दुनिया दो वर्गों में विभाजित है—मालिक और मजदूर जबकि लोहिया के अनुसार पूरी दुनिया नर-नारी में विभक्त है।

नर-नारी असमानता की प्रक्रिया आज के औद्योगिक युग और मुक्त समाज में भी परिवर्तित नहीं हो सकी। वैज्ञानिक आविष्कारों के उपरान्त भी आज तक समाज में वैज्ञानिक चिन्तन का उद्‌भव नहीं हुआ। औद्योगीकरण को प्रमुख रूप से आर्थिक प्रगति एवं उच्च जीवन स्तर की कुंजी के रूप में स्वीकार किया गया है। यदि आर्थिक प्रगति का केवल उत्पादन की दर से सम्बन्ध स्थापित किया जाए तो औद्योगीकरण की वर्तमान अवस्था को निर्विवाद रूप से स्वीकारा जा सकता है किन्तु वर्तमान औद्योगीकरण को सामाजिक सन्दर्भों में देखा जाए तो कहना होगा कि घरेलू उद्योगों की अवस्था में जिस शोषण का प्रारम्भ हुआ था वह शोषण वर्तमान उन्नत अवस्था में आज भी जीवित है। विशेषत: पूँजीवादी समाज में जहां पूँजी पर पूँजीपतियों का स्वामित्व है वहाँ श्रमिकों का आज भी शोषण हो रहा है। भारतीय समाज में औद्योगीकरण की अंतिम अवस्था का प्रारम्भ पूँजीपतियों के माध्यम से ही हुआ है।

उद्योगों ने विशेषत: विशाल उद्योगों ने जिनका चरमोत्कर्ष 20वीं सदी से ही प्रारम्भ हो चुका था और चारों ओर के वातावरण को प्रदूषित करना प्रारम्भ कर दिया था। शक्कर, मिल, कपड़ा उद्योग, लोहा, चमड़ा, कोयला उद्योग, तेल शोधक एवं अन्य उद्योगों ने न केवल वायु को बल्कि नगरीय क्षेत्रों के जलाशयों नदियों आदि को भी प्रदूषित किया। साथ ही 20वीं शताब्दी के आधुनिक उद्योगों ने सामाजिक प्रदूषण को भी जन्म दिया। नगरों में अनियोजित औद्योगीकरण एवं नगरीय अभियोजन के आधार पर गन्दी बस्तियों का विस्तार, दरिद्रता, व्यापारिकता, मनोरंजन, औद्योगिक थकान, शोर, मानसिक चिन्ता, स्त्री-पुरुषों के वृहद आनुपातिक भेद, आदि समस्याओं का जन्म केवल औद्योगिक एवं नगरीय जनसंख्या प्रक्षेपण के आधार पर हुआ।

आर्थिक जीवन के औद्योगीकरण ने विशेष विकासशील देशों में जहाँ जनसंख्या अधिक थी वहाँ उद्योगों के मशीनीकरण ने मानवीय श्रम के महत्व को कम किया जिसके परिणामस्वरूप समाज में एक दरिद्रता एवं बेरोजगारी विकसित हुई तथा दूसरी ओर पूँजीवादी स्थितियों को प्रश्रय मिलता चला गया। पूँजीवादी स्थितियों का जन्म किसी भी

समाज के लिए मार्क्सवादी धरातल पर विकास की अवस्था हो सकता है किन्तु पूँजीवादी अपने विशिष्ट गुणों के आधार पर व्यक्तियों में वस्तुओं के आकर्षण उपयोग की भावना को जन्म देता है जिसके परिणामस्वरूप सम्पूर्ण समाज विलासित की ओर अग्रसर होता है। दरिद्रता पारिवारिक व सामाजिक विघटन का एक महत्त्वपूर्ण कारक है किन्तु पूँजीवादी चिन्तन दरिद्रता के सकारात्मक पक्ष की चर्चा करता है। जैसा कि गन्स लिखता है कि ''दरिद्र व्यक्ति सम्पूर्ण समाज को स्वच्छ एवं निरोग रखने हेतु सकारात्मक योगदान देते हैं दरिद्रता पारिवारिक व सामाजिक विघटन का एक महत्वपूर्ण कारण है किन्तु पूँजीवादी चिन्तन दरिद्रता के सकारात्मक पक्ष की चर्चा करता है'' जैसा कि गन्स ने लिखा है कि ''दरिद्र व्यक्ति सम्पूर्ण समाज को स्वच्छ एवं निरोग रखने हेतु सकारात्मक योगदान देते हैं।'' इस प्रकार यह कहा जा सकता है कि औद्योगीकरण की प्रक्रिया ने सामाजिक एवं आर्थिक जीवन को प्रभावित किया है जिसका प्रभाव प्रत्येक समाज के सांस्कृतिक, सामाजिक एवं धार्मिक जीवन पर परिलक्षित होता है।

दूसरा दर्जा राष्ट्रीय अभ्यास समिति द्वारा निकाले गए निष्कर्ष के अनुसार है। कुल कामकाजी स्त्रियों में से 94 प्रतिशत असंगठित क्षेत्र में हैं। रोजगार के साथ ही शिक्षा, स्वास्थ्य, राजनीतिक अवसर एवं पारिवारिक व्यवहार में भी स्त्रियों को दूसरा दर्जा प्राप्त है। असंगठित क्षेत्र की जानलेवा स्थिति, कम वेतन एवं पोषण के सभी प्रकार की परेशानियाँ स्त्रियों के हिस्से में आई हैं। बेरोजगारी की बलि बनी ग्रामीण क्षेत्र की महिलाओं की संख्या 60 प्रतिशत एवं सम्पूर्ण देश का आँकड़ा 56 प्रतिशत है।

देश के कुल उत्पादन में 55-60 प्रतिशत योगदान जिन श्रमजीवी स्त्रियों का है, वे अब भी काफी सीमा तक अदृश्य हैं। उन्हें दृश्यमान बनाना, अर्थतंत्र में उनके लिए जगह पैदा करना, समाज में आत्मगौरव के साथ जी सकने के लिए न्यायपूर्ण स्थितियाँ निर्मित करना, फिर उनकी, उनके बच्चों की शिक्षा, स्वास्थ्य, पोषण, आहार, घर अर्थात् उनके सम्पूर्ण विकास की दिशा में प्रयत्न करना होगा। ऐसा अनुभव होता है कि स्त्रियों को अपनी योग्यता के उचित मूल्याँकन की जरूरत है। एक गृहिणी के रूप में किए जाने वाले उसके कार्यों को भी ऊँचा माना जाना चाहिए। देश की लगभग आधी आबादी स्त्रियों की है। देश के विकास में स्त्रियाँ पूरी तरह योगदान दे सके।

ईश्वर यदि स्त्री-पुरुष की भूमिकाएँ इत्तफाक से बदल दे तो तय मानना चाहिए कि पुरुष दूसरे दिन ही ईश्वर के सामने गिड़गिड़ा उठेगा। कोई भी पुरुष स्त्री के जीवन को एक दिन तो क्या एक क्षण भी नहीं जीना चाहेगा, क्योंकि स्त्री बनकर उसे झुकना पड़ेगा, सृजन की पीड़ा को सहना पड़ेगा और सबसे बड़ी बात उसे समझौते करने होंगे। सच तो यह है कि पुरुष हर तरह से स्त्री पर निर्भर होकर भी उसकी भूमिका और महत्व को स्वीकार नहीं कर पाता है।

दरअसल स्त्री उसके लिए एक आदत है, अस्तित्व नहीं। यदि स्त्री का अस्तित्व होगा तो उसकी उपस्थिति होगी। पर यह पुरुष नहीं चाहता कि उसके अलावा उससे अलग भी कुछ हो। अब भी स्त्री बँटी हुई है, कई स्तरों पर वह खंडित है, कई कोणों से। सचमुच स्त्री कोई भी हो उसे उसके दोहरे दायित्वों से निजात नहीं है।

उसे घर-गृहस्थी चलानी है, पति व परिवार के सारे दायित्वों को निभाना है, बदलते परिवेश में उससे बराबर आर्थिक सहयोग की उम्मीद भी की जाती है फिर भी उसे निर्णय लेने का हक नहीं है। जन्म देने का नैसर्गिक अधिकार रखने वाली स्त्री यह तय नहीं कर सकती है कि बच्चे कब हों और कितने हों? आखिर क्यों स्त्री के ही हिस्से में आती है सारी जिम्मेदारी? कहते हैं स्त्री और पुरुष गाड़ी के दो पहिए हैं फिर इन पहियों में कहीं संतुलन नजर क्यों नहीं आता? इस गाड़ी में तो सिर्फ स्त्री ही जुती है, वही खींच रही है। घर देखे, बच्चों को देखे, नौकरी करे, सामाजिक बंधन माने, रिश्ते, त्यौहार और परम्पराएँ निभाए, और जिसके लिए वह यह सब करती है उसकी नजर में इन कामों का क्या मोल है? अधिकांश पुरुष इन्हें स्त्री का फर्ज मान लेते हैं।

स्त्री कई स्तरों पर व्यस्त है और पुरुष एक ही आसन पर विश्राम कर रहा है। यह अक्सर दिखता और चुभता अन्याय है, पर न्याय कौन करेगा जरा सोचिए?

आधुनिक परिवेश में नारी को जहाँ अधिक स्वतंत्रता प्राप्त हुई है वहीं वह अनेक समस्याओं से घिर भी गई है। आज की नारी की जिम्मेदारियाँ बहुत हद तक बढ़ गई हैं? समाज में महत्त्वपूर्ण स्थान पा लेने के पश्चात् उसके उत्तरदायित्वों में वृद्धि हो गई है। वह आर्थिक समस्याओं को सुलझाने के लिए निरन्तर संघर्ष कर रही है।

नौकरी जीविका का साधन है। नौकरी आर्थिक समस्याओं का एक समाधान है। नौकरी स्वावलम्बन के प्रश्न का उत्तर है। नारी सौन्दर्य-बोध का मूर्तरूप है। वह मातृत्व और करुणा की सजीव मूर्ति है, उसके नयन। कोर उज्ज्वल चाँदनी की बौछार हैं। इन सबके बावजूद वह नौकरी करने के लिए विवश हुई। वह पुरुष के समान दफ्तर जाती है या कोई व्यवसाय चलाती है क्योंकि इसका एकमात्र उत्तर आर्थिक दबाव और विषमता तो है ही, पर इसके साथ-साथ युगों-युगों के बंधनों से मुक्ति की चिर कामना भी है।

नारी को नौकरी क्यों करनी पड़ती है? इस प्रश्न के कई उत्तर हैं। एक तो यह है कि इस प्रकार वह घर-परिवार की आर्थिक स्थिति सुधारने में सहायक होती है। दूसरे, अनेक प्रकार की विषम आर्थिक स्थितियों में उसे नौकरी करने को विवश होना पड़ता है। तीसरे, स्वतंत्र आर्थिक स्थिति का प्रलोभन उसे नौकरी की ओर आकर्षित करता है। चौथे, पुरुष पर उसकी आर्थिक निर्भरता मिटती है। इस निर्भरता के कारण उसे अनेक बार शारीरिक और मानसिक यंत्रणा झेलना पड़ती है। आर्थिक आश्रय देकर पुरुष वर्ग ने नारी को गुड़िया

या मन बहलाव का खिलौना समझ लिया है, अत: नारी उसके चंगुल से मुक्ति-कामनावश नौकरी की राह पर चल रही है।

नारी के नौकरी की ओर आकर्षित होने ने अनेक समस्याओं को भी जन्म दिया है। परिवार की सुख-सुविधा का मुख्य दायित्व नारी पर ही है, पर नौकरी के चक्कर में घर की स्थिति होटल सी हो गई है। कार्य की अधिकता ने नारीसुलभ कोमलता को छीन लिया है और वह नीरस होती जा रही है। नौकरी करने वाली स्त्री मातृत्व का दायित्व भी कुशलतापूर्वक नहीं निभा पाती है। ममता और वात्सल्य के अभाव में बच्चों का जीवन पूर्णत: विकसित नहीं हो पाता। परिणामत: नई पौध बौनी होती जा रही है। नारी के नौकरी करने से पुरुषों के लिए नौकरी के अवसर कम रह गए हैं। इन सब समस्याओं को दृष्टिगत रखते हुए इसके लिए उनका स्वयं का विकास होना अत्यन्त आवश्यक है।

नारी का नौकरी करना इस दृष्टि से उचित कहा जाएगा कि नौकरी की बदौलत ही उसे समाज में उचित सम्मान मिल रहा है।

दहेज जैसी विकराल समस्या का एकमात्र समाधान नारी की नौकरी ही है। आर्थिक दृष्टि से परतंत्र नारी आत्महत्या की ओर दौड़ती है, क्योंकि उसे अपना जीवन भार स्वरूप प्रतीत होने लगता है। नौकरी करने पर उसे आर्थिक सुरक्षा मिलती है जिससे वह पुरुष के अत्याचार को सहन करने से इन्कार कर सकती है। स्त्री गृहिणी है। कामकाजी है। माँ है। अफसर है। स्त्री को उसके एक फ्रेम में तो रखना होगा इसलिए पुरुष ने स्त्री के कई टुकड़े कर डाले। उसे सब करना होगा। पर खण्डों में बँटी स्त्री की अपनी मर्जी है ही कहाँ...।

यदि हमें परिवार की समस्याओं को भी ध्यान में रखना है तो कुछ विशाल कार्यक्षेत्रों को नारी के लिए सुरक्षित करना होगा। शिक्षा, चिकित्सा, शिशु संरक्षण, कुटीर उद्योग आदि में कार्य करने से उसे घर के लिए भी पर्याप्त समय मिल सकेगा। अंशकालीन कार्य (Part time job) उसे धन भी दे सकेगा तथा समाज का सामंजस्य बना सकेगा। नौकरी उसमें आत्मविश्वास का संचार करती है। नारी को घर-परिवार का भी ध्यान रखना होगा।

नारी को अपने सम्मान की रक्षा के लिए भी संघर्ष करना पड़ रहा है। अस्मिता का प्रश्न उसके सामने खड़ा है। वह दहेज प्रथा से भी जूझ रही है। प्राचीन भारत के इतिहास पर दृष्टिपात करने से हमें ज्ञात होता है कि यहाँ महिलाओं को आदरपूर्ण स्थान दिया जाता रहा है। हमारे पूर्वजों का कथन था—

''यत्र नार्यस्तु पूज्यंते रमन्ते तत्र देवता:''

अर्थात् जहाँ स्त्रियों की पूजा होती है वहाँ देवता निवास करते हैं। इससे स्पष्ट है कि भारतीय परिवारों में नारियों की महत्वपूर्ण स्थिति थी।

यह संसार परिवर्तनशील है। यहाँ प्रत्येक क्षण स्थिति बदलती रहती है। नारी वर्ग की स्थिति में बदलाव आया है। मुगलकाल में नारी की दशा गिरावट की ओर चली गई।

स्वतंत्रता प्राप्ति से पूर्व तक नारी जाति को शोषण का शिकार बनाया जाता रहा है। कुछ समाजसुधारकों ने इनकी इस दशा के विरुद्ध आवाज उठाई।

आधुनिक युग नवजागरण का युग है। विश्व भर में नारी स्वातंत्र्य का युग चल रहा है इसका प्रभाव भारत की नारियों पर भी पड़ा है। विगत दो दशकों में नारी जागरण में प्रगति दृष्टिगोचर हो रही है। इसका अन्य कारण नारी शिक्षा में विकास भी है। आज की नारी आधुनिकता के परिवेश में जी रही है। वह अनेक समस्याओं के साथ संघर्ष कर रही है। सामाजिक समस्याओं के अतिरिक्त उसे आर्थिक समस्याओं से भी जूझना पड़ रहा है। इसलिए उसे नौकरी करनी पड़ रही है। वह इस प्रकार परिवार को आर्थिक संकट से उबारने का प्रयत्न कर रही है। नारी के नौकरी करने से जहाँ परिवार का जीवन सुखद एवं सम्पन्न बनता जा रहा है वहाँ अनेक समस्याएँ भी जन्म ले रही हैं। इससे उसके परिवार को वे सहूलियतें नहीं मिल पा रही हैं जिनकी उससे अपेक्षा की जाती है। उसके बच्चे सहज स्नेह से वंचित रह जाते हैं। परिवार के वातावरण में एक अनकहा तनाव व्याप्त हो जाता है। कई बार उसे गुण्डागर्दी, बलात्कार एवं छेड़छाड़ का शिकार भी बनना पड़ता है। नारी को नौकरी करते हुए सादा जीवन उच्च विचार पर अमल करना लाभप्रद होगा। फैशनप्रियता के चक्कर में पड़कर वह अपना सम्मान गिराएगी तथा अपव्यय का शिकार भी बनेगी। नारी वर्ग को अपने अधिकारों के प्रति सचेष्ट होना चाहिए पर अपने कर्त्तव्यों के प्रति भी सजग रहना चाहिए।

कामकाजी महिलाओं के संवैधानिक एवं कानूनी अधिकार

भारतीय संविधान के अनुच्छेद 39 में राज्य द्वारा अनुसरणीय नीति तत्वों में उपबन्धित है कि राज्य अपनी नीति का विशेषत: इस प्रकार संचालन करेगा कि सुनिश्चित रूप से पुरुष और स्त्री सभी नागरिकों को समान रूप से जीविका के पर्याप्त साधन प्राप्त करने का अधिकार हो, पुरुषों एवं स्त्रियों दोनों का समान कार्य के लिए समान वेतन हो तथा इन कर्मकारों के स्वास्थ्य और शक्ति का तथा बालकों की सुकुमार अवस्था का दुरुपयोग न हो एवं आर्थिक आवश्यकता से विवश होकर नागरिकों को ऐसे रोजगार में न जाना पड़े जो उनकी आयु या शक्ति के अनुकूल न हो। इसी प्रकार अनुच्छेद 42 काम की न्यायसंगत और मानवोचित दशाओं का तथा प्रसूति सहायता के लिए उपबंध करने का निर्देश देता है। अनुच्छेद 43 स्त्री एवं पुरुष कर्मकारों के लिए निर्वाह मजदूरी आदि की व्यवस्था करने का निर्देश देता है क्योंकि राष्ट्र के आर्थिक विकास में भागीदार स्त्री-पुरुष श्रमिकों की गरिमा एवं उनके व्यक्तित्व को बनाए रखने के लिए उन्हें निर्वाह योग्य मजदूरी दिया जाना तथा उन्हें सामाजिक सुरक्षा प्रदान करना अपरिहार्य है। अभी हाल ही में जोड़े गए अनुच्छेद 43-क के अनुसार उद्योगों के प्रबन्ध में स्त्री-पुरुष कर्मकारों की भागीदारी सुनिश्चित करने का राज्य को निर्देश है।

स्वास्थ्य, सुरक्षा तथा काम के घण्टे

कारखाना अधिनियम-1948 में कर्मकारों के स्वास्थ्य, सुरक्षा, कल्याण, काम के घण्टे तथा अल्प वयस्कों को नियोजित करने के लिए कानून बनाए गए हैं। इन नियमों में महिलाओं के लिए अलग से व्यवस्था की गई है। धारा 19 में पुरुष और स्त्री कर्मकारों के लिए अलग-अलग टायलेट (शौचालय) बनाने का प्रावधान है। धारा 27, रुई, धुनाई के स्थानों के समीप स्त्रियों और बालकों को नियोजित किए जाने पर प्रतिबन्ध लगाती है। धारा 34 के अनुसार किसी व्यक्ति को किसी कारखाने में इतना अधिकार भार उठाने, ढोने या हिलाने के काम में नियोजित नहीं किया जाएगा कि उसके द्वारा उसे क्षति कारित होने की संभावना हो जाए। यही धारा राज्य सरकार को ऐसे नियम बनाने के लिए प्राधिकृत करती है जिनमें कि महिलाओं व बच्चों के लिए अधिकतम भार विहित कर दिया जाता हो।

कारखाना अधिनियम के अध्याय 5 में कर्मकारों के कल्याण के लिए उपबंध हैं तथा धारा 42 पुरुष तथा महिला कर्मकारों के लिए पृथक और समुचित धुलाई की सुविधाएँ प्रदान करने की व्यवस्था करती है। इस प्रकार कपड़ों को इकट्ठा करने और सुखाने के सम्बन्ध में सुविधाएँ मुहैया करने, विश्राम के समय में बैठने की जगह प्रदान करने, प्राथमिक चिकित्सा उपकरण रखने, कैंटीन, शरण-गृह, विश्राम-गृह आदि व्यवस्था करने के आदेशात्मक उपबंध हैं।

अनेक कारखानों में ऐसी स्त्रियाँ नियोजित होती हैं जिनके गोद खेलते बच्चे होते हैं। स्त्रियाँ ऐसे बच्चों को अपने साथ लाती हैं। विभिन्न अधिनियम पारित किए हैं जिनमें स्त्री-पुरुष कर्मियों की कार्यदशा सुधारने का प्रयास किया गया है, इनमें प्रसूति, प्रसूति सुविधा अधिनियम, मजदूरी संदाय अधिनियम, न्यूनतम मजदूरी अधिनियम, बोनस संदाय अधिनियम तथा कारखाना अधिनियम आदि प्रमुख हैं। कुछ अधिनियम स्त्री-पुरुष कर्मकारों के मध्य बराबरी लाने के इरादे से पारित किए गए जिनमें समान पारिश्रमिक अधिनियम प्रमुख हैं। प्रसूति, प्रसूति सुविधा अधिनियम केवल स्त्री कर्मकारों की विशिष्ट लैंगिक स्थिति के कारण उपलब्ध बनाने के लिए पारित किया गया है।

स्त्री की शारीरिक संरचना और मातृक-कृत्यों का पालन जीवन-निर्वाह के लिए उसे अलाभ की स्थिति में रखते हैं तथा उसकी शारीरिक भलाई, लोकहित और सावधानी का विषय हो जाता है ताकि उसके परिवार की क्षमता और उत्साह का परिरक्षण किया जा सके। इस कारण स्त्रियों के पक्ष में विशेष उपबन्ध आवश्यक हैं। विधायिका ने इन वैज्ञानिक तथ्यों के आधार पर स्त्री कर्मकारों के कार्य के घण्टे, स्वास्थ्य व सुरक्षा हेतु उपबंध तथा शिशु-गृह आदि की व्यवस्था से सम्बन्धित विधि पारित की है जो विभिन्न अधिनियम से परिलक्षित होती है।

जिन्हें शिशु-गृहों के अभाव में इधर-उधर खेलने के लिए छोड़ दिया जाता है। मिलों में ये बच्चे आवाज की खड़खड़ाहट और चलती मशीनों के खतरे और धूल से भरे हुए वातावरण के शिकार बनते हैं। अत: धारा 48 हर कारखाने में जिसमें साधारण रूप से 30 या इससे अधिक स्त्रियाँ नियोजित हैं छह वर्ष से कम आयु के बच्चों के उपयोग के लिए उपयुक्त कमरा या कमरे उपलब्ध कराने का प्रावधान करती है जिसे सार्वजनिक शिशु-गृह में तब्दील किया जा सके। ऐसे शिशु-गृहों में समुचित स्थान प्रदान किया जाएगा। इन्हें पर्याप्त रूप से प्रकाश और हवा से युक्त रखा जाएगा तथा ऐसा बालगृह, बालकों एवं शिशुओं की देखरेख के कार्य में प्रशिक्षित महिला के प्रभार के अन्तर्गत रखा जाएगा। इस सम्बन्ध में राज्य सरकार को यह भी शक्ति दी गई है कि वह नियमावली बनाकर ऐसे शिशु-गृहों के लिए स्थान नियत करे और उन गृहों के निर्माण, उनमें उपलब्ध स्थान, फर्नीचर और उचित साज-सज्जा के मानक स्थिर करे। ऐसे कारखानों में महिला कर्मकारों के शिशुओं की देखरेख के लिए अन्य अतिरिक्त सुविधाएँ प्रदान करने, धुलाई के लिए स्थान एवं पानी आदि की समुचित सुविधाएँ और स्त्रियों के वस्त्र बदलने के लिए उचित एवं सुरक्षित व्यवस्था करने, ऐसे शिशुओं के लिए नि:शुल्क दूध या नाश्ता या दोनों के लिए व्यवस्था कारखाने में ही करने तथा आवश्यक अंतरालों पर ऐसे बच्चों की माताओं को उन्हें अपना दूध पिलाने की सुविधा देने की व्यवस्था करने का आदेशात्मक उपबन्ध करता है।

इसी अधिनियम के अध्याय 6 में वयस्कों के काम के घंटों के सम्बन्ध में विशद विवेचन है कि इनमें अधिकतम कितने घण्टे काम लिया जा सकता है तथा ओवरटाइम लेने पर मजदूरी की दर क्या होगी? श्रम विषयक रायल कमीशन ने अपने प्रतिवेदन में यह संकेत किया था कि स्त्रियों के लिए पुरुषों की अपेक्षा काम के घण्टों की अधिकतम सीमा कम निर्धारित करने का प्रमुख आधार यह है कि स्त्रियों को घरेलू काम भी करने पड़ते हैं अत: धारा 66 यह प्रावधान करती है कि स्त्रियों को किसी भी कारखाने में 6 बजे प्रात: से 7 बजे सायं तक की अवधि के उपरान्त की अवधि में काम करने की न तो अपेक्षा की जाएगी और न ही आज्ञा दी जाएगी। लेकिन राज्य सरकार को कतिपय परिस्थितियों में इसमें ढील देने की अनुमति है, जैसे—मत्स्य-उपचार या मत्स्य कैनिंग के कारोबार में जहाँ कि कथित निर्बंधनों की सीमा से बाहर की अवधि में काम करना आवश्यक हो ताकि कच्चे माल को बिगड़ने या क्षतिग्रस्त होने से बचाया जा सके। यह छूट सिर्फ एक सीमा तक दी जा सकती है तथा महिलाओं को 10 बजे रात्रि से 5 बजे तक प्रात: तक के नियोजन से मुक्त रखना आवश्यक है। इस प्रसंग में ओमान वूमेन बनाम ए. सी. टी. लिमिटेड (1991) का वाद उल्लेखनीय है जिसमें कर्मचारियों को नियमित रूप से आत्मसातीकरण हेतु ली जा रही आन्तरिक परीक्षा में कर्मकारों को शामिल किए जाने

से इस कारण मना कर दिया गया कि वे स्त्रियाँ थीं तथा कारखाने की रात समेत सभी पालियों में काम करने में अक्षम थीं। लिंग भेद के आधार पर महिलाओं को परीक्षा से वंचित किया जाना संविधान के अनुच्छेद 14 एवं 15 का उल्लंघन करार देते हुए केरल उच्च न्यायालय ने निर्धारित किया कि स्त्रियाँ केवल रात दस बजे से प्रात: पाँच बजे तक ही उपलब्ध नहीं हैं, बाकी पालियों में वे पुरुषों के साथ काम करने में सक्षम हैं अत: उन्हें परीक्षा में बैठने का अधिकार है।

मार्च, 2005 में केन्द्रीय सरकार ने महिलाओं को फैक्ट्री में रात की पाली में काम करने की अनुमति प्रदान करने हेतु कारखाना अधिनियम, 1948 में संशोधन करने का निर्णय लिया है। वर्तमान संदर्भ में सूचना तकनीक आधारित कार्यों के कारण अनेक कार्य रात की पाली में ही सम्पन्न होते हैं अत: महिलाओं को रात की पाली में कार्य करना आवश्यक होता जा रहा है। महिलाओं को रात में कार्य करने एवं आवागमन की सुरक्षित एवं समुचित दशाएँ प्रदान करने का प्रावधान करने की घोषणा भी सरकार ने की है।

मातृत्व एवं प्रसूति अवकाश

कारखाना अधिनियम की धारा 79 मजदूरी सहित छुट्टी की गणना में किसी स्त्री कर्मकार द्वारा ली गई बारह सप्ताह से अधिक की प्रसूति छुट्टी का आकलन करने का प्रावधान करती है। अध्याय 9 की धारा 87 में राज्य सरकार को यह शक्ति दी गई है कि खतरनाक या जोखिम भरी क्रियाओं वाले कारखानों में स्त्रियों तथा बच्चों के नियोजन पर रोक लगा सकती है।

मातृत्व प्रत्येक स्त्री का पवित्र अधिकार तथा ईश्वर द्वारा दिया गया दायित्व है जिसकी पूर्ति करते हुए वह स्वयं को धन्य मानती है। प्रसूति प्रसुविधा अधिनियम 1961 शिशु-प्रसव से पूर्व और उसके बाद की कुछ अवधि में स्त्रियों के नियोजन को विनियमित करने के उद्देश्य से बनाया गया है। इसका उद्देश्य महिला कर्मकारों को सामाजिक न्याय प्रदान करना है। उच्चतम न्यायालय ने अपने विनिश्चयों में कहा है कि इस अधिनियम के उपबन्धों का निर्वचन करने में न्यायालय को उदारवादी नियम का पालन करना चाहिए जिससे कि न केवल महिला कर्मकारों का भरण-पोषण हो सके बल्कि वे अपनी क्षीण शक्ति को पुन: प्राप्त कर सकें। शिशुओं का पालन-पोषण हो सके तथा अपनी कार्यक्षमता को बनाए भी रख सके।

प्रसूति प्रसुविधा अधिनियम की धारा 4 के अनुसार उद्योग में नियोजित प्रत्येक महिला को प्रसव तथा गर्भपात के लिए 12 सप्ताह का विश्राम पाने का वैधानिक अधिकार प्राप्त है। कई राज्यों में तथा कई सेवाओं में प्रसूति अवकाश बढ़ाकर 135 दिन कर दिया गया है। इस अधिकार को प्रदान करना नियोजन के लिए बंधनकारी है क्योंकि यह प्रावधान आदेशात्मक है। अधिकारों को प्रदान न करने पर उसे दोषसिद्ध किया जा

सकता है। कोई भी नियोजक जानबूझकर ऐसी महिला को काम पर नहीं लगाएगा जिसे 6 सप्ताह के अन्दर ही बच्चे को जन्म देने की संभावना है।

इसी से जुड़ा हुआ दूसरा अधिकार है कि प्रसव से 6 सप्ताह की छुट्टी पर जाने के एक माह पूर्व यदि वह स्वामी से लिखित प्रार्थना करती है कि उससे अधिक और भारी काम न लिया जाए जिससे उसका तथा होने वाले बच्चे पर कुप्रभाव का डर या स्वास्थ्य पर विपरीत असर पड़ने की संभावना है तो नियोजक उसकी प्रार्थना पर कार्य करने तथा उसे श्रमसाध्य कार्य न देने के लिए अपेक्षित है।

मातृत्व लाभ के आकलन विधि पर प्रकाश डालते हुए कहा गया है कि सप्ताह में बिना मजदूरी वाली छुट्टियाँ भी सम्मिलित होंगी। 6 सप्ताह की अवधि में आने वाले रविवार तथा अन्य अवैतनिक अवकाश सम्मिलित माने जाएँगे। यदि वह स्त्री प्रसव कार्य के पूर्व ही मर जाती है तो उसकी मृत्यु के दिन तक का मातृत्व लाभ देय होगा। यदि स्त्री बच्चे को जन्म देने के बाद मर जाती है और बच्चा जीवित रहता है तो प्रसव के 6 सप्ताह का मातृत्व लाभ देय होगा, लेकिन यदि जच्चा-बच्चा दोनों ही काल-कवलित हो जाते हैं तो उनके जीवित रहने के अन्तिम दिन तक का लाभ दिया जाएगा। यदि माता की मृत्यु के समय नवजात शिशु जीवित है और माँ के मरने के बाद मरता है तो जितने दिन वह जीवित रहा उस समय तक का मातृत्व लाभ स्त्री के नामित व्यक्ति या उसके वैधानिक उत्तराधिकारी को देय होगा। मातृत्व लाभ देने का उत्तरदायित्व नियोजक का होता है। यदि वह मातृत्व-लाभ बोनस अनुचित ढंग से रोकता है तो दोषसिद्ध किया जा सकता है तथा दण्ड का भागीदार हो सकता है। बी.शाह बनाम प्रिसाइडिंग लेबर कोर्ट कोयम्बटूर (1977) के मामले में उच्चतम न्यायालय में यह मत व्यक्त किया गया है कि संविधान के अनुच्छेद 42 में अभिव्यक्त निर्देशों की बहुत उपयोगिता है तथा यह अनुच्छेद महिला कर्मचारियों को अपने नवजात शिशु की देखरेख कार्यकर्मी के रूप में अपनी कार्यकुशलता का पोषण, अपनी कार्यक्षमता व उत्पादन शक्ति का पुन: संग्रह करने का अवसर करने की नीति प्रस्तुत करता है।

सी. बी. मुथम्मा बनाम भारत संघ (1979) में उच्चतम न्यायालय ने उस नियम को असंवैधानिक घोषित कर दिया जिसमें यह प्रतिबन्ध था कि यदि कोई स्त्री कर्मचारी विवाह करना चाहती है तो पहले सरकार से लिखित अनुज्ञा प्राप्त करे और यदि सरकार का समाधान हो जाए कि कि वैवाहिक जिम्मेदारियों के कारण सेवा में विघ्न होगा तो उसे त्यागपत्र देना होगा। ऐसे ही दूसरे नियम के अनुसार किसी विवाहित स्त्री को सेवा में नियुक्ति का अधिकार नहीं होगा। न्यायालय ने कहा कि यदि स्त्रियों के मामले में पारिवारिक जिम्मेदारियों से सेवा में विघ्न हो सकता है तो पुरुषों के मामले में भी उतना ही विघ्न हो सकता है।

इसी प्रकार एयर इण्डिया बनाम नरगिस मिर्जा (1981) के मुकदमे में एयर इण्डिया कॉर्पोरेशन के विनियम में यह उपबंध था कि एयर होस्टेस चार साल के अन्दर विवाह करने या प्रथम गर्भावस्था (जो भी पहले हो) पर सेवामुक्त कर दी जाएगी। उच्चतम न्यायालय ने चार वर्ष विवाह न करने का प्रतिबन्ध उचित ठहराया, पर इस शर्त को पूरा करने के बाद प्रथम गर्भावस्था पर सेवामुक्ति करने की शर्त को अवैध घोषित कर दिया।

समान कार्य के लिए समान वेतन

यद्यपि समान कार्य के लिए समान वेतन का सिद्धान्त संविधान के भाग-3 में दिए गए मौलिक अधिकारों में नहीं दिया गया है लेकिन भाग-4 के अनुच्छेद 39 (घ) में राज्य की नीति के निदेशक तत्व के रूप में यह उपबन्ध है कि पुरुषों और स्त्रियों दोनों का समान कार्य के लिए समान वेतन हो।

स्त्रियों की 80 प्रतिशत जनसंख्या गाँवों में बसती है। अतः ग्रामीण स्त्रियों का विकास होना निहायत जरूरी है। श्रमजीवी स्त्रियाँ घर का काम, खाना बनाना, कपड़ा, बर्तन साफ करना, साफ-सफाई आदि काम तो करती ही हैं इसके अतिरिक्त वे बाहर की कड़ी धूप में लगातार एक ही स्थिति में बैठकर या खड़े होकर करने वाले कार्य करती हैं। इस तरह रोजी प्राप्त करके वे परिवार का आर्थिक पोषण करती हैं। कुल मिलाकर 14-15 घंटे कार्य करती हैं। इसके बावजूद उन्हें पोषण नहीं मिलता क्योंकि उन्हें कार्य के बदले पर्याप्त वेतन नहीं मिलता। परिणामस्वरूप उनका स्वास्थ्य कमजोर रहता है। स्वास्थ्य की दृष्टि से नुकसानदेय पदार्थ बीड़ी, तम्बाकू, धूपबत्ती, खदान का काम, पत्थर तोड़ने आदि जैसे कामों के चलते उनका स्वास्थ्य प्रभावित होता है। खेतिहर टोकरे वाले, ढुलाई वाले, मजदूरों को बरसात, ठंड, गर्मी, सब ऋतुओं में सारे दिन काम करना पड़ता है जिसका प्रतिकूल प्रभाव स्वास्थ्य पर पड़ता है। कम आयु की वजह से वे ठीक से अपना इलाज भी नहीं करवा पातीं। इन स्त्रियों के लिए न तो बीमारी की छुट्टियाँ होती हैं और न ही स्वास्थ्य बीमा योजना जैसी कोई चीज। गर्भवती होने पर कोई अतिरिक्त देखभाल नहीं होती। प्रसव व प्रसव के बाद या गर्भपात के बाद की भी वही स्थिति होती है। पुत्र-पुत्री के जन्म के पश्चात् भी फर्क किया जाता है। पुत्री पैदा होने पर जच्चा-बच्चा दोनों की ही पूर्णतः देखभाल नहीं की जाती। बीमार होने पर सही तौर पर इलाज नहीं कराया जाता जिससे 5 साल तक के बच्चों की मृत्यु दर लड़कों की तुलना में लड़कियों की अधिक है। श्रमजीवी स्त्रियों को प्रसूति अवकाश भी नहीं मिलता है। असंगठित वर्ग की काम पर जाने वाली स्त्रियों के लिए जगह-जगह झूलाघर की सुविधाएँ, स्त्रियों के लिए मातृत्व सहायता आदि योजनाएँ होनी चाहिए। तभी वे अपनी बेटियों को भी पढ़ने भेज सकेंगी। बचपन से ही अगर उनको अक्षर ज्ञान दिया जाएगा तो उनके रूढ़ हो चुके विचारों में भी

बदलाव आएगा। आरोग्य में सुधार होगा तथा बाल मृत्यु दर में कमी आएगी।

भारत की आर्थिक स्थिति शुरू से ही लड़खड़ाती रही है और आज भी स्थिति को सुदृढ़ नहीं कहा सकता। इसीलिए स्त्रियों एवं बालकों को श्रम पर जाना पड़ता है। इस आर्थिक परिस्थिति में जबकि आवश्यक वस्तुओं की कीमतें समय-समय पर बढ़ती हैं सीमित आय में समस्त आवश्यकताओं की पूर्ति करना असंभव हो जाता है। समाज का आर्थिक ढाँचा भी ऐसा ही है कि समाज में आर्थिक वर्गीकरण मजदूर वर्ग, मध्यम वर्ग, व पूँजीपतियों के आधार पर किया गया है। इसमें मजदूर तथा मध्यम वर्ग निरन्तर संघर्ष करते रहे हैं। अर्थव्यवस्था की पूर्ति करते-करते ही वे अपनी उम्र पार कर लेते हैं एवं शोषण का शिकार बने रहते हैं। हमारे देश की आर्थिक स्थिति खराब होने का एक बड़ा कारण यहाँ की जनसंख्या है। जनसंख्या की दृष्टि से विश्व में भारत का द्वितीय स्थान है। देश की जनसंख्या का एक बड़ा हिस्सा गरीबी की रेखा के नीचे जीवनयापन करता है। गरीबों में भी पुरुष की अपेक्षा स्त्री अधिक गरीब है, उस पर भी गरीब श्रमजीवी स्त्रियों के लिए तो न घर का काम है न बच्चों की परवरिश, उनकी तकदीर में तो बस मज़दूरी ही लिखी है। तमाम सामाजिक-आर्थिक तबाही, पतन, मारकाट का सबसे बुरा शिकार होती हैं गरीब स्त्रियाँ।

सरकारी प्रयास में महिलाएँ

भारतीय संविधान भारत को एक कल्याणकारी राज्य बताया गया है जिसका अर्थ है कि राज्य प्रत्येक नागरिक के कल्याण के लिए कार्य करेगा और समाज के कमजोर वर्गों और महिलाओं के उत्थान व विकास के लिए विशेष प्रयत्न करेगा। इसके अलावा संविधान के चौथे भाग में 'राज्य के नीति निर्देशक तत्वों' का जिक्र किया गया है जो सीधे-सीधे महिलाओं के अधिकार और उनके विकास से सम्बंधित हैं।

यदि हम सरकार द्वारा बनाई गई महिला विषयक नीतियों और उसके द्वारा लिए गए फैसलों की मीमांसा करें तो पता चलता है कि सरकारी स्तर पर महिलाओं के विकास के लिए योजनाएँ तो खूब बनीं हैं और गंभीर बनी हैं लेकिन कार्यपालिका की कमजोरी, लुंजपुंज नौकरशाही, शिक्षा की कमी और अत्यधिक जनसंख्या दबाव के कारण योजनाएँ में ही दम तोड़ देती हैं।

सरकार द्वारा महिला अधिकारिता के लिए किए गए उपाय

स्वयंद्धि-सेवाओं के दायरें में लाने, लघु-ऋणों तक पहुँच बढ़ाने एवं लघु-उद्योगों को बढ़ावा देते हुए स्वयं सहायता समूहों के माध्यम से महिलाओं के विकास एवं सशक्तिकरण हेतु यह एक समन्वित परियोजनना है। इस कार्यक्रम का सर्वाधिक महत्त्वपूर्ण भाग है परियोजना कार्यान्वयन अभिकरणों जो राज्य सरकारों द्वारा नामित किए गए कोई

भी उपयुक्त सरकारी अथवा गैर-सरकारी अभिकरण हो सकते हैं, के माध्यम से चार पाँच वर्ष की अवधि की खंड विशिष्ट संयुक्त परियोजनाओं का प्रतिपादन, कार्यान्वयन और निगरानी। अभी तक इस परियोजना के तहत आबंटित किए गए 650 खंडों में 52,016 स्वयं सहायता समूह बनाए जा चुके हैं।

स्व-शक्ति परियोजना-पूर्व में ग्रामीण महिला विकास एवं सशक्तिकरण परियोजना के नाम से ज्ञात इस परियोजना को 186 करोड़ रुपये की लागत के साथ पांच वर्ष की अवधि के लिए बिहार, छत्तीसगढ़, गुजरात, हरियाणा, झारखंड, कर्नाटक, मध्य प्रदेश, उत्तरांचल और उत्तर प्रदेश राज्यों में कार्यान्वित करने के लिए केन्द्र द्वारा प्रायोजित योजना के रूप में अक्टूबर,1998 में स्वीकृति प्रदान की गई। 5 करोड़ रुपए की एक अतिरिक्तराशि लाभग्राही समूहों को मुख्यत: उनके निर्माण के चरणों दौरान ब्याज-मुक्त ऋण देने के लिए आवर्ती निधियों की स्थापना में सहायता देने के लिए इस परियोजना में उपलब्ध करवाई है। इस परियोजना का उद्देश्य है कड़ी मेहनत और समय को कम करने वाले साधनों, स्वास्थ्य, साक्षरता का उपयोग करके तथा विश्वास में वृद्धि करके और आय उत्पादक गतिविधियों हेतु दक्षताएँ प्रदान करके बेहतर जीवन-स्तर के संसाधनों तक महिलाओं की पहुँच बढ़ाना। अभी तक इस परियोजना के तहत 16,000 स्वयं सहायता समूहों के लक्ष्य की तुलना में 17, 647 स्वयं सहायता समूह गठित किए जा चुके हैं। यह परियोजना संयुक्त रूप से विश्व बैंक तथा कृषि विकास हेतु अंतराष्ट्रीय निधि सहायता से प्राप्त है।

महिलाओं के लिए प्रशिक्षण एवं रोजगार कार्यक्रम को समर्थन (एसटीईपी)-यह कार्यक्रम गरीब संपत्तिहीन महिलाओं के रोजगार के आठ क्षेत्रों अर्थात् कृषि,पशुपालन, डेयरी, मछली पालन, हथकरधा, हस्तशिल्प, खादी एवं ग्राम उद्योग तथा रेशम कीट पालन के क्षेत्रों में अध्ययन, कौशल एवं नवीन जानकारी उपलब्ध करवाने काएक प्रयास है। यह योजना उन सरकारी संगठनों, राज्य निगमों, सहकारी संस्थाओं, संघों और स्वैच्छिक संगठनों के माध्यम से क्रियान्वित की जा रही है जो कम से कम तीन वर्ष की अवधि से अस्तित्व में हैं। 2003-04 के दौरान 11 परियोजनाएँ स्वीकृत की गई थी जिनमें 16,350 महिलाओं को लाभान्वित होने का अनुमान है।

स्वावलंबन-इस योजना का उद्देश्य महिलाओं को स्थायी आधार पर रोजगार अथवा स्व रोजगार प्राप्त करने में सहायता देने की दृष्टि से उन्हें प्रशिक्षण और कौशल उपलब्ध करवाना है। कुछ व्यवसाय जिनमें प्रशिक्षण दिए गए हैं। कम्प्यूटर प्रोग्रामिंग, मेडिकल ट्रांसकिशन, इलेक्टॉनिक असैम्बलिंग, उपभौक्ता इलैक्ट्रॉनिक मरम्मत, रेडियो एवं टीवी मरम्मत, वस्त्र निर्माण एवं कसीदाकारी। 2003-2004 के दौरान 71,240 महिलाओं को लाभान्वित करने वाले 463 प्रस्ताव अनुमोदित किए गए।

कामकाजी एवं बीमार महिलाओं के बच्चों के लिए शिशु सदन/दिन में देख-रेख केन्द्र-इस योजना का उद्देश्य उन माता-पिता के बच्चों (.05 वर्ष) को दिन में देख-रेख सुविधाएँ उपलब्ध करवाना है जिनकी मासिक आय 1,800 रुपए से अधिकनहीं है। इस योजना के अंतर्गत बच्चों को उपलब्ध करवाई सुविधाओं में शयन एवं दिन में देखरेख सेवाएँ, पूरक-आहार, टीकाकरण, दवाई और मनोरंजन शामिल हैं। यह योजना केन्द्रीय समाज कल्याण बोर्ड और दो अन्य राष्ट्रीय स्तर के सवैच्छिक संगठनों अर्थात भारतीय बाल कल्याण परिषद तथा भारतीय आदिम जाति सेवक संघ के माध्यम से समस्त देश में क्रियान्वित की जा रही हैं। 2003-04 के दौरान इस योजना के अंतर्गत लगभग 33.11 लाख बच्चे लाभान्वित हुए।

कामकाजी महिलाओं के लिए छात्रावास-कामकाजी महिलाओं के लिए दिन में देखरेख केन्द्रों सहित छात्रावास भवनों के निर्माण और विस्तार के लिए सहायताकी योजना 1972 से क्रियान्वित की जा रही है। इस योजना के अंतर्गत गैर-सरकारी संगठनों, सहकारी निकायों और महिला समाज कल्याण तथा महिला शिक्षा के कार्यों में लगी अन्य एजेन्सियों, सरकारी उपक्रमों, महिला विकास निगमों, स्थानीय निकायों, विश्वविद्यालयों तथा राज्य सरकारों को कामकाजी महिला छात्रावासों के भवनों का निर्माण करने के लिए वित्तीय सहायता उपलब्ध करवा जाती हैं यह योजना कामकाजी महिलाओं (अकेली कामकाजी महिलाएँ जिनके पति शहर से दूर के स्थानों पर काम कर रही महिलाएँ, कामकाजी महिलाएँ जिनके पति शहर से बाहर गए हों आदि) रोजगार के लिए प्रशिक्षण, कामकाजी महिलाओं तथा विद्यालयोत्तर व्यावसायिक पाठ्यक्रमों में अध्ययन कर रही छात्राओं के सुरक्षित एवं वहनीय आवास के प्रावधानों को ध्यान में रखकर बनाई गई है। 2003-04 के दौरान, इस योजना के तहत 1,1188 महिलाओं को लाभान्वित करते हुए तेरह नए छात्रावास स्वीकृत किए गए।

स्वाधार-इस योजना को कठिन परिस्थितियों में पड़ी महिलाओं, जैसे अपने परिवारों द्वारा वृन्दावन तथा काशी जैसे धार्मिक स्थानों में छोड़ दी गई असहाय विधवाओं, जेल से मुक्त की गई और पारिवारिक समर्थन से विहीन महिला कैदी, प्राकृतिक आपदाओं से सुरक्षित बच गई महिलाएँ जो बेघर हो गई हों और जिनके पास सामाजिक व आर्थिक सहारा न हो, अवैध व्यापार से बचाई गई महिलाएँ/लड़कियाँ अथवा वेश्यालयों तथा अन्य स्थानों से भागी हुई अथवा यौन-अपराधों की शिकार महिलाएँ जिनको उनके परिवार ने त्याग दिया है अथवा जो विभिन्न कारणों से अपने परिवार के पास वापस नहीं जाना चाहती, को समग्र एवं एकीकृत सेवाएँ उपलब्ध करवाने के लिए केन्द्रीय क्षेत्र की एक योजना के रूप में 2001-02 में शुरू किया गया था। इस योजना के अंतर्गत उपलब्ध करवाई जा रही सेवाओं के पैकेज में भोजन, कपड़ा, आश्रय, स्वास्थ्य देखभाल, परामर्श

तथा कानूनी सहायता, शिक्षा के माध्यम से सामाजिक तथा आर्थिक पुनर्वास, जागरूकता उत्पन्न करना, कौशल-उन्नयन और व्यवहारजन्य प्रशिक्षण का प्रावधान शामिल है। इस योजना में असहाय महिलाओं के लिए एक हैल्प लाइन भी चलाई जा रही है। वर्तमान में इस योजना के तहत 31 परियोजनाओं के धन उपलब्ध करवाया जा रहा है।

राष्ट्रीय महिला कोष-महिलाओं के लिए राष्ट्रीय ऋण निधि के रूप में जाने वाले इस कोष की स्थापना, डेयरी, कृषि, दुकानदारी, फेरी तथा हस्तशिल्प जैसी आय उत्पादक गतिविधियाँ शुरू करने के लिए गरीब महिलाओं को ऋण सहायता तथा लघु-वित्त की सहायता प्रदान करने की दृष्टि से सोसायटी पंजीकरण अधिनियम,1860 के तहत एक पंजीकृत संस्था के रूप में 30 मार्च, 1993 को की गई। 2003-04 में, राष्ट्रीय महिला कोष के माध्यम से 32, 765 महिलाओं को लाभान्वित करते हुए 25 करोड़ रुपये की राशि स्वीकृत की गई। इसके अलावा केन्द्र सरकार द्वारा विकास की निम्न योजनाएँ भी समय-समय पर चलाई जाती रही हैं जो किसी न किसी रूप में महिलाओं से ही सम्बंधित है।

समन्वित ग्रामीण विकास कार्यक्रम

समन्वित ग्रामीण विकास कार्यक्रम को एक प्रमुख गरीबी-उन्मूलन कार्यक्रम के रूप में 2 अक्टूबर, 1980 में संपूर्ण देश में लागू किया गया। सामुदायिक क्षेत्र विकास कार्यक्रम, सूखा उन्मुख क्षेत्र कार्यक्रम, लघु किसान विकास एजेन्सी एवं सीमांत किसान एवं कृषि श्रमिक एजेन्सी कार्यक्रमों को मिलाकर समन्वित ग्रामीण विकास कार्यक्रम लागू किया गया। इस कार्यक्रम का मुख्य लक्ष्य ग्रामीण गरीब परिवारों को गरीबी-रेखा पार करने के लिए समर्थ बनाना है। इस उद्देश्य को प्राप्त करने के लिए लक्षित समूहों को उत्पाद परिसम्पत्तियाँ प्रदान करके स्वयं रोजगार उपलब्ध कराया जाता है। यह परिसम्पत्तियाँ वित्तीय मदद के माध्यम से उपलब्ध कराई जाती है। यह वित्तीय मदद सरकार द्वारा दी गई सब्सिडी तथा वित्तीय संस्थानों द्वारा दिए गए सावधि ऋणों के रूप में होती है। यह कार्यक्रम केन्द्र तथा राज्यों द्वारा दिए गए सावधि ऋणों के रूप में होती है। यह कार्यक्रम केन्द्र तथा राज्यों द्वारा 50:50 के अनुपात में वित्त पोषित है। इस योजना के अंतर्गत केन्द्र द्वारा प्रदान की जाने वाली वित्तीय मदद जिला ग्रामीण विकास एजेन्सी को उपलब्ध कराई जाती है। इस कार्यक्रम के तहत लाभान्वित होने वाले परिवारों में कम से कम 50 प्रतिशत महिलाएँ तथा 3 प्रतिशत शारीरिक रूप से विकलांग लोग होने चाहिए। लक्षित समूह में वे परिवार होते हैं जिनकी वार्षिक आय 11,000 रुपये से कम है। इस कार्यक्रम के तहत प्रति परिवार निवेश का औसत स्तर, जो आठवीं योजनावधि के दौरान आरंभ में 7,889

रुपए था, उसे 1998-99 के दौरान 17,771 रुपये कर दिया गया। गावों में रोजगारपरक, गरीबी-निवारण एवं सामाजिक सुरक्षा प्रदान करने वाली कई योजनाएँ चलाई जा रही है।

ग्रामीण समृद्धि योजना-अप्रैल 1999 से जवाहर रोजगार योजना का नाम बदलकर 'ग्रामीण समृद्धि योजना' कर दिया गया है। बेरोजगारों और अल्पसंख्यकों को रोजगार प्रदान करना तथा ग्रामीण क्षेत्रों में परिसम्पत्तियों का सृजन इस योजना के प्रमुख उद्देश्य हैं।

रोजगार छतरी योजना-ग्रामीण ग्रामीण विकास में लगे विभिन्न सोलह विभागों की योजनाओं को समन्वित करते हुए इस योजना को बेरोजगारों के लिए सुविधाजनक बनाते हुए चलाया जा रहा है।

सुनिश्चित रोजगार योजना-ग्रामीण गरीबों को गैर-कृषि के महीनों में वर्ष में कम से कम सौ दिन सुनिश्चित रोजगार उपलब्ध कराने के उद्देश्य से इस योजना को लागू किया गया है।

प्रधानमंत्री रोजगार योजना-18 से 35 वर्ष की आयु वर्ग के शिक्षित बेरोजगार नवयुवकों को उद्योग, सेवा अथवा व्यवसाय से सम्बंधित परियोजनाएँ बनाने हेतु आर्थिक सहायता प्रदान करते हुए उन्हें आर्थिक रूप से स्वावलंबी बनाने के उद्देश्य से इस योजना को कार्यान्वित किया गया है। अप्रैल, 1994 से इसे संपूर्ण देश में लागू किया गया है।

अम्बेडकर विशेष रोजगार योजना-ग्रामीण अंचलों के बेरोजगारों को आत्मनिर्भरता की ओर अग्रसर करने तथा ग्रामीण अंचलों शहरी क्षेत्रों की और उनके पलायन को रोकने के उद्देश्य से ग्राम्य विकास विभाग द्वारा इस योजना का क्रियान्वयन किया गया।

इन्दिरा आवास योजना-ग्रामीण क्षेत्रों में अनुसूचित जाति, अनुसूचित जनजाति व मुक्त बन्धुआ मजदूरों और गरीबी से नीचे जीवन-यापन करने वाले लोगों को नि:शुल्क मकान उपलब्रध कराने के उद्देश्य से ग्राम्य विकास विभाग द्वारा इस योजना को संचालित किया जा रहा है।

राष्ट्रीय बायोगैस कार्यक्रम-ग्रामीण क्षेत्रों लोगों के लिए खाना पकाने और रोशनी हेतु गैस, खेतों के लिए खाद पेड़ों की बरबादी पर रोक,महिलाओं की स्वास्थ्य रक्षा और पर्यावरण स्वच्छ रखने हेतु ग्राम्य विकास विभाग द्वारा वह योजना चलाई जा रही है।

ग्रामीण पेयजल योजना-विशेष रूप से अनुसूचित जाति एवं अनुसूचित जनजाति के व्यक्तियों को स्वच्छ पेयजल उपलब्ध कराने के उद्देश्य से मैदानी क्षेत्रों में हैण्डपंप तथा पहाड़ी क्षेत्रों में डिग्गियों का निर्माण कार्यग्राम्य विकास विभाग विभाग द्वारा किया जाता है।

स्वजल योजना-स्वच्छ पेयजल की आपूर्ति एवं पर्यापरण में स्वच्छता, स्थायी स्वास्थ्य एवं आरोग्य उपलब्ध कराने के उद्देश्य से मांग आधारित व्यवस्था के आधार पर ग्राम्य विकास विभाग द्वारा इस योजना को संचालित किया जा रहा है।

दीनदयाल उपाध्याय ग्रामीण संपर्क मार्ग योजना-प्रदेश के छोटे-छोटे गांवों को सभी मौसमों में कार्यरत रहने वाली पक्की सड़कों द्वारा मुख्य मार्गों से जोड़ने तथा गाँवों के बेरोजगार युवकों को रोजगार प्रदान करने जैसे उददेश्य को पूरा करने हेतु न्यूनतम लागत में संपर्क मार्गों के निर्माण हेतु लोक निर्माण विभाग विभाग द्वारा यह योजना चलाई जा रही है।

अम्बेडकर ग्राम्य विकास योजना-अनुसूचित जाति एवं अनुसूचित\जनजाति के बाहुल्यता गाँव के सर्वांगीण विकास के लिए अहम् उद्देश्य को लेकर वहाँ सभी मूलभूत सुविधाओं को उपलब्ध कराने के उद्देश्य से ग्राम्य विकास विभाग द्वारा इस योजना को चलाया जा रहा है।

आश्रय आवासीय योजना-निर्धन व्यक्तियों को प्रतिदिन की मामूली सी किस्त पर मकान उपलब्ध कराने के उद्देश्य से प्रदेश के आवास विभाग द्वारा इस योजना को प्रारंभ किया गया है।

राष्ट्रीय वृद्धावस्था पेंशन योजना-60 वर्ष से अधिक की आयु वाले गरीब व्यक्तियों के लिए नगद पेंशन द्वारा आर्थिक सहायता उपलब्ध कराने के उद्देश्य से इस योजना को समाज कल्याण विभाग द्वारा संचालित किया जा रहा है।

राष्ट्रीय मातृत्व लाभ योजना-गरीबी रेखा से नीचे जीवन-यापन कर रहे परिवारों की महिलाओं को प्रसूति के समय आर्थिक सहायता उपलब्ध कराने के उद्देश्य से समाज कल्याण विभाग द्वारा सहायता प्रदान करने के उद्देश्य से समाज कल्याण विभाग द्वारा यह योजना संचालित की जा रही है।

राष्ट्रीय टीकाकरण कार्यक्रम-इस कार्यक्रम में 5 वर्ष की आयु के बच्चों तथा गर्भवती को आवश्यक नियमित टीकाकरण करने के उद्देश्य से प्रदेश के चिकित्सा एवं स्वास्थ्य विभाग द्वारा इस योजना को संचालित किया जा सकता है।

स्वास्थ्य सखी योजना-स्वास्थ्य सम्बन्धी कार्यक्रमों के प्रति जागरूकता पैदा करने एवं सुरक्षित प्रसव हेतु आवश्यक जानकारियाँ एवं सुविधाएँ उपलब्ध कराने के उद्देश्य से चिकित्सा एवं स्वास्थ्य विभाग द्वारा इस योजना को प्रारंभ किया गया है।

अन्नपूर्णा योजना-निराश्रित वृद्धों को सुरक्षा प्रदान करने के उद्देश्य से उन्हें प्रतिमाह 10 किलो गेहूँ अथवा चावल नि:शुल्क उपलब्ध कराने के उद्देश्य से इस योजना को संचालित किया गया है।

इन्दिरा महिला योजना-महिलाओं को आत्मनिर्भर, स्वावलंबी बनाने तथा समुचित शिक्षा एवं संचार माध्यमों से उनकी मानसिकता में परिवर्तन लाने के उद्देश्य से महिला कल्याण विभाग द्वारा इस योजना को क्रियान्वित किया गया है। यह योजना 20 अगस्त 1995 से चलाई जा रही है।

बालिका समृद्धि योजना-महिलाओं को आत्मनिर्भर, स्वावलंबी बनाने तथा समुचित शिक्षा एवं संचार माध्यमों से उनकी मानसिकता में परिवर्तन लाने के उद्देश्य से महिला कल्याण विभाग द्वारा इस योजना को क्रियान्वित किया गया है। यह योजना 20 अगस्त 1995 से चलाई जा रही है।

किशोरी बालिका योजना-गरीबी की रेखा से नीचे गुजर-बसर कर रहे परिवारों की 11-18 वर्ष आयु वर्ग की बालिकाओं को स्वास्थ्य एवं शिक्षा की समुचित व्यवस्था तथा उन्हें आंगनवाड़ी केन्द्र का संचालन करने सम्बन्धी व्यावहारिक ज्ञान एवं दक्षता उपलब्ध कराने के उद्देश्य से महिला कल्याण एवं बाल विकास विभाग द्वारा इस योजना को क्रियान्वित किया गया है।

न्यू मॉडल चर्खा योजना ग्रामीण महिलाओं को रोजगार के अवसर उपलब्ध कराकर उन्हें आर्थिक रूपसे स्वावलंबी बनाने के उद्देश्य से खादी एवं ग्रामोंद्योग विभाग द्वारा इस योजना को संचालित किया गया है।

अनौपचारिक शिक्षा योजना-ग्रामीण महिलाओं को रोजगार के अवसर उपलब्ध कराकर उन्हें आर्थिक रूप से स्वावलंबी बनाने के उद्देश्य खादी एवं ग्रामोंद्योग विभाग द्वारा इस योजना को संचालित किया गया है।

अनौपचारिक शिक्षा योजना-6-से 11 वर्ष आयु वर्ग के अशिक्षित अथवा विद्यालय छोड़ चुके बच्चों को दो वर्षीय संक्षिप्त प्राथमिक शिक्षा उपलब्ध कराकर उन्हें छठवीं कक्षा में आवश्यक रूप से प्रवेश दिलाने के उद्देश्य से इस योजना को शिक्षा विभाग द्वारा क्रियान्वित किया गया है।

प्राथमिक विद्यालयों हेतु मध्याह्न भोजन योजना-प्राथमिक विद्यालय में कक्षा 1 से 5 तक के बच्चों को नामांकित करने तथा अनुकूल पोषाहार उपलब्ध कराने के उद्देश्य से बेसिक शिक्षा विभाग द्वारा इस योजना को क्रियान्वित किया गया है।

प्रौढ़ शिक्षा कार्यक्रम-15 से 35 वर्ष आयु वर्ग के सभी प्रौढ़ लोगों को साक्षर बनाने तथा उन्हें स्वास्थ्य, स्वच्छता, पर्यावरण एवं व्यावहारिक जानकारी उपलब्ध कराने के उद्देश्य से प्रोढ़ शिक्षा विभाग द्वारा इस योजना को संचालित किया गया है।

दम्पत्ति शैक्षिक योजना-प्रदेश के दूर-दराज, दुर्गम एवं कठिन क्षेत्रों में शिक्षा की उपलब्धता सुनिश्चित करने तथा समाज की सहभागिता बढ़ाने के उद्देश्य से बेसिक शिक्षा विभाग द्वारा इस योजना को क्रियान्वित किया जाता है।

शिक्षा गारंटी योजना-ऐसे तभी अपेक्षित गाँव तथा मजरे जहाँ एक किलोमीटर के दायरे में प्राथमिक विद्यालय नहीं हैं, 30 बच्चों की उपलब्धता पर ग्राम पंचायतों द्वारा 600 रु प्रतिमाह के नियत मानदेय पर शिक्षक की नियुक्ति करके अस्थायी रूप से विद्यालय प्रारंभ करने के उद्देश्य से इस योजना को लागू किया गया है।

महिला डेयरी परियोजना-ग्रामीण महिलाओं को पशुपालन, दुग्ध व्यवसाय तथा चारा विकास के सम्बन्ध में समुचित प्रशिक्षण प्रदान कर दुग्ध व्यवसाय से उनकी आर्थिक स्थिति को सुदृढ़ करने के उद्देश्य से इस योजना को दुग्ध विकास विभाग द्वारा क्रियान्वित किया गया है।

सघन मिनी डेयरी योजना-ग्रामीण क्षेत्रों में व्यवसाय को अपनाकर लोगों की आय बढ़ाने तथा रोजगार के साधनों में वृद्धि करने के उद्देश्य से दुग्ध विकास विभाग द्वारा इस योजना को चरणबद्ध तरीके से प्रारंभ किया गया है।

सरकार द्वारा 2 अक्टूबर 1997 से शुरू की गई 'बालिका समृद्धि योजना' के तहत पहली दो बालिकाओं के जन्म पर सरकार द्वारा गरीबी की रेखा से नीचे रहने वाले दंपत्तियों को 500 रुपए की आर्थिक सहायता दी जाती है। यह छात्रवृत्ति पहली कक्षा के लिए 300 रुपए और दसवीं कक्षा के लिए 1000 रुपए है। प्रत्येक साल लगभग 12 लाख कन्याओं को बालिका समृद्धि योजना का लाभ मिलता है।

महिलाओं को आय के साधन उपलब्ध करवाने और उन्हें जागरूक करने के लिए केन्द्र सरकार द्वारा 'इन्दिरा महिला योजना' भी चलाई जा रही है जो गरीब महिलाओं को आर्थिक रूप से संबल बनाने का काम बखूबी कर कर रही है। यह योजना महिलाओं से सम्बंधित विभिन्न योजनाओं के बीच समन्वय स्थापित करने का काम करती है ताकि उपलब्ध कोष का महिलाओं के विकास हेतु समुचित उपयोग हो सके।

इंदिरा महिला योजना के तहत गाँवों और शहरी झुग्गी-झोपड़ियों में महिला समूह गठित किए जाते हैं जो आँगनबाड़ी स्तर पर स्थापित इंदिरा महिला केन्द्रों के सहयोग से काम करते हैं।

हाल ही में सरकार द्वारा 'किशोरी शक्ति योजना' शुरू की गई है जिसके तहत किशोरियों के लिए स्वास्थ्य, पोषण, शिक्षा और प्रशिक्षण की व्यवस्था सुनिश्चित की जाती है। यह योजना ऐसे परिवार की बालिकाओं के लिए है, जिनकी सालाना आमदनी 6,400 रुपये से कम है। इस योजना को दो भागों में बाँटकर चलाया जा रहा है। पहली

योजना 'गर्ल टू गर्ल अप्रोच' तथा दूसरी योजना 'बालिका मंडल योजना' के नाम से चलाई जा रही है। इस योजना में 15 से 18 वर्ष की आयु वर्ग की किशोरियों को सरकार की ओर से मुक्त व्यावसायिक प्रशिक्षण देने की व्यवस्था है।

ऐसी ही एक और योजना है 'महिला स्वयंसिद्ध योजना' इस योजना में महिलाओं द्वारा ही संचालित 'स्वयं-सहायता समूह' गठित किए जाते हैं जो विभिन्न सामाजिक स्तरों पर महिला विकास हेतु कार्य करते हैं।

केन्द्र सरकार के अलावा विभिन्न राज्य सरकारें भी महिला विकास हेतु कार्य कर रही हैं लेकिन धन की कमी के कारण ये योजनाएँ बहुत ज्यादा सफल नहीं हो पा रही हैं। कुछ प्रमुख योजनाएँ निम्नलिखित हैं-

राज्य सरकारों द्वारा चलाए जा रहे महिलाओं से सम्बंधित विभिन्न कार्यक्रम

पंचधारा योजना-मध्य प्रदेश सरकार द्वारा 1 नवम्बर, 1991 से विशेषत: ग्रामीण एवं आदिवासी क्षेत्र की महिलाओं के कल्याण एवं विकास हेतु पंचधारा योजना प्रारंभ की गई, इस पंचधारा कार्यक्रम के तहत पाँच योजनाएँ सन्निहित हैं, जिनके नाम एवं उद्देश्य निम्नलिखित हैं-

(क) वात्सल्य योजना-प्रसवकाल में महिलाओं को बुनियादी स्वास्थ्य सुविधाएँ प्रदान करना।

(ख) ग्राम्य योजना-ग्रामीण महिलाओं को लघु व्यवसाय आरंभ करने हेतु कार्यशील पूंजी प्रदान करना।

(ग) आयुष्मती योजना-अति निर्धन महिलाओं के रुग्ण होने पर इलाज व पौष्टिक पूंजी प्रदान करना।

(घ) सामाजिक सुरक्षा पेंशन योजना-निराश्रित विधवाओं के लिए।

(ङ) कल्पवृक्ष योजना-आदिवासी बाहुल्य क्षेत्रों में अनुसूचित जाति/जनजाति की महिलाओं को रोजगार उपलब्ध कराना। इस योजना का मुख्य उद्देश्य चयनित हितग्राहियों को निजी भूमि पर फलोद्यान स्थापित करना है।

ग्रामीण इंजीनियर योजना-20 मई, 2003 से मध्यप्रदेश सरकार द्वारा प्रारंभ की गई इस योजना के तहत् राज्य के सभी 52 हजार गाँवों में एक-एक ग्रामीण इंजीनियर उपलब्ध कराने के लिए 52 हजार युवाओं को विभिन्न क्षेत्रों में तकनीकी प्रशिक्षण दसवीं पंचवर्षीय योजना के दौरान प्रदान किया जाएगा। इसके लिए विशेष मॉड्यूल भोपाल स्थित सेन्टर फॉर रिसर्च एण्ड इंडस्ट्रियल स्टाफ परफारमेंस (CRISP) द्वारा तैयार किया गया है। यह प्रशिक्षण राज्य में स्थित औद्योगिक प्रशिक्षण संस्थानों व पॉलिटेक्नीक

संस्थानों में प्रदान किया जाएगा। प्रशिक्षण के दौरान पाँच सौ रुपए प्रतिमाह की छात्रवृत्ति प्रशिक्षणार्थियों को प्रदान की जाएगी। प्रशिक्षण हेतु 102 उत्तीर्ण युवाओं का चयन ग्राम सभाओं द्वारा किया जाएगा। चयन हेतु 50 प्रतिशत स्थान अनुसूचित जाति, जनजाति व अन्य पिछड़े वर्गों के लिए आरक्षित किए गए हैं।

स्वास्थ्य सखी योजना-उत्तर प्रदेश सरकार की इस योजना के तहत् आठवीं कक्षा तक पढ़ी 18-35 वर्ष की आयु की अनुसूचित जाति की महिलाओं को 'मिड वाइफ' के रूप में प्रशिक्षण प्रदान किया जाएगा। चयनित महिलाओं को 500 रुपए प्रति माह का भत्ता प्रदान किया जाएगा।

कृषक वृद्धावस्था पेन्शन योजना-उत्तर प्रदेश में अपने नए संशोधित रूप में यह योजना 2 अक्टूबर, 2003 से लागू की गई है। इस योजना पर प्रति वर्ष 227 करोड़ रुपए के व्यय का अनुमान लगाया गया है।

नई योजना के तहत् पेंशन की पात्रता उम्र को घटाकर 60 वर्ष किया गया है तथा पेंशन की मासिक राशि को 125 रुपए से बढ़ाकर 150 रुपए प्रतिमाह किया गया है जिसका भुगतान छमाही आधार पर किया जाएगा। सवा तीन एकड़ तक भूमि के मालिक किसानों को पेंशन का लाभ उपलब्ध होगा। किसी किसान के परिवार में पति एवं पत्नी दोनों के पात्र होने पर लाभ महिला को ही प्राप्त हो सकेगा। इस योजना से कुल 13 लाख किसानों के लाभान्वित होने की आशा है, जिनमें 40 प्रतिशत महिलाएँ होगी।

सैनेट्री मार्ट योजना-उत्तर प्रदेश सरकार ने सिर पर मैला ढोने की प्रथा पर रोक लगाए जाने के परिणामस्वरूप बेरोजगार हुए लोगों के पुनर्वास के उद्देश्य से 'सैनेट्री मार्ट योजना' प्रारंभ की है। इस प्रकार से बेरोजगार हुए लोगों को सेनेट्री की दुकाने स्थापित करने के लिए 20 हजार रुपए से 2.50 लाख रुपए तक के ऋण की व्यवस्था सरकार के द्वारा की गई है इसमें अनुदान की राशि भी शामिल है।

किशोरी बालिका योजना-बिहार सरकार ने 11 से 18 वर्ष की लड़कियों के पोषण तथा स्वास्थ्य स्तर में सुधार लाने एवं अनौपचारिक शिक्षा के जरिए उन्हें अक्षर एवं अंक ज्ञान देने के उद्देश्य से एक योजना प्रारंभ की है। इसके अंतर्गत 6400 रुपए से कम वार्षिक आमदनी वाले परिवारों की किशोरियाँ सेवाएँ प्राप्त करने की पात्र होती है।

'अपनी बेटी अपना धन' योजना-बालिकाओं के भविष्य को सुरक्षित रखने के उद्देश्य से 2 अक्टूबर, 1994 से हरियाणा सरकार ने 'अपनी बेटी अपना धन' योजना प्रारंभ की है इस योजना के तहत् अनुसूचित जाति एवं जनजाति के परिवारों की नवजात बालिकाओं के नाम से 2,500 रुपए सरकार द्वारा इन्दिरा विकास-पत्र के माध्यम से निवेश कर दिया जाता है, जो कि 18 वर्षों के पश्चात् लगभग 25, 000 रुपयों के रूप

में देय होता है। 18 वर्षों के पश्चात यह राशि उसी लड़की को प्राप्त होती है जिसके नाम से यह निवेषित है। केन्द्र सरकार इस योजना को संपूर्ण देश में लागू करने की सोच रही है।

देवीरूपक योजना-देश के पूर्व उपप्रधानमंत्री चौधरी देवीलाल ने जन्मदिवस के अवसर पर 25 सितम्बर, 2002 को जीन्द (हरियाणा) में आयोजित एक समारोह में अनेक नई योजनाओं की घोषणा हरियाणा के मुख्यमंत्री एवं स्व. देवीलाल के पुत्र ओमप्रकाश चौटाला ने की है। इसमें से एक 'देवीरूपक योजना' का उद्देश्य राज्य में जनसंख्या नियंत्रण के साथ-साथ लिंगानुपात में आ रही गिरावट को रोकना है। प्रजनन योग्य दम्पत्तियों, विशेषत: नवविवाहितों को लक्षित करते हुए शुरू की गई इस योजना के तहत जो दम्पत्ति पहली या दूसरी संतान के जन्म के बाद नसबंदी कराएँगे उन्हें प्रोत्साहन के रूप में 500 रुपए प्रतिमाह तक की राशि 20 वर्षों तक प्रदान की जाएगी। पहले बच्चे (लड़की) के जन्म पर नसबंदी कराने पर 200 रुपये प्रतिमाह की राशि इस योजना के तहत दम्पत्ति को प्रदान की जाएगी। दूसरे बच्चे के जन्म पर (यदि पहला या दूसरा दोनों की बच्चे लड़कियाँ हों) नसबंदी कराने पर यह राशि 200 रुपए प्रतिमाह होगी।

'शिक्षा आपके द्वार' योजना-6-14 वर्ष के सभी बच्चों को प्रारंभिक शिक्षा से जोड़ने का सघन अभियान 'शिक्षा आपके द्वार', राजस्थान में प्रारंभ किया गया है। राजीव गांधी प्रारम्भिक शिक्षा एवं साक्षरता मिशन के तहत् प्रदेश स्तरीय इस अभियान का शुभारंभ मुख्यमंत्री अशोक गहलोत ने 19 नवम्बर, 2001 को किया।

कामधेनु योजना-महाराष्ट्र में प्रचलित इस योजना के तहत अपंग, परित्यक्ता व निराधार महिलाओं को स्वरोजगार उपलब्ध कराने के लिए व्यावसायिक शिक्षा में लड़कियों के लिए 30 प्रतिशत आरक्षण की भी व्यवस्था है।

बालिका संरक्षण योजना-आंध्र प्रदेश में कन्याओं के संरक्षण एवं समाज में उन्हें सम्मानजनक स्थान दिलाने को राज्य सरकार ने एक बालिका संरक्षण योजना प्रारंभ करने की घोषणा की है। योजना में 60,000 से अधिक ऐसी बालिकाओं को लक्षित किया जाएगा, जो ऐसे निर्धनतम परिवारों की है जिनकी वार्षिक आय 11,000 रुपए से कम है।

योजना का उद्देश्य कम-से-कम माध्यमिक स्तर तक बालिकाओं की शिक्षा सुनिश्चित कराना तथा 18 वर्ष की आयु के बाद ही विवाह सुनिश्चित करना है। योजना के अन्तर्गत पंजीकरण के समय कन्या शिशु के नाम से किसी राष्ट्रीयकृत बैंक में निश्चित धनराशि दीर्घवधि हेतु राज्य सरकार द्वारा जमा करा दी जाएगी, जो निश्चित धनराशि दीर्घवधि हेतु राज्य सरकार द्वारा जमा करा दी जाएगी, जो निश्चित अवसरों पर बालिका को किश्तों में मिलती रहेगी।

स्पष्ट है कि महिला विकास हेतु सरकार द्वारा प्रयास तो किए जा रहे हैं लेकिन कुछ कमियों के चलते ये योजनाएँ कारगार साबित नहीं हो पा रही हैं। आवश्यकता इस बात की है कि लंबी-चौड़ी योजनाएँ बनाने और चलाने के के स्थान पर उपलब्ध संसाधनों के अनुरूप ही योजनाएँ बनाई जाएँ और जो योजनाएँ बनाई जाएँ उन्हें समुचित रूप से लागू किया जाए। यदि कोई योजना कारगार ढंग से लागू नहीं हो पाती है अथवा अपेक्षित नतीजे नहीं दे पाती है तो उसकी जवाब देही भी तय होनी चाहिए।

❑❑❑

3

वर्तमान परिप्रेक्ष्य में भारतीय नारी: समस्याओं से संभावनाओं तक

किसी भी राष्ट्र की कुशहाली के लिये वहाँ की महिलाओं का उल्लेखनीय योगदान होता है। संयुक्त राष्ट्र संघ ने महिलाओं को समाज, राष्ट्र एवं अन्तराष्ट्रीय स्तर पर विकास की मुख्यधारा में लाने के उद्देश्य से वर्ष 1975 में महिला दशक मनाने की घोषणा की थी। भारत में भी इस घोषणा का उल्लेखनीय प्रभाव पड़ा और हाल ही में विगत पाँच वर्ष पहले 4 से 14 सितम्बर 1995 में चौथा विश्व महिला सम्मेलन चीन देश में आयोजित किया गया।

वर्तमान समय में भारतीय महिलाओं के स्तर को सुधारने उनको पुरुषों के साथ समान स्तर पर लाने के लिए अनेक स्वैच्छिक महिला संगठन निर्मित किये गये हैं। 21 नवम्बर 1995 को महिलाओं के बारे में राष्ट्रीय नीति का प्रारंभिक प्रारूप जारी किया गया। इसे महिला नीति में महिलाओं को सरकारी नौकरियों में 30 प्रतिशत आरक्षण देने की घोषणा की गई है।

धार्मिक अभिमत मानने वाले कहते हैं कि नारी को गॉड, अल्लाह अथवा भगवान ने बनाया है तथा हमें भी उसी ने बनाया है किन्तु वैज्ञानिकों का मानना है कि पृथ्वी की आयु लगभग चार अरब पचास करोड़ वर्ष है। सौर परिवार के अन्य सदस्यों की भाँति यह भी आग का एक गोला थी जो कालान्तर में टूट कर अलग हो गई। वास्तव में सौर-मण्डल के सभी ग्रह-उपग्रह गुरुत्वाकर्षण शक्ति भी रखते हैं एवं सदैव घूमते भी रहते हैं, इसी प्रक्रिया में कभी एक शक्तिशाली तारा सूर्य के समीप से गुजरा। उसने सूर्य को अपनी ओर आकर्षित करना चाहा किन्तु उसकी गति इतनी तेज थी कि सूर्य का एक हिस्सा ही अलग हो गया परन्तु वह भी तारे तक नहीं पहुँच सका। हजारों-लाखों साल में ठंडा होकर आग का गोला सूरज का यह टुकड़ा ही पृथ्वी बना।

प्राकृतिक कारणों से पृथ्वी की भीतरी तथा ऊपरी सतह पर हजारों वर्षों में भारी परिवर्तन हुए जिससे जलवायु पर प्रभाव पड़ा। आज भी धरती सूर्य के चारों ओर चक्कर काटती है जिससे मौसम बदलते रहते हैं। बदलती जलवायु एवं मौसम ने भी जीवन की उत्पत्ति और विकास पर असर डाला। अनुकूल परिस्थिति होने पर पेड़-पौधों, जीव-जन्तुओं का जन्म होता है किन्तु जलवायु परिवर्तन होने पर जीवन के विपरीत मौसम होने पर अधिकांश जीव-जन्तु मर जाते हैं व पेड़-पौधे नष्ट हो जाते हैं।

अत्यधिक जिजीविषा तथा शारीरिक क्षमता के कारण गाय, बैल, शेर, हाथी जैसे जानवर तथा वानर, वनमानुष जिन्दा रहने में सफल हो पाये। अनेक प्रकार के पेड़-पौधों के कारण जंगल ही जंगल उत्पन्न हो गए। नदियों में मछलियाँ तथा आकाश में पक्षी दिखाई देने लगे। इन सब जीव-जन्तुओं के अस्तित्व में आने में भी सैकड़ों वर्षों का समय लगा। हाथ एवं मस्तिष्क के इस्तेमाल के कारण वनमानुष ने पैरों पर खड़े होकर चलना सीखा, पहले वह भी जानवरों की भाँति चला करता था। आज भी बच्चा अपनी चलने की शुरुआत घुटनों के बल करता है और फिर खड़ा होता है।

अपने जीवन की रक्षा के लिए उसने प्रकृति की कठिनाइयों से लड़ने के लिए पेड़ों पर और गुफाओं में रहना शुरू किया, ठंड से बचने के लिए पत्ते लपेटे और जंगली जानवरों से अपनी रक्षा के लिए उसके शुरुआती हथियार पेड़ों की टहनियाँ और पत्थर हुआ करते थे। मनुष्य के पास अपनी भाषा भी नहीं थी। वह संकेतों तथा जानवरों की भाँति मुँह से आवाज निकालकर ही काम चलाया करता था। इस प्रकार अपने आत्मविश्वास से मनुष्य प्रकृति के साथ सम्बन्धों में जैसे-जैसे बदलाव लाता गया वैसे-वैसे वह अपने जीवन का स्वामी बनता चला गया। इसी विकासक्रम में जहाँ पुरुष ताकतवर बनता गया वहीं नारी कमजोर और परतंत्र।

मानव सभ्यता का विकासक्रम एवं नारी

1. मातृसत्तात्मक समाज में नारी।
2. कबीलाई समाज में नारी।
3. पितृसत्तात्मक समाज में नारी।
4. दास युग में नारी।
5. सामंती समाज में नारी।
6. पूँजीवादी व्यवस्था में नारी।
7. समाजवाद में नारी।

धर्मशास्त्र, सामाजिक विकास को सतयुग, त्रेतायुग, द्वापर और कलियुग के रूप में विवेचना करता है और अर्थशास्त्र में इसकी आखेट युग, चरागाह युग, कृषि युग तथा औद्योगिक युग के माध्यम से व्याख्या की गई है। जबकि मार्क्सवादी अवधारणा इसे आदिम साम्यवाद, दास प्रथा, सामंतवाद, पूँजीवाद, समाजवाद एवं साम्यवाद के रूप में स्वीकार करती है।

मातृसत्तात्मक समाज में नारी

मातृसत्तात्मक समाज से पूर्व मानव समाज के प्रारम्भ में आदमी एकदम जंगली अवस्था में अन्य जंगली जानवरों की तरह रहता था। मनुष्य पूरी तरह प्रकृति पर निर्भर था। फल-फूल खा लेना, पेड़ के नीचे-ऊपर या गुफा-कंदराओं में सो जाना, नदी या झरनों से पानी पी लेना, फल-फूल से पेट न भरने पर जानवरों को मारकर खा लेना अथवा हिंसक जंगली जानवरों द्वारा खा लिया जाना ही उसकी नियति थी। तब नारी न अबला मानी जाती थी और न ही हेय दृष्टि से देखी जाती थी। सभी मनुष्य एक समान थे तथा जानवरों की भाँति ही उनमें प्रजनन हेतु बिना किसी रोक-टोक एवं बंधन के शारीरिक संबंध स्थापित हो जाया करते थे।

सामूहिक रूप से शिकार को जाना और शिकार मिलने पर उसका सामूहिक रूप से उपभोग, शिकार मिलने पर साझी खुशी और न मिलने पर साझा दु:ख-दर्द, न कोई सम्पत्ति न कोई परिवार, न कोई रिश्ता न कोई नाता। बस मानव समूह और जरूरत महसूस होने पर समूह के स्त्री-पुरुष के बीच शारीरिक सम्बन्ध। उस समय तक मनुष्य में विवाह तथा परिवार की परम्परा का निर्माण नहीं हुआ था। अत: बच्चों की पहचान माँ के नाम पर ही होती थी। नई पीढ़ी पिता को नहीं पहचानती थी। उस मातृप्रधान समाज में कबीले की पहचान भी कबीले की मुखिया स्त्री द्वारा ही होती थी। स्त्री भी पुरुष की भाँति सारे काम करती थी, जैसे—शिकार पर जाना, फल तोड़ना, हथियार बनाना, युद्ध करना तथा जीवन के लिए आवश्यक वस्तुएँ जुटाना आदि।

किसी भी मनुष्य से यौन सम्बन्ध बनाने के लिए वह स्वतंत्र थी। जितना ऊँचा स्थान एवं सम्मान स्त्रियों को इस युग में मिला फिर दोबारा वह सम्मान उसे आज तक प्राप्त नहीं हो सका। यही धर्मयुग (सतयुग) था, जहाँ सब बराबर थे। पुरुष स्त्री की पूजा करता था।

कबीलाई समाज में नारी

इसकी स्थापना धीरे-धीरे हुई। प्राकृतिक विपदाओं तथा जंगली जानवरों के भय से समूह बढ़ने लगे। इधर-उधर बिखरे छोटे-छोटे समूह निकट आने लगे तथा अपनी घनिष्ठता को बढ़ाने के लिए एक कबीला दूसरे कबीले से पूरे समूह में वैवाहिक गठबन्धन कर लेता था। इस प्रकार एक समूह के स्त्री-पुरुष दूसरे समूह के स्त्री-पुरुषों से भी शारीरिक सम्बन्ध स्थापित कर लेते थे। शिकार के लिए एक कबीले की दूसरे कबीले से लड़ाई भी होती थी। इस काल में भी सभी उपलब्ध वस्तुएँ पूरे समूह की होती थीं जिन्हें सामूहिकता में ही खाते-पीते-बाँटते थे। मातृसत्तात्मक समाज से पितृसत्तात्मक समाज की स्थापना इसी काल में हुई क्योंकि प्रकृति से हजारों साल के सम्पर्क-संघर्ष से आदमी ने आग की खोज कर ली थी।

पितृसत्तात्मक समाज में नारी

आग को जिलाये रखने के साथ-साथ नारी घर का आवश्यक कार्य भी करने लगी। धीरे-धीरे जब पुरुष जंगलों से बाहर आकर खेती करना सीख गया तो उसमें संग्रह की

प्रवृत्ति बढ़ने लगी। चूँकि सम्पत्ति को पुरुष अर्जित करता था अत: उस पर वह अपना निजी अधिकार समझने लगा। जैसे-जैसे उसकी सम्पत्ति बढ़ती गई, नारी के अधिकार छिनते गए। पति के लिए उसका महत्त्व सिर्फ उसके उत्तराधिकारियों को पैदा करना, उसके घर की देखभाल करना तथा उसकी सम्पत्ति के साथ-साथ उन दासियों पर भी निगाह रखना था जिनको वह जब चाहे अपनी रखैल या उप-पत्नी बना सकता था। दास-दासियाँ-पत्नियाँ पूरी तरह पुरुष की सम्पत्ति होती थीं। अत: विवाह पर शुरू से ही यह छाप लग गयी कि विवाह स्त्री के लिए एकनिष्ठ है, पुरुष के लिए नहीं। परिवार का यह पहला रूप प्राकृतिक, व्यक्तिगत, यौन, प्रेम का परिणाम न होकर आर्थिक कारणों पर आधारित था।

इतिहास में ऐसे उदाहरण मिलते हैं जब मानव समाज स्त्री और पुरुष समूहों में विभाजित हुआ है। इन समूहों में संघर्ष भी होते थे, कभी पुरुष-स्त्री समूह की सदस्य को उठा लाते थे और उसे बंधक बनाकर उसके साथ गुलाम जैसा आचरण करते थे। भले ही कम सही लेकिन कुछ उदाहरण स्त्री समूह द्वारा किसी पुरुष को बंदी बनाने के भी मिलते हैं। केरल, आसाम एवं उत्तरांचल के कुछ पहाड़ी इलाकों में आज भी मातृसत्तात्मक परिवार के चिह्न मिल जायेंगे।

नारी ने आखेट युग की अपनी समानता, सम्मान एवं अस्मिता की रक्षा के लिए लम्बे अरसे तक खूब संघर्ष किया। लेकिन कबीले की टूटन-बिखराव, व्यक्तिगत सम्पत्ति के प्रादुर्भाव, परिवार की स्थापना के रूप में बदली हुई आर्थिक सामाजिक परिस्थितियों ने धीरे-धीरे उसे घर की बेजान दीवारों में जिन्दा दफन कर दिया।

हिन्दू-विवाह पद्धति में आज भी नारी के अपहरण और उसे बन्दी बनाकर रखने के सम्पूर्ण लक्षण मिलते हैं। दूल्हा कटार लटकाये घोड़े पर चढ़कर दल-बल सहित आता है, पराजित कन्या पक्ष से दहेज के रूप में हर्जाना वसूलता है, हँसता, खुशियाँ मनाता गाजे-बाजे के साथ कन्या को ले जाता है और लुटा-पिटा कन्या पक्ष रोता-बिसूरता रह जाता है।

दास युग में नारी

कबीलाई समाज के सामूहिक जीवन के खत्म हो जाने पर कबीले में जो प्रबन्ध और रक्षा का काम करते थे, वे स्वामी बन गए और शेष लोग सम्पत्ति के अभाव में गुलामों में बदल गए। अब ये गुलाम स्वामी की सम्पत्ति होते थे जो उनका अपने मनमाफिक इस्तेमाल कर सकता था।

कबीलों के आपसी संघर्ष में हारे हुए कबीले के लोगों को गुलाम बनाने एवं उनकी सम्पत्ति को लूट लेने का भी आम रिवाज था। दास पुरुषों की तरह उनकी औरतें भी स्वामी की दासी होती थीं। शायद यही समय था जब नारी को गुलाम बनाने की शुरुआत हुई। जैसे-जैसे उत्पादन के साधन और वितरण पर पुरुष का अधिकार होता गया, औरत को उसके हिस्से और नियंत्रण से अलग कर दिया गया। इस तरह व्यक्तिगत सम्पत्ति ने

महिला को भी एक सम्पत्ति में बदल दिया। पुरुष नेतृत्व में पितृसत्तात्मक परिवार की शुरुआत हुई।

सामंती समाज में नारी

जब हल द्वारा बड़े पैमाने पर खेती होने लगी और दास विद्रोहों ने दास युग के खात्मे को जरूरी बना दिया तो भूपति राजा और उसके अधीनस्थ जागीरदारों, जमींदारों ने सामंती समाज में किसान जनता को खेतों और गाँवों की जागीरों से बाँध दिया। अब जमीन का मालिक भले ही जमींदार हो और वह सभी स्त्रियों का यौन शोषण भी करने की स्थिति में हो लेकिन नारी का असली स्वामी पुरुष बन गया। अब नारी पूरी तरह पुरुष के अधीन थी जो बचपन में पिता, युवावस्था में पति और पति के मरने पर वैधव्य की स्थिति में पुत्र के रूप में उसका रक्षक था।

अब हमारे देश की तरह सारी दुनिया के धर्मग्रन्थ तथा विधि-विधान नारी के विरुद्ध पुरुष के पक्ष में घोषणाएँ करने लगे। पुरुष कई विवाह कर सकता है, एक साथ कई पत्नियाँ रख सकता है लेकिन स्त्री जीवन में सिर्फ एक बार ही विवाह कर सकती है, और अपने पति के प्रति एकनिष्ठ पतिव्रता धर्म का पालन करेगी। स्त्री वेश्या या देवदासी या नगर-वधू के रूप में पुरुष के भोग-विलास की सामग्री जुटाएगी, उसके मनोविनोद के लिए शृंगार करेगी। यदि पति मर जायेगा तो शेष जीवन में सुख के सभी साधन से वंचित संन्यासिनी जैसा आचरण करेंगी। समाज चाहेगा तो उस विधवा को पति के शव के साथ चिता की आग में जलकर मर जाना होगा। युद्ध में राजा के हारने या मरने पर सभी स्त्रियाँ जौहर करेगी ताकि कहीं वे सम्पत्ति पर स्वामित्व का अधिकार न कर बैठें। राजा-जमींदार-सामन्त अपने घरों में हरमों में सैकड़ों रूपसियों को भरता रहा। जन्म से लेकर मृत्युपर्यंत नारी पुरुष के संरक्षण में रहेगी, न उसका कोई सपना होगा, न आशा-आकांक्षा होगी, बस पुरुष की सेवा, उसकी इच्छा के अनुरूप आचरण और उसे सुख-संतोष देना ही उसका धर्म है।

आधुनिक युग अथवा पूँजीवादी व्यवस्था में नारी

ज्ञान-विज्ञान का विकास हुआ। मशीन बनी, मशीन से बड़े-बड़े कारखाने लगे, उत्पादन की शक्तियाँ बढ़ीं और जब पुराने सामंती रिश्ते समाज के विकास को रोकने लगे तो समानता, स्वतंत्रता, भाईचारे के नये विचारों ने समाज में नई चेतना उत्पन्न करके राजशाही के लिए मौत का फरमान जारी कर दिया। राजाओं-सामंतों की सत्ता का अवसान हुआ और स्वतन्त्र स्त्री-पुरुषों, श्रमिकों, कर्मचारियों को लेकर उद्योग और व्यापार का सिलसिला शुरू हुआ। अब महिलाएँ भी आत्म-निर्भर होकर पुरुष की अधीनता से उसके दमन-उत्पीड़न से मुक्त हो सकती हैं। लेकिन पुराने संस्कार तथा मान्यताएँ नई अर्थव्यवस्था आने के साथ ही खत्म नहीं हो जाते, वे लम्बे अरसे तक चलते रहते हैं। विज्ञान ने काफी उन्नति कर ली है, राजतंत्र की जगह जनतंत्र की भी स्थापना हो गई है। समानता-स्वतंत्रता की विजय पताकाएँ भी लहरा रही हैं। लेकिन स्त्री के मामले में उसकी वही

पुरानी धारणा आज भी बनी हुई है। आज भी पूरी दुनिया में स्त्री की स्थिति दोयम दर्जे की ही है। स्त्रियों पर कितने अत्याचार हो रहे हैं। आज भी मर्द चाहे गरीब हो या अमीर, विद्वान हो या मूर्ख, रूढ़िवादी हो अथवा प्रगतिशील, समाजसेवक हो या राजनेता अथवा एकदम शान्त प्रकृति का सीधा-सादा आदमी, वह स्त्री को अपने पैर की जूती ही समझता है।

आज तो लड़की को पैदा होने से पहले ही मार दिया जाता है। गर्भ में ही टेस्ट कराकर देख लिया जाता है कि लड़की है या लड़का। रिपोर्ट के अनुसार 1978 से 1993 के दौरान भ्रूण परीक्षण के पश्चात् 1 लाख 78 हजार बालिकाओं का भ्रूण नष्ट कराया गया। अर्थात् आधुनिक युग में महिला की परतन्त्रता का रूप भी आधुनिक और नया है।

समाजवादी व्यवस्था में नारी

रूसी क्रान्ति के पश्चात् पहली बार किसी राजसत्ता ने महिला को बराबरी का अधिकार दिया। इस व्यवस्था में बराबरी का मतलब समान काम का समान वेतन, विवाह और तलाक में बराबरी का अधिकार, समान शिक्षा, हर काम और क्षेत्र में आगे बढ़ने की स्वतन्त्रता, लिंग भेद की समाप्ति आदि था। क्रान्ति के पश्चात् उसी समाज ने उत्पादन, सामाजिक मोर्चे, सामाजिक समस्याओं तथा बौद्धिक क्षेत्र में औरतों को बराबर का स्थान देकर आगे बढ़ाया। इसका परिणाम क्रान्ति के तीन-चार दशक बाद ही दिखाई देने लगा था। जबकि पूँजीवादी अमेरिका या यूरोप में आज भी महिला की हालत खराब है। बहुत बाद में स्वतन्त्र हुए चीन अथवा पूर्वी यूरोप के समाजवादी राष्ट्रों ने भी महिला को एक हद तक बराबरी और स्वतन्त्रता तक पहुँचा दिया। इसके पीछे एक समग्र सोच थी जिसमें महिला स्वतन्त्रता का मतलब सम्पूर्ण समाज के आर्थिक, सामाजिक, सांस्कृतिक और ऐतिहासिक ढाँचे पर प्रश्न करना, उसे बदलना और उस आधार पर महिला के मुद्दे को देखना था। समाजवाद भी नारी समस्या का अन्तिम समाधान नहीं बल्कि समाधान की शुरुआत है। समाजवाद एक स्थायी सामाजिक, आर्थिक व्यवस्था नहीं है, यह पूँजीवाद और वर्गहीन (समाजवादी) समाज के बीच का एक संक्रमण काल है जिसमें बचे-खुचे पूँजीवादी सोच, संघर्ष, गैर-बराबरी तथा शोषण-चिह्न रहते हैं। इनसे लड़ते हुए ही किसी भी तरह की गैरबराबरी स्वतंत्रता और समानता की ओर बढ़ा जा सकता है एवं वही महिला के हक में सच्ची स्वतंत्रता या मुक्ति है। इसलिए महिला बराबरी के लिए जरूरी है महिला संगठनों की साम्यवादी सोच और दिशा।

महिलाओं को आर्थिक दृष्टि से आत्मनिर्भर बनाने के लिये उन्हें स्वरोजगार के अवसर जुटाने पर विशेष ध्यान दिया गया है। समेकित ग्रामीण विकास कार्यक्रम सहित प्राथमिक प्राप्त क्षेत्र के सभी कार्यक्रमों में महिला लाभार्थियों के लिये 50 प्रतिशत ऋण देने की व्यवस्था करने तथा गरीबी की रेखा के नीचे जीवन यापन करने वाली महिलाओं को रियायती दरों पर ऋण और अधिक अनुदान देने की व्यवस्था महिला नीति के अन्तर्गत की गई है। अनुच्छेद 21 के तहत शिक्षा पाने का अधिकार एक मूल अधिकार है। जिससे

अशिक्षित बालिकाओं को ''सभी के लिए शिक्षा'' उपलब्ध कराना राज्यों का उत्तरदायित्व है।

मूल रूप में कहा जाये तो ''नारी ही संपूर्ण सृष्टि का केन्द्र बिन्दु है, वह पुरुषों की प्रेरणा है। तथा उसकी जन्मदात्री माँ है। मनुष्य ने अमर वरदान स्वरूप धरती को नारी रूप में स्वीकार किया है। उसका हृदय इतना विशाल है कि संपूर्ण प्राणी जगतउसमें समा सकता है। वह समाज की संस्थापिका है। नारी में पवन सी संचलता, हिमालय की दृढ़ता और समुद्र सी गंभीरता होती है। इसी लिये संस्कृत में कहा गया है ''यत्र नार्यस्तु पूज्यन्तें, रमन्ते तत्र देवता:।। अर्थात् जहाँ नारियोंकी पूजा होती है, अर्थात् जहाँ उन्हें श्रद्धा, आदर प्रेम और विश्वास दिया जाता है, वास्तविक रूप में वहाँ देवता निवास करते हैं।''

अध्ययन का उद्देश्य

महिलाओं की अनेक समस्यये हमारे सामने हैं, उनका समाधान करने के लिये हम ग्रामीण स्तर से लेकर देश के विश्व परिदृश्य में हम सेमिनार, वाद विवाद, प्रतियोगितायें, परिचर्चायें आदि कर रहें हैं। ओर सरकार भी महिला जागृति योजना,महिला और बाल विकास कार्यक्रम महिला समृद्धि योजना (जो 2अक्टूबर 1993 से प्रारंभ की गई है,) आदि कार्यक्रम का प्रमुख उद्देश्य ग्रामीण महिलाओं में बचत की प्रवृत्ति को प्रोत्साहन करना है।

इस शोध पत्र के माध्यम से वर्तमान परिप्रेक्ष्य में भारतीय नारी की वास्तविक स्थिति क्या है और उसने किस सीमा तक प्रगति की है, तथा उसके विकास के लक्ष्य क्या हैं, और उसके उत्थानके लिये किन सरकारी और गैर सरकारी कार्यक्रमों ने अपना योगदान प्रदान किया है। इन सब बातों का अध्ययन समाविष्ट है तथा उसके विकास के नवनिर्मित आयाम और सुझाव आगे संलग्न है।

नारी की सामाजिक स्थिति और संलग्न समस्यायें

वर्तमान में भारतीय नारी की स्थिति कुछ हद तक सुधर गई है, परन्तु पूर्णत: नहीं। वह अभी भी अशिक्षित, पर्दा प्रथा से घिरी, दहेज से प्रताड़ित तथा निरीह जान पड़ती है। गाँवों में तो इनकी स्थिति और भी बदतर है। ''वह पुरुष के पैरों की जूती समझी जाती है'' तथा उसे कठपुतली की तरह नचाया जाता है। उसे वह आदर नहीं दिया जाता जो उसे दिन-रात कार्य करने के प्रतिफल में मिलना चाहिए। उसे दलित, कुंठाग्रस्त रहना पड़ता है। कवि मैथिलीशरण गुप्त ने नारी की स्थिति अत्यंत दयनीय बता दी है।

"अबला जीवन हाय तुम्हारी यही कहानी।

आँचल में है दूध और आँखों में पानी"

इस बिगड़ते नारी के मानसिक दृष्टिकोण को बदलते सामाजिक परिवेश में नवीन रूप से स्वीकारा है।

इस बिगड़ते नारी के मानसिक दृष्टिकोण को बदलते सामाजिक परिवेश में इसे नवीन रूप से स्वीकारा है।

नारी की सामाजिक स्थिति नगरीय तथा शहरी स्तर पर कुछ सुधरी हुई है लेकिन ग्रामीण स्तर पर आज भी दयनीय है, उसकी मूल स्थिति हम निम्न तथ्यों से समझ सकते हैं।

1. पर्दा प्रथा से प्रताड़ित-भारत में आज भी पर्दा प्रथा प्रचलन में हैं। ग्रामीण क्षेत्रों में मुस्लिम परिवारों में आज भी बहू बेटियाँ पर्दे की ओट में कैद हैं।

2. अशिक्षा से घिरी-भारतीय नारी आज भी अशिक्षित है, उसे पढ़ने लिखने की स्वतंत्रता नहीं है वह रूढ़िवादी मानसिकता वाले परिवारों से जुड़ी है, चाहकर भी वह पढ़ नहीं पाती। आज भी बहुत से माँ बाप की धारणायें है कि बेटी पढ़कर क्या करेगी घर का चौका चूल्हा करना उसकी नियति है। धारणा है सारी स्वतंत्रता पुरुषों के लिये और सारी अधीनता स्त्रियों के लिये है।

3. बाल विवाह-भारत में आज भी बहुत से हिन्दी भाषी राज्यों यथा राजस्थान, उत्तरप्रदेश, हरियाणा, बिहार तथा मध्यप्रदेश में बाल विवाह का प्रचलन हैं। बालिकाओं के 10 वर्ष के होने पर उसका विवाह कर दिया जाता है जिससे उसका बहुआयामी विकास नहीं हो पाता है और वह घर की चहारदीवारी में कैद होकर रह जाती है।

4. दहेज प्रथा-भारत में अभी वर पक्ष वाले मनमाना पैसा वसूलते हैं और कन्या पक्ष वाले ऐसा न कर पाने पर तरह तरह से सताये जाते हैं। तथा उन्हें दहेज देने पर मजबूर कर दिया जाता है। दहेज प्रथा से प्रताड़ित महिलाओं का विभिन्न वर्गों में प्रतिशत निम्नानुसार है।

जाति/धर्म		दहेज से प्रताड़ित महिलायें
सामान्य	-	40 प्रतिशत
पिछड़ा वर्ग	-	20 प्रतिशत
हरिजन	-	20 प्रतिशत
मुस्लिम	-	10 प्रतिशत
अनु.जनजाति	-	10 प्रतिशत

दहेज की प्रथा के लिए दोनों ही पक्ष उत्तरदायी है। न तो हम दहेज दें और नही लें तभी स्थिति सुधर सकती है इसके लिये जितना वरपक्ष उत्तरदायी है उतना ही कन्या पक्ष भी ।

5. बालिका भ्रूण हत्या-आजकल स्त्री संतान को लोग उसकी गर्भ में ही नृशंसहत्या करवा देते हैं स्वतंत्रता प्राप्ति से पहले लोग अपनी बालिकाओं के डर से नृशंस हत्या कर देते है कारण मुगल शासक घर की बहू बेटियों को अपनी हवस का शिकार बनाते थे।

अनु. जाति तथा ग्रामीण परिसर में लोग बालिका को नवजात रूप में ही गला दबाकर या अफीम खिलाकर मार डालते हैं। परन्तु सभ्य शिक्षित लोग सोनोग्राफी परीक्षण के उपरांत गर्भपात करवा लेते हैं जिससे गर्भ में पल रहे नन्हें शिशु की जघन्य भ्रूण हत्या हो जाती है।

6. शैक्षणिक स्तर निम्न होना-भारत में महिला साक्षरता 28.39 प्रतिशत है। तथा विभिन्न वर्गों में भी इनकी स्थिति दयनीय है। वह अशिक्षित है सन् 1991 में आँकड़ों के अनुसार भारत में विभिन्न वर्गों में शिक्षा का प्रतिशत वर्गवार निम्नानुसार है। प्रति 100 महिलाओं पर इसका आकलन किया जाता है।

सामान्य वर्ग	-	70 प्रतिशत
पिछड़ा वर्ग	-	25 प्रतिशत
मुस्लिम	-	3.4 प्रतिशत
अन. जन जाति	-	0.8 प्रतिशत
जनु. जाति	-	1.8 प्रतिशत

7. आनुपातिक लैंगिक असंतुलन-भारत में विभिन्न तरीकों द्वारा बालिकाओं का शोषण जैसे हीनता की शिकार, दहेज से मृत्यु, बालिका भ्रूण हत्या, कुपोषण,अशिक्षा, स्वास्थ्य के प्रति लापरवाही आदि कारणों से स्त्री पुरुष असंतुलन हो रहा है। लिंगानुपात बिगड़ने से विभिन्न समस्यायें हमारे सामने आयी हैं। भारत में प्रति 1000 पुरुषों पर 934 स्त्रियाँ है।

8. पुरुष प्रधान समाज-भारत में आज भी पुरुष प्रधान समाज है, स्त्रियों को बराबर से काम करने पर कम प्रतिफल मिलता है। महिलाओं को संस्कारों में भी यही मिला है कि पुरुष चाहे कितना ही गिरा हुआ हो लेकिन निष्ठावान पतिवृता सच्चरित्र वात्सल्य की मूर्ति पत्नि चाहिए जो उसे ईश्वर की तरह पूजे।

9. परम्पराओं और प्रथाओं का विकृत रूप-भारत में आज विधवायें है और संस्कारों में यह नहीं लिखा है कि उसका पुनर्विवाह किया जाये। जिससे वह जीवन भर घुटती रहती है तथा उनकी कई तरह से दुर्दशा की जाती है, तरह तरह के ताने दिये जाते हैं और सामाजिक तथा पारिवारिक अपमान से उन्हें मरने पर मजबूर कर दिया जाता है।

10. मानसिक दृष्टिकोण का पिछड़ापन-भारत में आज भी परिवार में लड़की को तहर तरह से रोका टोका जाता है,उसे पढ़ने लिखने तथा आगे बढ़ने के समुचित अवसर नहीं दिये जाते हैं। चह चाहते हुये भी कुछ नहीं कर सकती है। इसका मुख्य कारण मानसिक दृष्टि से पिछड़ापन ही है।

महिलाओं की आर्थिक स्थिति और योजनायें

देश में महिलाओं की कुल जनसंख्या लगभग 40करोड़ 71 लाख 1991 की जनसंख्या के अनुसार है। इसमें ग्रामीण महिलाओं की संख्या लगभग 30.5 करोड़ है। जनसंख्या एवं श्रमशक्ति का प्रमुख भाग होने के बावजूद भी ग्रामीण महिलाये न सिर्फ उपेक्षित है बल्कि अत्यधिक शोषण की शिकार भी हैं। ग्रामीण महिलाओं को पारिश्रमिक देने में भी भेदभाव किया जाता है। जबकि 1971 में समान मजदूरी अधिनियम पारित हो चुका है। संयुक्त राष्ट्र संघ ने महिलाओं को समाज राष्ट्र एवं अन्तराष्ट्रीय स्तर पर विकास की मुख्यधारा में लाने के उद्देश्य से वर्ष 1975 में महिला दशक की घोषणा की। महिलाओं की आर्थिक स्थिति सुधारने के अनेक कार्यक्रम सरकार द्वारा किये गये हैं जो निम्न हैं।

महिला जागृति योजना-इस योजना का उद्देश्य महिलाओं में जागृति उत्पन्न करना है। इस योजना के अंतर्गत कार्यशालाओं, प्रदर्शनियों, सेमीनारों, वाद विवाद प्रतियोंगिताओं, नाटकों, फिल्मों और जनसंचार के विभिन्न माध्यमों द्वारा महिलाओं की समस्याओं उनके कानूनी अधिकार, महिलाओं में शिक्षा रोजगार के अवसरों तक महिलाओं की पहुँच इत्यादि के सम्बन्ध में समाज में जनजागरण और चेतना उत्पन्न की जायेगी। यह योजना उत्तरांचल में वर्ष 1992-93 से संचालित है।

समन्वित महिला विकास योजना-पर्वतीय क्षेत्र की महिलाओं की विशिष्ट समस्याओं को दृष्टिगत रखते हुए उत्तराखंड में वर्तमान वर्ष से समन्वित महिला विकास योजना प्रारंभ की गई। इसमें महिलाओं को रोजगार तथा आय में वृद्धि के अवसर सुलभ हो सके।

किशोरियों हेतु योजना-केन्द्र सरकार ने महिला एवं बाल कल्याण विभाग के द्वारा जिन बालिकाओं (11-18वर्ष) आयु की है, और पढ़ाई छोड़ चुकी हैं, जिसके

अन्तर्गत उन्हें आँगनवाड़ी में स्वास्थ्य पोषण आदि की शिक्षा दी जाती है ताकि वे भविष्य में अच्छी माता होने का परिचय दे सकें।

महिला समृद्धि योजना-इस योजना का आरंभ अक्टूबर 1993 को हुआ इस कार्यक्रम का प्रमुख उद्देश्य ग्रामीण महिलाओं में बचत की प्रवृत्ति को प्रोत्साहित करना है। इस पर सरकार द्वारा अधिक से अधिक ब्याज देय है। इसके अतिरिक्त महिला समाख्या योजना, राष्ट्रीय महिला कोष तथा विकास कार्यक्रमोंके लिये हर योजना विभाग में आरक्षण की व्यवस्था भी की गई है। कुछ कार्यक्रम इस प्रकार है-

जवाहर रोजगार योजना-सातवीं पंचवर्षीय योजना में प्रारंभ की गई इस योजना का प्रमुख उद्देश्य ग्रामीण बेरोजगारी दूर करना है। इसके अंतर्गत महिलाओं को रोजगार में 30 प्रतिशत स्थान आरक्षित हैं। तथा शिक्षा योजनायें भी चालू की गई हैं जिनमें औपचारिकेत्तर, आँगनवाड़ी शिक्षा एवं राजीव गाँधी शिक्षा मिशन जिसके अन्तर्गत वैकल्पिक विद्यालय खोले गये हैं।

समन्वित ग्रामीण विकास कार्यक्रम-इस योजना का राष्ट्र व्यापी आरंभ 2 अक्टूबर 1980 को हुआ। इस कार्यक्रम का प्रमुख उद्देश्य निर्धनता रेखा के नीचे गुजर बसर कर रहे लोगों का जीवन स्तर ऊपर उठाना है इसके अन्तर्गत महिलाओं को 40 प्रतिशत स्थानों का आरक्षण दिया गया है।

ग्रामीण युवा स्वरोजगार प्रशिक्षण कार्यक्रम-यह कार्यक्रम प्रमुखत: प्रशिक्षण कार्यक्रम है जिसमें गाँवों के बेरोजगार युवक युवतियों को जिनकी आयु 18 से 35 केबीच है। जो निर्धनता रेखा से नीचे आती है, सम्मिलित प्रशिक्षण के उपरांत वित्तीय संस्थाओं से ऋण प्रदान कराया जाता है ताकि वे अपना स्वरोजगार चला सकें।

अपनी बेटी अपना धन योजना-बालिकाओं के भविष्य को सुरक्षित करने के उद्देश्य से 2अक्टूबर 1994 से हरियाणा सरकार ने अपनी बेटी अपना धन योजना प्रारंभ की है। इस योजना के तहत अनुसूचित जाति एवं जनजाति के परिवारों की नवजात बालिकाओं के नाम से 2500 रुपये सरकार द्वारा इन्दिरा विकास पत्र के माध्यम सेनिवेश कर दिया जाता है। जो कि 18 वर्षों के पश्चात लगभग 25000 रुपयों के रूप में देय होता है। 18 वर्षों के पश्चात यह राशि उसी लड़की को प्राप्त होती है, जिसके नाम से यह निवेशित होती है। लड़की को उस राशि के उपभोग की पूर्ण स्वतंत्रता होती है।

यह कार्यक्रम लड़कियों के सुन्दर भविष्य की योजना तैयार करता है। लड़कियाँ इस प्राप्त राशि का उपभोग उच्च शिक्षा पर अपना छोटा सा रोजगार चला सकती हैं। केन्द्र सरकार इस योजना को संपूर्ण देश में लागू करने की योजना बना रही है।

कुवंर वाइनुं मारेरू योजना-गुजरात सरकार द्वारा 1995 में प्रारंभ की गई यह योजना के तहत 7500 रु से कम वार्षिक आय वाले कमजोर परिवारों को कन्या के विवाह से के समय 5000 रुपये की वित्तीय सहायता उपलब्ध करायी जाती है।

कामधेनु योजना-महाराष्ट्र में प्रचलित इस योजना के तहत अपंग,परिपक्वता व निराधार महिलाओं को स्वरोजगार उपलब्ध कराने के लिये सहायता प्रदान की जाती है।

अत: स्पष्ट है कि सरकार द्वारा ग्रामीण महिलाओं विशेषकर गरीबी रेखा के नीचे जीवन यापन करने वाली महिलाओं के लिये विविध योजनायें बनायी हैं, जिससे उनका चहुमुखी विकास हो सकेगा।

क्या वास्तव में महिला ने प्रगति की है?

जहाँ तक महिला प्रगतिका प्रश्न है तो महिलाओं ने विभिन्न क्षेत्रों में सफलता अर्जित की है, जिसके उदाहरण हमारे सामने प्रस्तुत हैं। महिलाओं ने सभी क्षेत्रों में प्रगति की है, महिला प्रगति को हम उसके विभन्न क्षेत्रों में किये गये प्रयासों,उपलब्धियों और विश्व कीर्तिमान स्थापित करने को समझ सकते हैं। विभिन्न क्षेत्रों में महिलाओं का योगदान सराहनीय है जो निम्न हैं-

1. राजनीतिक क्षेत्र में-भारत में प्राचीनकाल से ही भारतीय महिलाओं जिनमें रानी लक्ष्मीबाई का अमिट योगदान है, स्वतंत्रता प्राप्ति में उनके योगदान को भुलाया नहीं जा सकता तथा भारत की प्रथम महिला प्रधानमंत्री के रूप में विख्यात श्रीमति इन्दिरा गांधी ने देश को मजबूत राजनीतिक ढाँचा प्रदान किया है।

2. प्रशासनिक क्षेत्र में आज भारतीय नारी प्रशासनिक दृष्टि से भी पीछे नहीं है। किरन वेदो के प्रशासनिक योगदान को हम कभी नहीं भुला सकते उन्होंने हमारे देश को गुण्डा गर्दी से बचाया उन्हें उनके योगदान के लिये मैग्सेसे पुरस्कार प्रदान किया गया। उन्होंने देश को मजबूत प्रशासनिक ढाँचा दिया।

3. संगीत के क्षेत्र में-आज संगीत के क्षेत्र में भारतीय महिलायें पीछे नहीं है। विश्वभर में विख्यात गायिका लता मंगेशकर,आशा भोषले, ऊषा मंगेशकर तथा अनुराधा पौडवाल ने हमारे देश में अनोखी संगीत प्रतिभा से स्तंभित कर दिया है।

4. पर्वतारोहण के क्षेत्र में-विश्व की सबसे ऊँची चोटी माउण्ट ऐवरेस्ट पर भारतय महिलाओं ने विजय प्राप्त कर ली है। इनमें प्रथम भारतीय महिला होने का गौरव बछेन्द्रीपाल को है। आज भारतीय नारी इंग्लिश चैनल पार करने वाली बन गई, आरती साहा ने इस दिशा में अपना विश्व कीर्तिमान स्थापित किया है।

5. खेलकूद के क्षेत्र में-भारतीय महिलाओं ने खेलकूद में भी अपना अलग कीर्तिमान स्थापित किया है। भारत की उड़नपरी के नाम से विख्यात पी.टी.ऊषा इसी देश की है।

6. सौन्दर्य के क्षेत्र में-भारतीय महिलाएँ प्राचीन काल से ही सुन्दरता की प्रतिभूति के रूप में जानी जाती हैं भारत की रानी जयराज, रीता फारिया विश्व सुन्दरी ऐश्वर्य राय तथा ब्रह्माण्ड सुन्दरी सुस्मिता सेन प्राचीन काल से ही राजा शान्तनु की पत्नि सत्यवती तथा दुश्यंत की पत्नि शकुन्तला अपूर्व सुन्दरी थी।

7. समाज सुधार के क्षेत्र में-महिलाओं की स्थिति सुधारने में अनेक स्वयं सेवी संगठनों ने सहायता प्रदान की है। मदर टेरेसा जिनका समाज सुधार के क्षेत्र में अमिट योगदान है। वह समाज संपूर्ण देश को ''वसुधैव कुटुम्बकम'' की भावना से देखती थी।

इस प्रकार हम देखते है कि भारतीय नारी की स्थिति मजबूत होते हुए आज भी भारतीय नारी दलित, कुंटा ग्रस्त और अपमानित महसूस की जाती है। इसके निराकरण के लिये महिलाओं को ऊपर उठकर स्वयं सामने आना होगा।

अन्य उपयोगी सुझाव

भारतीय नारी के स्वरूप को बदलने के लिये हमें निम्न उपाय करना चाहिये।

(1) प्रत्येक परिवार की यह जिम्मेदारी है कि वह बालिकाओं को समुचित शिक्षा, पोषण तथा अन्य गतिविधियों का ध्यान रखें।

(2) प्रत्येक महिला को ऊपर उठकर सामने आना होगा जिससे वह अपना अधिकार खुद माँग सके।

(3) महिला सामूहिक जन आन्दोलन तथा दहेज विरोधी आन्दोलन महिला संगठन बनाकर किये जायें।

(4 स्त्री स्वयं स्त्री की सहायिका बने और अन्य सामाजिक गतिविधियों में भाग ले।

(5) समाज में उच्चपद प्राप्त करने हेतु महिलाये स्वयं नव जागृति आन्दोलन चलाये और समाज के प्रत्येक परिवार की स्थिति को समझे।

(6) महिलाओं के विकास के लिये समुचित मशीनरी विकसित की जाये।

(7) महिलाओं एवं बालिकाओं के साथ होने वाला हर प्रकार का भेदभाव समाप्त किया जाये।

(8) बाल वैश्यावृति रोकी जाये तथा बिचौलियों को कठोर दण्ड दिया जाये जो ऐसा करने पर बालिकाओं को मजबूर कर देते हैं।

(9) महिलाओं के उत्पादन स्रोतों शिक्षा, स्वास्थ्य, संपत्ति, सूचना एवं प्रौद्योगिकी में बराबरी का अधिकार दिया जाये।

(10) महिलाओं की राजनीतिक निर्णय की प्रक्रिया में साझेदारी सुनिश्चित करने हेतु उचित कदम उठाये जाये।

(11) नारी स्वयं नारी का उत्थान करे जिससे महिलाओं में सामूहिक जागृति पैदा हो सके।

(12) महिलाओं का स्वयं अपना चहुमुखी विकास करने के लिये आगे आना होगा। चाहे क्षेत्र शिक्षा का हो या खेलकूद चिकित्सा का।

(13) नारी की अतिवादी मानसिकता दूर करने हेतु उसे सीमित जनसंख्या, साक्षरता का महत्त्व आदि समझायें।

(14) नारी को ''सीमित परिवार सुख का आधार'' तथा ''दो ही बच्चे घर में अच्छे'' आदि से अवगत करायें।

(15) महिलाओं में शिक्षा का स्तर सुदृढ़ कर दिया जाय ताकि वह आने वाली पीढ़ी को पढ़ा लिखा सके।

अतः स्पष्ट है कि भारतीय नारी की स्थिति सुदृढ़ होते हुए भी कमजोर है। उसका हम आर्थिक सामाजिक विकास करें तथा नारी की महत्ता को समझें उसे पर्याप्त आदर और सम्मान दें। क्योंकि नारी प्रकृति का अद्वितीय सुन्दर पुष्प है और वह पुरुष की प्रेरणा है, ऐसी चिरवन्दनीय नारी को आदर सत्-सत् नमन। नारी के स्तर को सुधारने के लिये राष्ट्रीय महिला आयोग बहुत सी योजनायें बता रहा है, जिसमें उसे रोजगार समानता का अवसर, शिक्षा स्वास्थ्य आदि का उत्तम प्रबंध किया गया है।

❑❑❑

4

कृषि विकास और महिलाएँ : समस्याएँ एवं सुझाव

प्राचीनकाल से ही महिलायें हमारे देश के विकास और उसकी प्रगति में अपना अमूल्य किन्तु मूक योगदान देती रही हैं। विकास का प्रत्येक पक्ष चाहे शिक्षा हो या संस्कृति, विज्ञान हो या ललित कला व्यवसाय हो या कृषि, भारतीय महिलाओं ने उसे समुन्नत करने तथा उसे उन्नति के शिखर पर पहुँचाने में अपनी सराहनीय भूमिका निभायी है। आज से पचार वर्ष पूर्व जब हम स्वतंत्र हुये थे तब कृषि के क्षेत्र में हमारी स्थिति बहुत अधिक दयनीय थी। परन्तु आज हम कृषि उत्पादों के क्षेत्र में बहुत कुछ आत्मनिर्भर हैं। अगर हमें कुछ कृषि उत्पादों का आयात करना पड़ता है तो अनेक कृषि उत्पादों का निर्यात भी हम करते हैं।

कृषि क्षेत्र की इस चतुर्मुखी उन्नति के पीछे हमारी महिलाओं का बहुत बड़ा हाथ है। हमारे कृषि प्रधान देश में आज भी हमारी अर्थव्यवस्था का लगभग 70 प्रतिशत भाग कृषि या उससे सम्बन्धित उद्योगों पर निर्भर है। हमारे देश की कुल जनसंख्या का लगभग 48 प्रतिशत हिस्सा महिलाओं का है, जिसमें से लगभग 75 प्रतिशत महिलायें ग्रामीण अंचलों में निवास करती हैं। आज भी ग्रामीण क्षेत्र में कृषि एवं पशुपालन तथा उससे सम्बन्धित उद्योग ही ग्राम्य अर्थव्यवस्था का मुख्य आधार हैं। हमारे देश में कुल कृषि कार्य का लगभग 70 प्रतिशत कार्य महिलाओं के द्वारा किया जाता है। वे फसल उगाने से पूर्व खेत की तैयारी खाद में बीजों की बुवाई, पौधों की रोपाई, खरपतवार नियंत्रण, फसल की कटाई, निंदाई, गुड़ाई आदि समस्त कार्यों में अपना पूर्ण योगदान देती हैं। अपनी स्वयं की जमीन पर कृषि कार्य करने वाली अथवा खेतिहर मजदूर के रूप में कार्य करने वाली से महिला शक्ति चूंकि असंगठित, अशिक्षित शोषित, रूढ़िवादी तथा सामाजिक परम्पराओं से जकड़ी हुई है, अतः इनके कार्यों का मूल्यांकन न तो इनका

परिवार करता है, न समाज और न राष्ट्र। पिछले कुछ वर्षों में हुये सामाजिक परिवर्तन के कारण व नगरीकरण की तीव्र प्रक्रिया के फलस्वरूप हमारे देश के ग्रामीण युवकों का नगरों की ओर पलायन बढ़ा है। वे अपना पैतृक कृषि कार्य छोड़कर मजदूरी तथा अन्य कार्यों के लिये शहर आ जाते हैं और उनकी अनुपस्थिति में उनके पैतृक व्यवसाय एवं खेती की पूर्ण जिम्मेदारी ग्रामीण महिलाओं पर आ जाती है। इसीलिए पिछले कुछ वर्षों से देखा गया है कि लगभग 86 प्रतिशत ग्रामीण महिलायें खेती का कार्य कर रही है। ये कृषक पुरुषों से भी अधिक अर्थात 14 से 18 घंटे कृषि कार्य कर रही हैं। इस प्रकार आज ग्रामीण अर्थव्यवस्था के एक प्रमुख स्तंभ कृषि क्षेत्र में लगी महिलाओं को देश की कृषि नीति में कोई स्थान नहीं दिया जाता,यहाँ तक कि उन्हें किसान का दर्जा भी नहीं दिया जाता। कृषि कार्य में पुरुषों के बराबर और कभी-कभी तो अधिक मात्रा में सहयोग देने के बाद भी उनकों केन्द्र में रखकर कोई योजना नहीं बनाई जाती। आज भी अधिकांश महिलायें कृषि कार्यों में परम्परागत यंत्रों का प्रयोग करती हैं उन्हें कृषि की आधुनिक तकनीकों, वैज्ञानिक प्रविधियों तथा आधुनिक कृषि उपकरणों का कोई ज्ञान नहीं होता। घर में ये पारिवारिक दायित्वों की पूर्ति तथा खेत में मैदान में कड़ी मेहनत करने वाली ये महिलायें परिवार समाज व उपेक्षित एवं शोषित जीवन व्यतीत करने को विवश हैं।

उन्नीसवीं शताब्दी के प्रारम्भ में सामंती सत्ता की ईश्वरीय स्वीकृति को रद्द करते हुए क्रान्तिकारी पूँजीवाद अथवा औद्योगिक क्रान्ति ने पहली बार मानवीय अस्मिता की बात की। इस तरह मानव केन्द्रित समाज के तहत स्वतन्त्रता, समानता एवं बन्धुत्व की सोच विकसित हुई। इसी पृष्ठभूमि पर यूरोप तथा अमेरिका में फेमिनिस्ट आन्दोलन अथवा नारीवादी आन्दोलन विकसित हुआ। उसकी प्रारम्भिक माँग मताधिकार और काम करने की अनुकूल तथा समान परिस्थितियाँ रही। धीरे-धीरे विवाह, तलाक एवं पुरुषों के बराबर अधिकार की बात जुड़ती गई। उस दौर के आर्थिक, सामाजिक हालातों ने महिला आन्दोलन पर अत्यन्त प्रभाव डाला। यही कारण है कि उग्र परिवर्तनवादी (रेडिकल) पूँजीवादी विचारों से लेकर यूरोपियन समाजवादी, सुधारवादी, दार्शनिक, सामाजिक विचारों के अलग-अलग महिला संगठन अस्तित्व में आए। सम्पूर्णता में इन सबकी सोच प्रगतिशील थी।

उस समय नारी आन्दोलन के पास नारी शोषण के इतिहास, सामाजिक, आर्थिक, सुधार एवं इसकी पूर्ण समाप्ति की कोई स्पष्ट सोच नहीं थी। इस दिशा में सोच के स्तर पर पहला प्रयास मार्क्सवाद द्वारा किया गया किन्तु अनेक महिलावादी क्षेत्रों में इतिहास की इस सच्चाई को नकारा जाता है। मार्क्स ने गुलामी तथा शोषण के इतिहास तथा वर्तमान की व्याख्या की। स्त्री-पुरुष समानता के लिए उन्होंने पूँजीवाद को समाप्त करने का आह्वान

किया। हालाँकि मार्क्स ने महिला स्वतंत्रता एवं समानता के सम्बन्ध में अपना अभिमत व्यक्त नहीं किया, पृथक संगठन पर चर्चा नहीं की। परन्तु उसी विचार को आगे बढ़ाते हुए विश्व कम्युनिस्ट आन्दोलन में प्रथम बार महिला संगठन की सोच लेनिन ने आरम्भ की और अलग से महिला संगठन खड़ा किया। क्लाराजेटकिन, अनेसा आरमाँ, रोजा लक्जेमबर्ग, अलेक्सांद्रा कोलोताई-क्रुप्सकाया जैसी नारीवादी महिलाओं से लेनिन का महिला मुद्दे पर लगातार पत्र-व्यवहार होता था। उसमें पुरुषवादी सत्ता, नैतिकता, बराबरी, मुक्ति आदि महिला से जुड़े सवालों पर मार्क्सवादी विचार में जवाब दिए गए। इस सब के पश्चात् भी लेनिन के दौर में अलग से नारी आन्दोलन की सोच विकसित नहीं हो पाई, इस समय तक यह केवल श्रमजीवी महिलाओं का संगठन बनाने तक सीमित रही। उसी दौर में रोजा लक्जेमबर्ग के नेतृत्व में अन्तर्राष्ट्रीय महिला कामगार संघ की स्थापना हुई जिसमें प्राय: यूरोप और रूस की कम्युनिस्ट महिला मजदूर आदि थीं। इस संगठन का निश्चित ही महिला आन्दोलन को बड़ा लाभ प्राप्त हुआ। किन्तु वर्गीय दृष्टि से देखने के कारण मध्यम वर्ग की महिला का इसमें कोई महत्व नहीं था। इस सबके पश्चात् भी सोवियत संघ, चीन या पूर्वी यूरोप के समाजवादी देशों में महिला के हित में जो काम हुए तथा उससे महिला की स्थिति में जो अन्तर आया वह आज तक दुनिया के किसी और देश में संभव नहीं हो सका।

स्त्री समाजवादियों के पहले और दूसरे अन्तर्राष्ट्रीय सम्मेलन (स्टूटगार्ट 1907 और कोपेनहेगेन 1910) श्रम-जीवी नारी आन्दोलन की विकास यात्रा के महत्वपूर्ण पड़ाव थे। इन सम्मेलनों ने जहाँ महिला को मताधिकार का प्रस्ताव किया, वहीं अन्तर्राष्ट्रीय महिला सचिवालय बनाने और महिला पत्रिका निकालने का भी तय किया। इसी सम्मेलन ने 8 मार्च को महिला दिवस घोषित किया। 1920 तक सर्वहारा विचारधारा पर आधारित नारी आन्दोलन में एक व्यवस्थित रूप प्राप्त कर लिया था। इस दौर में (1920-1926) महिला कम्युनिस्टों के चार अन्तर्राष्ट्रीय सम्मेलन हुए। चौथे दशक में फासिज्म के उभार और साम्राज्यवादी युद्ध विरोधी संयुक्त लड़ाई में अन्य तबकों के साथ मध्यम वर्ग की महिलाएँ भी सक्रिय थीं। इससे ही निकलकर 'जनवादी फासिज्म विरोधी नारी आन्दोलन' का सूत्रपात हुआ। 1934 में पेरिस में ऐसे कई देशों के नारी संगठनों की पहल पर पहली 'फासिज्म विरोधी विश्व महिला कांग्रेस' हुई। बाद में ऐसे और भी सम्मेलन हुए जिसने युद्ध और फासिज्म के खिलाफ लड़ने के अलावा महिलाओं को आपस में अपनी समस्याओं को देखने, समझने तथा सोचने का अवसर दिया। चीनी क्रान्ति के अलावा एशिया, अफ्रीका और लातिन अमेरिका के राष्ट्रीय संघर्षों ने भी महिला संगठन और महिला मुद्दे को समझने का मौका दिया।

1888 में ही अमेरिका में नारीवादियों की पहल पर 'अन्तर्राष्ट्रीय नारी परिषद' की स्थापना जैसी सक्रियता दिखने लगी थी। इसी समय स्त्री चेतना के दबाव में डरकर धार्मिक और सुधारवादियों ने भी भाँति-भाँति के महिला संगठनों की स्थापना की थी। इस तरह एक लम्बे समय तक छुटपुट सक्रियता बनाए रखने के पश्चात् 1960 के दशक में अमेरिका और पूरी पश्चिमी दुनिया में एक नया नारीवादी आन्दोलन विस्फोट के रूप में फूट पड़ा जो वास्तव में यौन उत्पीड़न के विरुद्ध एक बगावती अन्धा विद्रोह था जिसकी कई शाखाएँ आगे चलकर फली-फूलीं तथा एक सीमा तक दुनिया भर की उच्च अथवा मध्यमवर्गीय महिलाओं को इसने प्रभावित भी किया। उनके पास नारी-समस्या के सभी बिन्दुओं की इतिहाससंगत, तर्कपूर्ण व्याख्या नहीं थी और न ही इस संघर्ष को आगे ले जाने का कोई ठोस कार्यक्रम। यह एक तरह से पश्चिमी उपभोक्ता संस्कृति के खिलाफ बगावत थी। वैसे नारीवाद के सिद्धान्त का पहला मील का पत्थर 1946 में फ्रांसीसी में और 1953 में अंग्रेजी में प्रकाशित 'सिमोन द वोउवा' की चर्चित पुस्तक 'द सेकेण्ड सेक्स' थी। कुछ वर्ष पहले स्त्री उपेक्षिता के नाम से हिन्दी में भी यह प्रकाशित हो चुकी है। अपनी लाख कमियों के पश्चात् भी यह पुस्तक नारीवादी आन्दोलन-कर्मियों के लिए आज भी गीता, बाइबिल के समान पवित्र है। व्यापक ऐतिहासिक परिप्रेक्ष्य, नारी आन्दोलन की दिशा तथा सामाजिक आर्थिक विश्लेषण के अभाव के पश्चात् भी साठ के दशक में नारी आन्दोलन की चेतना इससे काफी प्रभावित हुई। इसी तरह अमेरिका में 1966 में राष्ट्रीय नारी संगठन का गठन करने वाली 'बेट्टी फ्रीडन' की पुस्तक 'द फेमिनिन मिस्टिक' भी काफी चर्चित हुई जिसमें स्त्रियों की घरेलू दासता और पुरुष-स्वामित्व को स्वीकार करने के लिए उनके दिमाग की कण्डीशनिंग की प्रक्रिया की उग्र लेकिन एकांगी तथा अनैतिहासिक आलोचना की गई थी। इस दौर में ऐसी कई किताबों ने मध्यम वर्ग की नारी चेतना को जाग्रत किया।

उस समय पूरी पश्चिमी दुनिया आर्थिक सामाजिक संकट और उथल-पुथल के दौर से गुजर रही थी। लगभग सभी तबके के लोग सड़कों पर उतर आये थे। वियतनाम, क्यूबा जैसे छोटे-छोटे देशों की क्रान्ति या संघर्ष ने पश्चिम के युवाओं को काफी प्रभावित किया था। इन सब संघर्षों में महिला की भागीदारी भी पहली बार इतने बड़े पैमाने पर हो रही थी। सामाजिक राजनीतिक सक्रियता के दायरे में बढ़ी हुई इस भागीदारी ने महिला को दोयम दर्जे की नागरिकता के खिलाफ विद्रोह के लिए प्रेरित किया।

इस महिला शक्ति के उभार ने भी महिला समस्या की कोई स्पष्ट तस्वीर प्रस्तुत नहीं की अपितु अराजकतावादी ढंग से सामाजिक-पारिवारिक संस्थाओं के अस्तित्व को ही चुनौती दी। विवाह, एकल यौन सम्बन्ध तथा परिवार को एकदम नकारा तथा पूरी लड़ाई को पुरुष सत्ता के विरुद्ध केन्द्रित किया गया। बिना यह जाने कि इसका ऐतिहासिक,

सामाजिक आधार क्या है ? आखिर ऐसे आन्दोलन की परिणति ब्रा-बर्न्स सोसाइटी (ब्रा जलाओ समिति) बनाने और 'नो योर बॉडी नो योर सेल्फ' (अपने शरीर को जानो, खुद को जानो) जैसी पुस्तकें लिखने तक सिमट कर रह गई और इसी यौन-भेद में सारी असमानताओं का कारण ढूँढ़ती रही। उस दौर में नारीवादी विचारकों ने जो भी साहित्य लिखा उसमें किसी ने भी नारी शोषण-उत्पीड़न के इतिहास, परम्परा एवं सामाजिक ढाँचे को जानने की या विश्लेषण करने की कोशिश नहीं की। इस आन्दोलन का असर औरत की अपनी स्वतंत्र पहचान और स्वतंत्र संघर्ष के रूप में जरूर हुआ जिसके बाद दुनिया भर में नारेवादी छोटे-छोटे स्वतंत्र संगठन खड़े हुए। गर्भपात, बलात्कार, तलाक जैसे मुद्दों के कई संघर्ष भी इनके हक में जाते हैं। पर आम लोगों से जुड़ाव के मामले में यह काफी कमजोर रहा। आज ऐसे संगठनों का जुड़ाव मात्र मध्यम वर्ग की महिला तक ही सीमित है।

वर्ष 1975 संयुक्त राष्ट्र संघ ने महिला वर्ष के रूप में घोषित किया गया। आगे 1975 से 1985 तक महिला दशक के रूप में भी मनाया गया। इस दौरान सम्पूर्ण विश्व में महिला आन्दोलन काफी ताकतवर रूप से उभरा तथा बीच में परस्पर एकजुटता भी बनी। इसी के आस-पास अन्तर्राष्ट्रीय महिला-सम्मेलन की संयुक्त राष्ट्र संघ के नेतृत्व में शुरुआत हुई जो 1995 में चीन में हुए चौथे महिला सम्मेलन तक जाती है। महिला-सम्मेलन और महिला ताकत के इस उभार ने वर्तमान दुनिया में उभर रहे नये-नये महिला मुद्दों को अपने संघर्ष में शामिल किया। 1979 में औरत के विरुद्ध सभी प्रकार के भेदभाव को तत्काल समाप्त करने की माँग के साथ संयुक्त राष्ट्र संघ ने एक विशेष प्रस्ताव पारित किया।

आज विकसित औद्योगिक राष्ट्र की महिलाओं के एजेन्डे में वैज्ञानिक और तकनीकी प्रबन्धन की बात है अथवा इन उपलब्धियों के साथ 21वीं शताब्दी में जाने की सोच। वहाँ अब स्त्री के साथ यौन आधार पर कायम सामाजिक असमानता और भेदभाव मुख्य प्रश्न है। नारी की अस्मिता का सवाल वहाँ आज भी जिन्दा है। वहाँ नारी का आन्दोलन आज उपभोक्ता संस्कृति की विकृतियों के विरुद्ध संघर्षरत है। जबकि भारत जैसे पिछड़े या अति पिछड़े देशों की महिलाओं की लड़ाई आज भी 18वीं अथवा 19वीं शताब्दी के मुद्दों पर ठहरी हुई है। ऐसे अधिकतर देशों में आज भी अर्द्धसामंती, अर्द्ध औपनिवेशक तन्त्र किसी न किसी रूप में कायम है। भारत जैसे देशों में समाज विकास की मंथर गति तथा जनवादी क्रान्तियों या जनवादी मूल्यों के अभाव में सामंती ढाँचा आज भी कायम है। यहाँ के मूल्य-मान्यताओं में इसका रूप साफ दिखाई देता है। इसके साथ ही सामाजिक संदर्भों की अनदेखी करके जिस ताबड़-तोड़ तरीके से खुले बाजार की नीतियाँ अपनाई जा रही हैं उसका सबसे बुरा प्रभाव भी इन्हीं महिलाओं पर पड़ने वाला है। उधर आज

दुनियाभर में महिला संघर्ष का चित्र भी काफी कमजोर और बदला हुआ है। जिस तीव्रता से यह दुनिया भर में उभरा था उतनी ही जल्दी यह कमजोर भी हुआ है। अमेरिका में रेंगना मिक्स के दौर में स्थापित हुए परम्परागत मूल्यों के कारण परिवार की इकाई को फिर से महत्त्व मिलने लगा है। महिला की पुरानी भूमिका को स्थापित किया जा रहा है। यूरोपीय-संस्कृति के केन्द्र ब्रिटेन में भी नारीवादी आन्दोलन अत्यन्त कमजोर हो गया। सोवियत संघ अथवा पूर्वी यूरोप में तो साम्यवादी व्यवस्था के न रहने के बाद महिला जागरूकता कहीं दिखती भी नहीं। कुल मिलाकर पूँजीवाद ने अपने लिए नुकसानदेह मानकर नारी समाज को उत्पादन के क्षेत्र में अलग कर दिया है। पुरुष की छाँव से भी चिढ़ने वाला नारीवाद इसमें बहुत आसानी से फँस गया है।

महिला उत्पीड़न और संघर्ष के इतिहास में 8 मार्च का अपना महत्व है। आठ मार्च पूरी दुनिया में महिला दिवस के रूप में मनाया जाता है। 1857 में वह आठ मार्च ही था जब अमरीका के शिकागो और न्यूयार्क शहर में कपड़ा मिल में काम करने वाली महिला मजदूरों ने काम के घंटे 16 की जगह 10 रखने की माँग के साथ सड़क पर प्रदर्शन किया जिसे पुलिस ने बेदर्दी से दबा दिया।

इसमें कई महिलाएँ शहीद हुईं, ढेरों घायल भी हुईं। आखिर किसी ट्रेड यूनियन का समर्थन न होने के कारण महिलाओं को अपनी इस पहली लड़ाई में सफलता नहीं मिल सकी। दुनिया में महिला के संगठित संघर्ष का यह पहला मुकाम था। बाद में 1912, 1915, 1917 में भी पूँजीवादी मुल्कों में महिला अधिकार और बराबरी के लिए कई संघर्ष हुए।

कृषक महिलाओं की समस्याएँ

कृषि कार्य में संलग्न कृषक महिलाओं की योग्यताओं व क्षमताओं का पूर्ण लाभ हमारी कृषि व्यवस्था को नहीं मिल रहा है। इसका प्रमुख कारण वे समस्यायें है जिनका सामना आज कृषि से जुड़ी महिलाओं को करना पड़ रहा है। कुछ समस्याओं का विवरण इस प्रकार है-

(1) शिक्षा एवं तकनीकी ज्ञान का अभाव-हमारे देश में कृषि कार्य में लगी महिलायें अधिकतर ग्रामीण क्षेत्रों में निवास करती हैं। ग्रामीण स्तर पर महिलाओं में साक्षरता का प्रतिशत बहुत कम है। अशिक्षित महिलायें कृषि की उन्नत तथा वैज्ञानिक विधियों तथा आधुनिक तकनीकों से अनभिज्ञ रहती हैं। कृषि विश्वविद्यालयों एवं अनुसंधान केन्द्रों द्वारा कृषि के क्षेत्र में जो नई खोज की जाती है उनका ज्ञान भी इन महिलाओं को नहीं होता। जो कृषि विस्तार अधिकारी अथवा अनुसंधानकर्ता किसानों को आधुनिक वैज्ञानिक रीति से कृषि कार्य की जानकरी देने गाँवों में किसानों के पास जाते हैं

वे केवल पुरुष किसानों से ही मिलते हैं। कृषि कार्य का जो 70 प्रतिशत हिस्सा महिलाओं के द्वारा किया जाता है, वह सभी परमपरागत साधनों तथा प्राचीन अवैज्ञानिक पद्धतियों के द्वारा किया जाता है।

(2) कृषि की उन्नत विधियों के ज्ञान का अभाव-आज कृषि में क्रांतिकारी परिवर्तन आयाहै। कृषि कार्यों के विभिन्न पक्षों जैसे बुवाई, रोपाई, निराई, गुडाई,कटाई एवं फसल की सफाई आदि के लिये अनेक उन्नत एवं वैज्ञानिक यंत्रों का निर्माण हो गया है। खेती करने की पद्धतियों में भी परिवर्तन आ गया है। उन्नत तथा शीघ्र फसल देने वाले बीजों की खोज की गई है। महिलाये इन सब अनुसंधानों से अंजान होती हैं। उदाहरण के लिये अनेक महिलायें इन सब्र अनुसंधानों से अंजान होती है। उदाहरण के लिये अनेक महिलाओं को यह नहीं मालूम होता है कि बीज कितनी गहराई में लगाना चाहिए,दो पौधें के बीच कितनी दूरी रखना चाहिए, खाद की कितनी मात्रा और कितने अंतराल के बाद चाहिए, कौन से कीटनाशकों का प्रयोग करना चाहिए आदि।

(3) वित्तीय संसाधनों का अभाव-हमारे देश में ग्रामीण स्तर पर निर्धनता का प्रतिशत बहुत अधिक है। अधिकांश ग्रामीण महिलाये अत्यंत निर्धन होती है। उनके पास वित्तीय संसाधनों का अभाव होता है। इसी कारण वे कृषि की उन्नत तकनीकों का प्रयोग करने में असमर्थ रहती हैं। बैंकों, सहकारी संस्थाओं तथा अन्य सरकारी वित्तीय ऐजेंसयों में किसानों को जो वित्तीय संसाधन अथवा ऋण उपलब्ध करवाये जाते हैं उनकी जानकारी पुरुष किसानों तक ही सीमित होती है। महिलायें तो इतनी जागरूक होती हैं और न हीं इतनी शिक्षित कि वे इन वित्तीय संसाधनों का लाभ उठा सकें। सरकार के द्वारा भी अलग से महिलाओं को उनके नाम पर वित्तीय सहायता प्रदान करने की कोई पृथक नीति का निर्माण नहीं किया जाता।

(4) सामाजिक रूढ़ियाँ तथा परम्परायें-ग्रामीण समाज अत्यंत रूढ़िवादी तथा पिछड़ा हुआ है। वहाँ महिलाओं की स्थिति बहुत दयनीय है। बाल-विवाह,पर्दा-प्रथा, सती प्रथा आदि कुरीतियों के कारण स्त्रियों का जीवन अनेक यंत्रणाओं तथा उतपीड़न के दौर से गुजरता है। सामाजिक व्यवस्था में लड़की व लड़के के मध्य भेदभापूर्ण नीति के कारण बचपन से ही लड़की को वर्ण भेद का शिकार होना पड़ता है। अपने परिवार की आय में बराबरी का और कभी-कभी तो अधिक योगदान देने के बाद भी उनको अपने परिवार तथा समाज में सम्मान तथा अधिकार प्राप्त नहीं है। दिन-रात कड़ा श्रम करने के बाद भी उनके श्रम का न तो उचित मूल्य मिलता है और न उचित आदर। इससे उनमें स्वावलंबन व आत्मविश्वास की भावनाओं की कमी होती है।

(5) पारिवारिक दायित्वों का बोझ-देश की अन्य कामकाजी महिलाओं की तरह हमारे देश की कृषक महिला को भी कार्यों का दोहरा बोझ उठाना पड़ता है। उनके ऊपर परिवार के पालन-पोषण तथा कृषि कार्य करने की दोहरी जिम्मेदारी होती है। अधिकांश ग्रामीण स्त्रियों को अपने घर की कुछ अनिवार्य आवश्यकताओं जैसे पीने के पानी की व्यवस्था, जानवरों के चारेकी व्यवस्था, ईंधन की व्यवस्था के लिये कठिन परिश्रम करना पड़ता है। इन्हें इकट्ठा करने के लिये वे मीलों पैदल चलती हैं। इससे उनकी शारीरिक क्षमताओं पर विपरीत असर पड़ता है। इससे उनका कृषि कार्य भी प्रभावित होता है।

(6) अस्वस्थ परिवेश, कुपोषण और बीमारी की शिकार-ग्रामीण स्त्रियाँ जिस वातावरण में कार्य करती है अथवा रहती हैं वह स्वास्थ्य की दृष्टि से रहने लायक बिल्कुल नहीं होता। इनके निवास स्थान पर सूर्य के प्रकाश का लगभग अभाव होता है। आस-पास पानी के निकास की उचित व्यवस्था न होने के कारण गंदगी फैलती है। स्वास्थ्य की सामान्य जानकारी का अभाव होने के कारण उन्हें संक्रामक रोगों का खतरा उठाना पड़ता है। ग्रामीण महिलायें कुपोषण का शिकार भी होती हैं। परिवार की आय में योगदान देने के बाद भी भरपेट खाना नसीब नहीं होता। परिवार नियोजन के साधनों का प्रयोग न करने के कारण उनके बार-बार जल्दी-जल्दी बच्चे होते हैं। गर्भावस्था के दौरान न तो इन्हें पर्याप्त खुराक मिलती है और न समुचित आराम मिलता है। इससे वे रक्ताल्पता और अन्य अनेक स्त्री-रोगों से ग्रसित रहती हैं। परिवार के पुरुष अपनी आय का अधिकांश भाग नशा तथा जुआ खेलकर बर्बाद करते हैं। ये महिलायें कड़ी मेहनत के द्वारा देश के कृषि के विकास में अपना जो योगदान देती हैं, वह अद्‌भुत जीवन शक्ति का उदाहरण है।

(7) भूस्वामित्व तथा संपत्ति से उत्तराधिकार से वंचित-वर्तमान समय में बहुत कम महिला कृषक ऐसी हैं जिनके पास अपनी स्वयं की जमीन है। एक सर्वेक्षण के अनुसार केवल 13 प्रतिशत महिलाओं को ही अपने पिता की जमीन में हिस्सा मिलता है तथा केवल 51 प्रतिशत महिलाओं को अपने पति की मृत्यु के पश्चात् जमीन का हक दिया जाता है। अपने पिता या पति की जमीन पर उत्तराधिकार न मिलने के कारण अपनी पारिवारिक जमीन पर ही महिलाओं की स्थिति खेतीहर मजदूर जैसी हो जाती है। जिससे उनका श्रम तो लगा होता है परन्तु उस श्रम के फल का उसका कोई अधिकार नहीं होता परन्तु उस श्रम के फल पर उनका कोई अधिकार नहीं होता। सरकार द्वारा जो जमीन भूमिहीन किसानों को दी जाती है वह भी सामान्य तौर पर पुरुष किसानों को ही दी जाती है। महिलाओं के लिये अलग से भूमि प्रदान करने की कोई पृथक नीति सरकार द्वारा नहीं बनाई जाती।

(8) सामाजिक असमानता एवं शोषण की शिकार-हमारे देश में अधिकांश निर्धन ग्रामीण महिलायें खेतिहर मजदूर हैं। वे बड़े बड़े तथा सम्पन्न किसानों के यहाँ दिहाड़ी पर कार्य करते हैं। संविधान द्वारा समान कार्य के लिए समान मजदूरी का नियम होने के बाद भी महिलाओं को पुरुषों के बराबर मजदूरी नहीं मिलती। पुरुषों की अपेक्षा अधिक काम करने के बाद भी उनको कम पैसा मिलता है। इसके अतिरिक्त वे शोषण की शिकार भी होती हैं। प्राय: रोज ही ग्रामीण निर्धन, खेतिहर मजदूर विशेषकर अनुसूचित जाति,जनजाति की महिलाओं के साथ अत्याचार तथा दुष्कृत्य के समाचार प्रकाशित होते रहते हैं।

(9) कुटीर तथा लघु उद्योगों की जानकारी का अभाव-कृषि कार्य में लगी महिलाओं को पूरे साल भर कार्य नहीं मिलता क्योंकि वर्ष भर कृषि कार्य नहीं चलते। अत: खाली समय का सदुपयोग करने के लिए उनके पास कोई साधन नहीं होते। वैसे तो कृषि तथा उसके उत्पादों से सम्बंधित अनेक लघु व कुटीर उद्योगों की स्थापना गांवों में की जाने की योजनायें हैं परन्तु महिलाओं को उनकी जानकारी नहीं होती। उन्हें ऐसे सहायक उद्योगों के लिये प्रशिक्षित भी नहीं किया जाता। वे उद्योगों को कैसे संचालित करें, उसके लिए कच्चामाल कहाँ से प्राप्त करें तथा तैयार माल की विक्रय व्यवस्था किस प्रकार करें इन सब जानकारियों के अभाव के कारण वे अपने खाली समय का उपयोग अपने जीवन स्तर को ऊँचा उठाने में नहीं कर पातीं।

(10) महिला कल्याण कार्यक्रमों के उचित कार्यान्वयन का अभाव-हमारे देश का स्वतंत्रता के पश्चात कार्यक्रमों जैसे सामुदायिक विकास कार्यक्रम, पंचायती राज व्यवस्था, बीस सूत्रीय कार्यक्रम तथा वर्तमान में कार्यरत राजीव गांधी मिशन एवं ग्रामीण विकास अभिकरण के द्वारा ग्रामीण महिलाओं के विकास के लिये अनेक योजनाओं, जैसे-ट्रायसेम, डबाकरा, महिला समृद्धि योजना आदि का निर्माण किया गया है,परन्तु पुरष प्रधान सामाजिक एवं राजनैतिक व्यवस्था होने के कारण तथा अधिकारियों द्वारा इन योजनाओं के क्रियान्वयन महिलायें इसका समुचित लाभ नहीं उठा पाती। पर्दाप्रथा तथा सामाजिक रूढ़ियों के काण महिलायें इन योजनाओं के क्रियान्वयन के लिये उत्तरदायी अधिकारियों से व्यक्तिगत संपर्क नहीं कर पाती हैं। अधिकांश योजनाओं की जानकारी उन्हें अपने घर के पुरुष के माध्यम से होती है। वे इस सम्बन्ध में कार्य करने के लिये स्वतंत्र निर्णय लेने में भी समर्थ नहीं होती।

उपर्युक्त समस्याएँ आज हमारे देश में कृषि तथा उन पर आधारित ग्रामीण उद्योगों के क्षेत्र में महिला शक्ति के उचित प्रयोग तथा उसके योगदान से समुचित लाभ उठाने के मार्ग में बहुत बड़ी बाधायें हैं। विकासशील देशों के लिये त्वरित, सर्वांगीण तथा

एकीकृत विकास एक बहुत बड़ी आवश्यकता है। यदि हमने ग्रामीण क्षेत्रों में उपलब्ध महिला संसाधनों के उचित दोहन तथा उनके योगदान के उचित मूल्यांकन की व्यवस्था नहीं की तो देश को विकास पथ पर अग्रसर करने में काफी कठिनाई आयेगी। आज जिस प्रकार महिलायें जीवन के प्रत्येक क्षेत्र में कामयाबी के नये कीर्तिमान बना रही है। उसको देखते हुये यह आवश्यक हो गया है कि महिलाओं की कार्यक्षमता तथा कार्यकुशलता का प्रयोग कृषि तथा उससे सम्बंधित उद्योगों के विकास में किया जाये। इस क्षेत्र में कार्यरत ग्रामीण महिलाओं के श्रम का उचित मूल्यांकन कर तथा उन्हें उसका समुचित पारिश्रमिक देकर अधिक से अधिक महिलाओं को इस कार्य के लिये प्रेरित करना आवश्यक है परनतु इसके कुछ प्रयास करने आवश्यक हैं, जो इस प्रकार है।

(1) ग्रामीण महिलाओं के लिए विशेष प्रकार की शिक्षा-अशिक्षा- महिलाओं के विकास की सबसे बड़ी बाधा हैं। हमारे देश में जो शिक्षा महिलाओं को दी जा रही हैं, वह ग्रामीण महिलाओं की आवश्यकता एवं उनके परिवेश को ध्यान में रखकर नहीं दी बनाई गई है। अत: यह उनके लिये बहुत उपयोगी नहीं है। ग्रामीण महिलाओं के लिये एक ऐसी शिक्षा नीति का निर्माण करना चाहिए जो ग्रामीण आवश्यकताओं व समस्याओं का समाधान करती हो। महिलाओं को ग्रामीण स्तर पर कृषि की आधुनिक तकनीकों,वैज्ञानिक उपकरणों के प्रयोग की शिक्षा दी जानी चाहिए। उन्हें कृषि उपकरणों की देखभाल तथा उनके सुधार की तकनीक की शिक्षा दी जानी चाहिए। उन्हें अपने पर्यावरण को स्वच्छ रखने तथा बच्चों के उचित पालन पोषण की शिक्षा दी जानी चाहिए। महिलाओं को दी जाने वाली शिक्षा के पाठ्यक्रम में सरकारी योजनाओं की जानकारी, महिलाओं को प्रदत्त संवैधानिक अधिकारों का ज्ञान, परिवार में उचित सामंजस्य के मनोविज्ञान तथा अपने सीमित साधनों द्वारा अपनी आवश्यकताओं की पूर्ति के अर्थशास्त्र को सम्मिलित किया जाना चाहिए।

(2) वित्तीय संसाधनों की उपलब्धता-ग्रामीण महिलाओं को सरकारी गैर-सरकारी उदाहरण के लिये बैंकों, सहकारी समितियों तथा अन्य स्वैच्छिक वित्तीय संगठनों के माध्यम से आवश्यक वित्तीय संसाधन उपलब्ध करवाये जाने चाहिये ताकि वे आत्मनिर्भर होकर, स्वतंत्रतापूर्वक अपना योगदान कृषि तथा उससे सम्बंधित उद्योगों के विकास को प्रदान कर सकें।

(3) महिलाओं के पारिवारिक दायित्वों को कम करने का प्रयत्न-ग्रामीण महिलाओं द्वारा किये जाने वाले घरेलू कार्यों को सुगम तथा कम श्रमसाध्य बनाने का प्रयत्न किया जाना चाहिए। खाना बनाने के आधुनिक उपकरणों जैसे धुंआ रहित चूल्हा, गोबर गैस, सोलर कुकर आदि उन्हें उपलब्ध कराये जाने चाहिए। गाँवों में पीने के पानी की उचित व्यवस्था की जानी चाहिए।

(4) कृषि विश्वविद्यालयों में महिलाओं के लिये स्थानों का आरक्षण-महिलाओं को कृषि कार्य से जोड़ने के लिये आवश्यक है कि कृषि विश्वविद्यालयों में महिलाओं के लिये स्थान आरक्षित किये जायें। स्कूली छात्राओं को कृषि के तकनीकी ज्ञान के लिये प्रोत्साहित किया जाये।

(5) महिलाओं को भूमि के उत्तराधिकार तथा सरकारी भूमि के आवंटन में प्राथमिकता-सरकार द्वारा कानून पारित करके पिता एवं पति की भूमि पर पुत्री तथा पत्नी का उत्तराधिकार सुनिश्चित किया जाना चाहिए। वैसे देश के बहुत से हिस्से में इसे लागू कर दिया गया है। सरकार द्वारा भूमिहीनों को कृषि योग्य भूमि प्रदान करते समय महिलाओं को प्राथमिकता दी जानी चाहिए। यदि शादीशुदा आदमी को भूमि का पट्टा दिया जाता हे तो उसमें उसकी पत्नी का नाम भी सम्मिलित किया जाना चाहिए।

(6) राष्ट्रीय कृषि नीति में महिला कृषकों को उचित सम्मान व स्थान दिया जाये-हमारे देश में लगभग 70 प्रतिशत महिलाये कृषि कार्य में लगी हुई हैं परन्तु उन्हें किसान का दर्जा नहीं दिया जाता। सरकार की कृषि नीति में उनकी आवशकताओं व समस्याओं को ध्यान में नहीं रखा जाता है तो महिला कृषकों को उचित सम्मान तथा राष्ट्रीय कृषि नीति में उनका यथोचित स्थान सुरक्षित करना होगा।

(7) कृषि से सम्बंधित घरेलू तथा कुटीर उद्योगों में महिलाओं का प्रवेश-कृषि कार्य में लगी महिलायें अत्यंत निर्धन हैं। हमारे यहाँ कृषि पूर्णतया मानसून पर निर्भर है। यह एक पूर्णकालिक कार्य भी नहीं है। जब कृषि सम्बन्धी कार्य नहीं हो रहा हो उस समय महिलाओं को लघु तथा कुटीर उद्योगों जैसे टोकरी बनाना, बड़ी, पापड़, चिप्स, अचार आदि बनाना, अगरबत्ती, मोमबत्ती, मिट्टी के बर्तन व खिलौने तथा अन्य ग्रामीण हस्तशिल्प की वस्तुओं के निर्माण का प्रशिक्षण दिया जाना चाहिए ताकि वे अपने खाली समय का सदुपयोग कर अपनी आर्थिक स्थिति सुदृढ़ कर सकें। ग्रामीण महिलाओं द्वारा उत्पादित व निर्मित वस्तुओं के विक्रय की व्यवस्था भी सरकार द्वारा की जानी चाहिए।

(8) महिला कृषि विस्तार अधिकारियों की नियुक्ति-ग्रामीण महिलायें एक पिछड़े तथा रूढ़िवादी समज में रहती हैं, अत: उनका पुरुष कृषि विस्तार अधिकारी से संपर्क नहीं हो पाता। अतएव ग्रामीण क्षेत्र में पर्याप्त संख्या में महिला कृषि विस्तार अधिकारियों की भी नियुक्ति की जानी चाहिए ताकि महिला कृषक उनसे मिलकर अपनी समस्याओं का समाधान कर सकें तथा कृषि की आधुनिक तकनीक व वैज्ञानिक विधियों से परिचित हो सकें।

(9) महिलाओं के विकास के लिये चलाये जा रहे कार्यक्रमों का उचित कार्यान्वयन-आज सरकार के द्वारा महिलाओं के विकास के लिये अनेक कार्यक्रम

चलाये जा रहे हैं महिलाओं को उनके अधिकारों का ज्ञान देने के लिये अनेक विकास के कार्यक्रम बनाये गये हैं। उनका सही कार्यान्वयन नहीं मिल पायेगा। उदाहरण के लिये महिला विस्तार कार्यक्रमों को क्रियान्वित करते समय यह अवश्य ध्यान में रखना चाहिये कि किस स्थान पर अधिक संख्या में उपस्थित रह सकती हैं तथा कौन सा समय उपयुक्त रहेगा। यदि महिलाओं के विकास कार्यक्रमों की जानकारी देने के लिये लगाये गये महिला शिविरों अथवा सम्मेलनों का स्थाव व समय महिलाओं की सुविधा को ध्यान में रखकर निश्चित किया जायेगा तो वे अधिक मात्रा में उसमें उपस्थित होकर उनका लाभ उठा सकती है।

(10) महिलाओं की शिक्षा तथा उन्हें कृषि सम्बन्धी वैज्ञानिक ज्ञान प्रदान करने हेतु दृश्य, श्रव्य उपकरणों का प्रयोग-कृषि कार्य में लगी महिलायें अधिकांशत: निरक्षर हैं। अत: उन्हें कृषि के वैज्ञानिक ज्ञान से परिचित करवाने के लिए टीवी रेडियो, वृत्तचित्र आदि दृश्य एवं श्रव्य उपकरणों का प्रयोग किया जाना चाहिए और मुद्रित सामग्री के प्रयोग को कम करना चाहिए।

(11) कृषि के अतिरिक्त अन्य व्यवसायों का प्रशिक्षण-कृषि कार्यों में लगी महिलाओं की आर्थिक स्थिति में सुधार के लिये मुर्गीपालन, मछली पालन, डेयरी उद्योग आदि क्षेत्रों में उनकी भागीदारी बढ़ाना आवश्यक है। सरकार द्वारा इन कार्यों का प्रशिक्षण महिलाओं को प्रदान किया जाना चाहिए तथा इसे संचालित करने के लिए आर्थिक सहायता दी जानी चाहिए।

अन्त में निष्कर्ष रूप में यह कहा जा कसता है कि आज कृषि के महिलाकरण की आवश्यकता है। शिक्षित या प्रशिक्षत दोनों ही प्रकार की स्त्रियों को कृषि कार्य हेतु प्रोत्साहित व जागरूक करने की आवश्यकता है। पंचायती राज में महिलाओं को एक तिहाई आरक्षण प्रदान करन के अपने महिलायें पंच, सरपंच तथा जनपद व जिला पंचायत की पदाधिकारी के रूप में निर्वाचित हुई है। उनका दायित्व है कि वे कृषि कार्य में लगी महिलाओं को संगठित करें उनकी समस्याओं का निराकरण करें तथा सरकार द्वारा उनके चलाये जा रहे विकास कार्यक्रमों का उचित क्रियान्वयन करवाने की व्यवस्था करें। यदि ग्रामीण महिला शक्तिका उचित प्रबंधन व दोहन कृषि तथा उनसे सम्बंधित व्यवसायों के विकास में किया जायेगा तो ये ग्राम्यलक्ष्मियाँ अन्पूर्णा के रूप में देश को कृषि क्षेत्र में आत्मनिर्भर बनाने में अमूल्य योगदान प्रदान करेंगी।

❑❑❑

5

महिला आरक्षण: समस्या एवं समाधान

आज के इस प्रगतिशील युग में महिलाओं की स्थिति में आधारभूत परिवर्तन आया है। इस परिवर्तन के फलस्वरूप महिलाओं ने अपने कार्यक्षेत्र में जो परम्परागत रूप से मात्र परिवार तक ही सीमित माना जाता था, से बाहर आकर अपनी योग्यता और बहुआयामी क्षमताओं के रहते केवल परिवार की विभिन्न स्मस्याओं के समाधान में बल्कि समाज, क्षेत्र, प्रदेश, राष्ट्र एवं अन्तराष्ट्रीय स्तर पर सक्रिय भूमिका निभाई जो महिलाओं की बढ़ती भागीदारी से ही स्पष्ट होता है। पुरुष प्रधान समाज ने इस व्यक्तिगत रूप से मान्य नहीं किया है। ऐसी स्थिति के रहते ही महिला आरक्षण का प्रश्न उठता है और इसे समस्या के समाधान के रूप में देखा जा रहा है। हम सभी ने अनुभव किया हैकि सरकार द्वारा वर्ग, क्षेत्र, समुदाय ओर जाति विशेष को उनकी सामाजिक आर्थिक उन्नति को सुनिश्चित करने तथा जिस उद्देश्य से आरक्षण का प्रावधान किया है। सम्बद्ध एवं जाति विशेष लक्ष्यानुसार विकसित हुआ है अथवा नहीं परन्तु विभाजित तो अवश्य ही हुआ है। फलस्वरूप इसने न केवल हमारे सामने सामाजिक तंत्र को प्रभावित किया है बल्कि इसने हमारी भावनात्म्क एकता को बुरी तरह झकझोर तो अवश्य ही दिया है और इसके प्रतिकूल प्रभावों को हम सभी के द्वारा अनुभव किया जा रहा है।

समाज में महिलाओं का अनुपात कुल संख्या का लगभग आधा है फिर भी महिलाओं की प्रगति और विकास तथा महिला उत्थान के पक्षधरों ने महिलाओं की शिक्षा उनकी प्रगति की आवश्यकता को न केवल महसूस किया है बल्कि उसमें सुधार के समुचित प्रयास भी किये हैं और महिलाओं की उपलब्धियों को सराहा भी है। परन्तु महिला आरक्षण के प्रश्न के आतेही जिसमा सम्भवत: मूल आशय उनकी संख्या और के संदर्भ में प्रतिनिधित्व देने की दृष्टि से था। महिला उत्थान के पक्षधर या तो तटस्थ रहे हैं तथा अथवा अपने प्रारंभिक संपूर्ण समर्थन को सम्भ्रान्त भाषा में अलग रूप से ऐसे प्रस्तुत किया है, जिससे विरोध प्रकट न हो परन्तु उसे स्पष्ट रूप से सहमति भी न समझा जा

सके। यह दुविधा की स्थिति ही इस बात का प्रतीक है कि जिस उत्साह और आत्मविश्वास के साथ सरकार ने महिला आरक्षण की आवश्यकता को सार्वजनिक रूप में स्वीकार किया और महिला आरक्षण की आवश्यकता को सार्वजनिक रूप से स्वीकार किया और महिला आरक्षण सम्बन्धी आरक्षण विधेयक को तैयार तो किया परन्तु चाहते हुए भी परस्पर आन्तरिक मतभेद के कारण उसे प्रस्तुत नहीं कर सकी।

दूसरी ओर समाज के विभिन्न आरक्षित वर्गों की क्रियाशीलता अथवा सहभागिता भी आवश्वासनों के रहते एवं शासन द्वार एक तरफा सुविधाओं के उपलब्ध कराये जाने के कारण सम्भवत: आश्वस्त ही उनकी निर्भरता एवं अपेक्षायें निरन्तर बढ़ी हैं और उनकी भागीदारी बढ़ने के स्थान पर क्रमश: कम हुई है। फलत: अपेक्षित लाभ नहीं हो पाया है।

महिलाओं ने अपनी क्षमताओं और योग्यताओं का मूल्यांकन एवं समाज में उनकी स्थिति का विश्लेषण एवं विवेचन करते हुए स्थानीय, क्षेत्रीय, राष्ट्रीय एवं अन्तर्राष्ट्रीय महिला संगठनों के माध्यम से जहाँ अपनी क्षमताओं एवं उपलब्धियों को प्रस्तुत किया हैं वहीं उनके साथ हो रहे समाज, सरकार यहाँ तक कि पारिवारिक स्तर पर पूर्ण व्यवहार के प्रति अपना रोष प्रकट किया है तथा यह स्थापित करने का प्रयास किया है कि उनकी सहृदयता, सहजता और मातृत्वपूर्ण उनके मृदु स्वभाव को उनकी कमजोरी न समझा जाये। महिलायें समाज का वह भाग हैं जो भावनात्मक रूप से सभी स्तरों पर सक्रिय सृजनात्मकता की पक्षधर रहीं हैं तथा सृजनात्मक कार्यों के परिणामों से हमेशा प्रसन्न हुई हैं न कि उसकी संभावित वेदनाओं से विचलित या भयभीत और यदि ऐसा होता तो सृजन होता ही नहीं।

स्त्री पुरुषों को समानता का अधिकार देकर महिलाओं को उनकी योग्यतानुसार अपनी प्रतिभा को बढ़ाने और स्वावलंबी होने का अवसर प्रदान किये गये हैं परन्तु उनहें उनका अपेक्षित समुचित लाभ नहीं मिल पाया हे फिर भी वे आज अपनी क्षमताओं के अनुसार आर्थिक, सामाजिक और राजनैतिक क्षेत्र सक्रिय भूमिका निभा रही है। महिला आरक्षण द्वारा कहीं हम उन्हें उनकी कमजोरी का अहसास एवं संभावित निर्भरता को बढ़ाने एवं सक्रिय भागीदारी को कम तो नहीं कर रहे हैं। संभवत नहीं चूंकि महिलाओं के आरक्षण का सम्बन्ध मात्र उन्हें सुविधायें उपलब्ध करा उनकी योग्यता में वृद्धि कराने तक ही न होकर वास्तव में योग्यतानुसार उनकी संभावित और अपेक्षित भागीदारी को सुनिश्चित करने की दृष्टि से है। सामन्यत: प्रचलित संदर्भ में आरक्षण का अर्थ वर्ग विशेष के पिछड़े होने के कारण सुविधा उपलब्ध कराते हुये संरक्षण प्रदान करने तथा समाज में समुचित स्थान दिलाने से रहा है।

संसद में महिला आरक्षण विधेयक प्रस्तुत होने के बाद भी अत्यधिक मतभेद के कारण ही जहाँ यह विधेयक प्रस्तुत ही नहीं हो पाया है बल्कि एक लंबी बहस का विषय

बन कर रह गया। इस स्थिति से हार न मानकर महिला संगठनों ने दबाव जारी रखा है और विधेयक पुन: प्रस्तुत हो एक ऐसे प्रयास ने प्रतिशत को लेकर नये तरह का मतभेद पैदा हुआ है। यह महिलाओं के प्रति द्वैतवादी विचारधारा का स्पष्ट प्रतीक है जिसके अंतर्गत हम उनकी उन्नति तो चाहते हैं परन्तु एक सीमा से अधिक नहीं और इसी विचारधारा ने उनकी प्रगति, उन्नति एवं बहुआयामी विकास को प्रतिकूल रूप से अवरूद्ध किया है।

जबकि आज महिला आरक्षण के साथ-साथ अधिक आवश्यकता इस बात की है कि समाज में महिलाओं की स्थिति को मजबूत किया जाय, उनकी शिक्षा, स्वास्थ्य, आर्थिक आत्मनिर्भरता पर विशेष ध्यान दिया जाय जिससे उनमें आत्मविश्वास पैदा हो और परिवार समाज यह महसूस करे कि स्त्रियाँ भी पुरुषों के समान ही प्रत्येक क्षेत्र में आगे आने में सक्षम हैं। बल्कि परिवार और समाज में गुणात्मक परिवर्तन में सहायक भी है। अत: मेरा मत है कि महिलाओं के उत्थान और प्रगति की दृष्टि से महिला आरक्षण का आशय उन्हें संरक्षण देने से नहीं है बल्कि महिलाओं को प्रोत्साहित कर सहयोग देने, सार्वजनिक मान्यता दिलाने एवं अनुपात आधार पर अवसरों को सुनिश्चित करने से है, महिलाओं ने जो भी उपलब्ध किया है वह उसके अपने दृढ़ निश्चय, क्षमता, सक्रिय सहभागिता एवं परिवार समाज के सहयोग से संभव हो सका है।

महिला आरक्षण के माध्यम से महिला वर्ग सुविधाभोगी निष्क्रियता के सहारे आकांक्षाओं को बढ़ाने में रूचि नहीं रखती बल्कि वह अपनी योग्यताओं क्षमता और सामाजिक राजनैतिक क्षेत्र में अपनी सक्रिय भागीदारी के संदर्भ में अपना प्रतिनिधित्व निश्चित करना चाहती है। किसी भी प्रकार की कृपा नहीं।

17 प्रतिशत भारतीय स्त्रियाँ तथा आधे से अधिक अर्थात् 54 प्रतिशत पुरुष विवाह से पूर्व ही सेक्स का अनुभव प्राप्त कर चुके होते हैं एवं 18 प्रतिशत महिलाओं तथा 36 प्रतिशत पुरुषों के विवाहेतर सेक्स सम्बन्ध होते हैं। सेक्स सर्वे कराती और उन्हें व्यापक पैमाने पर प्रसारित करती कम्पनियों, पत्र-पत्रिकाओं, वेबसाइट्स आदि द्वारा प्रस्तुत की गई तस्वीरें चौंकाती हैं क्योंकि वे अपनी बातें आँकड़ों की इसी प्रामाणिकता के साथ कहने का दावा करती हैं। शहरी स्कूल में पढ़ने वाला हर चौथा किशोर 13 से 17 साल की उम्र के बीच सेक्स अनुभव हासिल कर लेता है तो आप के पास उसे मानने के सिवा कोई अन्य विकल्प नहीं होता क्योंकि उसके साथ पेश किए गए आँकड़े ऐसे ही गुमराह करते हैं। आउटलुक साप्ताहिक ने अपने ताजा-तरीन सर्वे में दावा किया है कि भारतीय आदमी और औरतें अपनी परम्परागत छवि से बाहर आ रहे हैं, वे सेक्स जीवन को लेकर अधिक सक्रिय हुए हैं तथा वे किसी भी नवीन प्रयोग के लिए पूर्व की तुलना में अधिक तत्पर और तैयार हैं। सेक्स सम्बन्धों को लेकर महिलाओं की भागीदारी भी अधिक सक्रिय एवं

मुखर हुई है। इधर अंग्रेजी की एक पत्रिका ने दावा किया है कि भारतीय पुरुष प्रेमी के रूप में विफल हैं जबकि भारतीय औरतें अपनी भावनात्मक तथा शारीरिक जरूरतों को लेकर अधिक स्पष्ट तथा मुखर हुई हैं।

साल दर साल आते इन सर्वेक्षणों के नतीजे औरत की एक नई तस्वीर सामने ला रहे हैं। समय-समय पर विभिन्न पत्र-पत्रिकाओं या टी. वी. चैनलों पर भारतीय स्त्री की सेक्सुएलिटी की नए सिरे से खोज की कोशिशें देखने को मिल रही हैं। सेक्स सर्वे की यह नई रीति सिर्फ भारत में ही नहीं अमेरिका और ब्रिटेन जैसे देशों में भी बदस्तूर जारी है तथा बी. बी. सी. और ए. बी. सी. जैसे बड़े-बड़े समाचार चैनल इनमें बढ़-चढ़ कर भाग लेते हैं। बी. बी. सी. की वेबसाइट http:/www.bbc. co. UK पर जहाँ सेक्सुएलिटी से सम्बन्धित विभिन्न सवालों पर राज्य तथा विषयवार अलग-अलग आँकड़े उपलब्ध हैं वहीं अमेरिका के प्रमुख समाचार चैनल ने अपने प्राइमटाइम शो के दौरान और फिर वेबसाइट http:/abc new. go.com पर 21 अक्टूबर, 2004 को अमेरिकन सेक्स सर्वे प्रसारित किया गया। ईयूरेक्स प्रतिवर्ष दुनिया भर के देशों में सेक्स सर्वे कराता है और हर साल इस सर्वे में शामिल देशों की संख्या बढ़ जाती है। भारत जैसे देश में जहाँ आधे से कुछ ही ज्यादा 52 प्रतिशत परिवारों को ही रहने के लिए पक्के घर हासिल हैं, जहाँ 39 प्रतिशत विवाहित जोड़ों को अपने सोने के लिए अलग कमरा तक प्राप्त नहीं है, जहाँ 39 प्रतिशत परिवार एक कमरे वाले मकानों में गुजर-बसर कर रहे हैं वहाँ इस तस्वीर पर कैसे यकीन करेंगे आप कि इस देश में 54 प्रतिशत महिलाएँ अपनी सेक्सुएलिटी को लेकर सहज होने का दावा करती हैं और 31 प्रतिशत महिलाएँ किसी पुरुष के आकर्षित लगने पर खुल्लम-खुल्ला उससे सम्बन्ध जोड़ सकने को उचित मानती हैं। मात्र दिल्ली-मुम्बई जैसे महानगरों के ए-1, ए-2 श्रेणी के मकानों में रहने वाले, अंग्रेजी स्कूलों में पढ़े-लिखे, अंग्रेजी अखबार पढ़ने वाले डेढ़-दो हजार लोगों से बातचीत पर आधारित यह सर्वे एक अरब की जनसंख्या वाले भारतीय समाज के .0001 प्रतिशत का भी प्रतिनिधित्व नहीं करते किन्तु इनके दावे और प्रस्तुतीकरण औरत को बाजार में आसानी से उपलब्ध कॉमोडिटी के रूप में पेश करते हैं।

'हंस' के सम्पादक राजेन्द्र यादव कहते हैं कि "स्त्री की पहली कैद उसकी देह है। जब तक स्त्री अपनी देह से बाहर नहीं निकलेगी तब तक उसकी मुक्ति यात्रा संभव नही होगी।" आधुनिकता, उदारता और स्त्री मुक्ति के नाम पर स्त्री की देहमुक्ति की आड़ में मीडिया का नया तंत्र स्त्री को उसकी देह की ही कारा में फिर से कैद कर रहा है, जहाँ उसकी सेक्सुएलिटी का सवाल सबसे अहम है वह कितने लोगों के साथ हम बिस्तर होती है। यह विषय हर साल एक नए सर्वे की माँग करते हैं ताकि इन पत्रिकाओं के ग्राहक हर साल चटखारे के साथ उन्हें पढ़ें, देखें और सुनें। जब-जब पत्रिकाएँ ऐसे

विशेषांक निकालती है अंक हाथों-हाथ उठ जाते हैं आप भले चाहें तो पीछे से विलाप करते रहें। सर्वे को चटपटा बनाने के उत्साह में कई बार ये मीडिया समूह कंडोम आदि सेक्स सामग्री बनाने वाली कम्पनियों से मुकाबला करते नज़र आते हैं। इनके सवाल भी आमतौर पर वैसे ही होते हैं, जैसे ये प्रोडक्ट्स अपनी बिक्री के लिए कराए जाने वाले सर्वेक्षणों में करते हैं।

विगत कुछ सालों में स्त्री को केन्द्र में रखकर किए जाने वाले सर्वेक्षणों को एक तरतीब में सामने रख कर देखने पर पायेंगे कि इन सर्वेक्षणों के विषयों में एक बहुत सुनियोजित तरीके से औरत को ज्यादा उपलब्ध और उपभोग्य वस्तु के रूप में पेश किया गया है। जहाँ शुरुआत औरत की भावनात्मक और मानसिक जरूरतों की चर्चा से करते हुए क्रमश: उसकी सेक्सुएलिटी और खुलेपन को विषय बनाते हुए धीरे से भारतीय परिवारों के बैडरूम में प्रवेश कर उनके विवरण परोस भी दिए गए। मुक्त बाजार के मौजूदा दौर में वैसे भी सब कुछ तो बिकाऊ है।

मुम्बई में 22 नवम्बर, 2004 को प्रथम एशिया पैसीफिक कॉफ्रेंस ऑफ सेक्सोलॉजी में प्रोफेसर डी. नारायण रेड्डी, डॉ. एस. अरुण कुमार, मीरा शिव शंकर, उमा महालिंगम् और राजेश्वरी मोहन कुमार के अध्ययन दल ने अपने शोध-प्रबन्ध के निष्कर्षों को प्रस्तुत किया। इस अध्ययन दल ने 1988 से 2003 तक के पिछले पन्द्रह साल में भारतीय दम्पत्तियों के सेक्स व्यवहार में आए बदलावों को रेखांकित करते हुए यह दावा किया कि भारत में यौन व्यवहार के मामले में पुराने बंधन टूट चुके हैं और लोग खुल रहे हैं। इन शोधार्थियों का दावा है कि विवाहेतर सम्बन्धों के मामले यदि पिछले 15 सालों में पुरुषों में 3.3 गुना बढ़े हैं तो महिलाओं में ऐसे मामलों में पिछले पन्द्रह सालों में 14.6 गुना की दर से वृद्धि हुई। इन शोधार्थियों ने पिछले 15 साल में चेन्नई के अपोलो हॉस्पिटल, डेगा इंस्टीट्यूट तथा अपने जानकार लोगों से बातचीत के आधार पर ये निष्कर्ष निकाले। उन्होंने पिछले 15 साल के दौरान 15.324 लोगों (10.207 महिलाओं और 51.17 पुरुषों) से बातचीत की। जिन लोगों से बातचीत की गई उनमें देशभर के 15 राज्यों के लोग शामिल हैं एवं जिस वक्त बातचीत हुई उस दौरान उनकी आयु 20 से 91 वर्ष के बीच थी, जिनमें 53 प्रतिशत लोग 30-44 के आयु समूह के थे।

विवाह पूर्व शारीरिक सम्बन्ध

82 प्रतिशत महिलाएँ 28 प्रतिशत, पुरुष 54 प्रतिशत

पहला पार्टनर कौन

71 प्रतिशत

महिलाएँ		**पुरुष**	
पति	71 प्रतिशत	पत्नी	46 प्रतिशत
बॉयफ्रेंड	17 प्रतिशत	सेक्सवर्कर	34 प्रतिशत
रक्त सम्बन्धी	10 प्रतिशत	गर्लफ्रेंड	8 प्रतिशत
अन्य	2 प्रतिशत	रक्त सम्बन्धी	5 प्रतिशत
		अन्य	7 प्रतिशत

विवाहेतर सम्बन्ध

महिलाएँ	**पुरुष**
18 प्रतिशत	36 प्रतिशत
कारण	**कारण**
बराबरी के लिए : 23 प्रतिशत	विविधता के लिए : 32 प्रतिशत
शारीरिक आनन्द के लिए : 33 प्रतिशत	पत्नी के असहयोगपूर्ण रवैये के कारण : 24 प्रतिशत
अन्य : 44 प्रतिशत	दोस्तों-साथियों के प्रभाव में : 25 प्रतिशत
	मौके का उपयोग करने के लिए : 19 प्रतिशत

भारत सहित 41 देशों में तीन लाख पचास हजार लोगों से बातचीत पर आधारित इस सेक्स सर्वे में सेक्स एज्युकेशन, सेक्स शिक्षा तथा कंट्रासेप्टिप्ल्स के इस्तेमाल के बारे में जागरूकता बढ़ाने में सरकार तथा विभिन्न सामाजिक संस्थाओं और संगठनों की भूमिका जैसे सवालों की चर्चा करते हुए विभिन्न देशों के निवासियों के सेक्स व्यवहार के विभिन्न पहलुओं का तुलनात्मक विश्लेषण किया गया है :

सेक्स शिक्षा पहली बार कब पाई

ग्लोबल	13.1 वर्ष
भारत	15 वर्ष

पहली बार सेक्स सम्बन्ध कब बना

ग्लोबल	17.7 वर्ष
भारत	19 वर्ष

(सेक्स सर्वे 2004)

बदलती तस्वीर

सेक्सुएलिटी **सहमत**

अपनी सेक्सुएलिटी को लेकर आज औरत पाँच साल पहले के मुकाबले ज्यादा सहज है 54 प्रतिशत

किसी पुरुष के आकर्षक लगने पर महिला खुल्लम-खुल्ला उससे सम्बन्ध जोड़ सकती है 31 प्रतिशत

किसी भी सम्बन्ध में औरत के लिए सेक्स उतना ही महत्वपूर्ण है जितना आदमी के लिए 57 प्रतिशत

औरत यह आग्रह कर सकती है कि उसका पुरुष उसकी सेक्स फैंटेसी को सन्तुष्ट करे 50 प्रतिशत

यदि शादीशुदा जिन्दगी में वह खुश नहीं है तो किसी पराये पुरुष के साथ सम्बन्ध जोड़ सकती है 78 प्रतिशत

अपने पति के अलावा औरत किसी अन्य पुरुष की ओर भी आकर्षित हो सकती है 18 प्रतिशत

पुरुष

पुरुष-पत्नी को स्वीकार नहीं कर पाते जो उनसे ज्यादा धन कमाती है 49 प्रतिशत

पुरुष को घरेलू कामकाज और जिम्मेदारियाँ निभाने में औरतों का बराबरी से साथ देना चाहिए 79 प्रतिशत

पत्नी के यौन सम्बन्ध के प्रति उत्सुक न होने पर पुरुष यौन संतुष्टि के लिए कहीं और जा सकता है 21 प्रतिशत

महिला बॉस के तहत काम करने में पुरुष सहज महसूस नहीं करते 34 प्रतिशत

नई तेज-तर्रार औरत में आए बदलाव के साथ पुरुष तालमेल नहीं बैठा पाए हैं 34 प्रतिशत

विवाह और बच्चे

आजकल बेटियों के साथ भी बेटों जैसा ही व्यवहार किया जाता है 79 प्रतिशत

परिवार में आजकल बेटी का जन्म होने पर खुशी जताई जाती है 75 प्रतिशत

परिवार नहीं औरत खुद को अपना जीवनसाथी चुनने का अधिकार है 69 प्रतिशत

औरत अपने पति को तलाक देने का फैसला कर दूसरे पुरुष से शादी कर सकती है	44 प्रतिशत
औरत को तीस साल की उम्र से पहले शादी कर लेनी चाहिए	59 प्रतिशत
खुद से छोटे पुरुष के साथ शादी को अब कोई अन्यथा नहीं लेता	42 प्रतिशत

1792 में जब पहली बार ब्रिटिश फेमिनिस्ट मेरी वोल्सटोन क्राफ्ट ने अपनी पुस्तक 'अ विंडिकेशन ऑफ द राइट्स ऑफ वुमेन' में लिखा था कि अपनी रोटी खुद जुटाने वाली महिला किसी भी सुन्दरी से कहीं ज्यादा सम्मानित है। तब उनके विचारों को उनके समय से बहुत आगे का माना गया था। दूसरे विश्व युद्ध के बाद तक भी भले ही कई लोगों की इस बात पर भौहें तन जाती थीं, लेकिन पिछले कुछ दशकों में दुनिया भर में औरत की स्थिति तेजी से बदली है। दुनिया के विकसित देशों में साठ के दशक की तुलना में 20वीं सदी के अन्तिम दशक में आते-आते कामकाजी औरतों की तादाद में तेजी से वृद्धि हुई है। आज की औरत अपनी पेशेगत महत्वाकांक्षाओं को बराबर अहमियत देने लगी है, वहीं पुरुषों और समाज का भी उनके कामकाजी होने को लेकर रवैया बदला है।

अब एकल परिवार की वह अवधारणा पुरानी पड़ चुकी है, जिसमें पिता कमाता था और माँ घर में बैठकर रोटी पकाती थी, बच्चे सँभालती थी और घर की सार सँभाल करती थी। परिवार का यह परम्परागत मॉडल अब आउटडेटेड हो चुका है। अब वह जमाना भी नहीं रहा जब महिलाएँ विवाह होने तक ही काम करती थीं या पहली संतान के जन्म लेते ही नौकरी छोड़ दिया करती थीं। बीते चार दशकों में औरतों का कामकाज ही नहीं परिवार ढाँचा भी उलटने लगा है। इसमें गर्भनिरोधक उपायों ने भी अहम भूमिका निभाई है। अब औरत को यह चुनने की सुविधा मिल गई है कि उसकी जिन्दगी में बच्चे कब आएँ और वह कितने बच्चों को जन्म देना चाहती है। अमेरिका को छोड़ दिया जाए तो ज्यादातर विकसित देशों में अब औरतें कम बच्चे पैदा करती हैं, चीन जैसे देशों में कानूनन एक बच्चे वाले परिवारों को ही मान्यता प्राप्त है वहीं अब दुनियाभर में ऐसे परिवारों को भी तादाद बढ़ी है, जो स्वेच्छा से संतानहीन रहना तय करते हैं। यही वजह है कि आज न सिर्फ कामकाजी औरतों की संख्या बढ़ी है बल्कि वे संतान होने के बाद भी अपने कामकाजी जीवन को आगे ले जाती हैं और नई ऊँचाइयाँ हासिल करती हैं।

कामकाजी आबादी में औरतों की भागीदारी

	1960	1996
अमेरिका	30	48
फ्रांस	30	47

ब्रिटेन	30	45
जर्मनी	35	43
जापान	42	42
नीदरलैण्ड	20	42

आउटलुक एनएफओ ओपीनियल पोल के तहत देश के 10 शहरों में 1086 महिलाओं से निजी साक्षात्कार।

सेक्शन ए-1 तथा ए-2 श्रेणी के घरों में रहने वाली 18-40 आयु वर्ग की इन महिला से मिले जवाबों के आधार पर उन्हें आजाद ख्याल (8 प्रतिशत), सतर्क लेकिन साहसी (21 प्रतिशत), पारम्परिक लेकिन आधुनिक (21 प्रतिशत), नई शुरुआत करने वाली (21 प्रतिशत) तथा पुरातनपंथी (13 प्रतिशत) पाँच श्रेणियों में बाँटा गया :

निर्णय क्षमता **सहमत**

औरत छुट्टियाँ बिताने के बारे में स्वतन्त्र रूप से फैसला कर सकती है 71 प्रतिशत

औरत को कभी अपने परिवार से दूर समय बिताने की जरूरत होती है 62 प्रतिशत

औरत अपने पति की पसन्द से अलग साबुन या टूथपेस्ट इस्तेमाल करने का फैसला कर सकती है 72 प्रतिशत

महिलाओं को छेड़छाड़ की घटनाओं की रिपोर्ट दर्ज करानी चाहिए 75 प्रतिशत

कार्यक्षेत्र

किसी भी औरत का कॅरिअर परिवार की आवश्यकताओं के बाद दूसरे स्थान पर आता है 48 प्रतिशत

औरत को सिर्फ नौ से पाँच वाली नौकरी करनी चाहिए, देर रात तक काम या यात्रा पर जाने वाली नहीं 49 प्रतिशत

देह प्रदर्शित करने वाले फैशन और फिल्म जैसे प्रोफेशन औरतों के लिए सम्मानजनक कॅरिअर नहीं हैं 34 प्रतिशत

नौकरी के बाद कामकाजी महिला अपने पुरुष साथी के साथ पब या पार्टी में जा सकती है 30 प्रतिशत

सम्पन्न महिलाओं को नौकरी की जरूरत नहीं है 25 प्रतिशत

मातृत्व

जब तक माँ न बने औरत अपूर्ण है 53 प्रतिशत

परिवार के लिए त्याग किसी भी माँ का सबसे बड़ा गुण है 69 प्रतिशत

वे कामकाजी औरतें सिर्फ अपने बारे में सोचती हैं जो बच्चों को आया के भरोसे छोड़ देती हैं — 16 प्रतिशत

किसी भी माँ की भी जरूरत उतनी ही महत्वपूर्ण है जितनी कि उसके परिवार की — 78 प्रतिशत

सौन्दर्य

सेक्सी होने का मतलब अच्छे शरीर के अलावा भी कुछ और है — 33 प्रतिशत

अपने शारीरिक सौन्दर्य के लिए पैसे खर्च करना उचित है — 55 प्रतिशत

सुन्दर दिखना सिर्फ युवाओं का अधिकार नहीं है — 57 प्रतिशत

अब औरत को यह चुनने की सुविधा मिल गई है कि उसकी जिन्दगी में बच्चे कब आएँ और वह कितने बच्चों को जन्म देना चाहती है।

संतान प्रति औरत

	1960	1996
अमेरिका	3.6	2.0
फ्रांस	2.8	1.8
ब्रिटेन	2.8	1.8
जर्मनी	2.4	1.3
जापान	2.0	1.4
नीदरलैण्ड	3.4	1.8

आज मात्र अमेरिका में हर चार में से तीन महिलाएँ स्कूल जाने वाले बच्चों के बावजूद अपने कामकाजी जीवन को आगे बढ़ा रही हैं। किसी समय में कामकाजी माताओं की अपने बच्चों की उपेक्षा करने के लिए आलोचना की जाती थी वहीं आज जो महिलाएँ घर पर रहती हैं उनमें कुछ न करने को लेकर हीनता की ग्रंथि जन्म लेने लगती हैं। परिवार में पुरुष की भूमिका में भी बदलाव आया है तथा वह ज्यादा सहयोग करने लगा है। कामकाजी महिला की एकमात्र शिकायत समय की कमी रहती है, लेकिन इसके बदले में वह ढेर सारा आत्मविश्वास और खर्च करने के लिए पैसा कमा रही है।

❑❑❑

6

भारत में महिला सम्बन्धी कानून

संविधान का अनुच्छेद 14 विधि के समक्ष समता और विधि के समान संरक्षण की एक सामान्य एवं व्यापक व्यवस्था प्रदान करता है। यह विशेषीकरण पर आधारित न होकर सामान्य सिद्धान्तों पर आधारित है। अनुच्छेद 14 के उपबंध सभी व्यक्तियों पर समान रूप से लागू होते हैं, चाहे वे नागरिक हों या गैर नागरिक। जबकि अनुच्छेद 15 किसी भी आधार पर असमानता ही प्रतिषेध करता है।

विभेद से आशय

महिलाओं के प्रति विभेद का उन्मूलन करने हेतु नीति, वैधानिक और विशेष उपाय हेतु कार्यक्रम-योजना बनाया गया जिसमें समाज में महिलाओं को पुरुषों के समान अधिकार दिलाने हेतु अनेक विधियों को समेकित किया गया है। इन विधियों में महिलाओं की अभावग्रस्तता, संवेदनशीलता एवं पिछड़ेपन के कारणों का पता लगाने और इस सम्बन्ध में महिलाओं के प्रति पुरुषों की मानसिकता, कार्यपद्धति, परम्पराओं, कुरीतियों का उन्मूलन करने हेतु छोटे-मोटे, संक्षिप्त अवधि वाले कार्यक्रम बनाए गए। इन कार्यक्रमों को राज्य द्वारा घोषित शिक्षा, उद्योग, स्वास्थ्य, न्याय प्रशासन, समाज-कल्याण, पंचायत से परामर्श करके रणनीति तैयार कराने जैसे कार्यक्रम अपनाए गए जिसमें देश में मध्य प्रदेश राज्य सबसे अग्रणीय है। शासकीय नीतियों के निष्पादन हेतु एक तंत्र स्थापित करने जैसे सुझाव को भी शासन के समक्ष रखा गया। इस सुझाव के आधार पर अनुशंसा की गई कि इस तंत्र को कार्य करने के लिए स्वतंत्र अधिकारिता दी जाए और उसकी कार्य करके की पद्धति को पारदर्शी तरीके के कार्य करने का अवसर दिया जाए ताकि यह यंत्र महिलाओं की अवस्था को बेहतर बनाने वाली विधियों को अनुच्छेद 44 की आत्मा के अनुसार अर्थात् राजनीतिक निदेशक तत्व को लागू करने के लिए सभी भारतीयों के लिए

विवाह-विच्छेद,तलाक, भरणपोषण, उत्तराधिकार तथा गोद सम्बन्धी विधियों को एकत्र लागू करने की दीर्घकालीन नीति बनाई जा सके और देश में एक ऐसा ढाँचा तैयार किया जा सके जो इस प्रकार की वास्ते प्रभावी कार्यवाही की जा सके। भारत में इस विभेद को मिटाने के लिये अनेक विधियाँ हैं किन्तु इस विधियों को निष्पादित करने में अनेक कठिनाइयाँ हैं। जिनमें कुछ इस प्रकार है-

दहेज प्रतिषेध विधि, सामाजिक बुराई को दूर करने के लिए 1961 में अधिनियमित की गई किन्तु उसका निष्पादन आज दिनांक तक सही तरीके से नहीं हो पा रहा है। अनेक निष्पादन आज दिनांक तक सही तरीके से नहीं हो पा रहा है। अनेक कारणों में से कुछ कारण हैं, जैसे सामाजिक चेतना की कमी, दहेज के अपराध के विचारण में लंबी चौड़ी प्रक्रिया का अपनाया जाना, सामाजिक कल्याण संस्थाओं की प्रभावी भूमिका का अभाव।

20 महिलाओं की सुरक्षा से सम्बन्धी जो अनेक विधियाँ है उनमें ही तकनीकी गलितियाँ हैं, जिन्हें अक्सर अभाव के कारण संपूर्ण रूप से नहीं पढ़ा जाता है और उनका अर्थ समाज की अपेक्षाओं के अनुरूप नहीं निकाला जाता। पुलिस महिला अलग से रखे जाने की अत्यंत आवश्यकता है।

विवाह सम्बन्धी अपराधों में विवाह की आवश्यकताएँ, विवाह-विच्छेद के आधार, विवाह के समय प्राप्त संपत्ति आदि सम्बन्धी विधियाँ संपूर्ण भारत में एक रूप से लागू नहीं हैं। जिसके कारण महिओं की स्थिति किसी-किसी समाज में दोहरे नागरिक जीवन जैसी है। परिवार न्यायालय को जो भूमिका सौंपी गई है उस भूमिका को भी आनन-फानन में निभाने की औपचारिकता दिखलाई पड़ती है।

महिलाओं का पुरुषों पर आश्रित होना भी उनकी स्थिति को दयनीय बना देता है। जैसा कि कहा गया है "पराधीन सपने सुख नाहीं"। महिला के प्रति समाज की मानसिकता और अपेक्षापूर्ण व्यवहार मुख्य कारण हैं। महिला का छोटी उम्र में विवाह और उसके पालन पोषण में उदासीन रवैया भी महिला की दयनीय अवस्था का प्रमुख कारण है।

आज समाज में भ्रूण परीक्षण से पता किया जा सकता है कि शिशु का लिंग क्या है? यदि गर्भस्थ शिशु बालिका है तो किसी भ्रूण परीक्षण केन्द्र में जाकर ऐसे भ्रूण को नष्ट कराया जा सकता है और इसके लिए एक ऐसी विधि नहीं है जो ऐसे केन्द्र चलाने वाले और ऐसा करने वाले को कठोर रूप से दंडित करे। यह व्यवहार में महिला के प्रति विभेद का प्रतीक है।

बाल अपराध, बाल न्यायालय, बाल अपराधी के लिए न्यायालयीन दृष्टिकोण, शिक्षा का अधिकार, बालिकाओं से काम कराने की विधि भी इतनी अभावग्रस्त है कि अनुच्छेद 23 का सरासर उल्लंघन होता रहता है। बाल कर्मकारों के लिए अनेक विधियाँ बनाई गई है और उनके माँ-बाप को बालकों को बंधुओं के रूप में बेचने पर कोई दंड नहीं दिया जाता है जिसके कारण भी बालिकाओं का समाज में शोषण देखने को मिलता है। हम प्रतिदिन समाजवार पत्रों में बालिकाओं के शोषण, उत्पीड़न के समाचार पढ़ते हैं और विधि के अभव के कारण तथा निष्पादन के प्रतिक्रियात्मक होने के कारण उन बालिकाओं को वह सुविधा नहीं दी जाती है जिसे दिलाने का विधियों में उद्देश्य बतलाया गया है। इस प्रकार की विधियों का अर्थ बालिकाओं के लाभ के लिए होना चाहिए और इस लाभ का अर्थ विशद व्याख्या के आधार पर लगाना चाहिए।

महिला विधि, कल्याण एवं न्याय प्रशासन

महिलाओं के अधिकारों के सम्बंध में भारत के संविधान में नीति निदेशक तत्वों में विशेष उपबंध किए गए है। संविधान में अनुच्छेद 39 में समान काम के लिए समान वेतन देने की बात संकल्प के रूप में दोहराई गई है जिसे प्राप्त करने के लिए तथा महिलाओं की स्थिति को बेहर बनाने के लिए कानून में विशेष रूप से श्रमिक विधियों में, आपराधिक विधियों में,पारिवारिक विधियों में तथा सांविधि विधियों में व्यवस्थाएँ की गई है जिनमें कुछ इस प्रकार है-

(अ)श्रमिक विधियाँ

(1) मातृत्व लाभ अधिनियम 1961, (2) न्यूनतम मजदूरी अधिनियम, 1948, (3) मजदूरी भुगतान अधिनियम, 1948, (4) कारखाना अधिनियम, (5) नियोजित राज्य बीमा अधिनियम, (6) प्लांटेशन, (7) कार्मिक अधिनियम, 1951,(8) संविदा कर्मकार (विनियमन तथा उत्साधन), अधिनियम, 1970, (9) बंधुआ श्रमिक व्यवस्था (उन्मूलन) अधिनियम 1976, (10) अन्तर-राज्यीय प्रवहन कर्मकार अधिनियम, 1971 तथा (11) बाल कर्मकार (प्रतिषेध तथा विनियमन) अधिनियम, 1986।

(ब) आपराधिक विधियाँ

(1) भारतीय दंड संहिता में महिलाओं के सम्बन्ध में बहुत सारी धारायें हैं जिनमें महिलाओं के प्रति किए गए अपराधों तथा हिंसा के सम्बन्ध में अपराधों को दण्डित करने की व्यवस्था है जैसे-भारतीय दण्ड संहिता 228 ए-शिकारग्रस्त महिला जैसे बलात्कारग्रस्त महिला के परिचय के सम्बन्ध में प्रकटीकरण करने के लिए दण्ड (2) धारा 304 (बी), दहेज के लिए कारित की गई मृत्यु, (3) धारा 391 वैधपूर्ण संरक्षक

से बच्चों का अपहरण, (4) धारा 354 किसी महिला का शील भंग करना, (5) धारा 363 अपहरण हेतु दण्ड, (6) धारा 366 अपहरण, अव्यपहरण तथा किसी महिला को विवाह आदि के लिए विवश करने के उत्प्रेरित करना, (7) धारा 366 (ए) अल्पवयस्क बालिका का ऐसे कार्यों के लिए प्राप्त करना, (8) धारा 366 (बी) ऐसी बालिका का देश से बाहर विदेश को बेचना तथा भेजना, (10) धारा 372 वेश्यावृत्ति के लिए बालिकाओं का बेचा जाना, (11) धारा 373 बालिकाओं का वेश्यावृत्ति, यौन शोषण आदि के लिए खरीदना आदि, (12)धारा 375 बलात्कार और 376 बलात्कार के लिए दंड 376 (ए) पुरुष का न्यायिक पृथक्करण होने के बाद अपनी पत्नी से बलात्संगम, (13) जेल के अधीक्षक, सुधारगृह के अधीक्षक का महिला के साथ बलात्संगम, (14) धारा 376 (डी) कर्मचारी वृंद या अस्पताल में नियोजित महिला कर्मकार के साथ प्रबंधक का बलात् संगम, (14) धारा 376 (ई) धारा 376 ए से 376 डी तक के अपराधों के लिए महिला का चरित्र दण्ड के लिए विचारणीय नहीं, (15) धारा 493 किसी महिला को पुरुष द्वारा विश्वास दिलाकर कि वह उसकी विवाहित पत्नी है, प्रलोभन देकर कपटपूर्ण तरीके से सहवास करना, (16) धारा 494 पति या पत्नी के जीवित रहते हुए दूसरा विवाह करना, (17) धारा 495 ऐसे अपराध जिनका वर्णन धारा 494 में किया है छुपाकर अर्थात् पूर्व के विवाह से छुपाकर फिर से विवाह करना, (18) धारा 494 वैधपूर्ण विवाह के बिना विवाह का नाटक करना और इसके सम्बन्ध में अपराध करना, (19) धारा 496 बलात् संगम् (20) विवाहित महिला को प्रलोभन देना, ले जाना या आपराधिक आशय से रोके रखना तथा (21) धारा 509 महिलाओं के प्रति छेड़छाड़ करना।

(स) दण्ड प्रक्रिया संहिता में निम्नलिखित व्यवस्थाएँ हैं-

(1) धारा 51 (2) एक महिला जिसे गिरफ्तार किया है कि तलाशी महिला द्वारा ही ली जाने का प्रावधान, (2) धारा 125 से लेकर 128 तक महिला तथा बच्चों के भरण पोषण के लिए आदेश, (3) धारा 160 (ए) किसी महिला साक्ष्य के रूप में उनके निवास पर ही कथन लेना तथा साक्ष्य लेना,

(द) भारतीय साक्ष्य अधिनियम में अभी हाल ही में दो संशोधन किए गए है जो महिला की सुरक्षा के सम्बन्ध में हैं-

(1) धारा 113 (ए) विवाहित महिला का 7 वर्ष के अन्दर आत्मदाह करने पर दहेज के कारण सताये जाने पर हत्या करने की उपधारणा, (2) बलात्कार के मामले में कतिपय परिस्थितियों पर शिकारग्रस्त महिला की समहमति न होने के बारे में उपधारणा।

(च) अन्य विधियों जो कुरीतियों से सम्बन्धित है जैसे-

बाल विवाह प्रतिषेध विधि, 1929, (2) अनैतिक देह व्यापार प्रतिषेध, 1956 (1986 में संशोधन हुआ) दहेज प्रतिषेध विधि अधिनियम, 1961 (संशोधन अधिनियम 1984, 1986 तथा 1988), (3)आपराधिक विधि संशोधन, 1963, (4) महिला अभद्र निरुपण प्रतिषेध अधिनियम,1986, (5) सति प्रथा निवारण विधि, 1987।

(छ) पारिवारिक विधियाँ

महिलाओं को विधि में वैधानिक हैसियत दिलाने के लिए फिर चाहे वह उत्तराधिकार के बारे में हो, गोद लेने, विवाह विच्छेद या इसी प्रकार के सिविल मामलों में हिन्दू विधियाँ अधिनियमित की गई ओर इस सम्बन्ध में महिलाओं की सामाजिक स्थिति बहुत बराबर की गर दी गई है तथापित संविधान के अनुच्छेद 44 में एक समान सिविल संहिता का राजनीतिक निदेश तत्व है किन्तु उसको अपनाने के लिए संसद में आज दिनांक तक कोई विधि अधिनियमित नहीं की गई ताकि भारत में रहने वाली महिलाओं के लिए उत्तराधिकार, विवाह, विवाह विच्छेद तथा दत्तक के सम्बंध में प्रावधान हो सके। मुस्लिम विधि भारत में रहने वाले मुस्लिम वर्ग को लागू होती है किन्तु उन्होंने इस विधि में आज दिनांक तक कोई संशोधन नहीं किया है और ना ही इसके प्रति किसी भी प्रकार की चिन्ता व्यक्त की।

(ज) अन्य सिविल विधियाँ

(1) द लीगल सर्विस अथॉरटीज एक्ट,1987, (2) द फेमिली कोर्ट एक्ट 1984।

सामाजिक विधायन-इनके सफल निष्पादन हेतु पाई जाने वाली कठिनाईयाँ- सामाजिक विधायन कुछ न कुछ आवश्यक तत्व रखते हैं और सामाजिक बुराईयों को दूर करने के लिए उन्हें अधिनियमित किया जाता है किन्तु इनके सफल निष्पादन में तकनीकी कठिनाइयों तथा प्रक्रियात्मक अभाव आ जाते हैं और सफल निष्पादन कपोल कल्पना बन जाती है।

निष्पादन में आने वाली कठिनाइयाँ

(1) ऐसे विधायन के लागू कराने में राजनीतिक इच्छा शक्ति का अभाव, (2) लोक सेवकों द्वारा पहल का अभाव तथा अपने दायित्व से बचते रहने का रवैया, (3) निष्पादन अधिकारों का अनेक कारणों से नकारात्मक रवैया, (4) प्रशासी तथा वित्तीय साधनों का अभाव, (5) सामाजिक अन्तरचेतना तथा सामुदायिकता ग्राहता का अभाव, (6) निष्पादन अधिकारियों तथा विशेषकर पुलिस कर्मियों के प्रशिक्षण का न होना, (7)

दहेज, जुआ, देह-व्यापार, बाल यौन अपराध यहाँ तक कि अस्पर्शता उन्मूलन के सम्बन्ध में सामाजिक चेतना तथा जनजागृति का अभाव, (8) ऐसे कानून तथा अधिनियम तो किए गए है किन्तु आचलिक सतह से जुड़े नहीं है केवल कागजी-श्वेत-पत्रों तक सीमित है, (9) सरकारी तंत्रों तथा ऐजेन्सी के मध्य समन्वय का अभाव अनभिज्ञता, अज्ञानता और निरक्षरता के कारण सामुदायिक चेतना का अभाव।

सभी लोक सेवक शपथ लेते हैं। अत: उन्हें इन विधियों को लागू करने में इपनी इमानदारी और तत्परता बतलानी चाहिए तभी हम इन तमाम विधियों का लाभ महिलाओं तथा बच्चों को दिला सकेंगे जिनके लिए ये विधि बनाई गई है।

एड्स से सम्बंधित प्राथमिक शिक्षा शालाओं, महाविद्यालयों में अनिवार्य बनाईजाए तथा पाठ्यक्रम बनाते समय उसे इस प्रकार से सम्मिलित किया जाए कि महिलाओं तथा बालिकाओं को ऐसी बीमारी के दुष्परिणाम मालूम हो सके। भारतीय साक्ष्य अधिनियम में एक संशोधन किया जाए जिससे कि एड्स के सम्बन्ध में आत्म हत्या करने पर लागू की जाती है। भारतीय दण्ड संहिताकी धारा 292, 293 और 294 में आवश्यक संशोधन किया जाए और इस प्रकार के संशोधनों का परिणाम अश्लीलता की परिभाषा को व्यापक बनाना होना चाहिए। इसमें यह भी संशोधन किया जाए कि धार्मिक लोगों की दृष्टि में अश्लीलता का मतलब साफ हो सके।

संरक्षणवादी विधिक प्रावधान एवं महिलाएँ

'यत्र नार्यास्तु पूज्यन्ते रमन्ते तत्र देवता'(जहाँ स्त्रियाँ पूज्य हैं, वहाँ देवता निवास करते हैं)की मान्यता वाले अपने देश में महिलाओं की दशा और दिशा में प्रयासों के बावजूद सार्थक सुधार न होगा चिंताजनम है। पुरुष की जन्मदात्री स्त्री पुरुष से उच्च है। किन्तु पितृ सत्तात्मक समाज में उसका सामाजिक, आर्थिक और वैधानिक आधार सुदृढ़ नहीं कहा जा सकता।

अपने देश में महिलाओं की सामाजिक स्थिति में सुधार करने के लिये अधिनियम और कानून बनाये जाते रहे हैं। किन्तु उनका क्रियान्वयन और उनकी समाज द्वारा स्वीकृति संतोषजनक नहीं रही। महिलाओं की सामाजिक अक्षमताओं का अति अल्प हिस्सा ही सुधारवादी विधिक प्रावधानों से नियंत्रित हो पाता है। परम्परागत जीवन के विरूद्ध विधिक प्रावधानों की व्यवस्था में प्रगति धीमी रही है।

उक्त पृष्ठभूमि में महिलाओं को संरक्षण देने वाले विधिक प्रावधानों का अध्ययन प्रस्तुत किया गया है। इन प्रावधानों से उनके सामाजिक स्तर पर पड़ने वाले प्रभाव का सैद्धान्तिक अध्ययन किया गया है। विधिक प्रावधानों में संशोधन एवं उनके सार्थक क्रियान्वयन हेतु सुझाव भी दिये गये हैं।

चिकित्सीय गर्भ समापन अधिनियम 1971

महिला जब से भ्रूण रूप में में गर्भ में आती हैं तब से उसे लिंग आधारित उपेक्षा एवं विभेद का सामना करना पड़ता है। भ्रूण लिंग परीक्षण (Prental sex determination test) से यह ज्ञात होने पर कि गर्भ में बालिका विकसित हो रही है, उक्त प्रावधान के तहत गर्भ समापन करवा दिया जाता है। एक अच्छे विधिक प्रावधान का सदुपयोग सुनिश्चित करना वर्तमान की ज्वलंत आवश्यकता है। इस अधिनियम के दुरुपयोग करना वर्तमान की ज्वलंत आवश्यकता है। इस अधिनियम के दुरुपयोग से लिंगानुपात पर दुष्प्रभाव पड़ रहा है। प्रो. एम.के. प्रेमी जे.एन.यू.नई दिल्ली ने एक शोध पत्र में आशंका जाहिर की है कि पंजाब और हरियाणा में ही नहीं बल्कि देश के अन्य हिस्सों में भी कन्या जन्म के उपरांत भी कुपोषण और उपेक्षा का शिकार होकर काल कवलित होती है। ज्ञातव्य है कि महाराष्ट्र सरकार ने 1988 में गर्भस्थ शिशु का लिंग परीक्षण अवैधानिक घोषत कर दिया। अन्य राज्यों में भी इसे प्रतिबंधित किया जाना चाहिए।

विवाह एवं तलाक

मुस्लिक पर्सनल लॉ के अन्तर्गत एक मुसलमान नागरिक चार पत्नियों का पति हो सकता है। किन्तु 1950 से हिन्दू एक समय में एक से अधिक महिला का कानूनी पति नहीं हो सकता। किन्तु हिन्दू विधि के अनुसार जीवित पत्नी के रहते दूसरा विवाह करउने वाले पति के विरूद्ध केवल पत्नी ही अभियोग चला सकती है। पत्नी की आर्थिक विवशता एवं सामाजिक अक्षमताओं के कारण इस प्रकार का दूसरा विवाह रचाने वाले पति कानून की पकड़ से दूर ही रहते हैं।

मुसलमान पति अपनी पत्नी को अपनी इच्छा से एक तरफा तलाक दे सकता है। निकट सम्बन्धी से जारकर्म में लिप्त इसाई पति से पत्नी तलाक प्राप्त कर सकती है। इसी प्रकार पति दो पत्नी रखता है। मुस्लिम और ईसाई में आपसी सहमति से तलाक संभव नहीं हैं जबकि हिन्दुओं में इसका प्रावधान है।

पाक सर्वोच्च न्यायालय ने पिछले दिनों अहम् फैसला दिया कि अनायास या बलात् तीन बार 'तलाक' कहना अथवा बहु विवाह पाकिस्तान के विधि विदों को स्वीकार नहीं है। बंगलादेश की तरह ईरान, मोरक्को, सीरिया, ईराक, इण्डोनेशिया, दक्षिणी यमन, मलेशिया, अल्जीरिया, सोमालिया, जार्डन व अन्य कई देशों ने बहु विवाह का निषेध करते हुए अपने कानूनों में रद्दोबदल किया है। फिर भारत को इस मामलें में पीछे नहीं रहना चाहिये। बान विवाह निषेध अधिनियम के बावजूद लड़कियों की औस आयु 15 वर्ष है जो विधि सम्मत आयु 18 वर्ष से कम है।

पारिवारिक उत्पीड़न को विधिक मान्यता

भारतीय दण्ड संहिता का सेक्सन 49ए (द्वितीय संशोधन 1983) घरेलू मारपीट और उत्पीड़न को मान्यता देते हुए पति तथा उसके सम्बंधियों की पत्नी के प्रति क्रूरता को अपराध मानता है। किन्तु देखा जाता है केवल बहुएं ही क्रूरता का शिकार नहीं होती बल्कि बेटियाँ भी बाप के घर में तरह-तरह के उत्पीड़न को सहती हैं एक अध्ययन के अनुसार बृहत्तर मुम्बई में जलकर मरने वाली महिलाओं में 61.3 प्रतिशत महिलाएँ 15से 19 वर्ष की अविवाहिताएँ होती हैं।

जारकर्म में लिप्त पति की पत्नी को विधिक संरक्षण नहीं

भारतीय दंड संहिता का सेक्सन 497 पति को पत्नी से शारीरिक सम्बन्ध स्थापित करने वाले पुरुष पर अभियोग चलाने के लिए अधिकृत करता है। किन्तु यह सेक्सन किसी अन्य स्त्री से शारीरिक सम्बंध रखने वाले पति की पत्नी को पति पर या उस स्त्री पर अभियोग चलाने का अधिकार नहीं देता। स्पष्ट है कि यह सेक्सन पति और पत्नी में विभेद करता है। इस सेक्सन का परीक्षण होना अति आवश्यक है।

बच्चों पर अधिकार-माता केवल अभिरक्षक

हिन्दू अवयस्कता एवं संरक्षकता अधिनियम 1956 में प्रावधान है कि पुत्रों एवं अविवाहित पुत्रियों का प्राकृतिक संरक्षक पहले पिता है और उसके पश्चात् माता का स्थान आता है। पांच वर्ष से कम आयु के बच्चों के प्रकरण में माता को उनकी अभिरक्षा दी जाती है। किन्तु यह भी आवश्यक नहीं है। यह न्यायाधीश के विवेक पर निर्भर रहती है।

गोद अधिकार

हिन्दू अवयस्कता एवं संरक्षकता अधिनियम 1956 का अनुच्छेद 32 केवल हिन्दुओं को गोद लेने का अधिकार प्रदान करता है। इसके अधीन गोद लेने के लिए पत्नी की सहमति आवश्यक है। अन्य धर्मों के विवाहित युगल को गोद लेने का अधिकार नहीं है। उनको संरक्षक नियुक्त किया जा सकता है।

सम्पत्ति का अधिकार

हिन्दु उत्तराधिकार अधिनियम 1956 पिता की सम्पत्ति में पुत्रियों को भी समान हिस्से का प्रावधान करता है। इस अधिनियम का अनुच्छेद 14 सम्पत्ति का पूर्ण अधिकार महिलाओं को प्रदान करता है। फिर भी महिलाएँ सहखातेदार की हैसियत से बँटवारें के लिये आवेदन नहीं कर सकती।

मुस्लिम और पारसी महिलाओं को भी कुछ सम्पत्ति अधिकार प्राप्त है। किन्तु भाइयों के बराबर नहीं भाई की तुलना में बहन आधा हिस्सा प्राप्त करती है।

स्त्रियों के व्यक्तिगत गृहकार्य को वैज्ञानिक मान्यता नहीं

व्यक्तिगत कानून और लोक विधि स्त्रियों के गृह कार्य को मान्यता नहीं देते। अत: तलाक होने पर महिला को पति की सम्पत्ति में हिस्सा नहीं मिलता है। तलाकशुदा महिला बिना हिस्सा, घर, आय और सुरक्षा के भटकन की स्थिति में आ जाती है। यहाँ तक कि उसे स्त्रीधन भी नहीं मिल पाता, जब कि उसे स्त्री धन प्राप्त करने का अधिकार है। पति स्त्रीधन का अभिरक्षक होता है। मालिक नहीं।

महिला वर्ष 1975 का विशेष उपहार समान काम के लिये समान वेतन अधिनियम 1967 महिला श्रमिकों के लिए अलाभकारी।

हर नया कानून लागू होने के बाद श्रमिक महिलाओं के रोजगार में गिरावट आई। मालिक उन्हें वे सुविधायें देने के बजाय महिला श्रमिकों की भरती से कतराने लगे।

कुछ सुझाव

1. भ्रूण लिंग परीक्षण पर रोक देश के सभी भागों में होना चाहिए।
2. संपूर्ण देश में समान नागरिक संहिता लागू होनी चाहिए।
3. विवाह पंजीयन अनिवार्य किया जाना चाहिए। स्त्रीधन अभिलिखित होना चाहिए। पंजीयन से बाल विवाह पर रोक लगेगी। पंजीयन के समय ही पति या पति के पिता या निकट सम्बन्धी को अपनी सम्पत्ति की घोषणा करनी चाहिये तथा सम्पत्ति में पति के हिस्से में पत्नी की सहभागी तत्काल बनाया जाना चाहिए।
4. विवाहोपरांत पति या पत्नी के द्वारा विकसित सम्पत्ति में दोनों का अधिकार पंजीकृत होना चाहिये किन्तु पति या पत्नी को बंटवारा प्राप्त करने का अधिकार नहीं दिया जाना चाहिए।
5. पति के जारकर्म में लिप्त होने पर पत्नी को वाद कायम करने का अधिकार होना चाहिए, साथ ही यह तलाक के आधार होना चाहिए।
6. पितृ गृह में भी पुत्री को यातना दण्डनीय अपराध होना चाहिए।
7. विधिक साक्षरता का विस्तार किया जाना चाहिए।

❑❑❑

7

भारतीय महिलाओं पर बढ़ते अपराध: कारण एवं निवारण

पत्नी, पुत्रवधू को भ्रूण हत्या के लिए बाध्य करना, महिलाओं के साथ छेड़छाड़, सम्पत्ति में महिलाओं का हिस्सा देने से इन्कार करना, अल्पवयस्क, विधवा को सती होने के लिए बाध्य करना, पुत्रवधू को और अधिक दहेज लाने के लिए सताना।

लोकतंत्रीय शासन प्रणाली में सरकार के तीन प्रमुख अंगों व्यवस्थापिका, कार्यपालिका एवं न्यायपालिका के अतिरिक्त चौथा प्रमुख आधारस्तम्भ प्रेस को माना जाता है जिसमें प्रिन्ट एवं इलेक्ट्रॉनिक मीडिया दोनों सम्मिलित हैं। जनसाधारण में विभिन्न सूचनाओं का सम्प्रेषण करना, जनमत का निर्माण करना, जनता में चेतना एवं जागरूकता का विकास करना प्रेस का प्राथमिक लक्ष्य है।

वर्तमान युग जिसको सूचना क्रान्ति का कालखण्ड कह कर सम्बोधित किया जाता है उसमें मीडिया द्वारा अभिव्यक्ति की स्वतंत्रता के नाम पर अति स्वच्छन्दता, व्यक्तिगत जीवन में अनावश्यक हस्तक्षेप, अश्लीलता एवं नारी उत्पीड़न इत्यादि को प्रोत्साहन दिया जा रहा है। वैश्वीकरण व निजीकरण के इस युग में संचार साधनों पर वित्त पूँजी के निरन्तर बढ़ते आधिपत्य एवं दबाव से स्पष्ट है कि अन्य पूँजीवादी उपक्रमों की तरह सूचना तन्त्र भी अधिकाधिक लाभ कमाने का साधन बन गया है जिस कारण वर्तमान में पत्रकारिता अपनी सशक्त भूमिका एवं दायित्व से विमुख होती नजर आ रही है। विशेषकर महिला उत्पीड़न के सन्दर्भ में पत्रकारिता की भूमिका अत्यन्त विवादास्पद होती जा रही है।

पत्रकारिता के क्षेत्र के अन्तर्गत पत्रकारिता का विधिवत अध्ययन एवं प्रशिक्षण प्राप्त करके पत्रकारिता करने वालों की संख्या वर्तमान में बहुत ही सीमित रह गई है जबकि थोड़ा-सा कागजी ज्ञान व प्रशिक्षण प्राप्त करके पत्रकारिता से जुड़ने वालों की संख्या दिन-

प्रतिदिन बढ़ती जा रही है। बदलती एवं विकसित होती पत्रकारिता में ऐसे पत्रकार जो स्वयं को मात्र समाचारों एवं सूचनाओं तक सीमित नहीं रखते वरन् पत्रकारिता को लक्ष्य के साथ जोड़ते हुए पाठकों, दर्शकों एवं समाज को सही दिशा देने का दायित्व निभाते हैं उनका आज नितान्त अभाव दिखाई दे रहा है। व्यवसायीकरण की बढ़ती प्रवृत्ति, अपनी लोकप्रियता को बढ़ाने एवं पत्रकारों, प्रशासकों एवं संचालकों की अति महत्वकांक्षाओं ने विभिन्न संचार साधनों को मात्र विज्ञापनों एवं मुनाफा एकत्रित करने का माध्यम बनाकर रख दिया है। विगत कुछ वर्षों में विभिन्न संचार साधनों के द्वारा बड़े पैमाने पर नारी को एक उत्पाद के रूप में प्रस्तुत किया जा रहा है उससे निश्चित ही नारी की गरिमामयी एवं गौरवमयी छवि को ठेस पहुँच रही है। विभिन्न समाचार-पत्रों, पत्रिकाओं, टी.वी. इत्यादि के द्वारा नारी हिंसा, छेड़-छाड़, बलात्कार, देह-व्यापार इत्यादि से सम्बन्धित घटनाओं को अत्यधिक बढ़ा-चढ़ा कर प्रकाशित एवं प्रसारित किया जाता है। ऐसा करते समय पत्रकारिता से जुड़े लोग इस बात को भुला देते हैं कि अब इन घटनाओं की सूचना केवल आँकड़ों में नहीं वरन् वह तो सचित्र है जो समाज में करुणा, रोष व उत्तेजना सब एक साथ उत्पन्न करती है। इन सचित्र घटनाओं का प्रसारण व प्रकाशन समाज को न केवल विचलित करता है वरन् उस पर नकारात्मक प्रभाव भी डालता है, समाज में बढ़ रही अश्लीलता, हिंसा, उपभोक्तावादी संस्कृति, सामाजिक-सांस्कृतिक मूल्यों के ह्रास इत्यादि के लिए जनसंचार के साधन ही उत्तरदायी हैं।

समाचार-पत्र-पत्रिकाओं में सिनेमा एवं मॉडलिंग के क्षेत्र से जुड़ी अभिनेत्रियों एवं मॉडल्स की अर्द्धनग्न व उत्तेजक तस्वीरें अधिकाधिक मात्रा में छापकर बड़ी संख्या में पाठकों को अपनी ओर खींचने का प्रयास किया जा रहा है। पुरुष-वर्ग द्वारा प्रयोग की जाने वाली निजी वस्तुओं के विज्ञापनों में देह दिखाऊ महिला मॉडल की मौजूदगी दर्ज करना, मीडिया द्वारा हो रहे महिला उत्पीड़न का ही एक उदाहरण है। ऐसी तस्वीरों एवं विज्ञापनों को समाचार पत्र, पत्रिकाओं की बिक्री को बढ़ाने की गारण्टी माना जाता है। ऐसे में किस प्रकार उम्मीद की जा सकती है कि नव युवा पीढ़ी में संचार साधनों के द्वारा जीवन मूल्यों, आदर्शों एवं नैतिक गुणों का विकास किया जा सकता है। मीडिया के द्वारा आधुनिक नारी के नाम पर जिस नारी की तस्वीर प्रस्तुत की जा रही है वह नारी को समाज में न तो सम्मान दिला पा रही है और न ही उचित दर्जा। इसके विपरीत वह नारी के विरुद्ध बढ़ रही हिंसा एवं अपराध का कारण बन रही है। हाल ही में मीडिया द्वारा राखी सावंत व मिका प्रकरण, करीना कपूर व शाहिद कपूर के प्रेम प्रसंग से जुड़े चित्र तथा फैशन शो के दौरान महिला मॉडल के वस्त्र सरकने की तस्वीरों को जिस रूप में बार-बार दर्शकों के सामने पेश किया गया तथा समाचार पत्रों में उन तस्वीरों को मुख पृष्ठ पर स्थान दिया गया वह न केवल अशोभनीय व निन्दनीय है वरन् मीडिया द्वारा किए जा रहे

महिला शोषण से जुड़ा हुआ एक कदम है जो वर्तमान पत्रकारिता के बदलते हुए रूप, भूमिका एवं उसकी प्रभावशीलता पर प्रश्नचिह्न लगाता है।

वर्तमान पत्रकारिता की एक विडम्बना यह भी है कि पत्रकारिता के क्षेत्र में कई महिलाएँ भी सक्रिय रूप से जुड़ी हुई हैं परन्तु मीडिया द्वारा हो रहे महिला-उत्पीड़न को रोकने में उनके द्वारा कोई ठोस एवं सार्थक पहल नहीं हो पा रही है। वे स्वयं भी कहीं न कहीं मीडिया द्वारा किए जा रहे नारी शोषण एवं नारी की विकृत छवि को स्थापति करने में भागीदार बन रही हैं। प्रसिद्ध हिन्दी धारावाहिक निर्मात्री द्वारा विभिन्न टी. वी. चैनलों पर अपने काय्रक्रमों के द्वारा जिस रूप में नारी चित्रण पेश किया जा रहा है वह या तो आधुनिकता के रंग में रंगी कुटिलता व फैशन से लिप्त खलनायिका है या खोखले आदर्शों, संस्कारों एवं बंधनों से बँधी अत्याचार सहित नायिका है। नारी के ये दोनों ही रूप नारी जगत को स्वालम्बन, आत्मनिर्भरता व आत्मसम्मान का पाठ नहीं सिखा सकते। अत: इन दोनों रूपों में उचित संतुलन स्थापित करने की आवश्यकता है।

विभिन्न द्वितीयक तथ्यों से प्राप्त सामग्री का विश्लेषण करने से यह भी स्पष्ट हुआ है कि संचार साधनों द्वारा महिला सशक्तीकरण, लैंगिक समानता, व न्याय, महिला अधिकार इत्यादि मुद्दों को मात्र औपचारिक एवं सतही ढंग से उठाया जाता है। ये वे मुद्दे एवं समस्याएँ हैं जिनको यदि मीडिया द्वारा पूरी ईमानदारी व निष्पक्षता से उठाया जाए तो निश्चित ही महिलाओं की खराब हो रही स्थिति को सुधारा जा सकता है तथा समाज को सही दिशा प्रदान की जा सकती है। जब कभी भी मीडिया द्वारा इस दिशा में ऐसा छोटा सा भी कदम उठाया गया तो समाज व जनता ने इस कदम को सराहनीय और प्रशंसनीय बताया। जेसिका लाल हत्याकाण्ड की पुन: जाँच की माँग करना, प्रसिद्ध गायक उदित नारायण की पहली पत्नी को न्याय और सम्मान दिलाना और नोयडा निवासी निशा द्वारा दहेज लोभियों को जेल भिजवाने में सहायता करना इत्यादि कुछ ऐसे उदाहरण हैं जो मीडिया की सक्रियता और सशक्त भूमिका को प्रदर्शित करते हैं परन्तु वास्तविकता यही है कि मीडिया का उपयोग नारी उत्पीड़न को रोकने में अंशत: ही किया गया है। अधिकांशत: संचार साधन नारी उत्पीड़न से सम्बन्धित घटनाओं को विशेष प्राथमिकता देते हैं। निम्नलिखित तालिका का विश्लेषण करने से यह स्पष्ट होता है कि विभिन्न वर्षों में दैनिक समाचार-पत्रों के द्वारा ऐसी घटनाओं के प्रकाशन में ही विशेष रुचि दिखाई गई है परन्तु मीडिया ने ऐसी घटनाओं के कारणों पर न तो कभी गंभीर परिचर्चा की है और न ही ऐसी घटनाओं को रोकने के उपायों पर ही प्रकाश डाला है। इन घटनाओं का समाज पर कितना घातक व दुष्प्रभाव पड़ रहा है इस ओर भी मीडिया ने अपनी आँखें मूँद रखी हैं—

विभिन्न समाचार पत्रों में नारी शोषण सम्बन्धी प्रकाशित घटनाएँ

	1995	1996	1997	1998	1999
बलात्कार	13754	14884	15330	15151	15468
अपहरण	14063	14877	15617	16351	15962
दहेज हत्या	5092	5513	6006	6975	6699
उत्पीड़न	31127	35246	36592	41376	43823
छेड़छाड़	4756	5671	5796	8054	8858
सती	1	0	1	0	0
वेश्यावृत्ति	8447	7706	8323	8695	9363

मीडिया की एकाधिकारवादी एवं अनुत्तरदायी प्रवृत्ति पर विशेष निगरानी रखने की आवश्यकता है। ऐसी सूचनाएँ व समाचार जो समाज व राष्ट्रहित में नहीं हैं, केवल अभिव्यक्ति की स्वतंत्रता के नाम पर उनके प्रसारण की छूट नहीं दी जानी चाहिए। पत्रकारिता से जुड़े लोगों को भी उत्तराधिकार के रूप में अशिक्षित-अप्रशिक्षित सगे-सम्बन्धियों को संपादकीय एवं पत्रकारीय दायित्व देने की प्रवृत्ति से बचना चाहिए। पत्रकारिता के समुचित विकास के लिए उत्तरदायी एवं जवाबदेह पत्रकारिता का विकास करना आवश्यक है। सतर्क, सुविज्ञ व उत्तरदायित्वपूर्ण पत्रकारिता ही समाज को सही दिशा प्रदान कर सकती है। स्वच्छन्दवादी और व्यावसायिकतापूर्ण पत्रकारिता को संवैधानिक व कानूनी तरीके से ही नियमित करना अत्यन्त आवश्यक होता जा रहा है। पत्रकारिता की जवाबदेही के मापकों एवं दायरों को सुनिश्चित करके ही पत्रकारिता को जीवन्त एवं उसकी भूमिका को सशक्त एवं सार्थक बनाया जा सकता है।

विज्ञापनों द्वारा नारी उत्पीड़न—वर्तमान युग प्रतियोगिता का युग है। आज बाजार में व्यक्ति के दैनिक जीवन से सम्बन्धित उपयोग की वस्तुएँ सरलता से प्राप्त हो सकती हैं। आज एक ही वस्तु के अनेक ब्राण्ड बाज़ार में देखने को मिलते हैं। ऐसी स्थिति में प्रत्येक निर्माणकर्ता अपनी वस्तु को श्रेष्ठ प्रमाणित करने के लिए विज्ञापन का सहारा लेते हैं किन्तु आज प्रतियोगिता के इस दौर में विज्ञापन केवल वस्तुओं तक ही सीमित होकर नहीं रह गए हैं। आज अपने विज्ञापन को आकर्षक बनाने के लिए उसमें अनावश्यक रूप से नारी का अश्लील प्रयोग किया जाता है चाहे उसमें नारी के चित्रण की आवश्यकता हो अथवा न हो। फिर भी आकर्षण की वस्तु के रूप में नारी को प्रस्तुत किया जाता है, जैसे—लिरिल साबुन का विज्ञापन, विभिन्न डियो के विज्ञापन, गारनियर शैम्पू के

विज्ञापन आदि जो आजकल टी. वी. पर दिखाए जा रहे हैं, नारी के शारीरिक और मानसिक उत्पीड़न के उदाहरण हैं।

टी. वी. सीरियल्स द्वारा नारी उत्पीड़न—वर्तमान समय में बड़े पर्दे अर्थात् सिनेमाघरों से ज्यादा टी.वी. व्यक्तियों की पसन्द बनता जा रहा है। लोग भावनात्मक रूप से उनसे जुड़ते जा रहे हैं और सीधे-सीधे उसे अपने जीवन से जोड़ते हैं। वर्तमान समय में टी. वी. सीरियल्स में नारी का जो स्वरूप प्रस्तुत किया जा रहा है वह सामाजिक दृष्टि से नितान्त गलत है। सीरियल में एक ही नारी की दो या तीन बार शादियाँ दिखाई जाती हैं। शादी और तलाक के बीच का फासला चंद दिन या चंद महीनों का दिखाया जाता है। प्रत्येक सीरियल में नारी का किसी न किसी रूप में नकारात्मक चित्रण किया जाता है। माँ को ही संतान का दुश्मन दिखाया जाता है और धन के लिए पत्नी-पति की प्रतिद्वन्द्विता दिखाई जाती है। नारी ही दूसरी नारी के घर को तोड़ते दिखाई जाती है।

चलचित्रों द्वारा नारी उत्पीड़न—चलचित्रों की यदि वास्तविक प्रकृति का अध्ययन किया जाए तो इसका उद्देश्य व्यक्ति के मनोरंजन के सम्बन्ध में होता है। वर्तमान चलचित्रों का उद्देश्य व्यक्ति का मनोरंजन नहीं है। उसका लक्ष्य तो किसी भी प्रकार सफलता प्राप्त करना और धन कमाना है फिर चाहे इसके लिए उसे अपनी मर्यादा की सीमा ही क्यों न लाँधनी पड़े। वर्तमान चलचित्र नारी के स्वरूप को इतने विकृत रूप में प्रस्तुत कर रहा है जिससे नारी की प्रतिष्ठा को गहरा आघात पहुँचा है। आज नारी भोग--विलास की वस्तु के रूप में अश्लीलता के साथ परोसी जाती है।

आज फिल्मों में अश्लीलता सर्वोपरि हो गई है। 'जिस्म' जैसी फिल्मों की समाज को कोई आवश्यकता नहीं है। इस फिल्म के पश्चात् बिपाशा बसु द्वारा अपने साक्षात्कार में फिल्म के पक्ष में कही गई बातों को हम लिखना भी नहीं ठीक नहीं समझते? लेकिन समझ में नहीं आता कि इन फिल्मों को बनाया ही क्यों जाता है जिनसे कोई शिक्षा ही न मिले, बल्कि समाज में गन्दगी फैलती है। किसी फिल्म की लोकप्रियता के लिए स्त्री देह का प्रदर्शन सबसे सुगम मार्ग समझा जाता है। सुहाग रात, स्त्री के गुप्त भेद, यौवन का भरपूर आनन्द देने का दावा करने वाली फिल्मों से समाज में कई विकार उत्पन्न हो रहे हैं।

इलेक्ट्रॉनिक मीडिया द्वारा विज्ञापन में महिलाओं का शोषण किया जा रहा है, विज्ञापन चाहे कार का हो, कॉफी, आफ्टर शेव लोशन, सिगरेट या पान-मसाला का स्त्री का आकर्षण स्वरूप प्रस्तुत कर लोगों को रिझाने का पूरा प्रयास किया जाता है। स्त्री आकृति का सर्वाधिक प्रयोग शैम्पू, साबुन, फर्नीचर, फ्रिज, शीतल पेय, सौन्दर्य-प्रसाधन, कपड़े आदि के लिए होता है। इसके अतिरिक्त पुरुष व महिलाओं के अंत:वस्त्रों का विज्ञापन भी अधिकांश महिलाएँ ही करती देखी जाती हैं। हमारी भारतीय संस्कृति में लज्जा व धर्म महिलाओं का आभूषण माना जाता है किन्तु आज मीडिया की चकाचौंध से

महिलाएँ लाज-लज्जा त्याग कर नग्नता पर उतर आई हैं। आज का समाज बौद्धिक समाज है, लेकिन इस प्रगतिशील युग के बौद्धिक लोग बुद्धिहीन प्रतीत होते हैं, तभी तो अन्त: वस्त्रों के विज्ञापनों की आवश्यकता आन पड़ी है। कार के विज्ञापन में अर्द्ध वस्त्रों को लपेट कर स्त्रियाँ कार के ऊपर बैठी हैं। यह विज्ञापन किस चीज का हो रहा है ? उन महिलाओं का, या उन कपड़ों का, या उस कार का ? निर्णय लेना भी कठिन हो जाता है।

अश्लीलता के विरुद्ध भारतीय महिलाओं के बढ़ते आक्रोश को देखते हुए अगस्त, 1986 में राज्यसभा में तत्कालीन महिला राज्यमंत्री मार्ग्रेट अल्वा के प्रयासों से एक ऐसा विधेयक बनाया गया जिसमें विज्ञापनों, पर्चों, पुस्तकों आदि के माध्यम से अश्लील चित्रण पर रोक लगाई गई। इस बिल को 'महिला का अश्लील चित्रण रोकने का बिल 1986' का नाम दिया गया। 1986 में बने विधेयक के पश्चात् वर्तमान मीडिया के द्वारा महिलाओं के शोषण में वृद्धि हुई है। वर्तमान समय में निर्वस्त्र के प्रदर्शन की कीमत इतनी ज्यादा दी जाती है कि महिलाएँ रुपयों के लिए ऐसे प्रदर्शन से परहेज नहीं करती हैं। लेकिन मीडिया का कार्य यदि नैतिकता से किया जाए तो क्या मीडिया अपना कार्य सुगमता से नहीं कर सकेगा ? कर सकेगा, अवश्यसंभावी है।

मीडिया के इस कृत्य से समाज पर अत्यन्त ही बुरा प्रभाव पड़ रहा है। मीडिया चाहे मुद्रित हो या इलेक्ट्रॉनिक, दोनों ने ही महिलाओं का शोषण किया है। आधुनिक मीडिया नैतिकता का उल्लंघन कर रहा है। नैतिकता की पुकार है कि—

1. कामोत्तेजक और फूहड़ चित्रों का प्रदर्शन न किया जाए।
2. विज्ञापनों से कोई शारीरिक-मानसिक क्षति न हो।
3. किसी भी सामाजिक छवि का हनन न हो।
4. लोक नीति द्वारा निर्धारित व्यवस्था का उल्लंघन न हो।

आज विज्ञापनों में 'नारी आकृति' का उपयोग हो रहा है, वह चितंनीय है। 'अश्लील चित्रण बिल 1986' और विज्ञापन आचार-संहिता के पश्चात् विज्ञापनों में नारी छवि का दुरुपयोग हो रहा है। स्त्री आकृति के दुरुपयोग के लिए दोषी लोगों के विरुद्ध कड़े कानून बनाकर हम इस क्षेत्र में सुधार की आशा कर सकते हैं। मीडिया ने नारी की छवि का दुरुपयोग किया है, उसकी छवि को धूमिल किया है। यदि मीडिया अपने नकारात्मक पहलुओं को सुधार ले तो महिलाओं में जागृति का समस्त श्रेय मीडिया को ही जाएगा।

पत्रिकाओं तथा समाचार पत्रों द्वारा नारी उत्पीड़न—वर्तमान समय में प्रिण्ट मीडिया भी नारी के उत्पीड़न में पीछे नहीं है। अपनी पत्रिका को आकर्षक बनाने के लिए नारी के अश्लील चित्र प्रस्तुत किए जाते हैं। नारी-शोषण की कहानी समाचार-पत्रों में

मिर्च-मसाला लगाकर लिखी जाती है। बलात्कार जैसी घटना (जो कि एक नारी के सम्पूर्ण जीवन को पूर्णरूप से नष्ट कर देती है और नारी के अस्तित्व को गहरा आघात पहुँचाती है) की जानकारी समाचार पत्र पूर्ण रूप से दे देते हैं। नारी के शील-भंग की घटनाएँ प्रतिदिन पत्रिकाओं व समाचार-पत्रों में प्रकाशित होती रहती हैं।

इसके अतिरिक्त अन्य रूप में भी नारी का उत्पीड़न हो रहा है। व्यावसायिक दृष्टि से जहाँ एक ओर नारी का यौन उत्पीड़न होता है वहीं दूसरी ओर पुरुष महिला को अपने से आगे बढ़ता देखना नहीं चाहता है। पारिवारिक दृष्टि से नारी का उत्पीड़न परिवार के सदस्यों द्वारा किया जाता है। नारी न तो अपनी इच्छानुसार वस्त्र पहन सकती है और न ही इच्छानुसार कहीं घूम सकती है क्योंकि हो सकता है कि यदि वह ऐसा करे तो उसे उत्पीड़ित करने के लिए कोई विकृत मस्तिष्क व्यक्ति उसके सामने उपस्थित हो जाए।

नारी के इस उत्पीड़न को रोकने के लिए यह आवश्यक है कि स्वयं नारी अपने ऊपर हो रहे इन अत्याचारों के खिलाफ आवाज उठाए। अपनी सुरक्षा स्वयं करे। अपने व्यक्तित्व को सफलता के उस शिखर तक ले जाए जहाँ पर कोई स्वार्थी व्यक्ति उस तक न पहुँच पाए। तभी नारी अपनी वास्तविक छवि को बनाए रख पाएगी।

इक्कीसवीं सदी की दस्तक के साथ आज अपने देश में और अन्तर्राष्ट्रीय क्षेत्रों में जनसंचार माध्यमों का क्षितिज बहुत बढ़ गया है। आज जहाँ जनसंचार माध्यमों में समाचार-पत्र, साप्ताहिक, पाक्षिक व मासिक पत्रिकाएँ और पुस्तकें सम्मिलित हैं वहीं कम्प्यूटर क्रान्ति के युग में रेडियो तथा दूरदर्शन जैसे जनसंचार माध्यम प्रत्येक घर में प्रवेश कर चुके हैं।

आज हमारे सामाजिक स्वरूप में बदलाव आया है। पश्चिमी संस्कृति से आकर्षित हमारी भावधारा सत्यम् शिवम् सुन्दरम् धूमिल पड़ती जा रही है। ग्लोबलाइजेशन के इस युग में समस्त पृथ्वी एक खरीदने-बेचने का मंच बन गई है। मीडिया ने भी वैज्ञानिक क्रान्ति के परिणामस्वरूप नए प्रयोगों को आत्मसात् करने का प्रयत्न किया है।

विश्व की आधी जनसंख्या नारियों की है। नारी मुक्ति आन्दोलनों के साथ-साथ नारियों ने अपनी सदियों पुरानी परम्पराओं की बेड़ियाँ उतारकर फेंक दी हैं। इस परिवर्तन के पश्चात् भी हमारे जनसंचार माध्यमों में नारी को प्रस्तुत करने की प्रवृत्ति अभी भी दकियानूसी और सामंती है। नारी के विषय में इनका दृष्टिकोण बुर्जुवा ही है। मनोरंजक एवं सामान्य कार्यक्रमों में उसका आज का सही चित्र नहीं उभर पाता। यहाँ उसे करुणा और ममता की प्रतिमूर्ति और सदियों पुराने मूल्यों की अवधारिणी के रूप में ही प्रस्तुत किया जाता है। नारी बिम्ब की प्रस्तुति आज की जीती-जागती साहसपूर्ण औरत के चित्रण के स्थान पर रोती-बिलखती सदियों पुरानी औरत के रूप में प्रस्तुत कर उसके गुणों को छिपा कर नारी का शोषण किया जाता रहा है।

एक ओर नारी का चित्रण मीडिया द्वारा उसकी दीन-हीन छवि प्रस्तुत कर किया जा रहा है वहीं दूसरी ओर नारी के विषय में मीडिया के दृष्टिकोण से उसे मात्र उपभोग की वस्तु मानकर ही पेश किया जाता है। सबसे अधिक दुर्दशा तो इन जनसंचार माध्यमों के विज्ञापनों में नारी की छवि की होती है। विज्ञापन निर्मित करने से लेकर मॉडल की चुनाव प्रक्रिया सभी में केन्द्र-बिन्दु नारी का शारीरिक सौन्दर्य ही रहता है। पहले मॉडल चुनाव में चेहरा, रंग, चाल-ढाल, उसके सलीके की प्राथमिकता रहती थी वहीं आज उस युवती की आकर्षक देहयष्टि ही चुनाव की एकमात्र कसौटी हैं। उपभोक्ता वस्तुओं की बिक्री बढ़ाने हेतु नारी के शरीर के आकर्षण की ओर ध्यान केन्द्रित कर विज्ञापन निर्मित किए जाते हैं। निश्चय ही विज्ञापनदाताओं की यह वृत्ति दूषित, अश्लील और सामाजिक मूल्यों को गंदला करने वाली है। इस प्रवृत्ति की पराकाष्ठा तो तब हो जाती है जब पुरुष वर्ग द्वारा प्रयुक्त वस्तुओं के विज्ञापनों में भी नारी के शरीर के चित्रों की सहायता से बिक्री बढ़ाने का प्रयास दिखाई देता है। हद तो तब होती है जब सिगरेट-बीड़ी के विज्ञापनों में नारी के शरीर के चित्रों की सहायता से बिक्री बढ़ाने के प्रयासों को देखते हैं। यह प्रयास किसी भी दृष्टि से स्तुत्य नहीं है।

सिनेमा, टेलीविजन ही नहीं, विभिन्न समाचार-पत्रों व पत्रिकाओं में छपे अनेकानेक विज्ञापनों में आकर्षण का मूल-मंत्र महिलाओं का नग्न प्रदर्शन ही है। कहीं एक नग्न युवती के पुष्ट वक्ष में सौन्दर्य देखा जा रहा है तो कहीं सुगठित शरीर की नग्नता में। कहीं युवती की मदभरी आँखों में सौन्दर्य खोजा रहा है तो कहीं उसके क्षीण कटि-प्रदेश में।

यही नंगेपन की प्रस्तुति फिल्मों जैसे जनसंचार के सशक्त माध्यम में भी होती है। सिनेमा को आधुनिक युग का जादू कहा जाता है। ललित कलाओं के संगम स्वरूप यह माध्यम हमारे जीवन में एक ऐसा सशक्त माध्यम बन गया है जिसके प्रभाव से हम बच नहीं सकते। सिनेमा जो भ्रम उत्पन्न करने के कौशल में सम्पन्न होता है, बिम्बों को झूठा आकार प्रदान करने की इसमें सबसे अधिक क्षमता होती है। इसमें सेक्स सम्बन्धी या मुक्त विचार सम्बन्धी मूल्य उस सीमा तक सक्रिय किए जाते हैं कि उसमें हुए महिला शोषण से इन्कार नहीं किया जा सकता।

अश्लील फिल्में बनाने वाले निर्माताओं का मुख्य उद्देश्य पैसा कमाना होता है। पिछले कुछ वर्षों में भारतीय तथा विदेशी अश्लील फिल्मों की बाढ़-सी आ गई है। फिल्म के माध्यम से यौन, बलात्कार आदि विषयों को दिखाकर जहाँ एक ओर नारी अंग प्रदर्शन उनका मुख्य उद्देश्य है वहीं ऐसे विषयों को दिखाकर एक भ्रष्ट समाज का निर्माण किया जा रहा है।

विश्व में आज टेलीविजन सबसे अधिक लोकप्रिय एवं सशक्त माध्यम माना जा सकता है। यद्यपि टेलीविजन के अधिकांश कार्यक्रमों में नारी का चित्रण आदर्श व

खलनायिका दोनों ही रूपों में किया जा रहा है, किन्तु फिल्मों से प्रभावित टेलीविजन में भी आज अधिकांश कार्यक्रम फिल्मों पर आधारित ही निर्मित किए जाते हैं जिनमें नारी शोषण स्पष्ट परिलक्षित होता है। इसी प्रकार 1984 में टेलीविजन पर हुए एक अध्ययन के अनुसार 71 प्रतिशत विज्ञापनों में नारी अंग प्रदर्शन ही आकर्षण का मुख्य केन्द्र है।

रेडियो, टेलीविजन तथा फिल्मों के साथ-साथ जनसंचार की एक नई विधा वीडियो कैसेट, रिकार्डर का प्रचलन भी बहुत बढ़ गया है। आजकल अत्यधिक लचर फिल्मों का निर्माण एक फैशन बनता जा रहा है, जिन्हें वी.सी.आर. पर बन्द कमरे में देखा जा सकता है। घर पर बने इस लघु थियेटर में देखी जाने वाली अधिकांश फिल्मों में खुलकर नारी का अंग प्रदर्शन किया जाता है। एक प्रकार से यह प्रथा नारी शोषण को बढ़ाने में काफी सीमा तक जिम्मेदार है।

नारी की गरिमा की धज्जियाँ उड़ाते पोस्टर एवं होर्डिंग्स

विश्व महिला दिवस तमाम मनाए जाने वाले दिवसों की तरह पिछले दिनों मना लिया गया। इस समाज में ऐसा ही है। एक दिवस मना लीजिए और शेष दिन जो जी में आए, कीजिए। ऐसा भी नहीं कि इस एक दिवस हम बड़े सात्विक, शिष्ट, कुलीन और मर्यादित हो जाते हैं मगर मंच और माइक पर व्यक्त किए जाने वाले विचारों में खाली सच्चाई के बगैर यदि कुछ कहा जा सकता है तो कहने से मत चूकिए। हमारे लिए सार्थकता का पैमाना बस यही है। वास्तव में लगता यों है कि जितने ज्यादा उदासीन, स्वार्थी और मतलबपरस्त परिवेश में हम साँस ले रहे हैं वहाँ दिखाने का बस एक यही तरीका हमारे पास रह गया है। बारहों महीने देश के हर शहर के कुछ खास सिनेमाघरों में दिखाई जाने वाली घटिया और अश्लील फिल्में तथा सिनेमाघर के बाहर लगे गंदे पोस्टर निरन्तर हमारी शुतुरमुर्गी मनोवृत्ति का उपहास उड़ाया करते हैं और हम अपने ही उपहास में शामिल हो जाया करते हैं।

शहर चाहे कोई भी हो, दो-चार उसके अपने घटिया सिनेमाघर जरूर होते हैं। ये सिनेमाघर शहर की किसी भी जगह पर हो सकते हैं। हो सकता है वहाँ पर लड़कियों का कोई स्कूल या कॉलेज हो। हो सकता है वहीं कहीं लाइन लगाकर महिलाओं को बस का इंतजार करना पड़ता हो। हो सकता है उस सिनेमाघर के सामने से होकर नियमित रूप से महिलाएँ गुजरती हों। ऐसे घटिया सिनेमाघरों पर लगे अश्लील फिल्मों के पोस्टर क्या कहते हैं ? यह कभी कोई जानने की फिक्र नहीं करता। आखिर उन पोस्टरों पर भी एक स्त्री ही होती है। वह हिन्दी या विदेशी फिल्म की ऐसी हीरोइन हो सकती है जिसने अपने भविष्य के लिए सारा जमाना ताक पर रख दिया होता है मगर वह स्त्री, अपने सामने से होकर गुजरने वाली स्त्रियों की ओर किस बेशर्म निगाह से, निर्लज्जता से देखती है, यह विचारने का साहस ही किसी में हो।

शहर का घटिया सिनेमाघर हर सप्ताह चुन-चुन कर अश्लील फिल्में ला रहा होता है। आए दिन फिल्में लगा और बदला करती हैं। मगर किसी के कान में जूँ तक नहीं रेंगती। समाजसेवा करने वाले परवाह नहीं करते कि ऐसे सिनेमाघरों और उनमें लगने वाली फिल्मों के खिलाफ क्या किया जाना चाहिए ? किसी को भी इस गंदगी में झाड़ू फेरने की चिन्ता नहीं है। सालों से ये सिनेमाघर बदस्तूर चल रहे हैं। फिल्मोद्योग की अनिश्चितता, उसका बाजार चाहे जितने जोखिमों से भरा क्यों न हो, ऐसी फिल्मों का बाजार हमेशा उनके प्रचार वाक्य की तरह गर्म रहता है। जब कभी सेन्सर बोर्ड की अध्यक्ष कोई स्त्री होती है तो उम्मीद की जाती है कि कम से कम ऐसे समय में फिल्मों में स्त्री की मर्यादा की रक्षा होगी, पर ऐसा होता नहीं है।

आशा पारेख जब सेन्सर बोर्ड की अध्यक्ष थीं तब ऐसी फिल्मों की तादाद खूब हुआ करती थी। अब जब शर्मिला टैगोर हैं तब भी इस तरह की फिल्में खूब आ रही हैं, बल्कि हम इस दौर में, यह देखने में आ रहा है कि तमाम लोकप्रिय सितारों से भरी हिन्दी फिल्मों की नायिकाएँ बेहद वाहियात ढंग से परदे पर प्रकट हो रही हैं। ऐसी तमाम हीरोइनें हैं जिनके नाम याद करना या उल्लेख करना उनको बिना वजह तवज्जो देना होगा, अगर जिनके कैरियर का अनार एक-दो फिल्मों में ही फुस्स होकर रह जाया करता है, वे भी भरपूर एक्सपोजर चाहती हैं किसी भी कीमत पर।

यह सब देखकर बड़ी शर्मिंदगी होती है कि पोस्टरों पर अश्लील स्त्री और उसकी देह किस तरह समाज की स्त्री के साथ अपमानजनक और बेइज्जत करने वाली ठिठोली करती नजर आती है। एक ऐसे जमाने में, जब युवा पीढ़ी ज्यादा बोल्ड और दुस्साहसी होने को तैयार हो, अश्लील पोस्टर और घटिया गाने इस पीढ़ी को कहाँ तक ले जाएँगे और यह पीढ़ी स्त्रियों का कितना आदर कर पाएगी ? समाज दे इन प्रश्नों के उत्तर।

यह बात तो है कि स्त्री का अपना अस्तित्व, उसकी अस्मिता जिन प्रश्नों के दायरे में है, वे प्रश्न लगातार सदियों और युगों से ज्यों के त्यों बल्कि समय के साथ ज्यादा ज्वलन्त होते जा रहे हैं। उसी अनुपात में आज स्त्री का समाज ज्यादा जटिल और विषम परिस्थिति में है लेकिन ऐसे दौर में जब स्त्री पोस्टरों में, स्त्री फिल्मों में, स्त्री इस समूचे वर्तमान में केवल एक्सचेंज ही की जा रही है और विश्व महिला दिवस पर केवल एक दिन अपनी सारी चिन्ताएँ व्यक्त कर अपनी सारी संवेदनाएँ प्रकट कर निरर्थक रूप से मुट्ठी भींचकर हवा में लहराने व अगले ही क्षण हवा हो जाने वाली अपनी आवाज बुलन्द कर रहे हों तो इससे अंत में हासिल क्या होगा ?

सच्चाई यह है कि अगर हम और आप यह चाहते हैं कि नारी का शोषण बन्द हो, नारी की अस्मिता के साथ खिलवाड़ न हो, नारी की इज्जत सरेआम नीलाम न हो तो आवश्यकता है हमारे जागने की, इस समाज को जगाने की, घर-घर में भारतीय संस्कृति

की अलख जगाने की, आवश्यकता है पुरजोर विरोध करने की। फिर न मीडिया नारी का शोषण कर सकेगा, न किसी होर्डिंग पर नारी की नग्न अर्द्धनग्न तस्वीरें मिलेंगी, न फिर कोई हमारी बहू-बेटियों को सरे आम सड़कों पर छेड़ेगा, न फिर कोई देवियों की नग्न तस्वीर बनाएगा, न फिर कोई भारत माता को डायन कहने की हिम्मत कर पाएगा, न सरे आम गौ हत्या होगी। और फिर जैसा यह समाज चाहेगा वैसा ही भारतीय मीडिया तो क्या अन्तर्राष्ट्रीय मीडिया भी करने के लिए विवश हो जाएगा।

भारत में नारी को देवी दर्जा तो दिया गया मगर उसके साथ मनुष्यता का व्यवहार कम किया गया। स्त्री की स्तुति के श्लोक व स्रोत तो बहुत लिखे गये, परन्तु उसके शोषण संघर्ष और उत्पीड़न की गाथाओं का चित्रण नहीं किया गया। उसके सौन्दर्य पर काव्यों की रचना तो बहुत की गई परन्तु उसकी पीड़ा का संगीत कम रचा गया। उसे शास्त्र सम्मत विदुषी कहकर अनुसूइया, मैत्रेयी व गार्गी के उदाहरण तो खूब दिये गये किन्तु उसके निरक्षरता के अभिशाप को धोने का कोई सार्थक प्रयास नहीं किया गया। घर के अन्दर उसे गृहिणी और गृहलक्ष्मी के संबोधित तो किया गया परन्तु घर में दहेज में लक्ष्मी न लाने पर उसे जिन्दा जलाने के अत्यंत अमानुषिक कार्य करने में कोई संकोच नहीं किया गया। नारी की जिस कोख ने संपूर्ण सृष्टि का सृजन किया उसी कोख को बलात्कार तथा यौन उत्पीड़न एवं वैश्यावृत्ति के दर्दनाक हादसों के द्वारा कलंकित करने का प्रयत्न किया गया। जो नारी माता, बहिन, पत्नी, प्रेयसी व पुत्री के रूप में पुरुषों को अपनी ममता, स्नेह, समर्पण, प्रेम वात्सल्य के अमृतरस से अभिसिंचित करती रही उसी पुरुष की हवस ने कभी उसे वेश्यावृत्ति के नरक में जीने को विवश किया तो कभी पुरुष के अहं और मिथ्याभिमान की शिकारी नारी आत्मरक्षा के लिये विवश की गई अथवा तंदूरों में जीवित भून डाली गई।

हमारे देश में नारी एक जीवित विसंगति है,वह जीवित विडम्बना है, जीवित व्यथा है जिसके ऊपर सेमिनारों, गोष्ठियों और सभाओं पर बौद्धिक सहानुभूति जो व्यक्त की जाती है, घड़ियाली आँसू ही बहाये जाते हैं परन्तु उसकी सामाजिक स्थिति को सुधारने के ईमानदार प्रयास कम ही किये जाते हैं।

भारत में स्त्री का जीवन कितना असुरक्षित, अपमानित, पीड़ामय एवं दुर्भावनापूण्र है। यह राष्ट्रीय अभिलेखन ब्यूरों की इस रिपोर्ट से स्पष्ट हो जाता हैं जिसके अनुसार भारत में स्त्रियों के साथ प्रति छ: मिनिट में कोई न कोई संगीन अपराध घटित हो जाताहै। हर 54वें मिनिट में एक बर्बर बलात्कार का शिकार होती है। हर 26वें मिनिट में स्त्री की अस्मिता को छेड़छाड़ से आहत होना पड़ता है। हर 43वें मिनिट में उसे पुरुषों द्वारा अपराधिक अपहरण का अभिशाप भोगना पड़ता है और हर 96वें मिनिट में कोई न कोई नववधू दहेज की दावाग्नि में झोंक दी जाती है। यह तथ्य इक्कीसवीं सदी के प्रवेश द्वार

में खड़े हमारे देश के लिये कितने शर्मनाक हैं। कहा जाता है कि कोई व्यक्ति अथवा समाज कितना सुसंस्कृत है इसका पता उस समाज व व्यक्ति के द्वारा नारी के प्रति किये जाने वाले व्यवहार से लगाया जा सकता है। हम अपने देश की सदियों पुरानी सभ्यता एवं संस्कृति पर नाज करते नहीं थकते हैं परन्तु हमारे देश की स्त्री का संत्रास, संघर्ष और संकटों से भरा जीवन क्या सभ्यता व संस्कृति पर किये जाने वाले हमारे मिथ्या-अभिमान पर अनेक प्रश्न चिह्न नहीं लगाता? नारी के प्रति निरन्तर बढ़ते जा रहे अपराध क्या हमारी संस्कृति विरासत को कलंकित नहीं करते ?

नारियों पर अपराधों के कहर टूटने का सिलसिला हमारे देश में दिन-प्रतिदिन बढ़ता ही जा रहा है। विगत एक दशक में नारी पर घटित अपराधों की संख्या में लगभग दुगुनी वृद्धि हुई है। वर्ष 1992 में नारी पर हुए अपराधों की संख्या 82,182 थी जो 1993 में बढ़कर 84,000 तक जा पहुँची और 1994 में यह संख्या बढ़कर 98,000 हो गई। जैसे-जैसे हमारे देश में शिक्षा, साहित्य, संस्कृति, विज्ञान, कला, कृषि और व्यवसाय के क्षेत्र में सफलता के नये पड़ाव तय किये जा रहे हैं वैसे-वैसे मनुष्य अपनी मनुष्यता खोकर स्त्रियों के प्रति दानवीय व्यवहार के नये कीर्तिमान बना रहा है।

नारी पर होने वाले अपराधों में सबसे अपमानजनक और शर्मनाक अपराध है- बलात्कार। महिलाओं पर होने वाले कुल अपराधों में से लगभग पन्द्रह प्रतिशत मामले बलात्कार की घटनाओं के हैं। वर्ष 1990 में महिला बलात्कार के 20,000 मामले दर्ज किये गये, जिनमें 15 प्रतिशत मामलों में पीड़ित लड़कियों की आयु 16 वर्ष से कम तथा 20 प्रतिशत की आयु 10 वर्ष से भी कम थी। यह संख्या 1991 में 14,410, 1992 में 10,827 तथा 1993 में 11,117 हो गई। बच्चियों के साथ बलात्कार की संख्या में 278 प्रतिशतकी वृद्धि हुई। वर्ष 1993 की राष्ट्रीय अपराध ब्यूरों की रिपोर्ट के अनुसार भारत में प्रत्येक महीने 937 महिलायें बलात्कार का शिकार होती हैं अर्थात् प्रतिदिन 32 महिलाओं को इस त्रासदी से गुजरना पड़ता है। इसमें से पचास प्रतिशत दस वर्ष से कम उम्र की वे मासूम बच्चियाँ होती है। जिनके बचपन की मुस्कुराहटें समाज के दरिन्दे छीनकर उन्हें जीवन भर इस हादसे की भयानक स्मृतियों में जीने को विवश कर देते हैं इनमें से अधिकांश किसी न किसी स्थायी शारीरिक अथवा मानसिक विकलांगता का शिकार हो जाती हैं। ब्यूरों की रिपोर्ट के अनुसार मध्य प्रदेश महिला अपराधों के संदर्भ में सबसे असुरक्षित प्रांत है। यहां प्रत्येक दिन औसतन सात महिलायें बलात्कार का शिकार होती हैं अर्थात् महीने में 217 बलात्कार की घटनायें होती है जो संपूर्ण देश का 22 प्रतिशत है। मध्य प्रदेश के बाद दूसरा नंबर उत्तर प्रदेश का है जहाँ प्रति माह 146 बलात्कार होते हैं। तीसरे नम्बर पर महाराष्ट्र जहाँ प्रति महिने 95 महिलायें बलात्कार का शिकार होती हैं। स्त्रियों को प्रताड़ित करने के लगभग पचास प्रतिशत घटनाएँ इन तीन प्रान्तों में होती हैं।

राजस्थान आंध प्रदेश, बिहार व पश्चिमी बंगाल में लगभग 74, 69, 68 एवं 62 बलात्कार होते हैं। देश की राजधानी दिल्ली में इस क्षेत्र में कम नहीं है। 1993 में वहाँ 321 बलात्कार के मामले दर्ज किये गये जिनमें 177 छोटी उम्र की अपरिपक्व लड़कियों के थे और उनमें से 35 की उर्म तो सात सल से भी कम थी। 1994 में 962 बलात्कार की घटनाएँ हुई जिनमें 928 नाबालिग लड़कियाँ थी। नारी के दैवीय स्वरूप की आराधना करने वाले हमारे महान देश के इतिहास में वह दिन अत्यंत लज्जास्पद् एवं कालिमय था जब महाराष्ट्र के जलगाव शहर में 500 मासूम बच्चियों के साथ सामूहिक बलात्कार की घटना प्रकाश में आयी। जिस पुरुष को नौ महीने तक अपने गर्भ में रखकर नारी अपनी पवित्र कोख से संसार में लाती है और अपने गर्भ में रखकर नारी अपनी पवित्र कोख से संसार में लाती है ओर अपने शरीर के रक्त को अपनी छातियों के जीवन दायिनी रस में बदल कर उससे उसका पोषण करती है, वहीं इंसान हैवान बनकर स्त्रीत्व को कलंकित करने का घृणित कार्य करता है।

नारी पर होने वाले अपराधों में दूसरे महत्त्वपूर्ण पक्ष है दहेज जनित अपराधों का। दहेज हमारी सामाजिक व्यवस्था का वह कुष्ठारोग है जिसने संपूर्ण भारतीय समाज को घिनौना और विकृत बना दिया है। हमारे देश में अनेक नव यौवनायें प्रतिवर्ष दहेज की बलिदेवी पर असमय ही काल-कवलित हो जाती है। 1987 से 19911 तक के पाँच वर्षीय आँकड़ों से पता चलता है कि भारत में दहेज मृत्यु की संख्या से 170 प्रतिशत की वृद्धि हुई है। राष्ट्रीय अपराध ब्यूरों की रिपोर्ट के अनुसार 1993 में देश भर में 5,817 मौतें दहेज के कारण हई जो 1992 की तुलना में 17.2 प्रतिशत अधिक थी। दहेज के कारण मृत्यु की शिकार स्त्रियों की संख्या सर्वाधिक उत्तर प्रदेश में है जहाँ प्रतिवर्ष औसतन 500 मौतें दहेज के कारण होती हैं। इसके पश्चात् मध्यप्रदेश में लगभग 300, महाराष्ट्र में 225, बिहार में 120, राजस्थान में 110, आन्ध्र प्रदेश व पं. बंगाल में 90, कर्नाटक में 80, तमिलनाडु में 50 तथा कश्मीर में 10 मौतें प्रतिवर्ष दहेज के कारण होती हैं। यह आँकड़े यह प्रदर्शित करते हैं कि हमारे समाज में निरन्तर बढ़ती जा रही उपभोक्ता्वादी मनोवृत्ति ने दूल्हों को बाजार में बिकने वाली चीज बना दिया है और विवाह के पवित्र बंधन को एक घिनौना व्यवसाय।

नारी पर होने वाले अपराधों में विगत कुछ वर्षो से एक नये अपराध ने जोर पकड़ा है-वह है कन्या भ्रूण हत्या का अपराध। वैसे तो प्राचीन काल में भी कन्याओं के जन्म लेते ही मार डालने की कुप्रथा प्रचलित थी परन्तु वर्तमान वैज्ञानिक युग में स्त्रियों का जीवन गर्भ में ही असुरक्षित कर देने की जो कुरीति परम्परा का सूत्रपात हुआ है उसने संसार में नारी के अस्तित्व को ही खतरे में डाल दिया है। गर्भ में ही भ्रूण के लिंग की जाँच करवाने के बाद बालिका भ्रूण की हत्या आज हमारे आधुनिक समाज की जीवन

शैली बन गई है। 1986 के एक सरकारी अध्ययन में यह बताया गया था कि लगभग 84 प्रतिशत डॉक्टर हमारे देश में भ्रूण लिंग की जाँच कर कन्या भ्रूण की हत्या करने का धंधा कर रहे हैं। हमारे देश में स्त्री भ्रूण की हत्या की गति प्रतिवर्ष 20 हजार के हिसाब से बढ़ रही है। इस क्षेत्र में महाराष्ट्र की राजधानी मुम्बई सबसे आगे हैं। आधुनिक वैज्ञानिक तकनीकों जैसे एनिमियों सैटेलिसे,अल्ट्रा साउण्ड स्केनिंग आदि ने कन्या भ्रूण हत्या को और अधिक बढ़ावा दिया है। भारत वर्ष में प्रतिवर्ष सात लाख गर्भपात कराये जाते हैं जिसमें छ: लाह गर्भपात की संख्या 2,78,370 थी जो बढ़कर 1986-87 में बढ़कर 5,84,218 हो गई तथा 1995-96 तक यह संख्या लगभग दस लाख तक पहुँच गई है। कन्या भ्रूण हत्या हमारे पितृ सत्तात्मक समाज का एक नग्न सत्य है। पुत्र कोअपनी वंशबलि की वृद्धि का कारक समझकर आज के विकाशील देश में भारत में जिस प्रकार लड़कियों को माता के गर्भ में ही मार डालने का जघन्य अपराध किया जा रहा है वह मानव सभ्यता के इतिहास में लिये अत्यंत दुर्भाग्यपूर्ण है। इससे भारत में स्त्री-पुरुष अनुपात में भी निरन्तर कमी आती जा रही है। 1901 में यहाँ स्त्री-पुरुष अनुपात 1000-978 था जो 1961 में 1000-945, 1971 में 1000-930 तथा 1991 में घटकर 1000-927 हो गया है।

इन मुख्य अपराधों के अतिरिक्त और भी अधिक आपराधिक गतिविधियों जैसे-छेड़खानी, अपहरण, यौन उतपीड़न, पारिवारिक भेदभाव, बालिका श्रम देवदासी प्रथा एवं सती प्रथा आदि में भी स्वतंत्रता के पाँच दशक बीत जाने पर भी कोई कमी नहीं आई है बल्कि उनमें बढ़ोत्तरी ही हुई है। औरत के साथ होने वाले ये अपराध आखिर किस बात के द्योतक हैं क्या यह मान लिया जाये कि विकास और प्रगति के बढ़ते प्रतिशतों के साथ-साथ हमारे देश में बर्बरता और अमानुषिकता के प्रतिशत भी बढ़ रहे हैं। क्या हमारे कानून व्यवस्था के सूत्रधार तथा शासन व्यवस्था के कर्णधार इतने कमजोर व कायर है कि स्त्री पर होने वाले जुल्मों के प्रतिकार स्वरुप कुछ नहीं कर सकते। इन प्रश्नों के उत्तर खोजने के लिये हमें उन कारणों का विश्लेषण करना होगा जो इन अपराधों के लिए उत्तरदायी हैं-

(1) समाज में व्याप्त उपभोक्तावादी संस्कृति-स्त्रियों के प्रति बढ़ते अपराधों का मुख्य कारण है हमारे समाज में निरन्तर विकसित होती जा रही उपभोक्तावादी संस्कृति। पश्चिम से आयातित इस संस्कृति से नारी को एक उपभोग्य वस्तु में बदल दिया है। भारत में भी स्त्री को व्यक्तिगत समपदा और उसकी देह की भोगी जाने वाली वस्तु मानने की प्रवृत्ति का विकास हुआ है जिससे स्त्री की पवित्र व गरिमामयी छवि आपराधिक प्रकरणों का शिकार हुई है।

(2) स्त्री का पराश्रिता व परालंबी होना-हमारे देश में बचपन से वृद्धावस्था तक नारी पराश्रिता व परावलंबी जीवन जीती है। उसका जीवन अनेक भय, आशंकाओं और हादसों के साये से गुजरता है। उसमें आत्मरक्षा तथा स्वावलंबन का विकास न हो तो परिवार करता है और न समाज। यही कारण है कि वह अपने ऊपर होने वाले अपराधों को सहने के लिये विवश है।

(3) संचार माध्यमों द्वारा नारी की छवित का विकृत चित्रण-स्त्रियों पर बढ़ते अपराधों का मुख्य कारण संचार माध्यमों विशेषकर दूरदर्शन, फिल्म तथा विदेशी चैनलों द्वारा दिखाई जा रही नारी की विकृत छवि है। आज इन संचार माध्यमों द्वारा प्रसारित कार्यक्रमों में नारी को मात्र देह प्रदर्शन की वस्तु के रूप में प्रस्तुत किया जा रहा है। उनके दिखाई जाने वाली स्त्रियाँ खुलेआम अपनी सुगठित देह की नुमाइश करती हैं। अनेक मर्दों के साथ सम्बन्ध रखती है, सिगरेट व शराब पीती हैं, भारतीय प्राचीन मान्यताओं की धज्जियाँ उड़ाती है। नारी के इस विकृत प्रस्तुतीकरण से समाज में नारी देह के प्रति वासना आकर्षण में वृद्धि हुई है और इसी कारण स्त्रीत्व पर प्रहार की घटनायें निरन्तर बढ़ रही हैं।

(4) स्त्री संरक्षण कानूनों के उचित क्रियान्वयन का अभाव-स्त्रियों पर बढ़ते अपराधों की रोकथाम तथा समाज में नारी की स्थिति को सुधारने के लिये संविधान तथा सरकार द्वारा अनेक विधानों तथा कानूनों की व्यवस्था की गई है। दहेज तथा पारिवारिक उत्पीड़न, सती प्रथा, बाल विवाह आदि कुप्रथाओं को रोकने हेतु भी अनेक कानून सरकार के द्वारा बनाये गये हैं। एक राष्ट्रीय महिला आयोग की स्थापना की इस उद्देश्य की पूति के लिएकी गई परन्तु फिर भी दैनदिन बड़ते जा रहे अपराध इस बात का स्पष्ट संकेत देते हैं कि संविधान में लिखित उपबंधों तथा सरकार के द्वारा बनाये गये कानूनों का क्रियान्वयन सही ढंग से नहीं हुआ है। भारत में नारी शिक्षा का प्रतिशत अत्यंत कम होने के कारण एक तो बहुसंख्यक नारियों को इन संरक्षण कानूनों का ज्ञान ही नहीं होता और जिन मुट्ठीभर महिलाओं को इनका ज्ञान होता है तथा वे यदि अपने इन अधिकारों का प्रयोग करना चाहती हैं तो देश में व्याप्त नौकरशाही, लालफीताशाही तथा नवसामंतवाद उसके मार्ग में बाधा बन जाता है।

(5) दोषपूर्ण तथा ढीलीढाली न्यायिक प्रक्रिया-हमारे देश में न्यायिक प्रक्रिया पूर्णतया साक्ष्यों पर निर्भर है। स्त्रियों के साथ घटने वाले अनेक अमानुषिक अपराधों साक्ष्यों के अभाव में दोषमुक्त कर दिये जाते हैं इससे उनकी आपराधिक मनोवृत्ति को और अधिक अपराध करने का प्रोत्साहन मिलता है। न्यायिक प्रक्रिया के दौरान पीड़ित स्त्री से प्राय: वकील (विशेषकर यौन उतपीड़न व बलात्कार) शालीनता की सीमाओं को लांघकर इतने अश्लील प्रश्न पूछते हैं जिससे न केवल उसका सार्वजनिक अपमान होता

है बल्कि उससे भयभीत होकर बहुत सी स्त्रियाँ न्यायिक कार्यवाही करना संभव ही नहीं हो पाता है। पीड़ित कन्या के माँ-बाप लोकलाज व बदनामी के डर से अपनी पुत्री को अपमान, ग्लानि और पीड़ा का जहर चुपचाप पीने को विवश कर देते हैं। यही कारण है कि हमारे देश में इन अपराधों में संलग्न अपराधी जिनमें आजकल के तथाकथित इज्जतदार सफेदपोश भी शामिल हैं, सिर ऊँचा करके घूमते हैं और अपराध का शिकार हुई स्त्री मूक, निरीह, उपेक्षित व अपमाति जीवन जीने को विवश है।

(6) स्त्री शिक्षा का अव्यावहारिक-प्राय: यह तर्क दिया जाता है कि निरक्षरता और गरीबी, स्त्रियों पर होने वाले अपराधों का मुख्य कारण हैं परन्तु क्या इस बात का दावा किया जा सकता है कि शिक्षित व आत्मनिर्भर स्त्रियाँ बलात्कार, यौन उत्पीड़न, लिंगभेद, पारिवारिक व सामाजिक उत्पीड़न का शिकार नहीं होती। वस्तुस्थिति तो यह है कि हमारी नारी शिक्षा का स्वरूप अत्यंत अव्यवहारिक है। वह नारी की आवश्यकताओं व समस्याओं को केन्द्र में रखकर नहीं दी जाती। आज की स्त्री-शिक्षा, स्त्रियों में आत्म-विश्वास, आत्मनिर्भरता, आत्मरक्षा एवं आत्म सम्मान का भाव जागृत करने में असमर्थ हैं।

(7) नारी मुक्ति तथा जागरण के आन्दोलनों व संगठनों की निरर्थकता-हमारे देश में पश्चिकी देशों की तर्ज पर अनेक नारी-मुक्ति आन्दोलनों तथा नारी जागरण की संस्थाओं की स्थापना एवं विकास हुआ। परन्तु ये सभी आन्दोलन तथा संस्थाये केवल भाषणबाजी, सोबाजी, और निरर्थक प्रदर्शनों के पर्याय बनकर रह गये हैं। इन मुक्ति आन्दोलनों का नेतृत्व प्राय: उन महिलाओं के हाथ में हैं जो हमारे देश की आम स्त्री अर्थात् मध्यमवर्गीय व मंचों की नारी अपराध को रोकने तथा नारियों के शोषण को मिटाने के में कोई सार्थक भूमिका कभी नहीं रही।

इनके अतिरिक्त और भी अनेक कारण हैं जो महिलाओं पर बढ़ते अपराधों के लिए उत्तरदायी हैं, जैसे-सामाजिक कुप्रथाएँ, समाज में पुरुषों का वर्चस्व, तथा आर्थिक, सामाजिक व राजनैतिक क्षेत्रों में महिलाओं के प्रभावी प्रतिनिधित्व का अभाव आदि।

महिलाओं पर बड़ते अपराधों की रोकथाम हेतु उपाय

हमारे देश की परम्परा नारी को बहुत अधिक सम्मान देने की रही है। नारी को पुरुष का अर्धांग मानने वाली एकमात्र संस्कृति वाले देश में नारियों पर बढ़ते अपराध निश्चित ही चिन्ता एवं शर्म का विषय हैं। इनकी रोकथाम हेतु बनाये गये विधान तथा कानून भी पर्याप्त हैं-वस्तुत: यह एक ऐसी सामाजिक समस्या है जिसका निदान बनाकर नहीं किया जा सकता। इसके लिए आवश्यक है पूरे समाज की मनोवृत्ति में परिवर्तन की। हमारा समाज जो नारी को लेकर अनेक पूर्वाग्रहों, रुढ़ियों तथा कुप्रथाओं से ग्रसित है उसमें

आमूल बदलाव लाने की आवश्यकता है। स्त्रियों पर निरन्तर बढ़ते जा रहे अपराधों की रोकथाम हेतु निम्न उपाय सुझाये जा सकते हैं-

(1) नारियों पर होने वाले अपराधों के दोषी व्यक्तियों को सख्त सजा का प्रावधान होना चाहिए। इन मुकदमों की सुनवाई शीघ्र होना चाहिए तथा पीड़ित स्त्री को न्याय मिलने में विलम्ब नहीं होना चाहिए।

(2) महिला थानों तथा परिवार अदालतों को अधिक संख्या में खोला जाना चाहिए ताकि महिलाएँ बेझिझक अपने ऊपर होने वाले आपराधिक कार्यवाही के विरुद्ध रिपोर्ट लिखवा सकें तथा न्याय की माँग कर सके।

(3) स्त्री-शिक्षा के पाठ्यक्रम में आरोग्य शिक्षा, शारीरिक शिक्षा के विषय अनिवार्य रूप से सम्मिलित किये जाने चाहिए तथा आत्मरक्षा हेतु लड़कियों को जूडो-कराटे तथा अन्य तकनीकी प्रशिक्षण अवश्य दिया जाना चाहिए।

(4) यौन उत्पीड़न तथा विशेषकर बलात्कार के मामलों की सुनवाई तथा निर्णय पूर्णतया महिला अधिकारियों के द्वारा की जाना चाहिए।

(5) नाबालिग बच्चियों के साथ किया जाने वाला बलात्कार तथा यौन उत्पीड़न जैसे जघन्य गैर जमानती अपराध घोषित किया जाना चाहिये तथा इसके दोषी व्यक्ति को कड़ी सजा का प्रावधान होना चाहिए तथा पीड़ित बच्ची के बयान को ही महत्त्व दिया जाना चाहिए न कि साक्ष्यों को।

(6) राष्ट्रीय महिला आयोग द्वारा नारी उत्पीड़न को रोकने के लिये सुझाये गये उपायों को तुरन्त स्वीकृति प्रदान कर सरकार द्वारा उसके शोध क्रियान्वयन की व्यवस्था की जानी चाहिए।

(7) समाज की निम्न मध्यम तथा ग्रामीण स्त्रियों को संगठित किया जाना चाहिए तथा उन्हें उनके अधिकारों व नारी संरक्षण कानूनों की जानकारी दी जानी चाहिए ताकि वे अपने ऊपर होने वाले अपराधों का संगठित प्रतिरोध कर सकें।

(8) महिलाओं की प्रतिनिधि संस्थाओं तथा सरकार में भागीदारी बढ़ाने के लिये महिला आरक्षण विधेयक को शीघ्र स्वीकृत किया जाना चाहिए ताकि शासन के कार्यों व नीति निर्माण में पुरुषों का वर्चस्व समाप्त हो तथा नारियों की शक्ति प्रभाव और स्थिति में वृद्धि हो।

(9) संचार माध्यमों द्वारा प्रदर्शित विकृत नारी देह के चित्रण को अविलम्ब प्रतिबंधित किया जाना चाहिए। हिंसा, सैक्स तथा अपराधी मनोवृत्ति को बढ़ावा देने वाली फिल्मों तथा टी.वी. धारावाहिकों को प्रतिबंधित किया जाना चाहिए।

(10) एक सुस्पष्ट एवं सुविचारित महिला नीति का निर्माण किया जाना चाहिए जिसके अंतर्गत महिलाओं को आत्मनिर्भर, शिक्षित तथा जागरूक बनाने हेतु आवश्यक उपायों का समावेश किया जाना चाहिए।

(11) प्राय: महिलाओं पर दहेज के लिये, स्त्रियों पर पारिवारिक उत्पीड़न करने तथा लड़कियों के साथ भेदभाव करने का आरोप लगाया जाता है। यह आरोप समस्त स्त्री जाति के लिये अत्यंत शर्म की बात है जब तक स्वयं महिलाओं का सम्मान नहीं करेंगी तब तक सामाजिक स्थिति में सुधार संभव नहीं।

(12) महिलाओं की सामाजिक, राजनैतिक, आर्थिक व शैक्षणिक स्थिति को सुधारने के लिए स्वयं सेवी, समाजसेवी तथा गैर-सरकारी संगठनों के विस्तार का प्रयत्न किया जाना चाहिए।

निष्कर्षत: यह कहा जा सकता है कि नारी केवल मासपिण्ड का एक शरीर मात्र नहीं है। आदिकाल से वर्तमान काल तक विकास पथ पर पुरुषों की अनुगामिनी बनकर उसकी यात्रा को सरल, सरस एवं सुखमय बनाकर उसके अभिशापों को स्वयं झेलकर अपने वरदानों से उसके जीवन में अक्षय शक्ति का संचार करके ईश्वर में जिस व्यक्तित्व चेतना व शक्तिपुंज का निर्माण किया है उसी का पर्याय नारी है। ऐसार नहीं है कि नारी पर होने वाले अपराधों का प्रतिकार करने की शक्ति नारी में नहीं है या पुरुषार्थ के क्षेत्र में वह पुरुषों से कम है। जिस नारी को अपने जन्म से पूर्व माता के गर्भ में ही अपने अस्तित्व की रक्षा करने का संघर्ष प्रारंभ कर देना पड़ता हो और जन्म के पश्चात् जिसका संपूर्ण जीवन संघर्ष और संग्राम का कुरुक्षेत्र बना रहता हो उसे स्त्री की प्रबल जीवनी शक्ति तथा प्रखर मानसिक शक्ति की अग्नि से समक्ष पुरुष की शारीरिक शक्ति, हिम्मत बर्बरता और पुरुषत्व पल में नष्ट हो जाने वाले तिनको की तरह है परन्तु नारी जननी है वह बर्बर व नृशंस नहीं है। अपने अन्त:करण में वह कोमल संवेदनाओं, भावनाओं और अनुभूतियों का अजस्त्र स्रोत छुपाये हुए हैं। ध्वंस नहीं सृजन उसकी मूल प्रवृत्ति है, यही कारण है कि वह अपने परिवार के लिये, समाज के लिये, राष्ट्र के लिये अपनी सेवाएँ मूक भाव से अर्पित करती हुई अपने ऊपर होने वाले अत्याचार तथा अपराध के अपराधों को सहती रहती हैं परन्तु सहने की कोई न कोई सीमा होती है। जिस दिन नारी अपनी शक्ति को

पहचानकर महाकाली तथा रणचण्डी के समान अपनी अंशधर दैवीय शक्तियों का प्रयोग करने के लिये जागृत हो जायेगी उस दिन उसके क्रोध की ज्वला को शांत करने के लिये फिर एक शिव शंकर को आगे आना अनिवार्य हो जायेगा। पुरुष को पौरुष नारी को सम्मान, संरक्षण तथा सद्भावना देने में है यही हमाी सांस्कृतिक विरासत रही है। आज आवश्यकता उसकी पुनर्स्थापना की है।

नारी की सामाजिक स्थिति को सुधारने तथा उसे सम्मानित, भयमुक्त तथा शोषणयुक्त जीवन प्रदान करने के लिये आवश्यकता है एक ऐसे स्त्री उन्मुख राष्ट्रीय कार्यक्रम की, जिसके अंतर्गत सही अर्थों में नारी की प्रगति के प्रयास हो। एक बालिका, युवती, किशोरी तथा वृद्धा के रूप में वह कैसे पारिवारिक व सामाजिक उत्पीड़न से मुक्त हो उसकी रूपरेखा बनायी जाये। हमें नारी के लिये उसकी समस्याओं और पीड़ाओं से संदर्भित शिक्षा व्यवस्था तैयार करनी होगी। इसके लिये घर, खेत पीड़ाओं से संदर्भित शिक्षा व्यवस्था तैयार करनी होगी। उसके लिये घर, खेत, सड़क, खदा व कारखानों में उचित मजदूरी पाठ्यक्रम और सामाजिक निरंकुशता के प्रतिरोध का पाठ्यक्रम बनाना होगा। कोरे अक्षर सिखाकर साक्षर बनाने वाली शिक्षा नारी नार के लिये उतनी आवश्यक नहीं है जितना आवश्यक है उसे निरंकुशता व अन्याय के विरुद्ध न्याय की लड़ाई लड़ने की शिक्षा देना। नारी को संघर्ष की साक्षरता की आवश्यकता है, उसे स्वाभिमान की वर्णमाला की आवश्यकता है, उसे आत्मावलंबन एवं साहस की शब्दावी की आवश्यकता है। तभी वह अपने लिये समाज में एक सम्माननीय स्थान बना सकती है और राष्ट्र के विकास में अपना सक्रिय योगदान दे सकती है।

❑❑❑

8

आवासी दशाएँ एवं सुविधाओं से महिलाओं का वंचन तथा उनका स्वास्थ्य

निम्नस्तरीय आवासी दशाओं में रहते हुये आवश्यक आवासी सुविधाओं के वंचन से प्राय: महिलाएं सबसे अधिक प्रभावित होती है। गृह और उसके वातावरण में पुरुषों की अपेक्षा स्त्रियों को अधिक समय व्यतीत करना पड़ता है, क्योंकि आधारभूत आवश्यकताओं और सुविधाओं जैसे पेयजल, ईंधन और कुछ सीमा तक भोजन को उपलब्ध कराने एवं सुनिश्चित करने का सारा उत्तरदायित्व महिलाओं पर ही होता है। नगरों की मलिन बस्तियों में जहाँ आवासी और जन-सुविधाओं का नितान्त अभाव होता है, वहाँ जीर्ण-शीर्ण अवस्था वाले धुँघले-मटमैले, अत्यधिक भीड़युक्त प्राय: अनाधिकृत भूमि पर स्वनिर्मित मकान हैं, और जो रोगों, दुर्व्यसनों और अपराधों के प्रजनन केन्द्र हैं उनमें महिलाओं के प्रति आवासी सुविधाओं की घोर उपेक्षा के कारण महिलाओं का जीवन नारकीय है और इन सबका प्रभाव उनके स्वास्थ्य, शिशु मृत्युदर एवं कार्यक्षमता पर विशेष रूप से परिलक्षित होता है।

कानपुर महानगर का लगभग पूर्ण भाग मलिन बस्तियों से बुना हुआ है और इसी आधार पर इस महानगरन को एक परिवर्धित महिन बस्ती की संज्ञा दी जा सकती है। इस महानगर की लगभग 30 प्रतिशत जनसख्या मलिन बस्तियों एवं मलिन बस्तियाँ सदृश्य दशाओं में निवास करती है। इस नगर की अधिकांश मलिन बस्तिया व्यक्तिगत अहातों के रूप में है जिसमें 6 लाख से अधिक लोग (1981) अत्यंत भीड़-दाब में तथा नागरिक सुविधाओं के अत्यधिक अभाव में अपना जीवन यापन करते हैं। अहातों का निर्माण वास्तव में मिलों एवं कारखानों में कार्य करने वाले श्रमिकों के लिये मिल मालिकों एवं नगर के जमीदारों में कार्य करने वाले श्रमिकों के लिये मिल मालिकों एवं नगर के जमीदारों द्वारा किया गया था, परन्तु धीरे-धीरे इन आवासीय भू-भागों मे अन्य व्यवसाय के लोग भी कम किराये पर निवास करने लगे। इन बस्तियों में 75 प्रतिशत से अधिक

लोग एक कमरे में, जिसमें औसत रूप से 10 से 12 व्यक्ति निवास करते हैं, अपने जीवन का अधिकांश भाग रहकर व्यतीत करते हैं। कानपुर विकास प्राधिकरण द्वारा 89 अहातों का परिवार आधार पर किया गया सर्वेक्षण यह स्पष्ट करता है कि 40 प्रतिशत परिवार खुले कुओं और हैण्ड पम्प के जल पर निर्भर करते हैं जबकि 38 प्रतिशत परिवारों के पास निजी शौचालय की सुविधा नहीं हैं। इन बस्तियों में गंदे जल के निमास एवं परिष्कृत पेयजल की सुविधाओं का अत्यंत अभाव है, अपंक के ढेर जो कृतंक मक्खियों को आकर्षित करते हैं तथा दुर्गंधयुक्त खुली नालियों का कूड़ा-कचरा जिनका नगर पालिका निस्तारण नहीं कर पाती हैं, इस महानगर के अधिकांश मलिन बस्तियों में स्वास्थ्य संकट के मुख्य स्रोत है। मलिन बस्तियों में आवासी दशाओं और सुविधाओं से प्रायः महिलाएँ सबसे अधिक प्रभावित हैं।

अध्ययन के स्रोत

कानपुर विकास प्राधिकरण ने वित्तीय सहायता प्रदान करके मलिन बस्तियों में आवासी दशाओं और सुविधाओं में सुधार लाने का प्रयास किया है, परन्तु तेजी के साथ ग्रामीण क्षेत्रों में लोगों का इस नगर में प्रवास एवं नयी मलिन बस्तियों के विकासित होने के कारण वहाँ के लोगों के जीवन स्तर विशेषकर महिलाओं के जीवन स्तर में, परिवर्तन नहीं हुआ है। प्रस्तुत शोध प्रपत्र के मुख्य उद्देश्य (1) कानपुर महानगर मलिन बस्तियों में निवास करने वाले परिवारों में विशेषकर महिलाओं की सामाजिक-आर्थिक संरचना पर प्रकाश डालना (2) मलिन बस्तियों के निम्नस्तरीय आवासी दशाओं में निवास करते हुये आवश्यक गृह सुविधाओं से महिलाओं के वंचन का विश्लेषण करना और (3) इस प्रकार के वंचन से महिलाओं के जीवन और स्वास्थ्य पर पड़ने वाले प्रभावों को पहचानना है।

विधितंत्र

प्रस्तुत शोध पत्र वर्ष 1996 में किये गये सर्वेक्षण से जनित प्राथमिक, आँकड़ों के विश्लेषण पर आधारित है। एक वृहत साक्षात्कार अनुसूची की सहायता से इस महानगर के चार पर्यावरणीय दशाओं में स्थित अहातों एवं मलिन बस्तियों के 200 परिवारों का चयन स्तरित यादृक्षिक प्रतिचयन विधि के द्वारा किया गया है, जो कुल जनसंख्या का लगभग 20 प्रतिशत प्रदर्शित करता है। विश्लेषण हेतु परिवार को जीवन क्षय इकाई के रूप में लिया गया है।

अध्ययन क्षेत्र और उसकी भौगोलिक पृष्ठभूमि

कानपुर महानगर के क्रोड, मध्य एवं बाह्य तीनों क्षेत्रों में मध्य बस्तियाँ स्थित है। प्रस्तुत अध्ययन हेतु खलवा मलिन बस्ति (क्रोड भाग), जे.के. मिल अहाता (मध्य

भाग), झकरकटी मलिन बस्ती (मध्य भाग) एवं बाबा कुटी स्वीपर कॉलोनी (बाह्य भाग) का चयन उनकी अवस्थिति, व्यवस्था पर्यावरणीय दशाओं एवं जनसख्या संरचना के आधार पर किया गया है। जे. के. मिल और खलवा मलिन बस्ती इस नगर के आधार पर किया गया है। जे.के. मिल और खलवा मलिन बस्ती इस नगर के पुराने कारखानों के समीप, झकरकटी मलिन बस्ती रेलवे लाइन के किनारे निचले भाग में और बाबाकुटी मलिन बस्ती मुख्य मार्ग के सहारे एक व्यवस्थित स्वीपर कॉलोनी के रूप में है। बाबाकुटी स्वीपर कॉलोनी को छोड़कर शेष मलिन बस्तियों की पर्यावरणीय दशाएँ जल भराव के कारण, जल और औद्योगिक प्रदूषण एवं कूड़े-कचरों के नियमित निस्तारण न होने के कारण अत्यंत दयनीय है। खलवा मलिन बस्ती जो कि पुरानी चीनी मिल में कार्यरत श्रमिकों के रहने के लिये मिल द्वारा विकसित किया गया था, मिल के बंद हो जाने के कारण अत्यंत दयनीय अवस्था में हैं। मिल के समीप निचले भाग में जहाँ जल-भराव होता है पुरानी मलिन बस्ती और भी विस्तृत हो गयी है। इस क्षेत्र में जे.के जूट और सूती वस्त्र मिलों के श्रमिकों के रहने के लिये अहातों का निर्माण किया गया था। उनमें श्रमिक निवास तो करते ही हैं साथ ही साथ इसी में लगे हुये भाग में रेलवे लाइन के सहारे यह मलिन बस्ती बढ़ती गयी है। औद्योगिक प्रदूषण के कारण इसका वातावरण अत्यंत दूषित हैं। झकरकटी एक ऐसी मलिन बस्ती है जो रेलमार्गों के सहारे निचले भाग में एक त्रिभुजीय आकृति में अव्यवस्थित रूप से फैली हुई है। पूरे क्षेत्र में किनारे जल भराव रहता है। इस मलिन बस्ती में परिष्कृत पेयजल, बिजली, शौचालय की सुविधा भी नहीं हैं। यहाँ के लोग सबसे अधिक कठिन परिस्थितियों में निवास करते हैं। बाबाकुटी के समीप स्थित स्वीपर कॉलोनी एक मलिन बस्ती के रूप में है परन्तु यहाँ पर पर्यावरणीय दशाएँ अन्य की अपेक्षा ठीक है और कुछ जन-सुविधाएँ भी उपलब्ध है।

मलिन बस्तियों की महिलाओं की सामाजिक-आर्थिक संरचना

मलिन बस्तियों की महिलाओं की सामाजिक-आर्थिक आर्थिक संरचना ज्ञात करने के लिये कुछ प्रमुख चरों को ही ध्यान में रखा गया है। परिवार जो एक जीवन-क्षय इकाई है उसमें महिलाओं का अस्तित्व अत्यंत महत्त्वपूर्ण स्थान रखता है। इसीलिए पारिवारिक ढाँचे को जानने के लिये, परिवार के सदस्यों की संख्या, बच्चों की संख्या एवं परिवार का स्वरूप ये तीन चर चुने गये हैं। इसी प्रकार महिलाओं की साक्षरता, एवं शिक्षा का स्तर जो उनके सामाजिक-आर्थिक स्तर को उठाते हैं, उनको भी प्राथमिकता दी गई है। व्यावसायिक ढाँचा एवं मासिक आय दो और ऐसे ही महत्त्वपूर्ण चर है जिनकी सहायता से उनका सामाजिक-आर्थिक स्तर जाना जा सकता है। चयनित मलिन बस्तियों में थोड़े-बहुत अन्तराल के साथ लोगों का, विशेषकर महिलाओं का, आर्थिक स्तर काफी गिरा हुआ है क्योंकि उनके परिवार बड़े हैं, परिवार में कार्यरत व्यक्ति एक अथवा दो है,

मासिक आय बहुत कम है, लोग निर्धन है। औसत रूप से 5 सदस्यों वाले परिवारों का प्रतिशत 65 है लेकिन बाबाकुटी स्वीपर कॉलोनी एवं खलवा मलिन बस्ती में यह प्रतिशत: क्रमश 74 एंव 77 है। 80 प्रतिशत परिवार एकाकी हैं क्योंकि अधिकांश परिवार ग्रामीण अंचल से प्रवासित होकर इस महानगर में आये हैं क्योंकि अधिकांश परिवार ग्रामीण अंचल से प्रवासित होकर इस महानगर में आये हैं और विभिन्न मलिन बस्तियों में बस गये हैं। विजयवाड़ा नगर में भास्करराव पेटा मलिन बस्ती के अध्ययन से यही ज्ञात हुआ है कि वहाँ पर 75 प्रतिशत, 17 प्रतिशत एवं 08 प्रतिशत परिवार क्रमश: एकाकी, विस्तृत एवं संयुक्त है।

मलिन बस्तियों में महिलाओं की साक्षरता का प्रतिशत प्राय: कम मिलता है परन्तु अध्ययन हेतु चयनित चारों मलिन बस्तियों में औसत रूप में यह प्रतिशत अपेक्षाकृत अधिक है क्योंकि जे.के. मिल अहाता को छोड़कर तीनों बस्तियों में 30 प्रतिशत या उससे अधिक महिलायें साक्षर है। मद्रास के चेन्नानगर मलिन बस्ती के अध्ययन से ज्ञात हुआ है कि वहाँ 75 प्रतिशत महिलाएँ, जिनकी आयु 30 वर्ष से ऊपर है, साक्षर है। अधिकांश परिवारों में पोषणकर्ता पुरुष सदस्य है फिर भी जीवन स्तर को ऊँचा उठाने के लिये कुछ परिवारों में महिलाएँ भी किसी न किसी व्यवसाय में संलग्न हैं। कार्यरत महिलाओं का प्रतिशत 46 है जिसमें 15 प्रतिशत सरकारी नौकरी, 6 प्राइवेट विशेषकर कारखानों में 2 प्रतिशत छोटे निजी व्यवसाय में लगी है जबकि 29 प्रतिशत महिलाएँ दैनिक मजदूरी करती है। झकरकटी मलिन बस्ती जिसका स्तर सबसे निम्न है वहाँ 60 प्रतिशत महिलाएँ दैनिक मजदूरी करती हैं तथा 20 प्रतिशत प्राइवेट नौकरी में संलग्न है। स्पीपर कॉलोनी के 18 परिवारों की मलियें नगर पालिका में सफाई कर्मचारी हैं इस कार्य को वे जाति आधारित व्यवसाय मान कर करती है। इस तथ्य की पुष्टि दिल्ली महानगर के स्वीपर कॉलोनी को महिलाओं के सामाजिक-आर्थिक जीवन के अध्ययन से भी हो जाता है क्योंकि वहाँ पर किसी भी कार्यरत महिला ने यह आशा नहीं जतायी कि वे इस जातिगत व्यवसाय से ऊबर पायेंगी। जो महिलायें कार्यरत हैं और परिवार के भरण-पोषण में वित्तीय रूप से उनका योगदान सर्वाधिक है उन महिलाओं की मासिक आय अधिक नहीं है फिर भी परिवार के स्तर को ऊँचा करने हेतु आवश्यक 2500/--रु. प्रतिमाह से कम रुपये प्राप्त करने वाली महिलाओं का प्रतिशत 79 है। झकरकटी एवं बाबाकुटी स्वीपर कॉलोनी मलिन बस्तियों में इस वर्ग के अन्तर्गत आने वाली महिलाओं का प्रतिशत प्रत्येक में 85 हैं।

निम्नस्तरीय आवासी दशाएँ और आवश्यक आवासी सुविधाओं से महिलाओं का वंचन

अध्ययन हेतु चयनित मलिन बस्तियों की आवासीय दशाएँ देश के अन्य महानगरों में स्थित मलिन बस्तियों से भिन्न नहीं हैं क्योंकि इनके अधिकांश मकान जीर्ण

अवस्था वाले, धुंधले एवं मटमैले, अव्यवस्थित, छोटे कमरे वाले एवं भीड़ युक्त है और वे कुल मिलाकर गन्दगी एवं मलिनता का दृश्य प्रस्तुत करते हैं। चयनित मलिन बस्तियों में जो आवासी दशायें हैं वे न केवल निम्न स्तर की है अपितु जीवन यापन हेतु विकट भी है।

कानपुर विकास प्राधिकरण के द्वारा जिन 87 अहातों का सर्वेक्षण सम्पन्न किया गया था उसके आधार पर 37 प्रतिशत परिवारों के पास 1 कमरे का मकान हैं और उनमें ऐसे परिवार निवास करते हैं जिनका औसत आकार 4 से 6 व्यक्तियों का हैं। कायस्त एवं कुमरा (1979) के द्वारा कानपुर के कुछ मलिन बस्तियों के सर्वेक्षण के आधार पर 1 कमरे में निवास करने वाले परिवारों का प्रतिशत 74.4 है जबकि श्रीवास्तव एवं प्रकाश (1997) के द्वारा कानपुर महानगर के दो प्रमुख पुराने अहातों वाले मलिन बस्तियों (सुर्दनपुरवा एवं लक्ष्मीपुरवा) के अध्ययन से ज्ञात हुआ है कि 1 कमरों में निवास करने वाले परिवारों का प्रतिशत क्रमशः 50 एवं 60 हैं। यह जानकर आश्चर्य होता है कि कुछ मलिन बस्तियों में विशिष्ट परिस्थितियों में, श्रमिकों को दो खेप दो पारियों में एक ही कमरे में निवास करते हैं। अध्ययन के क्षेत्र के चयनित मलिन बस्तियों में 1 कमरा वाले मकानों का प्रतिशत 43.5 है जबकि जे.के. मिल अहातों एवं खलवा मिल अहातों में यह प्रतिशत 5 या उससे अधिक है। जहाँ कच्चे मकान अधिक हैं उनमें कमरे 2 भी है क्योंकि उसे श्रमिकों ने स्वयं ही निर्मित किया हुआ है। मकान पाय: छोटे आकार के हैं। मकानों में कमरों का आकार औसत रूप से 8 फुट×8 फुट है और ऐसे कमरों का प्रतिशत 52 हैं। झकरकटी मलिन बस्ती में जहाँ करे अधिकांशत कच्चे हैं, उनका आकार 8 फुट×8 फुट से अधिक नहीं है। अधिकांश कमरे छोटे, कम ऊँचाई वाले एवं कच्चे हैं जिसके कारण उनमें या तो रोशनदान है ही नहीं यदि है भी तो छोटे आकार के हैं जिनमें पर्याप्त रोशनी एवं वायु नहीं आ पाती है। गोरखपुर नगर की मलिन बस्तियों के आवासी दशाओं एवं सुविधाओं के सर्वेक्षण से यह ज्ञात हुआ है कि 59 प्रतिशत गृहों में रोशनदान नहीं है, 8 प्रतिशत गृह कम रोशनदान युक्त हैं जबकि 33 प्रतिशत मकान में उचित रोशनदान है। चयनित बस्तियों में 47 प्रतिशत मकान बिना रोशनदान एवं खिड़की के हैं। खलवा मिल अहाता एवं झकरकटी बस्ती में 60 प्रतिशत मकानों में रोशनदान नहीं है। इन्हीं मलिन बस्तियों में कुछ निम्न परिवारों के लोग पालतू पशु भी शयन कक्ष में बाँधते हैं।

मलिन बस्तियों में मकानों में जहाँ स्वस्थ्य जीवन जीने के लिये आवश्यक सुविधाओं का प्रश्न है वे इतने अपर्याप्त है कि लोगों का जीवन नारकीय हो गया है। आवश्यक सुविधाओं की अपर्याप्ता का अनुमान आँकड़ों से लगाया जा सकता है। बाबाकुटी स्वीपर कॉलोनी को छोड़कर शेष तीनों मलिन बस्तियों में चयनित परिवारों में से किसी के पास न तो निजी शौचालय है और न ही अलग से स्नानगृह एवं रसोईघर है।

बाबाकुटी स्पीपर कॉलोनी जिसका निर्माण इन सुविधाओं को ध्यान में रखकर किया गया है, 72 प्रतिशत परिवारों के पास निजी शौचालय है और अलग से स्नानगृह भी। वर्ष 1991 में इस महानगर के 39 अहातों (जनसंख्या 70842) का नगर महापालिका द्वारा किये गये सर्वेक्षण के आधार पर आवश्यक सुविधाओं के नाम पर मात्र 801 शौचालय व 46 जल नल थे जिससे प्रति शौचालय पर 88.1 व्यक्ति और प्रति नल 1550 व्यक्ति का भार था जो कि उनकी दैनिक दुर्दशा के चित्र को इंगित करता है। झकरकटी मलिन बस्ती में किसी भी मकान में न तो आँगन है और न ही बरामदा जिससे खुल जगह का अत्यंत अभाव दिखाई पड़ता है। बाबाकुटी स्वीपर कॉलोनी में ही व्यवस्थित रूप से बरामदा दिखाई पड़ता है। बाबाकुटी स्वीपर कॉलोनी में ही व्यवस्थित बरामदा निर्मित है। पेयजल सुविधा सभी परिवारों को आसानी से सुलभ नहीं है। निजी पेयजल की व्यवस्था बहुत ही कम परिवारों (33.5) के पास है। महानगर के दर्शनपुरा एवं लक्ष्मीपुरा दो बड़े पुराने अहातों वाले मलिन बस्ती के सर्वेक्षण से ज्ञात हुआ है कि क्रमश: 92 प्रतिशत एवं 62 प्रतिशत परिवार सार्वजनिक नल जल का प्रयोग करते हैं। क्योंकि उनके पास इसकी निजी सुविधा नहीं है। जे.के. मिल अहाता एवं झकरकटी मलिन बस्ती के महिलाओं को विशेष रूप से पेयजल एवं घरेलू कार्यों के लिये जल को प्राप्त करने के लिये प्रात:काल से ही लाइन में लगा रहना पड़ता है जिससे अधिक समय एवं ऊर्जा का व्यय होता है। गंदे पानी के निकास हेतु नाली की व्यवस्था यद्यपि 68 प्रतिशत परिवारों के पास है परन्तु अधिकांश घरों की नालियाँ कच्ची हैं जिनमें दुर्गंध आती रहती है। बिजली की सुविधा 40 प्रतिशत परिवारों के पास है और उनमें से अधिकांश के पास अवैध कनेक्शन हैं। बिजली के अभाव में, निर्धनता के कारण 75 प्रतिशत परिवारों में भोजन पकाने के लिये लकड़ी एवं उपला अथवा कोयला का प्रयोग होता है जिसके धुएँ से घर का वातावरण प्रदूषित हो जाता है। झकरकटी मलिन बस्ती में किसी भी परिवार के पास बिजली की सुविधा नहीं हैं जिससे उनका जीवन अत्यंत कष्टकर हो गया है।

निम्न आवासी दशाओं एवं आवश्यक सुविधाओं के अभाव का महिलाओं के स्वास्थ्य पर प्रभाव

अपकर्षित आवास एवं गिरी हुई दशाओं का प्रभाव निश्चित रूप से मलिन बस्ती में निवास करने वाले विशेष रूप से महिलाओं के स्वास्थ्य पर कुप्रभाव पड़ता है। जिस्ट एवं फोवा (1934) के अनुसार ''अधिकांश लोगों का अभिमत है कि मलीन बस्तियों में अपकर्षित आवास एवं प्रतिवेश न केवल बस्तियों में अपकर्षित आवास एवं प्रतिवेश न केवल व्यक्तित्व को दबाते हैं अपितु बाल अपराध एवं अन्य सामाजिक बुराईयों के साथ दु:स्वास्थ्य को भी जन्म देते हैं।'' मलिन बस्तियों में अत्यधिक भीड़ अर्थात् एक कमरे में अधिक सदस्यों वाले परिवार के निवास करने से कई प्रकार के

सामाजिक विकार उत्पन्न होते हैं जिसका सबसे अधिक प्रभाव महिलाओं के व्यक्तित्व एवं स्वास्थ्य पर पड़ता है क्योंकि महिलायें इन परिस्थितियों में मकानों में पूर्ण एकान्तता के अभाव में रहना पड़ता है। लुइस विनिक (1952) का भी मानना है कि "अत्यधिक भीड़ एवं एकान्तता के अभाव के कारण महिलाओं में भावनातमक एवं मानसिक अशांति उत्पन्न हो जाती है और कभी-कभी क्षय रोग से ग्रसित हो जाती है।" मलिन बस्तियों में आवासों का सन्निकट होना भी स्वास्थ्य पर कुप्रभाव डालता है क्योंकि आवासों से सन्निकट बने होने के एवं उनके मध्य में खाली स्थान न होने से खिड़कियों का अभाव बना रहता है जिसके परिणामस्वरूप छोटे, कम ऊँचाई वाले कमरों में प्रकाश एवं हवा का मार्ग अवरुद्ध सा रहता है। चूँकि महिलाओं को अधिकांश समय ऐसे आवासों एवं कमरों में व्यतीत करना पड़ता है इसलिए इनका प्रभाव उनके स्वास्थ्य पर कई रूपों में दृष्टिगोचर होने लगता है।

मानव के स्वास्थ्य पर अपकर्षित आवासों, निम्न आवासी दशाओं एवं प्रतिवेशी पर्यावरण के द्वारा पड़ने वाले प्रभावों के अध्ययन में महामारी विज्ञानीय तकनीकों का प्रयोग करने एवं वैज्ञानिक प्रमाणों का प्रयोग करने एवं वैज्ञानिक प्रमाणों को विकसित करने हेतु तकनीक प्रयुक्त करने में अधिक कठिनाईयाँ हैं। अत: ऐसे स्वास्थ्य संकटों का मानव पर पड़ने वाले परिणामों का अध्ययन करने के लिये यह आवश्यक है कि किसी विशेष रोग से प्रभावित लोगों की संख्या, रोग की बारम्बारता, आयुवर्गानुसार मृत्युदर एवं शरीर पर पड़ने वाले कुप्रभावों को जाना जाये।

मलिन बस्तियों में अपकर्षित एवं निम्न आवासी दशाओं जैसे प्रकाश एवं धूप का अभाव, जल भराव के समीप गृहों की स्थिति, रोशनदान एवं खिड़की का अभाव, कमरों के छतों की कम ऊँचाई, छोटे कमरों में अत्यधिक भीड़, टिन एवं पालीथिन की छतें, धुये के निकास न होना, गृह के समीप कूड़ा-कचरा का जमाव एवं दुर्गंधयुक्त बन्दी नाली का होना आदि का निश्चित रूप से उनमें निवास करने वाले लोगों के स्वास्थ्य पर प्रभाव पड़ता है। कानपुर महानगर के चारों चयनित मलिन बस्तियों में व्याप्त उपरोक्त अपकर्षित एवं निम्न विशेषकर महिलाओं के स्वास्थ्य पर अधिक दृष्टिगत होता है। झकरकटी मलिन बस्ती जो कि रेलमार्ग के सहारे निचले भाग में जल भराव वाले क्षेत्र में स्थित है, वहाँ के झुग्गी झोपड़ी वाले गृह अत्यधिक अपकर्षित हैं, उनमें अत्यधिक भीड़ हैं, मकान एक दूसरे से सटे हुए निर्मित है, और मकानों में रोशनदान नहीं है। इसी प्रकार की दशाएँ लगभग खलवा मिल के अहातों के मकानों में भी हैं। इन दोनों मलिन बस्तियों के 60 प्रतिशत गृहों में रोशनदान नहीं है जिससे प्रकाश एवं स्वच्छ वायु का अभाव बना रहता है, जल भराव के कारण सीलन प्राय: पूरे वर्ष भर बना रहता है। इन दशाओं का सीधा प्रभाव महिलाओं पर पड़ता है। जिससे विगत 5 वर्षों में 10 प्रतिशत एवं 4 प्रतिशत

महिलायें क्रमश: झंकरकटी एवं खलवा मलिन बस्ती में दमा रोग से ग्रसित पाई गईं। महिलाओं में क्षय रोग भी देखा गया है।

मलिन बस्तियों में आवश्यक आवासी सुविधाओं जैसे शौचालय, स्नानगृह, रसोईघर, शोधित पेयजल, गन्दे पानी के निकास हेतु नाली एवं विद्युत आदि का न होना या उनकी अपर्याप्तता निश्चित रूप से वहाँ के निवासियों के स्वास्थ्य पर स्पष्ट दिखाई पड़ता है परन्तु उन प्रभावों के घेरे में महिलाओं सबसे अधिक आती है। मलिन बस्ती जीवन का सबसे बड़ा संकट उनके मकानों में मल (मानव विष्ठा), गन्दे एवं प्रदूषित जल तथा कूड़े-करकट के निस्तारण की उपयुक्त व्यवस्था के अभाव से उत्पन्न होता है। निजी शौचालय के न होने से महिलाओं को सबसे अधिक कष्ट उठाना पड़ता है क्योंकि उन्हें शौच हेतु प्रात:काल से पूर्व ही अंधेरे में सामूहिक शौचालय में अथवा समीप के खुले भागों में जाना पड़ता है। स्वच्छता का अभाव महिलाओं के लिये एक विकट समस्या है और उनका स्वास्थ्य आरोग्य सम्बन्धी सुविधाओं के अभाव में अत्यधिक प्रभावित होता है। यह स्पष्ट है कि मलिन बस्ती के निवासियों के रहने की दशायें एवं कार्य करने का वातावरण एवं अपशिष्ट निस्तारण विधि भी नगरीय पर्यावरण के लिये खतरा उत्पन्न कर दिया है। साथ ही साथ मलिन बस्तियों में प्रदूषण एवं आरोग्य रहित दशायें रोगों के आपतन को बढ़ाने में एक महत्त्वपूर्ण भूमिका निभातें हैं। प्रमुख आवासी सुविधाओं में शोधित अथवा पीने योग्य जल की आपूर्ति का महत्त्वपूर्ण स्थान है क्योंकि खुले हुये कुओं एवं हैण्डपंप से प्राप्त जल जो लगभग प्रदूषित रहता है, उसके पीने से स्वास्थ्य पर प्रभाव विभिन्न रोगों के रूप में परिलक्षित होता रहता है। साथ ही साथ अपर्याप्त मात्रा में दैनिक उपभोग के लिये जल की प्राप्ति से (कठिनता से) व्यक्तिगत सफाई का स्तर भी गिर जाता है और उससे भी कई प्रकार के रोग उत्पन्न हो जाते हैं। शोधित जल को लेने हेतु मलिन बस्ती के महिलाओं को सबसे अधिक कष्ट झेलना पड़ता है क्योंकि पूरी बस्ती में मात्र एक या दो नगर महापालिका द्वारा लगाये गये जल नल होतें हैं और उनसे जल प्राप्त करने हेतु प्रात:काल से ही पूर्व में उन्हें लाइन में खड़ा होना पड़ता है जिससे उनके अधिक समय एवं ऊर्जा दोनों का ही व्यय होता है। ये दोनों ही अप्रत्यक्ष रूप से उनके स्वास्थ्य पर प्रभाव डालते हैं। जिन परिवारों को निजी हैण्डपम्प अथवा मलिन बस्ती के खुले कुओं के जल पर निर्भर होना पड़ता है, निश्चित रूप से उन्हें प्रदूषित जल प्राप्त होता है। इस प्रकार के प्रदूषित जल में कई प्रकार के विषाणु मिले होते हैं और स्वच्छता की कमी के कारण शरीर में पहुँचकर कई प्रकारके रोगों को जन्म देते हैं जिनमें पेचिस, कालरा, डायरिया, टायफाईट बुखार, मस्तिष्क ज्वर, खसरा, पीलिया एवं पोलियों प्रमुख है। प्रमुख आवासीय सुविधाओं के अभाव एवं वचन से महिलायें भी प्रभावित होती हैं।

प्रमुख एवं आवश्यक आवासी सुविधाओं के अभाव एवं वचन से जो महिला वर्ग विभिन्न रोगों से विगत 5 वर्षों से ग्रसित हुई है उनके स्वास्थ्य पर तो प्रभाव पड़ा ही है कुछ की मृत्यु हो गई। चयनित मलिन बस्तियों में पेयजल की निजी व्यवस्था मात्र बाबाकुटी स्वीपर कॉलोनी में हैं जबकि अन्य तीनों मलिन बस्तियों के लोग पीने के लिये जल नगर महापालिका द्वारा प्रदत्त जल नल एवं हैण्ड पंप से लेते हैं। अधिकांश परिवार प्रदूषित पेयजल खुले कुओं एवं निचले स्थान पर लगे हैण्ड पम्प से लेते हैं ओर उनको ग्रहण करने से कई बीमारियों से ग्रसित हो जाते हैं। ऐसे रोगों में टायफायड बुखार, पीलिया, पेचिस, डायरिया, पोलियो प्रमुख हैं। जिनसे क्रमश: 13, 6.5, 5.5, एवं 7 प्रतिशत महिलाएँ ग्रसित पाई गई। गृह में प्रदूषण एवं प्रतिवेशी क्षेत्रों में पानी के जमाव, कूड़ा-करकट के ढेर से, गन्दी नालियों के अवरुद्ध हो जाने से भी कई प्रकार की बीमारियों के चपेट में इन मलिन बस्तियों की महिलायें आ जाती है। गन्दगी से होने वाले रोगों में टिटनेस, खसरा एवं मस्तिष्क ज्वर प्रमुख हैं जिनमें (थोड़े बहुत अन्तर के साथ सभी मलिन बस्तियों में) क्रमश: 3, 2 एवं 4 प्रतिशत महिलायें प्रभावित हुई हैं। लेखक द्वारा कानपुर महानगर के दो अन्य प्रमुख मलिन बस्तियों (दर्शन पुरवा एवं लक्ष्मीपुरवा) के लोगों के स्वास्थ्य पर आवासी दशाओं एवं प्रदूषण के प्रभाव का अध्ययन किया है जिससे यह ज्ञात हुआ कि चयनित परिवारों में से 40 प्रतिशत लोग टायफाइड बुखार एवं 36 प्रतिशत लोग अतिसार से प्रभावित हुए।

महिलाओं के स्वास्थ्य पर सबसे अधिक कुप्रभाव प्रयुक्त किये जाने वाले ईंधन के धुयें से पड़ता है। लकड़ी, उपला एवं कोयला इन तीनों के जलानें से (भोजन पकाने के लिये, पानी गर्म करने हेतु) धुआँ उत्पन्न होता है और इस धुंए में TSP, बेन्जों-ए-पायरिन, कार्बन-मोनोऑक्साइड एवं पाली सायबिलक आरगेनिक प्रदूषक मिले होते हैं जो सीधे महिलाओं के शरीर पर प्रभाव डालते हैं। कोयला एवं लकड़ी से यदि महिलाएँ 3 घंटे तक भोजन पकाती है तो वे उनके धुयें से निकलने वाले 700 माइक्रोग्राम/मीटर^3 परटीकुलेट पदार्थों से प्रभावित होती है जबकि इनका अनुज्ञेय स्तर 75 माइक्रोग्राम/मीटर^3 माना गया है। इस अवधि में उत्पन्न हुये धुंये से जो बेन्जो-ए-पायरिन निकलता है और जिसे महिलाएँ स्वांस के माध्यम से ग्रहण करती है, वह 400 सिगरेट के धुएँ के तुल्य होता है। चयनित मलिन बस्तियों में से केवल बाबाकुटी स्वीपर कॉलोनी में बने गृहों में रसोईघर अलग से है और वह भी चयनित परिवारों में से 58 प्रतिशत लोगों के पास है। शेष तीनों मलिन बस्तियों में भोजन पकाने हेतु अलग से कमरा नहीं है, जिसके कारण अधिकांश परिवार की महिलाएँ सोने के कमरे में या बरामदे में भोजन पकाती है। भोजन पकाने हेतु 52.5 प्रतिशत परिवार उपला एवं लकड़ी और 23.5 प्रतिशत परिवार कोयला का उपयोग करते हैं। इस प्रकार उपला, लकड़ी एवं कोयला से जो धुयें के साथ प्रदूषक

निकलते हैं वे सीधे महिलाओं को प्रभावित करते हैं जिससे आँखों में मोतियाबिन्द एवं कभी-कभी कंजकटिवाइटिस रोग हो जाता है। इसके अतिरिक्त धुंये के द्वारा उनका श्वसन तंत्र भी संक्रमित हो जाता है और क्रानिक ब्रॉकाइटिस तथा फेफड़े की अन्य बीमारियाँ भी हो जाती है। धुंये के कारण कई प्रकार के चर्मरोग भी हो जाते हैं। यद्यपि इन ईंधनों के प्रयोग से चयनित मलिन बस्तियों की महिलाएँ भी प्रभावित होती है परन्तु सर्वेक्षण में उनके स्वास्थ्य पर पड़ने वाले प्रभावों को सम्मिलित नहीं किया जा सका जो भोजन पकाने के समय उत्पन्न धुये से स्पष्ट दिखाई पड़ते हैं।

निम्न स्तरीय एवं दयनीय आवासी दशाओं एवं आवश्यक आवास सुविधाओं से महिलाओं का वंचन परिवार के अन्य सदस्यों की तुलना में अधिक दृष्टिगोचर होता है क्योंकि उन्हें पूरे दिन के अधिकांश समय में घर में रहकर व्यतीत करना पड़ता है। महिलाओं का अत्यधिक भीड़ युक्त कमरों में रात्रि में सोने से लेकर भोजन पकाना तथा अन्य घरेलू कार्यों को पूरा करना पड़ता है। कई आवश्यक आवास सुविधाओं से भी प्राय: वे वंचित रहती है और उनसे उत्पन्न कष्टों को झेलती है। इन सब अभावों एवं दशाओं का प्रभाव न केवल उनके स्वास्थ्य पर पड़ता है बल्कि वे तनाव से भी उनहें कई प्रकार की बीमारियाँ हो जाती है परन्तु उन बीमारियों को सर्वेक्षण के समय ज्ञात नहीं किया जा सका। निष्कर्ष रूप में कहा जा सकता है कि महिलाओं का स्वास्थ्य तो प्रभावित होता ही है अपितु उपरोक्त आवासी दशाओं एवं आवास सुविधाओं के अभाव का प्रभाव उनके काय्रक्षमता, प्रजनन तंत्र, बच्चों के पालन-पोषण, व्यक्तित्व एवं सामाजिक प्रतिष्ठा पर भी पड़ता है और उन्हें अनदेखा नहीं किया जाना चाहिए।

□□□

9

भारतीय विधानसभा में महिला प्रतिनिधित्व समस्याएँ एवं सम्भावनाएँ

भारतीय संविधान में द्वारा महिलाओं को पुरुषों के समान राजनैतिक अधिकार, समानताएँ और स्वतंत्रताएँ प्रदान की गयी हैं। भारत के प्रत्येक स्त्री पुरुष को सक्रिय राजनीति में प्रवेश करने तथा देश की विधान निर्मात्री सभाओं का सदस्य बनकर नीति-निर्मामा के रूप में अपनी सेवाओं से देश को लाभान्वित करने की स्वतंत्रता है। स्वतंत्रता के पाँच दशकों के इतिहास का यदि अवलोकन किया जाये तो हम पायेंगे कि इस स्वतंत्रता का प्रयोग जितना पुरुषों ने किया है, उतना महिलाओं ने नहीं। जिस देश की सर्वोच्च शासक एवं महिला रही हैं? क्या आज उसको समाज में समानता की वह स्थिति प्राप्त है जिसका दावा हमारा संविधान करता है? क्या भारत के राजनैतिक विकास में महिलाओं की भागेदारी उतनी है जितनी होना चाहिए? क्या स्वतंत्रता के पचासस वर्षों में महिला नेतृत्व तथा प्रतिनिधित्व की एक सशक्त पीढ़ी उभरकर सामने आयी है? दुर्भाग्य से उन समस्त प्रश्नों के उत्तर नकारात्मक हैं। हमारे संवैधानिक विकास के क्रम में देश की आधी आबादी की भागीदारी केवल कुछ सम्पन्न वर्ग की महिलाओं अथवा राजवंशों की महिलाओं तक ही सीमित हैं। यदि किसी आम स्त्री ने अपने संवैधानिक अधिकारों का प्रयोग करते हुए सक्रिय राजनीति में कदम बढ़ाने का दु:साहस किया है। तो उसे अवश्य अपने परिवार के किसी पुरुष के सहारे की वैसाखी को साथ में लेकर चलना पड़ा है। आज भी सक्रिय राजनीति में तथा विधान मण्डलों में महिलाओं का प्रवेश उनकी स्वयं की इच्छा तथा निर्णय पर कम निर्भर करता है। उन्हें या तो उनके राजनैतिक व्यक्तित्व रखने वाले पिता या पति की मृत्यु के पश्चात सहानुभूति के वोट बटोरने के लिए राजनीति में लाया जाता है अथवा पति की धूमिल होती जा रही राजनीतिक छवि पर पर्दा डालने के लिये उसे रातों रात रसोईघर से निकालकर सत्ता की प्रमुख आसदी पर सजावटी शासक बनाकर बैठा दिया जाता है।

मध्य प्रदेश की राजनीति में महिलाओं की सक्रिय भागीदारी बांटने के उद्देश्य से पंचायती राज व्यवस्था में महिलाओं के लिये 33 प्रतिशत स्थान आरक्षित किये गये। उससे पंचायत स्तर पर महिलाओं के राजनैतिक व्यक्तित्व के विकास का कारण नहीं बन पाई। अधिकांश पंच, सरपंच तथा जिला पंचायतों की पदाधिकारी बनीं महिलायें घूंघट में रहकर अपने पति, पिता या पुत्र द्वारा लिये गये निर्णयों पर अंगूठा लगातीं रहीं। उनकी स्थिति उन कठपुतली प्रतिनिधियों की भाँति है जिनकी डोर उनके परिवार के पुरुषों के हाथ में है। देश एवं प्रदेश स्तर पर विधानमण्डलों तथा संसद के चुनावों में महिलाओं की 33 प्रतिशत आरक्षण देने का मुद्दा आजकल बहुत चर्चा में है परन्तु महिलाओं की सामाजिक स्थिति में परिवर्तन के बिना तथा भारतीय समाज में स्त्रियों के सम्बन्ध में जो पारंपरिक मध्यकालीन विचारधारा व्याप्त है। उसमें परिवर्तन के बिना उन्हें आरक्षित करके भी सभा में उनकी स्वतंत्र तथा निष्पक्ष भागीदारी संभव नहीं है।

मध्य प्रदेश विधानसभा में महिला प्रतिनिधितव का स्वरूप

मध्य प्रदेश देश के हृदय स्थल पर स्थित एक पिछड़ा राज्य है यहाँ की सामाजिक विचारधारा में नारियों को पुरुषों के समक्ष अधिकार प्रदान करने की बात स्वीकार नहीं है यद्यपि इस प्रदेश ने देश की राजनीति को रानी दुर्गावती व महारानी लक्ष्मीबाई से लेकर बिमला वर्मा, उमाभारती, सुमित्रा महाजन, तथा विजयाराजे सिंधिया जैसी कुशल प्रशासक वीरांगनायें तथा राजनेता प्रदान की हैं।

परन्तु शिक्षा के निम्नस्तर तथा स्त्री साक्षरता के अत्यंत निम्न प्रतिशत होने के कारण यहाँ पर आम स्त्रियों की सामाजिक स्थिति बहुत अच्छी नहीं है। विशेष कर ग्रामीण स्त्रियाँ तो आज भी स्वतंत्रता समानता और अधिकार जैसे शब्दों से अपरिचित हैं। यही कारण है कि देश की स्वतंत्रता के 50 वर्ष तथा मध्य प्रदेश की स्थापना के 40 वर्ष बीत जाने के बाद भी विधान सभा में महिला प्रतिनिधियों की संख्या में काई उल्लेखनीय वृद्धि नहीं हुई है।

मध्य प्रदेश की कुल जनसंख्या 6,61,81,170 (1991) है जिनमें से 3,19,13,877 महिलायें हैं। अर्थात् मध्य प्रदेश में महिला पुरुष अनुपात प्रति हजार पुरुषों पर 932 महिलाओं का है। पुरुषों की अपेक्षा महिलाओं की कम संख्या होने का मुख्य कारण कन्याओं की हत्या तथा कुपोषण एवं उत्पीड़न व शोषण के कारण महिलाओं की अल्पायु में मृत्यु है। यहाँ आज की आम परिवारों में कन्या के जन्म को अच्छा नहीं समझा जाता। मध्य प्रदेश में साक्षरता की दर कुल 44.20 प्रतिशत है जिसमें से 58.42 प्रतिशत पुरुष साक्षर है तथा 28.85 प्रतिशत महिलाएँ साक्षर है। महिलाओं का बहुसंख्यक भाग आरक्षित होने के कारण उन्हें अपने अधिकारों का ज्ञान नहीं होता। उनके राजनैतिक

जागरूकता का अभाव होता है। इसमें विधायी प्रतिनिधित्व के क्षेत्र में उनकी सक्रिय भागीदारी प्रभावित होती है।

संविधान के अनुसार विधानसभा की सदस्यता के लिये शिक्षा, जाति, धर्म, व्यवसाय आर्थिक स्थिति एवं लिंग के आधार पर किसी भी प्रकार के भेदभाव की व्यवस्था नहीं की गई है। भारत का कोई भी नागरिक चाहे वह स्त्री हो या पुरुष यदि विधान सभा की सदस्यता प्राप्त करने की निर्धारित योग्यता रखता है तो वह विधान सभा का सदस्य बन सकता है। यदि हम मध्य प्रदेश स्थापना के पश्चात् 40 वर्षों में दिये विधान सभा चुनाव का विश्लेषण करें तो हम पायेंगे कि विधान सभा में महिलाओं का प्रतिनिधित्व बहुत कम रहा है। संविधान द्वारा समानता का दर्जा दिये जाने के बाद भी विधान सभाओं में पुरुषों का बाहुल्य है। अत्यंत कम संख्या में जो महिलाएँ घर की चारदीवारी को लांघ कर विधान सभाओं के गलियारे तक पहुँची हैं। वे सभी या तो किसी राजवंश से सम्बंधित रहीं हैं या उच्च संपन्न वर्ग से। आम स्त्री के लिये तो विधानसभा की सदस्यता दिवा:स्वप्न की भाँति है। इस बात को मध्य प्रदेश में प्रथम विधान सभा चुनाव से लेकर 1993 में हुई वर्तमान विधान सभाओं के चुनावों में महिला प्रतिनिधियों की संख्या का विश्लेषण करके स्पष्ट किया जा सकता है।

मध्य प्रदेश विधान सभा में महिलाओं के प्रतिनिधित्व का प्रतिशत सर्वाधिक 1957 के प्रथम आम चुनाव में रहा। उस समय कुल विधान सभा सदस्यों का 10.7 प्रतिशत प्रतिनिधित्व महिलाओं के द्वारा किया गया। उसके पश्चात कभी भी 10 प्रतिशत से अधिक महिलाएँ चुन कर विधान सभा में नहीं गई। यद्यपि 1985 में 1957 की भांति महिला विधायकों की संख्या 31 थी परन्तु 1957 में कुल विधान सभा सीट 288 थी जो 1985 में बढ़कर 320 हो गई। अत: महिलाओं के प्रतिनिधित्व का प्रतिशत 9.1 प्रतिशत ही रहा।

प्रदेश की स्वतंत्रता के पश्चात् स्त्रियों की शिक्षा में व्यापक प्रसार हुआ है तथा उससे स्त्रियों की साक्षरता के प्रतिशत में धीमी ही सही परन्तु वृद्धि हुई है। स्त्रियों में जागरूकता बढ़ाने तथा उन्हें स्वावलंबी व शिक्षित करने की दिशा में व उनकी सामाजिक स्थिति में सुधार लाने के लिए सरकार द्वारा अनेक कानून व कल्याणकारी योजनाएँ बनाई गई परन्तु इन सबके बावजूद प्रदेश की सक्रिय राजनीति में महिलाओं की भागीदारी में उल्लेखनीय वृद्धि नहीं हुई। विधान मण्डल लोकतंत्र का प्रमुख आधार स्तंभ होता है। उसमें अपने प्रतिनिधित्व की पहचान बनाने तथा अपनी संख्या में वृद्धि करने में आज भी प्रदेश की आधी आबादी जागरूक, उत्सुक तथा प्रयासरत नहीं दिखाई देती।

विधानसभा में महिलाओं के अल्प प्रतिनिधित्व के कारण

देश की विकास क्रम पर यदि गौर किया जाये तो यह स्पष्ट परिलक्षित होता है कि प्रत्येक वह क्षेत्र जो कभी केवल पुरुष वर्चस्व का क्षेत्र माना जाता था वहाँ महिलाओं ने प्रवेश कर अपने कार्यों व उत्तरदायित्वों का सफलतापूर्वक निर्वाह कर अपनी कार्यक्षमता का लोहा मनवाया है। परन्तु राजनीति के क्षेत्र में निर्णायक, सजग, कर्मठ और जागरूक महिला नेतृत्व अपवाद स्वरूप ही है। क्या कारण हैं कि ऊँचाईयों को अपने साहस से स्पर्श करने वाली, सेना तथा पुलिस प्रशासन में रहकर अपराधियों व शत्रुओं का मुकाबला करने की चुनौती स्वीकार करने वाली तथा शिक्षा, स्वास्थ्य कला, संगीत एवं व्यवसाय में अपनी योग्यता व क्षमताओं को सिद्ध करने वाली स्त्री-शक्ति, राजनीति को अपना कार्यक्षेत्र बनाने के प्रति उदासीन है। लोकतांत्रिक संस्थाएँ स्त्रियों की कार्यकुशलता, क्षमता तथा धर्म के लाभ से क्यों वंचित हैं। इन प्रश्नों के उत्तर के लिये उन कारणों पर विचार करना होगा जो विधानसभा में महिलाओं के प्रतिनिधित्व की वृद्धि के कार्य की प्रमुख बाधायें है। इन कारणों को मुख्य रूप से 5 भागों में बाँटा जा सकता है।

(1) **मनोवैज्ञानिक कारण**-महिलाओं में बचपन से ही असुरक्षा एवं हीन भावना का विकास किया जाता है। उनके मन मस्तिष्क में यह बात बिठा दी जाती है कि बिना पुरुष के सरंक्षण के वह कोई भी कार्य करने में असमर्थ है। उम्र बढ़ने के साथ-साथ महिलाओं में हीनता की यह भावना बढ़ती जाती है। शिक्षा का अभाव तथा परिवार में भेदभाव का स्थायी लक्षण बन जाती है। इसलिए वयस्क होने पर वे अपने भविष्य के सम्बंध में स्वतंत्र निर्णय नहीं ले पाती। बचपन से ही-तुम्हारा कार्यक्षेत्र घर की चारदीवारी तक ही है सुनने वाली स्त्री से बड़ी होकर सक्रिय राजनीति जैसे सार्वजनिक कार्यक्षेत्र के दायित्व का निर्वहन लेने की उम्मीद कैसे की जा सकती है। जन प्रतिनिधि बनने के लिये साहस नेतृत्व की क्षमता स्वतंत्र निर्णय लेने की शक्ति वकतव्यता आदि गुणों का होना आवश्यक है परन्तु स्त्रियों में उन मानसिक गुणों का विकास भली प्रकार नहीं हो पाता। अत: उनका प्रवेश प्रतिनिधियात्मक संस्थाओं में नहीं हो पाता।

(2) **सामाजिक कारण**-भारतीय समाज एक परम्परावादी समाज है। यहाँ महिलाओं की स्वतंत्रता व समानता के अधिकारों की बातें तो बहुत होती हैं। परन्तु अधिकांश पुरुष तथा महिलायें भी महिलाओं की परमपरावादी घरेलू छवि की ही अधिक पक्षधर होते हैं। यही कारण है कि सामाजिक दृष्टि से स्त्रियों के राजनैतिक जीवन में प्रवेश को बहुत अच्छा नहीं माना जाता इसलिए जब महिलाएँ चुनाव में खड़ी होती हैं तो उन्हें मतदाताओं का यहाँ तक कि महिला मतदाताओं का भी वांछित समर्थन प्राप्त नहीं होता। लिंगभेद हमारी सामाजिक व्यवस्था का एक प्रमुख अंग है परिवार में लड़की के मध्य भेदभावपूर्ण व्यवहार किया जाता है लड़की को पराया बोझ समझ कर उसका

लालन-पालन किया जाता है। उससे उसके स्वतंत्र सर्वतोमुखी विकास में बाधा पहुँचती है पुरुष प्रधान समाज होने के कारण स्त्रियाँ सर्वतोमुखी विकास में बाधा पहुँचाती है पुरुष प्रधान समाज होने के कारण स्त्रियाँ अपने निर्णय स्वतंत्र रूप से नहीं ले पाती। यही कारण है कि राजनीति में महिलाओं का प्रवेश संयोगवश ही हुआ है कभी अपने नेता पति की मृत्यु के पश्चात या फिर किसी विशेष वर्ग या समुदाय की प्रतिनिधि होने के कारण यह निर्णय भी महिलाओं का अपना नहीं होता इसलिए विधान सभाओं में पहुँचकर कर भी अपना स्वतंत्र व्यक्तित्व नहीं बना पातीं।

(3) **आर्थिक कारण**-महिलाओं में आर्थिक निर्भरता का अभाव रहता है। वे अपनी आवश्यकताओं की पूर्ति के लिये अपने परिवार के पुरुषों पर निर्भर रहती हैं। यहाँ तक कि जो महिलाएँ कामकाजी हैं वे भी अपनी आय को व्यय करनें में स्वतंत्र नहीं होतीं कुछ समय पहले तक के उत्तराधिकार से भी महिलाओं को वंचित रखा गया था। आज निर्वाचन में भाग लेना एक व्यय साध्य कार्य है। विपुल धन राशि व्यय किये बिना चुनाव में विजयश्री प्राप्त करना लगभग असंभव हैं। सामान्य तौर पर विधायकों को चुनाव में जीतने के लिये 3 प्रकार के व्यय करने पड़ते हैं। (1)एक उम्मीदवार द्वारा स्वयं व्यय किया गया धन (2) समर्थकों द्वारा व्यय किया गया धन (3) उनके राजनैतिक दल द्वारा व्यय किया गया धन। (3) उनके राजनैतिक दल द्वारा व्यय किया गया धन। महिलाएँ तीनों ही प्रकार के धन जुटाने में असमर्थ रहती है। स्वयं आर्थिक रूप से स्वावलंबी नहीं होने के कारण वे अपना स्वयं का व्यय करने के लिये धन प्राप्त करने हेतु परिवार पर आश्रितत होती हैं महिलाओं का सार्वजनिक जीवन अधिक व्यापक नहीं होने से उनके समर्थकों की संख्या भी कम होती है। साथ ही जो समर्थक होते भी हैं, उन्हें महिला उम्मीदवारों की जीत का विश्वास नहीं होता। अत: वे धन खर्च करने में हिचकतीं है। राजनीतिक दलों में भी महिलाओं को निर्वाचन हेतु पर्याप्त धन नहीं देने आदि इन सभी कारणों से उनके निर्वाचन में विजयी होना कठिन हो जाता हे। यही कारण है कि मध्य प्रदेश की विधान सभा में अधिकांश महिला विधायक या तो राजवंश से सम्बंधित हैं या फिर उच्च धनाड्य परिवारों से आम स्त्रियों की विधान सभा में प्रवेश अपवाद स्वरूप ही है।

(4) **राजनैतिक कारण**-वर्तमान स्त्री प्रतिनिध्यात्मक प्रजातंत्र में राजनैतिक दल निर्वाचन व्यवस्था की रीढ़ है। राजनैतिक दलों के समर्थन के अभाव में किसी भी प्रत्याशी का निर्वाचन में विजयी होना अत्यंत कठिन होता है। महिला उम्मीदवार भी उनका अपवाद नहीं हैं। प्राय: यह देखने में आता है कि राजनैतिक दल महिलाओं का अपना उम्मीदवार नहीं बनाते। प्रत्येक राजनैतिक दल के शीर्ष पदों पर प्राय: पुरुष विराजमान हैं, वे महिलाओं की सक्रिय राजनीति में सफलता को शंका की दृष्टि से देखते हैं। अत: वे महिलाओं को टिकिट नहीं देते।

राजनैतिक दलों में महिलाओं को अपना उम्मीदवार बनाने की प्रवृत्ति कम है। भारतीय राष्ट्रीय कांग्रेस, जनसंध, भारतीय जनता पार्टी जैसी बड़ी पार्टियाँ भी उम्मीदवार बनाती है। यही कारण है कि निर्दलीय महिला प्रत्याशियों की संख्या निरन्तर बढ़ती जा रही है परन्तु दल के समर्थन के अभाव में ये निर्दलीय महिला प्रत्याशी चुनाव में विजय प्राप्त करने में असमर्थ रहती है। राजनैतिक दलों में महिला सदस्यों की संख्या बहुत कम है। कुछ राजनैतिक दलों को छोड़कर अधिकांश राजनैतिक दलों की संगठित महिला शाखायें भी नहीं हैं। जिन दलों में महिला शाखायें हैं वे अच्छी तरह तथा उनका नेतृत्व भी प्रभावशाली नहीं है। राजनीति में निरन्तर बढ़ती जा रही हिंसा अपराधीकरण, चरित्र हनन, वंशवाद, भ्रष्टाचार आदि के कारण भी आम शिक्षित तथा संभ्रान्त परिवारों की महिलायें सक्रिय राजनीति को अपना कार्यक्षेत्र बनाने में संकोच करती हैं।

(5) शैक्षणिक कारण-शिक्षा का सीधा सम्बन्ध जागरूकता से होता है। शिक्षा मनुष्य के अन्दर स्वतंत्र निर्णय लेने का भाव तथा अपने अधिकारों के प्रति सजगता की भावना का विकास करती है। मध्य प्रदेश में महिलाओं की शैक्षणिक स्थिति बहुत दयनीय है। प्रदेश की लगभग 71 प्रतिशत महिलायें निरक्षर हैं। उन्हें संविधान द्वारा प्रदत्त अपने अधिकारों का कोई ज्ञान नहीं है। उनका यह अज्ञान उन्हें पराधीन और आश्रित बनाता है। अपने ऊपर होने वाले अत्याचारों का शोषण व उत्पीड़न को वह अपनी नियति समझती है तथा उसके खिलाफ बनाये गये कानूनों तथा वैधानिक प्रावधानों से वह बेखबर रहती हे। अपने अधिकारों से बेखब तथा अज्ञान के अंधेरे में बैठी स्त्री से विधान सभा का प्रतिनिधित्व प्राप्त करने की आशा कैसे की जा सकती है इसकी ओर से स्त्रियाँ जो शिक्षित हैं कामकाजी होने के कारण आर्थिक दृष्टि से स्वावलंबी भी हैं वे राजनीति से दूषित मानते हुए उसे त्याज्य समझती हैं। हिंसा, भ्रष्टाचार, अपराधीकरण और छल छद्म के दल दल में आकंठ डूबी राजनीति को वे अपना कार्यक्षेत्र नहीं बनाना चाहतीं।

इस प्रकार इन सभी कारणों ने विधानसभा में महिलाओं के प्रतिनिधित्व का मार्ग अवरुद्ध कर रखा है तथा जनसंख्या की दृष्टि से अल्प संख्यक न होते हुए भी राजनीति में महिलाओं की स्थिति अल्पसंख्यकों के समान हो गई है।

मध्य प्रदेश की राजनीति में महिला प्रतिनिधित्व की संभावनायें-यद्यपि वर्तमान समय में विधान सभा में महिलाओं का प्रतिनिधित्व अत्यंत कम है तथा सक्रिय राजनीति में उनके प्रवेश का कम अत्यंत मंथर गति से आगे बढ़ रहा है परन्तु इक्कीसवीं सदी के आने वाले वर्ष निश्चित रूप से स्त्रियों के चतुर्मुखी विकास का संदेश लेकर आयेंगे। प्रदेश की महिला प्रतिनिधित्व की वृद्धि की संभावनाओं को निम्न बिन्दुओं में स्पष्ट किया जा सकता है।

(1) यदि पिछले विधान सभा चुनावों में महिला प्रत्याशियों की संख्या को देखा जाये तो उसमें निरन्तर वृद्धि हो रही है। 1967 में कुल 19 महिलायें ही विधानसभा चुनाव के लिए खड़ी हुई थीं। 1990 में उनकी संख्या बढ़कर 150 हो गई और 1993 के चुनाव में उनकी संख्या 167 हो गई। यह इस बात का प्रमाण है कि अब स्त्रियों की सक्रिय राजनीति में रुचि बढ़ रही है और वे विधान निर्मात्री संस्थाओं में प्रवेश कर स्वयं देश के नीति निर्माण में सहयोग देना चाहती है।

(2) मध्य प्रदेश में त्रिस्तरीय पंचायती राज व्यवस्था में महिलाओं को 33 प्रतिशत आरक्षण देने से महिलाएँ लोकतांत्रिक संस्थाओं की आधारभूत राजनीति अर्थात् ग्रामीण राजनीति में प्रवेश कर चुकी है। इससे उनके राजनैतिक जीवन की जड़ें मजबूत होंगी। जिला स्तर, ब्लॉक स्तर, तथा ग्राम स्तर पर महिलाओं के लोकतांत्रिक संस्थाओं में प्रवेश से उनके राजनैतिक नेतृत्व तथा प्रतिनिधित्व की एक पीढ़ी तैयार हो रही हैं परन्तु इससे उन्हें राजनैतिक प्रशिक्षण प्राप्त हो रहा है। जिससे आगे चलकर वे देश व प्रदेश की राजनीति में अपना स्थान बनाने में सफल हो सकतीं हैं।

(3) महिलाओं में शिक्षा का प्रचार व प्रसार तेजी से हुआ है महिला शिक्षा नि:शुल्क कर दिये जाने से स्त्री शिक्षा के क्षेत्र में उल्लेखनीय प्रगति हुई है जिससे उसकी क्रियाशीलता में भी वृद्धि हुई है। प्रदेश में तेजी से कामकाजी महिलाओं का प्रतिशत बढ़ा है। शिक्षा तथा आर्थिक स्वावलंबन से नारियों में आत्मविश्वास व जागृति उत्पन्न हुई है जो उन्हें सक्रिय राजनीति में प्रवेश करने के लिये प्रेरित कर सकती है।

(4) राजनैतिक क्षेत्र में प्रवेश करने वली महिलाएँ पहले या तो राजवंश से सम्बंधित होती थीं या उच्च वर्गों से। उनका सम्बन्ध भारत की आम स्त्री की समस्याओं से नहीं था। अत: उनकी रुचि कभी भी आम भारतीय महिलाओं को सक्रिय राजनीति में आने के लिये प्रेरित करने की नहीं रही, परन्तु पिछले दो तीन आम चुनावों से प्रदेश की राजनीति में मध्यम वर्गीय पढ़ी लिखी स्त्रियों का प्रवेश हुआ है, जो नारी के उत्थान स्वावलंबन तथा जागृति की पक्षधर है वे विधानसभाओं तथा संसद में महिला प्रतिनिधित्व को केवल कुछ विशेष वर्गों की स्त्रियों तक सीमित नहीं रखना चाहती। बल्कि वे समाज की आम स्त्री व दलित, शोषित व पिछड़े वर्ग की स्त्रियों की भी भागीदारी राजनीति में बढ़ाना चाहती हैं। यही कारण है कि आज अधिकांश महिला सांसद एवं विधायकों द्वारा लोक सभा व विधान सभा में स्त्रियों का तैतीस प्रतिशत आरक्षण देने की मांग की जा रही है तथा वे निरन्तर सरकार पर इस सम्बन्ध में शीघ्र निर्णय लेने क लिये दबाव डाल रही हैं।

(5) सामान्य तौर पर सोचा जाता रहा है कि सक्रिय राजनीति के क्षेत्र में महिलाएँ सफल नहीं हा सकती परन्तु स्वाधीनता आन्दोलन काल से लेकर स्वातंत्रोत्तर

भारत में राजनीति में प्रवेश करने वाली अनेक महिलाओं ने अपनी राजनैतिक कुशलता,कार्यक्षमता तथा प्रशासनिक सूझबूझ ने यह सिद्ध कर दिया है कि वे राजनीति के क्षेत्र में पुरुषों से किसी मायने में कम नहीं हैं। झांसी की रानी से लेकर सुमित्रा कुमारी चौहान। सरोजनी नायडू, कस्तूरबा गांधी,अरुणा आसफ अली जैसी वीरांगनाओं ने जहां अपनी वीरता का लोहा स्वाधीनता संघर्ष काल में मनवाया है वहीं श्रीमति इन्दिरा गांधी, विजयलक्ष्मी पंडित, विजयराजे सिंधिया, सुमित्रा महाजन, शीला दीक्षित,उमा भारती जैसी प्रतिनिधियों ने अपने राजनैतिक व्यक्तित्व की छाप जनता पर छोड़ी है। राजनीति के क्षेत्र में सफल ये महिलायें शिक्षित व जागरूक महिलाओं का आदर्श बन रही हैं और उनके व्यक्तितव से प्रेरणा लेकर महिलायें दलीय राजनीति तथा विधायी संस्थाओं में महिलाओं के प्रतिनिधित्व का पथ अत्यंत संघर्षमय है। परन्तु विपरीत परिस्थितियों में अपने अस्तित्व की रक्षा करने की भरपूर क्षमता प्रकृति ने महिलाओं को प्रदान की है। अत: जिस प्रकार भ्रष्टकों के मध्य सुगंधित पुरुष खिलकर अपने चारों ओर के वातावरण को सुगंधित बनाते हैं उसीप्रकार घोटालों से आच्छादित, हिंसा और अपराधों के दलदल में डूबी तथा आदर्शों व मूल्यों से रिक्त हुई हमारी दिशाहीन राजनीति को महिलाएँ अपने व्यक्तित्व की सुरभि से सुवासित करने में अवश्य सफल होंगी।

राजनैतिक दलों को महिला प्रत्याशियों को अधिक संख्या में उम्मीदवार बनाकर नारी शक्ति का उपयोग लोकतंत्र को मजबूत करने में करना चाहिए। जागरूक महिला संगठनों को आरक्षण की बैसाखी का सहारा लिये बिना स्त्रियों की सामाजिक स्थिति मे सुधार कर उन्हें स्वतंत्र निर्णय लेने के योग्य बनाना चाहिए ताकि वे अपनी योग्यता व कार्यकुशलता के बल पर प्रदेश में महिलाओं के राजनैतिक नेतृत्व की एक नयी पीढ़ी तैयार कर सकें तथा यह सिद्ध कर सके कि देश की आधी जन शक्ति का सहयोग लिये बिना विश्व के सबसे बड़े लोकतंत्र को कारगर ढंग से संचालित करना संभव नहीं है।

❑❑❑

10

भारतीय महिलाओं का उत्पीड़न

नारी को जीवन के किसी भी क्षेत्र मानसिक, शारीरिक, बौद्धिक तथा पारिवारिक, सामाजिक, आर्थिक, राजनीतिक रूप से प्रताड़ित करना, संताप देना, शारीरिक यातना देना, तिरस्कारपूर्ण व्यवहार करना, नीचा दिखाना, हीनभावना रखना, पैर की जूती समझना, उत्पीड़ित करना, परेशान करना, रखैल बना कर रखना, सभी प्रकार से शोषण करना, अत्याचार करना, जुल्म करना, अपमानित करना, बलात्कार करना, अपहरण करना, जला देना, अंग-भंग करना, अश्लील आचरण करना, सती प्रथा, बाल विवाह, दहेज प्रथा, तलाक देना, भ्रूण हत्या, समाचार पत्र, पत्रिकाओं में ऐसी ही जानकारी प्रकाशित करना, टेलीविजन के चैनलों में इसी तरह की जानकारी दिखाना, नारी उत्पीड़न के अन्तर्गत आता है।

पति का शराब पीकर पत्नी को मारना, पैसे की माँग करना, जुआ खेलना, सट्टा खेलना, गाँजा, चरस, भाँग, अफीम का सेवन करना, संतान के रूप में लड़कियाँ ही पैदा होना, इसलिए लिंग परीक्षण कर भ्रूणहत्या करना तथा पत्नी को प्रताड़ित करना, संतान का सुन्दर न होना, शिक्षित न होना, लड़की का सरकारी नौकरी न होना, पैसा कमा कर न लाना, नारी का बोझ होना भी नारी को उत्पीड़ित करने के मुख्य कारण हैं।

इसके अतिरिक्त मोबाइल, वीडियो कैसेट, वी.सी.आर., कम्प्यूटर, इंटरनेट, रेडियो, सिनेमा के द्वारा नारी को उत्पीड़ित किया जाता है। इसके पीछे सबसे प्रमुख कारण आर्थिक स्थिति है। अर्थ ही इन सबका मूल कारण है।

इसके कारण समाज में ऐसी घटनाएँ बढ़ती हैं, हत्याएँ होती हैं, अपहरण होता है, लूटपाट होती हैं, अत्याचार बढ़ते हैं, पापाचार बढ़ता हैं, नैतिकता का स्तर घटता है, अपराध बढ़ते हैं, समाज की आध्यात्मिकता कम होती चली जाती है।

नारी उत्पीड़न

नारी

ग्रामीण नारी

शहरी नारी

गृहिणी

कामकाजी

परिवार के ही रिश्तेदारों द्वारा वासना का शिकार बनाया जाना

खेतों, खलिहानों, स्कूलों तथा साथ में काम करने वाले सहकर्मी द्वारा ही यौन-उत्पीड़न करना

गृहिणी

कामकाजी

परिवार के रिश्तेदार, पड़ौसी, परिचितों द्वारा ही वासना का शिकार बनाकर उत्पीड़ित करना

विद्यालयों, कार्यालयों इत्यादि कार्यस्थलों पर काम करने वाले पुरुष वर्ग द्वारा, सहकर्मियों द्वारा वासना का शिकार बनाना, अनैतिक सम्बन्ध बनाना, कार्य में सहयोग न करना, पक्षपात करना, उपेक्षित करना।

नारी होने की सजा

कैसी विडंबना है कि आज के समाज में भी औरत होना एक सजा है, एक दुख है। सृष्टि को चलाने वाली जन्मदात्री आज भी सिर्फ भोग्या ही बनी हुई है। उसका स्थान या तो देवालयों में निश्चित कर दिया गया है या उसे शोषित, पीड़ित, दोयम दर्जे की उपयोग की वस्तु ही माना गया है, और औरत की यह हालत सिर्फ भारत जैसे पिछड़े देशों में या किसी धर्म विशेष में ही नहीं बल्कि अति आधुनिकता का दम भरने वाले अमेरिका, यूरोप जैसे पूँजीवादी मुल्कों में भी है। तभी तो 1995 की एक रपट का आँकड़ा कहता है कि उस साल वहाँ (अमेरिका में) डेढ़ लाख से भी ज्यादा महिलाओं के साथ बलात्कार हुए।

सदियों से औरत को मारने, उसे प्रताड़ित करने, उसके साथ बलात्कार करने या उसे पुरुष से नीचा दिखाने अथवा रखने के कई सारे बहाने, तरीके और परम्पराएँ बना ली गई हैं जो आज के पढ़े-लिखे सभ्य कहे जाने वाले आधुनिक समाज में भी न सिर्फ ज्यों की त्यों उपस्थित हैं बल्कि और ज्यादा मजबूत तथा कट्टरता के साथ सामने आ रही हैं।

बलात्कार अथवा हिंसा की बात हो या कम होती महिला संख्या की, महिला श्रम या नौकरी का मुद्दा हो या शिक्षा साक्षरता का, सबमें महिला भेदभाव और शोषण की शिकार है। और तो और, भोजन में भी महिला का हिस्सा बहुत कम है, उसमें भी उसके साथ भेदभाव किया जाता है।

अत: यह आवश्यक है कि महिलाएँ इन अपराधों को गहराई से समझें, उनके आँकड़ों को जानें और फिर इसके खिलाफ लामबंद हो सकें। यहाँ ऐसे ही कुछ मुद्दों को तर्क-तथ्य के साथ मैंने जानने की कोशिश की है।

कम होती लड़कियाँ

ताजा आँकड़ों के अनुसार प्रतिवर्ष सवा करोड़ बालिकाएँ हमारे देश में जन्म लेती हैं। इनमें से 40 प्रतिशत लड़कियाँ अपनी दसवीं वर्षगाँठ भी नहीं मना पातीं। कई अलग-अलग कारणों से वे काल के गाल में समा जाती हैं। इनकी असमय मृत्यु का कारण माता-पिता का उपेक्षित व्यवहार, पक्षपातपूर्ण दृष्टिकोण और अभी ताजा-ताजा लड़के की लालसा में मादा भ्रूण हत्या है। गर्भ में लिंग परीक्षण और उसकी हत्या का आँकड़ा लगातार बढ़ रहा है। अकेले मुम्बई में 1984 से 40 हजार कन्या भ्रूण खत्म किए किए जबकि मुम्बई पढ़े-लिखे आधुनिक शहरों की नाक है। गर्भजल परीक्षण के इस खतरनाक आविष्कार के बाद 1978 से 1993 तक पूरे देश में 2 लाख 78 हजार बालिकाओं का भ्रूण नष्ट किया गया। इसके अतिरिक्त अन्य कारणों से भारत में प्रतिवर्ष 3 लाख 43 हजार लड़कियाँ होश सँभालने के पहले ही मौत की शिकार होती हैं। 1996 में कन्या भ्रूण हत्या और लिंग परीक्षण के विरोध में लोकसभा में एक विधेयक पारित किया गया परन्तु इसका ठोस क्रियान्वयन आज तक नहीं हो पाया। दूसरी ओर भारतवर्ष में आज भी माता के स्तन पर अफीम लगाकर बच्ची को पैदा होते ही मार दिया जाता है। कई क्षेत्रों में सीधे-सीधे गला घोंटने की परम्परा आज भी चल रही है। यही कारण है कि जहाँ 1901 में 1000 लड़कों के पीछे 972 लड़कियाँ होती थीं, 1995 में यह आँकड़ा प्रति एक हजार पर 816 का रह गया है। केवल केरल एक ऐसा राज्य है जहाँ आज भी लड़कों की अपेक्षा लड़कियों की संख्या अधिक है। प्रति एक हजार पर 1032 लड़कियाँ वहाँ आज भी पाई जाती हैं। यूनिसेफ की 1974 की एक रपट के अनुसार एक साल तक की आयु के 13 लड़के और 198 लड़कियाँ विभिन्न कारणों से प्रतिदिन मरते हैं। पंजाब एक ऐसा उदाहरण है जहाँ गरीबी की रेखा के नीचे मात्र 11 प्रतिशत लोग रहते हैं पर वहाँ लड़कियों की मृत्युदर सम्पूर्ण भारतवर्ष से अधिक है। वैसे भारतवर्ष में महिला शिशु हत्या को 1890 में ही अवैध घोषित कर दिया गया था तत्पश्चात् इस कानून में कई संशोधन भी किए गए। आज भी यह घिनौनी परम्परा हमारे यहाँ चालू है, जिसमें स्वयं महिला की भूमिका भी महत्वपूर्ण होती है, परन्तु असल कारण वह मानसिकता है जो पुरुष प्रधान समाज ने बनाई है।

मध्यप्रदेश बलात्कार के मामले में पहले नम्बर पर है तथा दिल्ली और राजस्थान बलात्कार में आगे हैं। कुल मिलाकर आँकड़ों के इस खेल में मध्यप्रदेश एक ऐसा राज्य है जो बलात्कार का सिरमौर रहा। जहाँ 1993 से 1998 के दौरान प्रतिवर्ष क्रमश: 3286, 3225, 3111, 3345, 2187 बलात्कार के प्रकरण दर्ज हुए वहीं 1991 से 1993 के भाजपा शासन के कार्यकाल में क्रमश: 2532, 2958 महिलाओं के साथ बलात्कार हुआ। इस प्रकार राजस्थान और दिल्ली की बात न भी करें तो भी मध्यप्रदेश के आँकड़ों से ही स्पष्ट होता है कि महिलाओं के साथ बलात्कार की घटनाएँ निरन्तर बढ़ी हैं। दिल्ली, राजस्थान और महाराष्ट्र ऐसे राज्य हैं जहाँ पिछले वर्षों में बलात्कार की घटनाएँ बढ़ी हैं।

गृह मंत्रालय के अपराध रिकार्ड ब्यूरो के अनुसार भारत में हर 47 मिनट में एक बलात्कार, हर 44 मिनट में औरत का अपहरण, हर 36 मिनट में स्त्री की इज्जत के साथ छेड़छाड़ किया जाता है और प्रतिदिन 17 दहेज मृत्यु की घटनाएँ होती हैं। शिक्षा और पढ़े- लिखे समाज के साथ यह आँकड़ा बढ़ता जा रहा है। खदानों, खेतों, निर्माण कार्यों जैसे असंगठित क्षेत्रों की महिला मजदूर के साथ होने वाले बलात्कार और अत्याचार की घटनाएँ तो किसी भी रिकार्ड में दर्ज नहीं होतीं। यह संख्या भी लगातार बढ़ रही है। सम्पूर्ण देश के स्तर पर 1990-95 के बीच 66220 बलात्कार और 131737 छेड़खानी के प्रकरण पंजीबद्ध हुए। इस दौरान 25747 महिलाएँ दहेज की बलिवेदी पर चढ़ीं। कुल मिलाकर पूरे देश की स्थिति महिला अत्याचार, हिंसा और बलात्कार के मामले में बड़ी भयावह है।

महिला श्रम

आज की भारतीय नारी ने पर्दे के पीछे रहने वाली नारी का आवरण उतारकर अपने आपको पुरुषों के सामने स्थापित किया है। तत्पश्चात् भी महिला श्रम को नीचा और हेय दृष्टि से देखा जाता है। आज भी हमारी आर्थिक गतिविधि में महिला की भागीदारी बहुत कम है। महिला आज के दौर में भी घर की चारदीवारी में कैद है। समाज की परम्परा, रीति-रिवाज, अशिक्षा, अज्ञानता, रूढ़िवादिता और एक हद तक हमारा संविधान महिला को बाहर निकालने से रोकता है। आँकड़े गवाह हैं कि 1991 की हमारी जनगणना में आधी 40.34 करोड़ महिलाएँ थीं, परन्तु इनमें मात्र 8.98 करोड़ महिलाएँ ही काम करती थीं। जो कुल महिला जनसंख्या का 22.26 प्रतिशत हैं। इनमें अधिकतर ग्रामीण क्षेत्र के खेतिहर काम में लगी थी।

आज इन महिला कामगारों में 2.22 करोड़ कृषक, 2.84 करोड़ कृषि श्रमिक, 0.13 करोड़ पशुपालन, मत्स्य पालन, 0.02 करोड़ खनन एवं उत्खनन, 0.23 करोड़ गृह उद्योग, 0.25 करोड़ अन्य उद्योग, 0.04 निर्माण कार्य, 0.14 करोड़ व्यापार, 0.02 करोड़ परिवहन एवं संचार तथा 0.55 करोड़ अन्य कामों में लगी हैं। शहरी संगठित क्षेत्र में महिला, भागीदारी कारखानों में 10 प्रतिशत, खानों में 8 प्रतिशत और बागानों में 51 प्रतिशत है। सरकारी नौकरी में केन्द्रीय सेवाओं में 35 लाख पुरुषों की तुलना में महिलाएँ

मात्र 2 लाख 83 हजार हैं, राज्यों की हालत तो और भी खराब है। भारतीय पुलिस सेवा में 21 हजार और प्रशासनिक सेवा में 339 महिलाएँ हैं। महिला श्रम के सम्बन्ध में यह बात ध्यान देने योग्य है कि 1983 से 88 के बीच शिक्षित महिला रोजगार में वृद्धि की दर 11.08 प्रतिशत रही जबकि पहले यह काफी कम थी। इस तरह हमारी कुल महिला जनसंख्या का 22.26 प्रतिशत ही रोजगार में लगा है, और एक बड़ा हिस्सा आज भी पुरुषों पर आश्रित है जबकि अभी भी 11 करोड़ महिलाएँ ऐसी हैं जो काम पा सकती हैं परन्तु उनके लिए रोजगार के साधन नहीं। असंगठित क्षेत्र में महिला कामगारों को पुरुष से कम मजदूरी दी जाती है इसलिए वहाँ महिला को काम मिलता है। हमारा संविधान और कानून समान काम की समान मजदूरी की बात करता है। खेती एक ऐसा असंगठित क्षेत्र है जिसमें 1955 में 59 प्रतिशत महिलाएँ काम करती थीं पर आज यंत्रीकरण के कारण यह प्रतिशत घटकर मात्र 23 रह गया है। आज प्रति हैक्टेयर खेती में महिला श्रम का हिस्सा 3485 घण्टे है। पुरुष 1212 घण्टे, बैल 1064 घण्टे ही काम करते हैं। खेती में काम करने वाली महिला घर के काम के अलावा 10 से 12 घण्टे प्रतिदिन काम करती हैं इतना ही नहीं हमारे देश में 14 वर्ष से कम आयु की 8.35% बच्चियाँ पूरी तरह और 9.35% आंशिक रूप से मजदूरी करती हैं जिसका मुख्य कारण उनके परिवार की आर्थिक हालत का कमजोर होना है। एक ऐसा भी अध्ययन है जिससे पता चलता है कि टिहरी, गढ़वाल की एक औसत औरत को ईंधन एकत्रित करने के लिए साल में 5 हजार 4 सौ कि.मी. पैदल चलता होता है। यह दूरी दिल्ली, कोलकता के बीच की दूरी से भी गुगनी हैं। वहीं इसी क्षेत्र के अल्मोड़ा जिले के अरे-गाँव की औरत को ईंधन के लिए 6 हजार कि.मी. साल भर में चलना होता है। उसी प्रकार पानी लाने के लिए यहाँ की महिला को प्रतिदिन 5 कि.मी. चलना होता है। कुछ गाँवों में तो यह दूरी 15 कि.मी. तक होती है। हमारे सामाजिक ढाँचे में इस काम का कोई मूल्य नहीं। संयुक्त राष्ट्र संघ कहता है कि विश्व में किए जाने वाले कुल कामों का दो तिहाई औरतों द्वारा संपादित होता है जबकि विश्व की कुल आमदनी का मात्र दसवाँ हिस्सा ही उसे मिलता है।

विश्व की लगभग 85 करोड़ तथाकथित आर्थिक रूप से सक्रिय महिलाओं में आधे से अधिक अर्थात् 56 प्रतिशत एशिया में हैं और मात्र 21 प्रतिशत विकसित देशों में हैं जबकि अफ्रीका और अन्य द्वीपों में लगभग 14 प्रतिशत महिलाएँ श्रम योग्य काम करती परन्तु दुर्भाग्य यह है कि प्रजनन, शिशु देखभाल, पारिवारिक संरक्षण घर की साज-संभाल या स्वयं की खेती करने जैसे गैर-पारिश्रमिक प्राप्त काम देश की श्रम गणना में नहीं आते। ऐसे कामों का मूल्य हमारे यहाँ 1970 में 35 प्रतिशत आँका गया था। यदि इसका बाजार भाव से मूल्यांकन किया जाए तो भारत का घरेलू उत्पादन 25 से 35 प्रतिशत बढ़ेगा। 1990 में अन्तर्राष्ट्रीय श्रम संघ के मानक जब हमारे यहाँ लागू करके सर्वे किया गया तो 58 प्रतिशत महिलाएँ आर्थिक रूप से सक्रिय पाई गईं।

वास्तव में शुरू से महिला की आर्थिक सक्रियता की परिभाषा ही विवादास्पद रही है जबकि भारत में महिला पुरुषों से 13 से 15 घण्टे प्रति सप्ताह अधिक काम करती है।

जापान में 2 घण्टे प्रति सप्ताह, यूरोप में 5 घण्टे तथा रूस में सात घण्टे प्रति सप्ताह महिला अधिक काम करती है।

राजनीति से कोसों दूर

इस समय हमारे देश में महिला आरक्षण का मुद्दा काफी चर्चा में है। 33 प्रतिशत महिला आरक्षण बिल दो बार संसद में पेश होने के पश्चात् भी पारित नहीं हो सका और हर बार पुरुषों की ताकत ने अलग-अलग बहाने बना कर इसका विरोध किया। कितना आश्चर्य है कि स्वतन्त्रता के पश्चात् आज भी 543 लोकसभा सदस्यों में महिलाओं की संख्या मात्र 43 ही हैं। जबकि एक लम्बे समय तक इस देश की प्रधानमंत्री महिला रही है। केवल संसद अथवा विधानमण्डलों में ही नहीं राजनैतिक पार्टियों के अपने ढाँचे में भी महिला को नेतृत्वकारी भूनिका कभी नहीं दी गई। चुनाव में तो उन्हें उतारने का सवाल ही नहीं उठता।

वास्तव में पुरुषवादी मानसिकता महिला की सत्ता या व्यवस्था में भागीदारी को हमेशा शक की नजर से देखती रही है। उसे कमजोर, अज्ञानी और ढुलमुल गाना जाता रहा है। इतिहास इस बात का साक्षी है कि महिला को जब-जब भी नेतृत्वकारी भूमिका का मौका मिला, उसने पूरी ईमानदारी, मेहनत और लगन से उसे निभाया। इसका सबसे ताजा उदाहरण पंचायतों में मिले आरक्षण के बाद उभरे गहिला नेतृत्व का है। यहाँ भी आरोप लगे थे कि चुनी हुई महिलाएँ अपने पति, पिता या भाई के माध्यम से पंचायत में काम करेंगी क्योंकि वे हमेशा घर में रहीं, अशिक्षित हैं, उन्हें बात करना और निर्णय लेना नहीं आता। लगभग यही आरोप मुख्यधारा की तरफ से आदिवासी, हरिजन, दलित अथवा गरीब पुरुषों पर भी सदैव लगते रहे हैं। जैसे-जैसे उन्हें आरक्षण के माध्यम से मौका मिला, उनकी राजनीतिक सामाजिक योग्यता बढ़ती गई। आज देश की 10 लाख महिला पंच, सरपंच, सुदूर देहात में बैठकर अपने गाँव को, अपनी पंचायत को, अपनी व्यवस्था को काफी कठिन परिस्थितियों में भी बड़ी कुशलता के साथ चला रही हैं। उनकी सबसे बड़ी समस्या इनके आस-पास के अपने ही पुरुषों के अहं की है जो आज भी इनके नेतृत्व को स्वीकार करने को तैयार नहीं और इन महिलाओं को बदनाम करने का कोई भी मौका अपने हाथ से नहीं जाने देना चाहते। इसलिए यह आवश्यक है कि महिला नेतृत्व की यह सीढ़ी जो पंचायत से शुरू हुई है, विधान-सभा और लोकसभा तक जरूर पहुँचे। तभी महिला बराबरी और पंचायती राज का सपना साकार हो सकता है। यह जरूर है कि इन चुनी गई महिलाओं को हिम्मत बँधाने, उनमें संघर्ष की ताकत पैदा करने और राजनीतिक, संवैधानिक प्रतिक्रियाओं से उन्हें अवगत कराने की एक बड़ी जिम्मेदारी सजग राजनीतिक पार्टियों और महिला समूहों की है, जिसकी कमी आज प्राय: हर कदम पर दिखती है।

गाँधीजी कहते थे कि किसी भी प्रकार के आरक्षण की माँग मत करो, उससे थोड़ा मिलेगा, वरना सीमा अनंत है। यह बात अपनी जगह सही हो सकती है, लेकिन जब संविधान में समान अधिकार मिलने के बाद भी सामाजिक-आर्थिक-राजनीतिक ढाँचे में

महिला को अथवा अन्य पिछड़े और दबे हुओं को बराबरी का स्थान नहीं मिला, तब शायद आरक्षण ही जरुरी हो गया। वास्तव में यह दौड़ ही ऐसी है जिसमें एक कमजोर को एक शक्तिशाली के साथ दौड़ने में सदैव पीछे ही रहना होगा। आरक्षण ही वह हथियार है जो उन्हें बराबरी की दौड़ के लिए खड़ा कर सकता है। हमारा यह सामन्ती ढाँचा ऐसी किसी भी बराबरी के लिए तैयार नहीं, तभी तो 33 प्रतिशत महिला आरक्षण के लिए हर कदम पर अड़ंगे डाले गए। क्या कभी यह सम्भव है कि हर प्रक्रिया से गुजरने के पश्चात् कोई विधेयक लोकसभा में जाकर भी पास न हो सके ? वह भी उस हालत में जब सत्तारूढ़ पार्टी इसे प्रस्तुत कर रही हो और प्राय: हर राजनीतिक दल इस मुद्दे को सैद्धान्तिक रूप में स्वीकार कर चुका हो। वास्तव में कुछ वरिष्ठ सदस्यों के पुरुषवादी अहं का सवाल ही था जो दलित आरक्षण की माँग के रूप में सामने आया और यही कारण बना इस बिल के पास न होने का। यह जरूर है कि दलित महिलाओं को जातीय, वर्गीय और लिंगीय शोषण का एक साथ सामना करना पड़ता है, जिसमें उच्चवर्गीय महिलाओं द्वारा किया जाने वाला शोषण भी शामिल है। इसलिए महिला आरक्षण पहला कदम है। आगे यह लड़ाई, वर्गीय शोषण और अत्याचार के खिलाफ भी लड़ी जाएगी।

केवल भारतवर्ष ही नहीं दुनियाभर में महिला को सत्ता में भागीदार बनाने से रोका जाता रहा है। दुनिया भर की संसदों में उनका प्रतिनिधित्व बहुत कम है। बेल्जियम की महिलाओं को 33.3 प्रतिशत आरक्षण है, पर यह व्यवस्था उम्मीदवारों के स्तर पर ही है। अभी तक अर्जेन्टीना, बेल्जियम, ब्राजील, नेपाल और फिलिपींस में ही राष्ट्रीय कानून के तहत महिलाओं को आरक्षण प्राप्त है, जबकि नॉर्वे में तो सभी राजनीतिक दलों की सूची में आधी महिला होना अनिवार्य है।

अन्तर संसदीय संघ (आई. पी. यू.) के एक अध्ययन के मुताबिक विधायिका में महिलाओं को आरक्षण देने के मामले में लैंगिक समानता के अधिकार का कानून सबसे बड़ी बाधा है। फ्रांस की संविधान परिषद् ने 1982 में इसी आधार पर महिला कोटे को नकार दिया था। इसी तरह इटली, हंगरी आदि देशों में भी कई साल बाद इस व्यवस्था को समाप्त कर दिया गया। सबसे मजेदार आर्मेनिया की शमिरेम और आइसलैण्ड की डब्ल्यू. ए. पार्टियाँ हैं जो शत प्रतिशत टिकट महिला उम्मीदवार को देती है। स्वीडन की भी दो पार्टियाँ अपने टिकटों का आधा हिस्सा महिलाओं को देती हैं। 1995 के आँकड़ों के अनुसार दुनिया की 176 सांसदों में महिला सदस्यों और सीनेटरों (उच्च सदन के सदस्यों) की भागीदारी क्रमश: 11.6 और 9.4 प्रतिशत थी। इनमें से मात्र 6.2 प्रतिशत महिलाएँ मंत्री पद तक पहुँचीं। पाकिस्तान, बांग्लादेश, श्रीलंका, फिलिपीन्स, इस्राइल, ब्रिटेन और भारत ऐसे देश हैं जहाँ का नेतृत्व पिछले कुछ वर्षों में महिलाओं ने किया, पर इन देशों की महिलाओं के हालात में कोई विशेष परिवर्तन नहीं आया। पाँच सौ वर्षों से अधिक पुराने इंग्लैण्ड के हाऊस ऑफ कॉमंस में पहली बार 120 महिलाएँ चुनकर आई हैं।

ये सब स्थितियाँ बताती हैं कि चाहे विकसित देश हो या अविकसित देश, प्रजातांत्रिक प्रणाली हो या राजशाही, सब जगह महिला की स्थिति आज तक दोयम दर्जे की ही रही है। आज समय बदला है। महिलाएँ राजनीति में बराबर के हक के लिए संगठित हो रही हैं। सम्भव है कि आने वाला समय उनका है।

डायन प्रथा

डायन, डाकन, भूतनी, चुड़ेल, जादूगरनी अथवा टोनही जैसे अलग-अलग नामों से पुकारी जाने वाली प्रथा या परम्परा वास्तव में महिला को दबाए रखने, उसकी सम्पत्ति पर अधिकार करने की एक साजिश ही है जिसके माध्यम से पितृसत्तात्मक समाज सदैव महिला पर हावी रहा है। मूलत: आदिवासी, दलित समाज में प्रचलित इस प्रथा में महिला की सम्पत्ति पर अधिकार जमाने और युवा विधवा महिला के साथ शारीरिक सम्बन्ध रख कर उसे दबाए रखने की कोशिश की जाती है। गाँव के सम्पन्न और प्रभावशाली लोग प्राय: कमजोर, मजदूर वर्ग की महिला के साथ इस तरह का व्यवहार करते हैं। गाँव में फैलने वाली बीमारी, अकाल मृत्यु अथवा अन्य अनहोनी घटनाओं के लिए ऐसी महिला को निशाना बनाया जाता है। बैगा, पढ़ियार बुढ़पा, देवता, ओझा, भगत, सोखा कहलाने वाले गाँव के सम्मानित पुरुष जब किसी बीमारी या समस्या को दूर नहीं कर पाते तो वे ऐसी विधवा स्त्री को निशाना बना कर इस समस्या के लिए जिम्मेदार ठहरा देते हैं और इस तरह पूरा गाँव उसे डायन करार देकर उसके खिलाफ हो जाता है। इसका सबसे मजेदार पहलू है कि स्वयं महिलाएँ भी परम्परा पर विश्वास करती हैं। कभी-भी किसी पुरुष को भूत या डायन नहीं माना जाता। उसे तो गाँव की पूजा-पाठ कराने वाला बैगा माना जाता है।

साधारणत: डायन या डाकन शब्द का प्रयोग एक गाली के रूप में होता है, जो सिर्फ आदिवासी क्षेत्रों में ही नहीं बल्कि पढ़े-लिखे शहरी क्षेत्रों में आज भी सुनाई देता है। कहते हैं कि डायन स्त्री में अदृश्य शक्ति होती है जो मनुष्य और जानवरों को हानि पहुँचाती है। यह बुराई एक परम्परा के रूप में एक स्त्री से दूसरी में पहुँचती है। जो स्त्री इस विद्या को जानती है वह अमावस की रात में किसी भी महिला को इसकी शिक्षा देती है और इसके बदले में उसे दक्षिणा स्वरूप अपने पति या बच्चे की बलि देना होता है अर्थात् उसकी मृत्यु हो जाती है। डायन का लेबल किसी भी महिला पर लग जाता है पर उसे कुछ करते कभी किसी ने नहीं देखा।

बिहार के छोटा नागपुर, मध्यप्रदेश के छत्तीसगढ़, झाबुआ आदि क्षेत्रों में इस परम्परा का काफी चलन है। बिहार के इस क्षेत्र में सन् 1983 से 86 के बीच 577 हत्याएँ दर्ज की गईं जबकि छत्तीसगढ़ में रायपुर के आसपास ही सन् 1995 में 7 ऐसी डायन हत्याओं का पता चला। सरकार की लापरवाही के कारण ऐसी घटनाओं के पर्याप्त आँकड़े निकल कर बाहर भी नहीं आ पाते।

डायन-प्रथा की शुरुआत कब और कहाँ हुई, इसके बारे में छोटा नागपुर के तत्कालीन कमिश्नर ई.टी. डाल्टन की पुस्तक 'डिस्क्रिप्टिव-आथनोलाजी ऑफ बंगाल' में कुछ जानकारी मिलती है। उनके अनुसार 1857 में सिपाही विद्रोह के पश्चात् जब कानून व्यवस्था कमजोर हुई, सामाजिक व्यवस्था टूटी, सांस्कृतिक संघर्ष शिथिल पड़े, आपसी दुश्मनी, सम्पत्ति के झगड़े आदि बढ़े, तभी महिला को डायन कहकर निशाना बनाया गया। धीरे-धीरे यह बुराई एक परम्परा में परिवर्तित होती गई। मूलत: आज भी आर्थिक विपन्नता, धनलोलुपता, यौन शोषण, भूमि, सम्पत्ति विवाद और अन्धविश्वास इसके मूल कारण हैं। जबकि ढेरों कार्यक्रम शिक्षा, साक्षरता के अथवा वैज्ञानिक समझ को विकसित करने के चल रहे हैं पर नतीजा वही शून्य। पर गैर सरकारी स्तर पर 1998 में 'फल्क' नामक संस्था के द्वारा जमशेदपुर में एक सम्मेलन करके इस मुद्दे को गंभीर रूप से उठाने का तय किया गया, देखें क्या होता है।

शिक्षा साक्षरता का मतलब

वैसे तो पूरा साक्षर समाज तरह-तरह की बदमाशी, चोरी, भ्रष्टाचार, साम्प्रदायिकता, बलात्कार, हिंसा और मानवीय कामों में लगा है इसलिए लगता है कि शिक्षा और साक्षरता का उद्देश्य भले ही अच्छा हो पर व्यवहार में हमारे यहाँ बुरे आदमी का यह सबसे बड़ा पैमाना है।

इसके पश्चात् भी सामाजिक मापदण्ड शिक्षा और साक्षरता को विकास के हित में जरूरी मानते हैं। महिला बराबरी में भी यह पैमाना महत्वपूर्ण माना गया है। कहते हैं कि गर्भधारण की दर का कम होना, शिशु हत्या का कम होना, जनसंख्या पर नियंत्रण, विवाह की उचित उम्र, श्रम का पूरा मूल्य अथवा अन्य ऐसी बुराइयों को दूर करने में शिक्षित महिला को काफी सहायता मिली है परन्तु शिक्षित तबके में तो इसका उल्टा हो रहा है। सोच यह है कि लड़कियों को नकारने वाले सांस्कृतिक मूल्यों को चुनौती देने की महत्वपूर्ण भूमिका पाठशाला निभा सकती है। 1920 में इन्हीं सब सोच के आधार पर समाज सुधारकों ने महिला शिक्षा पर जोर दिया था। उन्होंने नारा दिया था कि एक बालिका को शिक्षित करने का मतलब है एक परिवार को शिक्षित करना। परन्तु सालों से यह सब मानने वाले हमारे व्यवस्थापकों को यह भी पता होगा कि पूरे देश में 6 वर्ष से अधिक आयु वाली 56.7 प्रतिशत और मध्यप्रदेश की 65.7 प्रतिशत महिलाएँ आज भी निरक्षर हैं। आज भी प्राइमरी स्कूल में बालिका के प्रवेश का अनुपात मात्र 29 प्रतिशत है जबकि लड़की का आँकड़ा 58 प्रतिशत माना गया है। उच्चतर माध्यमिक विद्यालयों का यह आँकड़ा 60.6 प्रतिशत लड़के और 35.6 प्रतिशत लड़कियों का है। अर्थात् 3 में से 2 लड़कियाँ पाठशाला में भर्ती ही नहीं होतीं। यह प्रतिशत गाँव में और हरिजन, आदिवासी या पिछड़ी-जातियों में और भी कम होता है। बीच में पढ़ाई छोड़ने का प्रतिशत भी लड़कियों का काफी था क्योंकि थोड़ी उम्र बड़ी होने के पश्चात् लड़की की भूमिका हमारे समाज में माँ के काम में हाथ बँटाने की होती है। 1991 में 55.3 प्रतिशत लड़कियों

ने स्कूल छोड़ा प्राथमिक स्तर पर और 17.7 प्रतिशत ने छोड़ा माध्यमिक स्तर पर। उच्चतर माध्यमिक तथा महाविद्यालय स्तर पर शहरी लड़कियाँ भले ही आगे बढ़ जाएँ पर ग्रामीण क्षेत्र में महाविद्यालय पहुँचने वाली लड़कियाँ अँगुलियों पर गिनी जा सकती हैं।

आँकड़े कहते हैं कि 1986-87 में 100 ग्रामीण बालिकाओं में से मात्र एक ही बारहवीं कक्षा तक पहुँची। वहीं 1993-94 के आँकड़ों के अनुसार महाविद्यालय की उच्च शिक्षा में 1 लाख 76 हजार लड़कियाँ ही पूरे देश में पहुँच पाईं। जबकि डॉक्टर डिग्री के लिए मात्र 20 हजार 644 महिलाएँ ही योग्य समझी गईं। इसी साल का व्यावसायिक शिक्षा का आँकड़ा कहता है कि मात्र 17 हजार 161 लड़कियों ने इसमें प्रवेश लिया। इस तरह शिक्षा के अन्य क्षेत्रों में भी लड़कियों का प्रतिशत हमेशा कम रहा है।

वास्तव में लड़कियों के शिक्षा, साक्षरता से दूरी का कारण हमारे सांस्कृतिक मूल्य, माँ के काम में हाथ बँटाना, डर की भावना, स्कूल का न होना, मूलत: घर सम्भालने का सोच, और सबसे ज्यादा हमारे पितृसत्तात्मक समाज का रोड़ा रहा है। केरल जहाँ एक सीमा तक महिला को बराबर माना गया है वहाँ शिक्षा का प्रतिशत लड़कियों के हक में भी काफी ज्यादा है।

महिला स्वास्थ्य में भेदभाव

महिलाओं को सुरक्षित मातृत्व और उचित स्वास्थ्य सेवाएँ उपलब्ध कराने के नाम पर विगत पाँच दशक में सरकार बार-बार अपनी स्वास्थ्य नीतियाँ एवं कार्यक्रम बदलती रही है। प्राय: इसका उद्देश्य महिला के सामाजिक और स्वास्थ्य स्तर को सुधारना रहा है परन्तु व्यवहार में इसका रूप शून्य है। क्योंकि हर कार्यक्रम का परिणाम घूम-फिरकर परिवार-नियोजन की मानसिकता के कारण गिनती कम करने के रूप में ही सामने आता रहा है।

महिलाओं की स्वास्थ्य सम्बन्धी समस्याएँ कुछ तो उनकी निम्न सामाजिक हालत के कारण होती हैं और कुछ उनकी अपनी विशिष्ट होती हैं। क्योंकि आज भी महिलाओं की हालत दलितों में दलित और शोषितों में शोषित की बनी हुई है। अत: बाल महिला मृत्यु दर की बात हो, प्रजनन के समय होने वाली मृत्युदर का सवाल हो या प्राय: होने वाली खून की कमी का मुद्दा हो अथवा अन्य प्रकार की बीमारियाँ हों, महिलाओं का आँकड़ा ही सबसे ऊपर रहता आया है। उदाहरण के लिए मध्यप्रदेश में ही बाल मृत्युदर लड़कों की 223 प्रति हजार की अपेक्षा लड़की की 241 है। प्रसव मृत्यु दर आज भी भारत में 555 प्रति लाख है। 1985-90 में पूरी दुनिया की प्रसव मौतों में भारत का नाम 27वें स्थान पर था। 15 से 41 वर्ष की आयु में होने वाली कुल मौतों में ग्रामीण क्षेत्र का प्रतिशत 21.8 और शहरी क्षेत्र का 16.0 था। अर्थात् प्रसव काल की सुरक्षा और सुविधा के अभाव के कारण हमारे यहाँ आज भी महिला मौतों का आँकड़ा बढ़ रहा है।

दूसरी ओर इस दौरान योजनाओं की मुख्य चिन्ता आबादी पर नियंत्रण रही। इसके सफल उपाय खोजने के लिए हमारे वैज्ञानिक महिला की संतुलित और जटिल हारमोन प्रणाली के साथ खिलवाड़ करने से भी नहीं चूके। क्योंकि पुरुष प्रधान समाज में गर्भ नियंत्रण का ठेका भी महिला का ही है। महिला के शरीर पर किए गए इन प्रयोगों के कारण उसकी हालत और खराब हुई। कमजोर शरीर पर कई नई-नई बीमारियों ने हमला किया। इन संबके लिए सरकार का बजट रहा वही पुराना जिसका बड़ा हिस्सा परिवार कल्याण के कार्यक्रम में ही खर्च हुआ। थोड़ा-बहुत खर्च दूध पिलाने वाली माँ के खून की कमी की समस्या के लिए बच्चों में विटामिन की कमी अथवा दाइयों के प्रशिक्षण में हुआ। महिला स्वास्थ्य के अन्य पक्षों को इससे दूर रखा गया। 5 से 16 और 50 वर्ष से भी अधिक उम्र की महिला की तो एकदम उपेक्षा की गई। इनमें भी गरीब, ग्रामीण, हरिजन, आदिवासी, दलित महिला की हालत तो सबसे ज्यादा खराब है जिसके पास प्राइवेट इलाज के लिए न पैसा है, न सुविधा, और न ही समाज का सोच।

कुछ साल पहले सरकार ने सुरक्षित मातृत्व प्रदान करने के नाम पर प्रजनन और बाल-स्वास्थ्य नामक नई नीति की शुरुआत की है जिसमें परिवार नियोजन के मुद्दे को सीधे-सीधे तो दूर रखा गया है। इस नीति को बनाने के पीछे 1994 में यू. एन. ओ. की ओर से हुए काहिरा सम्मेलन का प्रस्ताव है। इसमें कहा गया कि माता-पिता परिवार का आकार छोटा रखेंगे यदि वे निश्चिंत हो जाए कि उनके बच्चों का जीवन सुरक्षित है, और इसके लिए जरूरी है माँ के स्वास्थ्य की देखभाल की क्योंकि मात्र प्रजनन स्वास्थ्य का मुद्दा बनाकर महिला के स्तर को नहीं सुधारा जा सकता। कई स्वास्थ्य कार्यकर्ताओं ने इसका विरोध करते हुए इसे विश्व बैंक की चाल बताया। उनका स्पष्ट कहना है कि प्रजनन स्वास्थ्य का दृष्टिकोण घातक और मारक बीमारियों से ध्यान हटाने का एक तरीका मात्र है क्योंकि अभी तक के सभी अनुभव बताते हैं कि महिलाओं की शिक्षा, साक्षरता, सामाजिक स्वास्थ्य को सुधारने के नाम पर जनसंख्या कार्यक्रम में जितने भी बदलाव आये वे असल में महिलाओं और खासकर ग्रामीण महिलाओं के स्तर में कोई बदलाव नहीं ला सके।

1970-80 के परिवार-नियोजन कार्यक्रम के कड़वे अनुभव के बाद परिवार कल्याण नाम से जो नया कार्यक्रम बना उसमें भी प्रजनन योग्य महिला को ही ध्यान में रखा गया। 1978 में इसमें शिक्षा, साक्षरता और महिला के स्तर को सुधारने की बात जोड़ी गई। 1982 में राष्ट्रीय स्वास्थ्य नीति में स्वीकार किया गया कि महिला और शिशु मृत्यु दर बढ़ रही है। इसलिए इस नीति के 17 लक्ष्यों में से 9 लक्ष्य महिला और शिशु की देखभाल से जुड़े थे। इसी आधार पर सातवीं पंचवर्षीय योजना (1984-89) में एक बार फिर मातृत्व और शिशु-स्वास्थ्य के नाम से कई कार्यक्रम शुरू किए गए। 1992 (आठवीं पंचवर्षीय योजना) में इसे फिर सुधार कर शिशु जीवन और सुरक्षित मातृत्व नाम

दिया गया। इसका अभी ठीक से मूल्यॉंकन भी नहीं हो पाया था कि 1994 में काहिरा सम्मेलन से प्रेरित होकर सरकार ने पुन: अपना दृष्टिकोण बदला और प्रजनन-स्वास्थ्य के लिए और नये कार्यक्रम की घोषणा कर दी। इस तरह महिला कल्याण के नाम पर एक और बदलाव हुआ।

दूसरी ओर आज भी ग्रामीण महिलाओं में आधी को ही टिटनेस के टीके लगे हैं, पाँच में से दो को ही प्रसूति के बाद की सेवाएँ उपलब्ध हैं। आज केवल 45 प्रतिशत महिलाएँ ही आयरन प्राप्ति की हकदार हैं। चार में से तीन ग्रामीण महिलाएँ आज भी अकुशल हाथों और गैर स्वास्थ्यकारी हालत में बच्चों को जन्म दे रही हैं। इसके अलावा, कुपोषण, भोजन की कमी, पानी की अशुद्धता और सामाजिक-भेदभाव के कारण महिला को जिन-जिन बीमारियों का सामना करना पड़ता है उसका न कहीं आँकड़ा है न जिक्र।

ऐसी हालत में महिला-स्वास्थ्य की लगातार बदलती हुई नीतियाँ कोई मायने नहीं रखती हैं। जरूरी है महिला के सम्पूर्ण स्वास्थ्य की देखभाल तथा सामाजिक ढाँचे के सोच में परिवर्तन अर्थात् महिला को भी बराबर का स्थान और हक।

खाने में भी भेदभाव

प्राय: लड़कियों में कुपोषण का कारण भोजन की कमी न होकर उन तक भोजन का न पहुँच पाना है। कम भोजन के कारण उनका शरीर पूरी तरह विकसित नहीं हो पाता। उनका वजन कम होता है, वे छोटी-मोटी बीमारी से भी संघर्ष नहीं कर पातीं। ऐसी ही लड़कियों को बड़ी होकर जब बच्चा होता है तो वह भी कुपोषित ही होता है और इस तरह पीढ़ी दर पीढ़ी अल्प पोषण का सिलसिला चलता रहता है। लड़की होने के कारण इनको डॉक्टरी सुविधा भी कम दी जाती है जिससे इनकी मृत्युदर भी ज्यादा है।

उपलब्ध जानकारी के अनुसार अपर्याप्त भोजन के कारण भारत में लड़कियों की न तो लम्बाई और न ही वजन पूरी तरह से विकसित हो पाता है। विगत तीस वर्षों में खासकर ग्रामीण लड़कियों के शारीरिक-विकास में काफी कमजोरी आई। इसका मुख्य कारण भोजन की कम मात्रा और गुणवत्ता दोनों ही है। लड़की शिशु को कम समय स्तन-पान कराया जाता है। राष्ट्रीय पोषण मॉनीटरिंग ब्यूरो के आहार उपभोग आँकड़ों से पता चलता है कि 13-16 साल की लड़कियाँ शरीर के लिए जरूरी कैलोरी का केवल दो तिहाई भाग ही उपयोग करती हैं। आँकड़े यह भी कहते हैं कि पहली या दूसरी बेटी के मुकाबले तीसरी या चौथी की देखभाल बहुत कम होती है। विश्व-स्वास्थ्य संगठन की 1995 की रपट के अनुसार गरीबी और कुपोषण के कारण रोज 40 हजार बच्चे मौत को गले लगाते हैं। इसी तरह 1995 में 5 लाख माताओं की मृत्यु बच्चे के जन्म के समय ही हो गई जो कि कुपोषित थीं। प्रसिद्ध मोरिंदा अध्ययन के अनुसार आज भी पोषण स्तर के फैसले प्राय: लिंग पर आधारित होते हैं। लड़कों का अच्छा खाना-पीना और लड़कियों का अर्थ किसी तरह जिन्दा रहना।

वेश्यावृत्ति भी एक धन्धा

वेश्यावृत्ति महिलाओं के साथ होने वाला सबसे घिनौना और शर्मनाक काम है जिसका इतिहास हिन्दू-धर्म में देवदासी प्रथा के साथ जुड़ा है। आज भी घर की एक लड़की को देवदासी बनाकर भगवान की सेवा में देने का प्रचलन पूरी श्रद्धा-भक्ति के साथ चालू है। अन्य धर्मों और देशों में भी वेश्यावृत्ति की शुरुआत कई अलग-अलग रूपों में और नामों के साथ हुई और आज यह कॉल-गर्ल्स के आधुनिक संबोधन के साथ पहचानी जा रही है। इस प्रचलित परम्परा, रूढ़ि या धन्धे को बुराई मानने के बाद भी इसको खत्म करने की कोई गंभीर कोशिश आज भी पुरुषवादी सत्ता ने नहीं की। केवल चीन एक ऐसा उदाहरण है जहाँ माओ के नेतृत्व में क्रान्ति के एकदम बाद इस बुराई के खिलाफ एक अभियान चलाया गया और वेश्याओं को समाज में बराबरी का सम्मानजनक स्थान दिया गया।

एक गैर सरकारी रिपोर्ट के मुताबिक पूरे विश्व में 10 लाख बच्चे प्रतिवर्ष देह व्यापार की दुनिया में धकेल दिए जाते हैं। भारतवर्ष में इस समय लगभग 20 प्रतिशत अर्थात् 4 लाख बाल वेश्याएँ हैं। इन आँकड़ों को भारतवर्ष की सम्पूर्ण आबादी के सन्दर्भ में देखा जाना चाहिए। मुम्बई की 125000 वेश्याओं में से 40 हजार वेश्याएँ 16 वर्ष से कम आयु की हैं। सेलिनालाही फाउंडेशन के अनुसार फिलिपींस की गलियों में 12 लाख वेश्याएँ 16 वर्ष से कम उम्र की हैं। यही आँकड़े वहाँ की सरकार द्वारा भी अधिकृत रूप से बताए गए हैं। फिलिपींस की राजधानी मनीला में यूनीसेफ के अनुसार 1987 में 20 हजार वेश्याएँ थीं। ओलोगायो शहर में एक सर्वेक्षण में पाया गया था कि इस शहर में 22 हजार अनरजिस्टर्ड वेश्याएँ हैं, जिनमें से अधिकांश 12-16 वर्ष की हैं। इंस्टीट्यूट ऑफ प्रोटेक्शन द्वारा 768 बाल वेश्याओं पर किए गए अध्ययन से कुछ दिलचस्प तथ्य सामने आए हैं। 48 प्रतिशत वेश्याएँ दोस्तों द्वारा इस नर्क में लाई जाती है जबकि 33 प्रतिशत रिश्तेदारों द्वारा। 50 प्रतिशत लड़कियाँ 12 से 15 वर्ष की आयु में इस पेशे में आती है। सर्वेक्षण में यह भी पाया गया कि कुछ लड़कियाँ 6 वर्ष की उम्र से ही वेश्यावृत्ति में लाई गई थीं।

1980 में ताईवान में 2 लाख 20 हजार वेश्याएँ थीं जिनमें से 60 हजार केवल ताईपेई शहर में ही थीं। इनमें से 4 प्रतिशत बाल वेश्याएँ थीं। विकसित देशों बल्कि न्यूयॉर्क की सड़कों पर भी बाल वेश्याओं को खड़े देखा जा सकता है। यूरोपीय तथा धनी अरब देश इनके प्रमुख खरीददार हैं। ब्राजील के एक स्वयंसेवी संगठन से जुड़ी थुईस कोदेल ने कहा कि उनके देश में लगभग पाँच लाख बाल व वयस्क वेश्याएँ हैं। सेक्स पिपासु पर्यटकों के लिए ब्राजील स्वर्ग बन गया है। नेपाल की नेशनल डेमोक्रेटिक पार्टी की सदस्य पवित्रता राना ने कहा है कि नेपाल से तीन लाख लड़कियाँ प्रतिवर्ष देह व्यापार के लिए भारतवर्ष में आती हैं। वेश्याओं का दलाल और हीजड़ों का बादशाह कहे

जाने पर खैराती लाल भोला खुश हो जाता है। यहाँ के लोग भोला को वेश्याओं के दलाल नाम से ही जानते हैं। भोला गर्व से कहता है कि मैं वेश्याओं का दलाल हूँ लेकिन असामाजिक कर्मों से नहीं। मैं वेश्याओं के जीवन में सुधार लाने, उनके बच्चों को शिक्षित करने तथा वेश्याओं को आर्थिक रूप से सम्पन्न करने के लिए काम करता हूँ। भारतीय पतिता उद्धार सभा के जरिए मैं वेश्याओं और हीजड़ों की लड़ाई लड़ रहा हूँ। यह लड़ाई तब तक जारी रहेगी, जब तक इन्हें इनका हक नहीं मिल जाता। हमारे देश में लगभग 24 लाख वेश्याएँ हैं और करीब 52 लाख हैं इन वेश्याओं के बच्चे। बनारस के खैराती लाल भोला इन वेश्याओं और उनके बच्चों के संरक्षक हैं। वे वेश्याओं के बीच काम करते हैं। वेश्याओं की स्थिति कैसे सुधरे इनके लिए सरकारी और गैर-सरकारी मिशनरी से तालमेल जोड़ते हैं। वेश्याओं में शिक्षा का प्रचार हो, वे आर्थिक रूप से सम्पन्न हों तथा इनके बच्चे शिक्षित हो इसके लिए भोला प्रयासरत रहते हैं।

हमारे देश में इस समय 1100 लालबत्ती क्षेत्र हैं, जहाँ लगभग 2 लाख 75 हजार कोठे हैं। इन कोठों में करीब 24 लाख वेश्याएँ जिस्म बेचने का काम करती हैं। 86 प्रतिशत वेश्याएँ आंध्रप्रदेश, तमिलनाडु, कर्नाटक, पश्चिम बंगाल, बिहार, महाराष्ट्र, उत्तरप्रदेश, असम, गुजरात, गोवा, मध्यप्रदेश, केरल, मेघालय, उड़ीसा, पंजाब, राजस्थान और दिल्ली की हैं। करीब 25 हजार काल गर्ल्स प्रतिवर्ष नेपाल से यहाँ आती है। हमारे देश में सार्क देशों से भी हजारों की संख्या में लड़कियाँ आती हैं। पाकिस्तान से प्रति वर्ष आने वाली दस हजार से अधिक कॉल-गर्ल्स न सिर्फ यहाँ एड्स फैलाती है, बल्कि गुप्तचरी का काम भी करती हैं।

देश में 15 से 20 फीसदी ऐसे खादी, टोपी वाले हैं जिन्हें प्रतिदिन नई-नई लड़कियों की जरूरत होती है। 30 से 40 फीसदी पुलिस वालों को प्रतिदिन लड़कियाँ चाहिए और यही वजह है कि देश में बाहरी लड़कियाँ वेश्यावृत्ति के लिए आ रही हैं।

वेश्यावृत्ति समाज का सबसे घिनौना व्यवसाय है। पुरुषों द्वारा महिलाओं का शोषण कोई नई बात नहीं है। आदिकाल से चली आ रही यह परम्परा अब बड़े पैमाने पर व्यवसाय बन गई है। आलम यह है कि 24 लाख वेश्याओं के अतिरिक्त देश में 30 लाख से अधिक कॉल गर्ल्स हैं। कॉल गर्ल्स पढ़ी-लिखी होती हैं और आधुनिक समाज में आधुनिक फैशन से लैस होती हैं, जो टाई-सूट वाले अफसरों, उद्योगपतियों और बड़े लोगों की प्यास बुझाती हैं।

स्थिति तो आज यह है कि घर से बाहर या भीतर, सड़क के किनारे पॉश इलाके से लेकर झुग्गी-झोपड़ी तक कॉल गर्ल्स का साम्राज्य कायम हो गया है। हाल ही एक सर्वेक्षण रिपोर्ट से पता चला है कि अब वेश्याएँ भी अपना धंधा छोड़कर काल गर्ल्स बनती जा रही हैं क्योंकि कि काल गर्ल्स बनने में कमाई ज्यादा है।

तंग गली में रहने वाली वेश्याओं की स्थिति बड़ी खराब होती है। एक वेश्या प्रतिदिन सात से आठ लोगों की तुष्टि करती है, लेकिन कमाई का आधे से अधिक भाग कोठे की मालकिन तथा दलाल उड़ा लेते हैं। आन्ध्रप्रदेश, केरल, बिहार की वेश्याएँ आज भूखों मरने पर विवश हैं। दिन-रात अपना जिस्म भी बेचती हैं, लेकिन भरपेट भोजन उन्हें नहीं मिलता। सरकार इसके लिए कुछ नहीं करती। पुलिस वाले अलग से शारीरिक व आर्थिक दोहन करते हैं परन्तु वेश्याएँ अब अपने बच्चों को वेश्यावृत्ति से दूर रखना चाहती हैं। जबकि कोठे के दलाल और कोठे की मालकिनें वेश्याओं के बच्चों को वेश्यावृत्ति के दुश्चक्र में फँसाए रखना चाहते हैं। देश में इस समय 51 लाख वेश्याओं के बच्चे हैं जो सरकारी उपेक्षा का शिकार बने हुए हैं। सरकार वेश्या उन्मूलन की बात तो करती है, लेकिन वेश्याओं के बच्चों को शिक्षित करने के लिए प्रचार नहीं कर रही है।

खैराती लाल भोला वेश्याओं के बच्चों को शिक्षा देने का काम बड़े उत्साह से करते हैं। वेश्याओं के बच्चों को शिक्षित करने के लिए भोला देश के कई क्षेत्रों में बाल निकेतन केयर सेन्टर चला रहे हैं। इन स्कूलों में वेश्याओं के बच्चे हजारों की संख्या में पढ़ रहे हैं।

भोला ने दुनिया के 176 देशों की तरह भारत में भी वेश्यावृत्ति के पेशे को कानूनी दर्जा दिलाने के लिए उच्चतम न्यायालय में याचिका दायर की। भोला का तर्क है कि कोई भी व्यक्ति अपनी इच्छानुसार कोई भी कारोबार या धंधा अपनाने को स्वतंत्र है। वेश्यावृत्ति भी एक धन्धा है, जिससे लाखों लोगों को रोटी मिलती है। अतः वेश्याओं को कानूनी मान्यता मिलना चाहिए। बनारस की गुड़िया संस्था भी वेश्यावृत्ति के उन्मूलन का काम करती है।

लिंगानुपात : लुप्त होती बेटियाँ

सन् 2004 की शुरुआत में अखबारों में एक छोटी सी खबर छपी थी कि हरियाणा के कुछ इलाकों में 'आंटा-सांटा' की प्राचीन परम्परा एक बार फिर पुनर्जीवित हो गई है। अस्सी के दशक तक हरियाणा के कुछ इलाकों की कुछ जातियों में आंटा-सांटा विवाह खूब प्रचलन में था। इस परम्परा के तहत बेटी का रिश्ता जिस परिवार में तय होता था, उसी परिवार की एक बेटी ब्याह कर भी अपने घर में लानी पड़ती थी।

उस समय यह परम्परा दहेज की कुप्रथा पर अंकुश लगाने के लिए प्रचलित थी। बाद में यह परम्परा को गंवारों का रिवाज मान कर त्याग दिया गया। आज यह प्रथा पुनर्जीवित हो गई है लेकिन इस बार कारण अलग हैं। दरअसल अब हरियाणा में महिलाओं की संख्या में भारी कमी के चलते इस प्रथा का सहारा लिया जाता है। अब रिश्ता तय होने से पहले ही लड़की वाले शर्त रख देते हैं कि वे रिश्ता तभी करेंगे जब वर पक्ष भी बदलें में अपने परिवार की किसी लड़की को उनके यहाँ ब्याह दें। इस प्रकार पहले तो मजबूरी थी वह अब शर्त बन गई है।

दरअसल हरियाणा में लड़कियों की संख्या में लगातार कमी आ रही है जिस कारण राज्य में विवाह योग्य कुंवारे लड़कों की एक जमात तैयार हो रही है। अभी तो यह सिर्फ हरियाणा की कहानी है लेकिन यदि बालिकाओं के साथ इसी प्रकार अन्याय होता रहा तो वह दिन दूर नहीं जब समूचे देश में लड़कियों के अभाव में लड़कों को ताउम्र अविवाहित ही रहना पड़ेगा।

यह आशंका पैदा हो रही है कि लिंगानुपात में भारी कमी के चलते। अर्थात् प्रति हजार पुरुषों पर महिलाओं की संख्या 1 दुर्भाग्य से यह संख्या लगातार कम होती जा रही है। लिंगानुपात में इस का एक प्रमुख कारण अजन्मी बालिकाओं की हत्या है। बचपन में स्कूल की किताबों में एक निबंध हुआ करता था-'विज्ञान अभिशाप या वरदान'। व्यक्ति अपने स्वार्थों की खातिर किस प्रकार वरदान रूपी विज्ञान को अभिशाप का रूप दे देता है, उसे अल्ट्रासाउंड तकनीक के उदाहरण से समझा जा सकता है।

अल्ट्रासाउंड तकनीक का आविष्कार कुछ जटिल रोगों की जाँच और पहचान करने के लिए किया गया था और इसने चिकित्सा विज्ञान के क्षेत्र में एक क्रांति की सी स्थिति पैदा कर दी थी। लेकिन जल्द ही इस तकनीक का दुरुपयोग किया जाने लगा। दुरुपयोग के तहत गर्भ में ही भ्रूण के लिंग का पता लगा लिया जाता है और यदि भ्रूण, कन्या होती है तो गर्भपात करवा कर उसे जन्म लेने से पहले ही मार दिया जाता है।

जब उस तकनीक का दुरुपयोग बहुत ज्यादा बढ़ने लगा तो 1996 में इस तकनीक द्वारा लिंग परीक्षण पर रोक लगा दी गई। लेकिन भारत में कानून होते ही तोड़ने के लिए हैं अत: इसका दुरुपयोग बदस्तूर जारी है। मजे की बात यह हैं कि कन्या-भ्रूण की हत्या करने वालों में अधिकांशत: महिलाएं ही होती हैं क्योंकि सामाजिक-आर्थिक कारणों से उनमें पुत्र की चाह अधिक होती है।

विश्व में लिंगानुपात-संयुक्त राष्ट्र जनसंख्या विभाग द्वारा सन् 2000 में जारी किए गए आँकड़ों के अनुसार विश्वभर में औसत लिंगानुपात 986 महिलाएँ प्रति हजार अनुमानित किया गया है। दरअसल अधिकतर विकसित देशों में लिंगानुपात अधिक है लेकिन विकासशील और पिछड़े देशों में कमी के चलते विश्व औसत कम हो जाता है। जापान और इंडोनेशिया अकेले ऐसे एशियाई देश हैं जहाँ लिंगानुपात अधिक है।

प्रमुख देशों में लिंगानुपात

क्रम राष्ट्र	लिंगानुपात
(1) चीन	944
(2) भारत	933

(3)	संयुक्त राज्य अमेरिका	1.029
(4)	इंडोनेशिया	1.004
(5)	ब्राजील	1.025
(6)	पाकिस्तान	938
(7)	रूस	1.140
(8)	बांग्ला देश	953
(9)	जापान	1041
(10	नाइजीरिया	1016
(11)	विश्व औसत	986

तालिका के अध्ययन से स्पष्ट है कि भारत लिंगानुपात के मामले में पाकिस्तान और बांग्लादेश जैसे पिछड़े देशों से भी पीछे है। विकसित देशों में महिलाओं को पर्याप्त महत्त्व दिया जाता है और आर्थिक विकास में उनके महत्त्व को समझा जाता है इसलिए उन्हें समाज पर बोझ नहीं माना जाता। यही कारण है कि वहाँ लिंगानुपात अधिक है।

भारत में लिंगानुपात-लिंगानुपात के मामलें में भारत कई एशियाई देशों से भी बहुत पीछे हैं। अगर आँकड़ों पर नजर दौड़ाएँ तो पता चलता है कि सन् 1901 के बाद से भारत में लिंगानुपात लगातार कम हुआ है।

भारत में लिंगानुपात

वर्ष	लिंगानुपात
1901	972
1911	964
1921	955
1931	950
1941	945
1951	946
1961	941

1971	930
1981	934
1991	927
2000	933

भारत में क्षेत्रीय स्तर पर भी लिंगानुपात में काफी विविधता पाई जाती है। 1991 में 916 प्रति हजार महिलाओं से कम संख्या 13 राज्यों की थी जबकि 2001 में यह सुधरकर 12 रह गई। सन् 1981 के बाद से 0-6 आयु वर्ग के लिंगानुपात में गिरावट आई है। जहाँ 1991 प्रति हजार अनुपात वाले राज्यों की संख्या 4 थी वहीं 2001 में यह संख्या बढ़ कर 8 हो गई। इस कमी का कारण भ्रूण हत्या को माना जा सकता है।

अधिक लिंगानुपात वाले राज्य

केरल (1058) > छत्तीसगढ़ (990)> तमिलनाडु (986)।

कम लिंगानुपात वाले राज्य

हरियाणा (861)< सिक्किम (875)< पंजाब (876)

उपरोक्त आँकड़ों से ज्ञात हो जाता है कि हरियाणा और पंजाब जैसे देश के अति-विकसित राज्यों में लिंगानुपात सबसे कम है। अधिकतर देशों में लिंगानुपातकम होन को एक आर्थिक समस्या माना जाता है जबकि दुर्भाग्य से भारत में इसका उल्टा है। हमारे विकसित राज्यों में लिंगानुपात कम है जबकि अपेक्षाकृत पिछड़े राज्यों में यह अधिक है। इससे स्पष्ट है कि भारत में लिंगानुपात कम होने का कारण सामाजिक है न कि आर्थिक।

वैसे तो देश की राजधानी दिल्ली में लिंगानुपात बहुत कम (821 प्रति हजार) है लेकिन 2001 के आँकड़ों का सूक्ष्मता से अध्ययन करने पर पता चलता है कि दिल्ली के पॉश समझे जाने वाले दक्षिण दिल्ली इलाके में अपेक्षाकृत पिछड़ी समझी जाने वाली पूर्वी दिल्ली के मुकाबले लिंगापुपात कम है अर्थात जितनी अधिक अमीरी उतना ही अधिक मानसिक रुग्णता, मानसिक दिवालियापन।

क्यों कम हैं लिंगानुपात ?

जैसा कि ऊपर बताया जा चुका है हमारे यहाँ विकसित राज्यों में लिंगानुपात कम है। इससे स्पष्ट है कि विभिन्न सामाजिक व सांस्कृतिक कारणों से महिलाओं के साथ भेदभाव किया जाता है। भारत में लिंगानुपात के कुछ प्रमुख कारण निम्नलिखित हैं-

(1) उच्च मातृ-मृत्यु दर-यह वह दर है जो बताती है कि कितनी महिलाएँ प्रसव के दौरान ही मर जाती हैं। भारत में स्वास्थ्य सेवाओं की स्थिति बहुत अच्छी नहीं है। दूरदराज के गाँवों में तो स्थिति बहुत अधिक खराब है। इस कारण प्रसव के दौरान ही बहुत सी औरतों को अकाल मौत के मुँह में समा जाना पड़ता है। राजस्थान के प्रसव के दौरान सर्वाधिक महिलाओं की मौत होती है।

(2)कन्या भ्रूण हत्या-यह लिंगानुपात में कमी का सबसे बड़ा कारण है। हालांकि लिंग की जाँच पर कानूनी प्रतिबंध है लेकिन आज भी यह जुर्म सरेआम हो रहा है।

(3) कन्या शिशु स्वास्थ्य-यह भी एक तथ्य है कि नवजात कन्या शिशुओं पर अपेक्षाकृत कम ध्यान दिया जाता है जिस कारण बहुत सी कन्याएँ 5 वर्ष की आयु पूरी करने से पूर्व ही इस दुनिया से कूच कर जाती हैं।

(4) नवजात कन्या शिशु हत्या-जब हम कहते हैं कि कुछ शिशुओं को जन्म होते ही सिर्फ इसलिए मार दिया जाता है क्योंकि वे कन्याएँ हैं तो शायद 'सभ्य समाज' इसे मात्र कपोल-कल्पना मान कर हंसने लगे लेकिन वास्तविकता सिर्फ यही है कि आज भी ऐसा होता है। राजस्थान, जम्मू कश्मीर जैसे राज्यों में आज भी कन्याओं को जन्म लेते ही मार दिया जाता है। और इस हत्या के लिए ऐसे वीभत्स तरीकों का इस्तेमाल किया जाता है कि एक बारगी तो शायद ईश्वर भी सिहर उठे एक राजस्थानी मित्र बताते है कि वहाँ के कुछ इलाकों में नवजात कन्याओं के मुँह पर तकिया या कपड़ा ढंक कर उन्हें मार दिया जाता है।

(5) गुमशुदा महिलाएँ-यह एक बहुत गंभीर मसला है जिसे पूरी शिद्दत के साथ समझने की जरूरत है। पहले तो कन्या शिशुओं को जन्म ही नहीं लेने दिया जाता और जब वे जन्म ले लेती हैं तो कुछ समय बाद वे 'गायब' हो जाती हैं। यहाँ गायब शब्द का प्रयोग इसलिए किया जाता है कि कई कन्याओं का पता ही नहीं चलता कि जन्म के बाद वे कहाँ गईं?

भारत में जन्म के समय मानव लिंगानुपात 952 है लेकिन व्यवहार में यह मात्र 933 ही है। सवाल यह है कि उन्नीस कन्याएँ कहा चली जाती हैं? जीवविज्ञान बताता है कि स्त्रियाँ आनुवांशिक रूप से अधिक शक्तिशाली होती हैं और उनमें रोग-प्रतिरोधक क्षमता भी अधिक होती है इसलिए जन्म के समय का लिंगानुपात (952) बढ़ना चाहिए लेकिन यह घट (933) रहा है। इससे साबित होता है कि कम ध्यान दिया जाता है जिस कारण वे समय से पहले ही मर जाती हैं। इस अंतर का कारण, कन्या शिशु हत्या में भी देखा जा सकता है।

राज्य	लिंगानुपात
जम्मू-कश्मीर	892
पंजाब	876
हरियाणा	861
उत्तर प्रदेश	898
सिक्किम	875
नागालैंड	900
मिजोरम	935
मेघालय	972
पंश्चिमी बंगाल	934
उड़ीसा	972
महाराष्ट्र	922
कर्नाटक	965
केरल	1058
हिमाचल प्रदेश	968
उत्तरांचल	962
राजस्थान	921
बिहार	919
अरुणाचल प्रदेश	893
मणिपुर	–
त्रिपुरा	948
असम	935
झारखंड	941
छत्तीसगढ़	989
गुजरात	920

आंध्र प्रदेश	978
गोआ	961
तमिलनाडु	987

यदि हम केन्द्र शासित प्रदेशों के आँकड़ों पर नजर डाले तो पता लगता है कि लगभग सभी केन्द्रशासित प्रदशों में लिंगानुपात औसत से बहुत कम है। सका सबसे बड़ा कारण यह है कि अधिकतर केन्द्रशासित प्रदेश, नगरीय हैं और यहाँ कि अधिकतर जनसंख्या प्रवासी है और प्रवासी लोगों में अधिकतर पुरुष ही होते हैं जो अपना परिवार छोड़कर नगरों में आ जाते हैं।

केन्द्रशासित प्रदेश	लिंगानुपात
चंडीगड़	777
दिल्ली	821
दमन दीव	710
दादर एवं नगर हवेली	812
लक्षद्वीप	948
पांडिचेरी	1001
अंडमान निकोबार	846

वह समय अब अतीत के पन्नों में सिमट कर रह गया है जब प्रसव के बाद ही परिजनों को पता चलता था कि उनके घर में लक्ष्मी (कन्या) पैदा हुई है अथवा उन्हें पुत्र-रत्न की प्राप्ति हुई है। आज तो अत्याधुनिक तकनीकों के सहारे गर्भ के प्रथम माह में ही पता लगाया जा सकता है कि गर्भ में पल रहा शिशु, कन्या है या पुत्र। चिकित्सा विज्ञान की इस देन का दुरुपयोग इतनी तेजी से सारे समाज में फैल गया है कि हैरत होती है। अक्सर ऐसा होता है कि कोई युगल या परिवार विभिन्न कारणों से केवल पुत्र की ही कामना करता है। ये लोग अपनी या बहू के गर्भवती होने पर अत्याधुनिक चिकित्सा तकनीकों की सहायता से पता लगा लेते हैं कि गर्भ में पल रहे शिशु का लिंग क्या है। यह गर्भ में कन्या पल रही होती है तो तुरंत गर्भपात द्वारा उससे जीने का अधिकार छीन लिया जाता है। इस कारण आज समाज मे महिलाओं की संख्या में तेजी से कमी आती जा रही है।

समूचे विश्व के साथ-साथ आज हमारे देश में भी मातृशक्ति को कमजोर किया जा रहा हैं यदि कन्याओं को जन्म देने से पहले ही, यूं ही मार दिया जाता रहा और काल

की पगध्वनि को अनसुना किया जा रहा तो एक दिन ऐसा भी आ सकता है कि हमारे देश में स्त्री प्रजाति लुप्त ही हो जाए, भारत की भूमि तो शेष रहे लेकिन भारत के लोग समाप्त हो जाएँ। जिस अनुपात और तीव्र गति से हमारे देश में कन्याओं की जन्मदर घट रही है, वह अत्यंत अशुभ संकेत है। स्त्री नहीं होगी तो पुरुष भी नहीं होगा। जननी को जन्म ही नहीं लेने दिया जाएगा तो जगत का सृजन कौन और कैसे करेगा। आधुनिक प्रगति और भौतिकवादी संस्कृति की अधोगति यह है कि यह हत्यारों, पापियों को पाल-पोस रही है, पाप को बढ़ावा दे रही है और मानवीय संवेदनशीलता का शोषण कर रही है। यह संस्कृति केवल लोभी इंसानों को पैदा कर रही है, केवल भोग-संभोग को बढ़ावा दे रही है। यहाँ कन्या को अभिशाप समझा जाता है इसलिए या तो उसे जन्म ही नहीं लेने दिया जाता या फिर जन्म के तुरंत बाद ही उसे मौत के घाट उतार दिया जाता है ताकि वह पिता की संपत्ति में हिस्सा न बंटा सके और दहेज का दानव पिता की सम्पत्ति को न निगल सके। हमें यह नहीं भूलना चाहिए कि कन्या भ्रूण का गर्भपात करवाने का जघन्य पाप एक आत्मघाती प्रवृत्ति है जिसके कारण पृथ्वी पर मानव-सभ्यता का अस्तित्व ही संकट में पड़ सकता है।

जन्म के बाद कन्या को मार देने की दुष्प्रवृत्ति भारत के जिन-जिन इलाकों में पनपी, उन क्षेत्रों की ऐतिहासिक पृष्ठभूमि देखने पर ज्ञात होता है कि कभी वहाँ कन्याओं को लूटने वाली बर्बरता का दबदबा था। वहाँ कन्याओं को लूटने वाले, परिवार के अन्य सदस्यों की हत्या कर देते थे जिसका परिणाम यह हुआ कि कन्या के जन्म को वहाँ अभिशाप समझा जाने लगा। स्त्रियों की सुन्दरता को मृत्यु का आमंत्रण माना और समझा जाने लगा। ठीक यही कहानी आज फिर दोहराई जा रही है। दहेज आदि सामाजिक कुरीतियों के चलते कन्या जन्म को अभिशाप समझा जाने लगा है इसलिए जन्म लेने से पूर्व ही, माँ की कोख में ही उसकी हत्या कर दी जाती हैं लेकिन कन्या-भ्रूण की हत्या करने वाले यह नहीं जानते कि वे कोख में सांस ले रहे एक अबोध की हत्या के साथ-साथ आत्महत्या भी कर रहे हैं। मादा भ्रूण की हत्या करने वाले माँ-बाप और परिजनों को समझ लेना चाहिए कि यदि वे 'नारायणी' को मारेंगे तो 'नारायण' का कोप-भाजन भी उनहीं को बनना पड़ेगा। वे इस सत्य को अनदेखा कर रहे हैं कि यदि वे 'लक्ष्मी' के साथ छेड़छाड़ करेंगे तो अंततः उनके हाथ कंगाली ही लगेगी।

यदि चिकित्सा-विज्ञान और सामान्य तार्किक दृष्टि से देखें तो बच्चे का जन्म प्रसव के बाद न होकर उसी समय हो जाता है जब स्त्री गर्भाशय में पिता के शुक्राणु और माता के अण्डाणु का मिलन (निषेचन) होता है। निषेचन के साथ ही गर्भाशय में एक 'जीवन' जन्म ले लेता है। जो धीरे-धीरे आकार ग्रहण करता है, रूप-स्वरूप प्राप्त करता है और विकसित होता है। इस प्रकार गर्भ में भ्रूण नहीं अपितु एक शिशु ही पल रहा

होता है। भ्रूण हत्या या गर्भपात को हमारी पुरातन संस्कृति में एक पाप की संज्ञा दी गई है। कन्या भ्रूण हत्या को हमारी पुरातन संस्कृति में एक पाप की संज्ञा दी गई है। कन्या भ्रूण हत्या को तो हिन्दू शास्त्रों व संत महात्माओं ने महापातक कहा है। यह हमारी सर्वज्ञात और विश्वसनीय सौगंध थी और आज भी है कि-'यदि में फलां काम करूं तो मुझे भ्रूण-हत्या का महापाप लगे।' यह कैसी विडंबना है कि भ्रूण हत्या को महापाप मानने वाली हमारी संस्कृति में कन्या-भ्रूण हत्या करना सामाजिक फैशन और आधुनिकता का पर्याय बन गया है।

इसी प्रकार इस्लाम में भी हमल (भ्रूण) को जाया (गर्भपात) करना गैर-इस्लामिक माना जाता है। हालांकि भ्रूण-हत्या किसी भी धर्म में जायज नहीं है लेकिन इस्लाम में तो इसकी बिल्कुल भी इजाजत नहीं दी जा सकती। जाने-माने इस्लामिक विद्वान और दारुल उलूम के सदर मुदर्रिस मौलाना अंजरशाह कश्मीरी, कन्या भ्रूण को गैर इस्लामिक और घौर पार करार देते हुए कहते हैं कि औरत अपने हमल (गर्भ) को जाया करे, उसे उसका कोई अधिकार नहीं है। मौलाना कश्मीरी कहते हें कि रिजक (रोटी) तो खुदा के हाथ में है। किसी भी डर से कन्या भ्रूण को पैदा होने से रोकना, खुदा की हैसियत का शुबहा करने जैसा है। यह सोचना ही बहुत बड़ा पाप है कि बच्चा जब पेट में पल रहा है तो उसे जाया कराया जाए। मौलाना मानते हैं कि भ्रूण हत्या अर्थात जानबूझ कर गर्भपात कराना, हत्या के बराबर ही अपराध है।

वास्तव में औरत को चाहिए कि यह किसी भी हालत में अमल को जाया न होने दे। कन्या पैदा होने के डर से तो गर्भपात कराया ही नहीं जाना चाहिए क्योंकि इससे लड़कियों को यह अहसास होता है कि समाज में उसका कोई मूल्य नहीं है, उनकी कोई उपयोगिता नहीं है। इस्लाम हालांकि पुरुष-प्रधान धर्म है लेकिन फिर भी इस्लाम औरतों को बहुत से हुकूम देता है और पैदा होने का साफतौर पर मनाही है और औरत द्वारा गर्भपात के लिए रजामंद भी गैर-इस्लामिक कुकृत्य है।

मादा-भ्रूण : परीक्षण और गर्भपात

आज चिकित्सा विज्ञान इतनी अधिक प्रगति कर चुका है कि गर्भ के समय ही शिशु के लिंग आदि का पता आसानी से लगाया जा सकता है। 1970 में गर्भ-विज्ञान के एकाएक उस समय उछाल सा आ गया जब अल्ट्रासाउंड ग्राफ अर्थात 'ध्वनि तरंगों द्वारा प्राप्त चित्र' का प्रादुर्भाव हुआ। सीटोलॉजी, हिस्ट्रोलॉजी और रेडियो इम्यून रासायनिकी के विकास के कारण 'अल्ट्रासाउंड' तकनीक की सहायता से गर्भ में पल रहे शिशु के लिंग की जांच की जा सकती है।

'अल्ट्रासाउंड' एक बेहद आसान सी प्रक्रिया है इसलिए इस तकनीक की सहायता सक भ्रूण के लिंग का पता मिनटों में लगा लिया जाता है। इस तकनीक के अंतर्गत उस महिला को मेज पर लिटा दिया जाता है जिसके भ्रूण का परीक्षण किया जाना होता हैं इसके बाद अल्ट्रासाउंड यंत्र का एक सिरा स्त्री के गर्भाशय पर टिका दिया जाता है। उस यंत्र में मूल रूप से क्रिस्टल होता है उच्च गति की ध्वनि तरंगों को प्रेषित करता है एक ट्रान्सड्यूसर, जो उन ध्वनि तरंगों की प्रतिध्वनि एकत्रित करता है। ये प्रतिध्वनियाँ कम्पयूटर के द्वारा एकत्रित की जाती है जो गर्भ में पल रहे शिशु के चित्र के रूप में स्क्रीन पर पर अवतरित हो जाती हैं। वस्तुत: इस तकनीक में शिशु का चित्र, रेखीय चित्रण या क्षेत्रीय चित्रण के द्वारा बनता है।

इस अल्ट्रासाउंड तकनीक द्वारा शिशु के हृदय के वाल्व के खुलने और बंद होने की क्रिया तक को आसानी से देखा जा सकता है। शिशु के अल्ट्रासाउंड चित्र द्वारा स्पष्ट हो जाता है कि गर्भ में पल रहा अजन्मा शिशु भी हमारी तरह ही जीवित होता है, मानवजाति का ही एक सदस्य होता है। इस आश्चर्यजनक तकनीक की सहायता से भ्रूण के लिंग का पता लगाकर उसका गर्भपात करवा दिया जाता है। भ्रूण का गर्भपात एक बेरहम और अमानवीय प्रक्रिया होती है। इसमें लोहे व अन्य धातु उपकरणों से शिशु (भ्रूण) को कुचला जाता है, उसे नष्ट किया जाता है। गर्भपात के दौरान स्पैकुलम नामक यंत्र और सक्शन ट्यूब की सहायता से गर्भ में शिशु के चारों ओर उपस्थित तरल पदार्थ को चूसकर बाहर निकाल दिया जाता है। इसके बाद सक्शन ट्यूब से ही शिशु के छोटे-छोटे टुकड़े किए जाते हैं और टुकड़े-टुकड़े करके शिशु को बाहर निकाला जाता है। इसलिए सक्सन ट्यूब की सहायता से शिशु के सिर को निकालना संभव नहीं हो पाता है। इस समस्या के समाधान हेतु लोहे के सिर की एक चिमटी को गर्भाशय में डाला जाता है, उसके हाथ-पैर भी होते हैं और पूरा विकसित चेहरा भी। इसके अलावा इसका हृदय और मस्तिष्क भी पूरी तरह से कार्य कर रहा होता है।

कुछ लोग गर्भपात को शल्य क्रिया न मानकर साधारण सी एक सफाई मानते हैं लेकिन वास्तव में ऐसा नहीं है। अप्राकृतिक गर्भपात करवाने से गर्भवती स्त्री के स्वास्थ्य को गंभीर खतरा पैदा हो जाता है। इसके कारण अत्यधिक रक्तस्राव हो सकता है जिससे स्त्री की मृत्यु तक हो सकती है। अक्सर गर्भपात के कारण जनन अंग कमजोर हो जाते हैं जिससे भविष्य में गर्भधारण करना काफी मुश्किल हो सकता है।

पिछले कुछ समय से कन्या-भ्रूण के मामलों में तेजी से इजाफा हुआ है तो इसके अपने कारण हैं। इस प्रकृति के पीछे मूल रूप से हमारी सामाजिक सोच ही जिम्मेदार है। जन्म के समय से ही स्त्रियाँ हमारे समाज में प्रताड़ित होना शुरू हो जाती हैं। अपराध चाहे कोई भी करे लेकिन उसकी सजा अंततः स्त्री को ही मिलती है। बलात्कार

महिला के खिलाफ होता है लेकिन समाज बलात्कारी के स्थान पर पीड़ित महिला को ही हिकारत की नजर से देखने लगता है। सामाजिक ताना बाना ऐसा हे कि बेटी को कभी विरासत का उत्तराधिकारी नहीं समझा जाता। धार्मिक संरचना ऐसी है कि दहेज एक आवश्यक संस्कार बन गया है। दहेज प्रथा रोकने में हमारी नाकामी के चलते आज कन्या-भ्रूण को बढ़ावा मिल रहा है। कुछ आधुनिक लोग सोचने लगे हैं कि बेटी के विवाह में लाखों रुपये खर्च करने से बेहतर है कि चंद रुपये खर्च करके बेटी को कोख में ही समाप्त कर दिया जाए। पिछले कुछ समय से अखबारों में अवैध रूप से लिंग की जांच करने वाले के विज्ञापनों की बाढ़ सी आ गयी है। इनके विज्ञापनों में कहा जाता है कि '2 हजार खर्च करके 2 लाख बचाएँ' दरअसल यह मामला सीधें तौर पर स्त्रियों से जीने का अधिकार छीन लेने का है और इससे स्त्री के अस्तित्व पर भी सवालिया निशान लग गए है।

महत्त्वपूर्ण बात यह है कि इस अपराध की जड़ में अशिक्षा अथवा गरीबी मूल कारण नहीं है। दरअसल यह पूरी तरह से हमारी असंवेदनशीलता का नतीजा है। इस महापाप का एक बड़ा कारण शायद यह भी है कि स्त्रियाँ स्वयं स्त्री होने की हीनभावना से ग्रस्त है। आज भी अधिकतर गर्भवती स्त्रियाँ सिर्फ और सिर्फ पुत्र की कामना ही करती हैं। स्त्रियाँ बेटे पैदा करने में गर्व का अनुभव करती हैं औरबेटी पैदा होने पर उन्हें शर्मआने लगती है।

तथ्य बताते हैं कि हमारी यहाँ अधिकतर कन्या भ्रूण हत्याओं के मामले पुत्र-प्राप्ति की चाह में होते हैं। बालिका भ्रूण हत्या का एक कारण लगातार छोटे होते जा रहे है। अब परिवार छोटे होते हैं और युगल के अलावा बस दो बच्चों को ही गुंजायश बची है। प्रत्येक युगल चाहता हे कि उसके कम से कम एक पुत्र अवश्य हो इसलिए पहली बार कन्या के जन्म लेने पर दूसरी बार युगल गर्भ में ही शिशु के लिंग का पता लगवा लेता है और यदि पुन: गर्भ में कन्या ही पल रहीं होती है तो युगल गर्भपात का अमानवीय निर्णय ले लेता है। सवाल यह उठता है कि यदि बाद में भी दुबारा लड़की ही गर्भ में आती रही तो क्या होगा। समाज किस प्रकार किसी तकनीक का दुरुपयोग करने लगता है यह अल्ट्रासाउंड तकनीक के उदाहरण से समझा जा सकता है। वास्तव में अल्ट्रासाउंड कराने का उद्देश्य गर्भ में पल रहे बच्चे के विकास के बारे में जानना होता है। अल्ट्रासाउंड द्वारा पता लगाया जाता है कि कहीं बच्चा असामान्य स्थिति में तो नहीं है या उसका विकास रुक तो नहीं गया है। लेकिन अब अल्ट्रासाउंड कराने का मुख्य उद्देश्य शिशु का लिंग पता करना मात्र रह गया है।

एक अनुमान के मुताबिक भारत में प्रत्येक वर्ष एक लाख से भी अधिक महिलाएँ गर्भ सम्बन्धी कारणों से मृत्यु का शिकार हो जाती है और अधिकतर मौतें कन्या

भ्रूण का गर्भपात करते समय ही होती हैं। इस बारें में कोई सही आँकड़े उपलब्ध नहीं हैं कि प्रत्येक वर्ष कितनी महिलाएँ गर्भपात कराती हैं और कितनी महिलाएँ किसी सामाजिक या पारिवारिक कारणों से गर्भपात का निर्णय लेती हैं। वैसे पांच लाख से दो करोड़ गर्भपात सालाना के आँकड़े विभिन्न स्रोतों से मिलते हैं। 1994 में किए गए एक अध्ययन के अनुसार 1992 में देश में कुल एक करोड़ दस लाख गर्भपात कराए गए। यहाँ आश्चर्य की बात यह है कि देश में गर्भपात को कानूनी मान्यता मिले 20 वर्ष से अधिक समय हो चुका है लेकिन 1992 में हुए इन गर्भपातों में से केवल 0.6 प्रतिशत ही पंजीकृत गर्भपात (एम.टी.पी.) थे। माना जाता है कि प्रत्येक 10 से 12 अवेध गर्भपातों के बाद एक पंजीकृत गर्भपात होता है।

गर्भपात के अवैध और पंजीकृत मामले

वर्ष	अवैध गर्भपात	पंजीकृत गर्भपात
1998	1,10,00000	6,66882
1999	1,12,00000	–
2000	1,15,00000	6,00000

अस्सी के दशक के अंत तक देश में भ्रूण के लिंग का पता लगाने की आधुनिक तकनीक लोकप्रिय होने लगी थी। पिछले पाँच साल में भ्रूण लिंग निर्धारण व फिर बालिका भ्रूण की हत्या में जिस कदर तेजी से बढ़ोत्तरी हुई है, उसने सभी को चिंता में डाल दिया है। पंजाब के स्वास्थ्य सेवा निदेशक ने स्वीकार किया था कि सूबे ने वर्ष 1997 में प्रति हजार पुरुषों का औसत गिरकर 751 रह गया है। आर्थिक रूप से सम्पन्न हरियाणा और दिल्ली भी इस आँकड़े से दूर नहीं हैं। उत्तर-पश्चिमी भारत तो खैर पुरुष सत्तात्मकता के लिए कुख्यात है, लेकिन ताज्जुब तब होता है, जब मणिपुर, केरल और असम जैसे राज्यों में बालिका भ्रूण की हत्या के मामले सामने आते हैं, जहाँ महिलाओं को शेष देश की अपेक्षा अधिकार संपन्न समझा जाता है।

पुत्र की चाह हर साल करीब चालीस लाख महिलाओं को अपने जीवन का खतरा उठाकर अवैध गर्भपात करवाने पर मजबूर कर देती है। इंडियन मेडिकल ऐसोसिएशन (आईएमए) के मुताबिक यह संख्या पचार लाख का आँकड़ा पार कर चुकी है। अखिल भारतीय जनसंख्या प्रभाग के मुताबिक प्रसव के पहले मौत के घाट उतारी जाने वाली बालिकाओं की संख्या चार से पाँच करोड़ के बीच है। लेकिन अगर सरकारी आँकड़ों पर विश्वास करेंगे तो पूरे देश में कुल 107 बालिका भ्रूणों की ही हत्या हुई। क्या ये आँकड़े हास्यास्पद नहीं हैं?

आमतौर पर गर्भपातका निर्णय महिला का नहीं होता है! लेकिन दहेज की कुप्रथा, पारिवारिक और आर्थिक कारण उसे इस अपराध के प्रति प्रेषित करते हैं। स्थिति तब और भी खतरनाक हो जाती है, जब पैसे की किल्लत के कारण महिलाएं बालिका भ्रूण की हत्या के लिए झोलाछाप डाक्टरों की मदद लेती हैं। कई बार यह जानलेवा भी साबित हो जाता है। जितनी ज्यादा गोपनीयता, उतनी ज्यादा फीस। वैसे गर्भपातकितनी ही कुशल चिकित्सक से कराया जाए, अपने दुष्परिणाम छोड़ ही जाता है। लिंग आधारित गर्भपात,गर्भ के दूसरे चरण के दौरान ही होता है। इसमे जान जाने का खतरा सात सेदस गुना अधिक हो जाता है। भारत में गर्भपात को कानूनी मान्यता होने के बावजूद हर साल करीब बीस हजार महिलाएँ इसी कारण से काल कवलित हो जाती हैं। भ्रूण के कम सेकम 14 हफ्ते का हो जाने के बाद ही यह पता चल जाता है कि वह लड़का है या लड़की। 14 हफ्ते के बाद गर्भपात अत्याधिक खतरनाक होता है।

इस सबके पीछे कुल मिलाकर वही धारणा काम कर रही है, जिसने भारत में महिलाओं को दोयम दर्जे का नागरिक बना छोड़ा है। यूनिसेफ की रिपोर्ट के मुताबिक हमारे देश में बड़ी संख्या में अभिभावक बच्चियों को स्वास्थ्य केन्द्र तक ले जाने की जहमत नहीं उठाते जबकि लड़के के स्वास्थ्य का पूरा ध्यान रखा जाता है। उन्हें भोजन, शिक्षा, कपड़े और यहाँ तक कि स्नेह भी दोयम दर्जे का ही व्यवहार मिलता है। समस्या जहाँ आर्थिक कारणों से जुड़ी है, वहीं महिलाओं में शिक्षा का कम प्रतिशत भी इसके लिए जिम्मेदार है। जनगणना के रुझान बताते हैं कि साक्षरता दर बड़ी है। देश में कुल 65 फीसदी लोग साक्ष हैं लेकिन महिलाओं की साक्षरता दर 54 फीसदी के निराशाजनक स्तर पर टिकी हुई है। हर पाँच में से सिफ दो महिलाएँ ही पढ़ना लिखना जानती हैं। 14 साल से कम उम्र की बालिकाओं में से 41 फीसदी स्कूल का मुँह तक नहीं देख पा रही हैं।

तेजी से बढ़ रही है मादा-भ्रूण गिराने की प्रवृत्ति

लिंगभेद पर आधारित पुरुष प्रधान समाज में स्त्रियों पर अत्याचार और यातना की कहानी जन्म के बाद, किशोरावस्था या युवावस्था में नहीं बल्कि गर्भ के अन्दर से ही शुरू हो जाती हे। यूनिसेफ की एक रिपोर्ट के अनुसार एशिया में गर्भावस्था में बाल शिशुओं की अपेक्षा मादा शिशुओं का जीवन विश्व में मानदंडों के अनुसार बहुत की कम है। दिल्ली स्थित प्राची एजुकेशनल सोसायटी ने भी इस सम्बन्ध में एक सर्वेक्षण कराया। सर्वेक्षण में पाया गया कि भ्रूण हत्या और गर्भपात की सबसे अधिक शिकार मादा शिशु होती है। राष्ट्रीय महिला आयोग के सहयोग से दिल्ली की चार झुग्गी-बस्तियों, जवाहर कैम्प, आजाद कैम्प, जाफराबाद एवं टिगरी कॉलोनी में किए गए इस सर्वेक्षण में यह बात उभरकर सामने आई है कि अल्ट्रासाउंड जैसी आधुनिक चिकित्सा सुविधाओं का बड़े पैमाने पर दुरुपयोग किया जाता है। यह भेदभाव उसके खानपान, स्वास्थ्य, रहन-सहन

एवं हर मामले में किया जाता है। इस तरह भ्रूण हत्या का गर्भपात की शिकार होने से जे मादा भ्रूण बच जाते हैं वे कमजोर और कम वजन की बच्चियों के रूप में पैदा होते हैं तथा उनके कुपोषित होने का खतरा बना रहता है।

आजादी के पांच दशक बाद दुनिया के सबसे बड़े लोकतंत्र भारत में कानूनी तौर पर भ्रूण की जाँच को अवैध घोषित किए जाने के बावजूद ऐसा लगातार खुलेआम हो रहा है। परिवार निदेशालय द्वारा प्रसव निदान तकनीक अधिनियम के लागू होने के लगभग 4 वर्ष बाद आज भी बड़े पैमाने पर देश भर के कस्बों, शहरों और महानगरों में निजी क्लिनिकों में गर्भावस्था के प्रारंभिक दिनों में भ्रूण परीक्षण हो रहे हैं और गर्भवती महिलाओं, उनके परिजनों और डाक्टरों की मिलीभगत से मादा भ्रूण की हत्याएँ की जा रही हैं।

गर्भ के अन्दर ही नहीं, जन्म के तत्काल बाद नवजात मादा शिशुओं की हत्या के लिए भी तरह-तरह के हथकंडे अपनाए जाते हैं। भारतीय समाज के कई हिस्सों में आज भी पैदा होते ही नवजात मादा शिशुओं की हत्या कर दी जाती है। कुछ समय पहले फरीदाबाद (हरियाणा) के एक अस्पताल में लगातार तीसरी बेटी होने पर माँ ने अपनी नवजात बच्ची की गला घोंटकर हत्या कर दी। यह कुकृत्य अधिकांश मामलों में दाईयाँ, घर की बुजुर्ग औरतें या शिशु की माँ घर के मालिकों (निसंदेह पुरुषों) के दबाव में करती हैं। पिछले दिनों दिल्ली में ही एक पति ने अपनी पत्नी को सिर्फ इसलिए मार डाला कि उसके गर्भ में तीसरी दफा भी बेटी ही पल रही थी।

पिछले दिनों राजस्थान के एक गाँव में एक सौ पन्द्रह साल बाद आई एक बारात की खबर ने लोगों के रोंगटे खड़े कर दिये थे। परम्परागत राजपूतों के उस गाँव में लड़कियों को पैदा होते ही मार दिया जाता था। आज भी उस गाँव में गिनी-चुनी लड़कियाँ हैं। प्राप्त रिपोर्ट के अनुसार राजस्थान के बाड़मेर एवं जैसलमेर, तमिलनाडु के सेलम, बिहार के सीतामढ़ी, पूर्णिया, कटिहार एवं भागलपुर तथा हरियाणा एवं पंजाब के कुछ जिलों में मादा शिशु हत्या की घटनाएँ आम हैं। इन पर न तो कोई संताप होता है, न कोई इनका विरोध करता है। मादा भ्रूण एवं नवजात बच्चियों की धड़ल्ले से की जा रही हत्याओं के कारण देश में स्त्री-पुरुष अनुपात में लगातार कमी आ रही है। कुछ राज्यों में तो यह अनुपात काफी चिन्ताजनक स्थिति तक पहुँच गया है।

इस सम्बन्ध में प्राप्त सूचना के अनुसार राजस्थान के जैसलमेर के प्रति एक हजार पुरुषों के मुकाबले स्त्रियों की संख्या मात्र आठ सौ दस है। जबकि भाटी समुदाय में प्रति हजार पुरुषों की तुलना में केवल छः सो कुछ स्त्रियाँ हैं। इसी तरह बिहार के सीतामढ़ी जिले में दुभरा प्रखंड में नवजात शिशुओं की हत्या के कारण कम उम्र की लड़कियो की संख्या में भारी कमी आई है।

इतना ही नहीं पंजाब और हरियाणा जैसे सम्पन्न राज्यों में भी स्त्री पुरुष अनुपात कम है। हरियाणा के प्रति एक हजार पुरुषों में मात्र 876 है। संयुक्त राष्ट्र बाल कोष (यूनिसेफ) की एक रिपोर्ट के अनुसार एक पंजाबी घर में पाँच वर्ष की उम्र की लड़कियों के मरने की आशंका लड़कों की तुलना में दस प्रतिशत अधिक होती है। राजधानी दिल्ली की झुग्गी-झोपड़ियों में भी नवजात मादा शिशुओं की हत्या की दर अधिक है। दिल्ली की एक रिपोर्ट के अनुसार इस तरह ही हत्याएँ जहांगीरपुरी, मंगोलपुरी, सुल्तानपुरी एवं शकरपुर इलाके की झुग्गी-झोपड़ियों में ज्यादा होती हैं।

उल्लेखनीय है कि प्रसव पूर्व निदान तकनीक (विनिमय एवं दुरुपयोग निवारण) अधिनियम 1994 के अनुसार 1 जनवारी 1996 से गर्भस्थ शिशु (भ्रूण) की जाँच के लिए अल्ट्रासोनोग्राफी एकमिनोसेंटिसिस आदि जैसी प्रसव पूर्व निदान तकनीक का प्रयोग करने और भ्रूण के लिंग सम्बन्धी जानकारी देने पर प्रतिबंध लगा दिया गया है और इसका उल्लंघन करने वाले के लिए दंड का प्रावधान किया गया है। भारत में लिंगभेद को खत्म करने, महिलाओं को अधिकार देने, राजनीति एवं व्यवस्था में महिलाओं की भागीदारी बढ़ाने आदि को लेकर चल रहे विमर्श के बीच देशभर की महिला, बाल एवं स्वयंसेवी संगठनों तथा बुद्धिजीवियों की जिम्मेदारी है कि वे लिंग आधारित इन हत्याओं को रोकने के लिए आगे आए।

छोटे परिवार की चाह में शिशु लड़कियों को जन्म से पहले ही मारने की प्रवृत्ति तेजी से बढ़ रही है। 98 प्रतिशत गर्भपात शिशु लड़कियों का ही होता है। इतना ही नहीं, शिशु लड़कियों के इलाज में उपेक्षा बरती जाती है। पहली शिशु लड़की होने के बाद आमतौर पर दूसरी शिशु लड़की होने के लिए गर्भस्थ शिशु के लिंग की जाँच अल्ट्रासाउंड और एमनीओसिस पद्धति से की जाती है।

डाक्टरों का मानना है कि लड़की शिशु और लड़के शिशु के साथ अलग-अलग तरह का व्यवहार किया जाता है। शिशु अगर लड़का है तो उसको बीमारी से बचाने के लिए सभी तरह की कोशिशें की जाती हैं, उसको निजी अस्पतालों के आई.सी.यू. में भर्ती करवाया जाता है। घरवाले उसको बचाने के लिए कही से भी पैसे का इंतजाम करते हैं। दूसरी ओर लड़की के इलाज में लापरवाही बरती जाती है। 1991 के सर्वेक्षण के मुताबिक प्रति हजार पुरुष पर 927 महिलाएँ थीं। पुरुषों के मुकाबले महिलाओं की संख्या 0.5 प्रतिशत कम है। 1981 में किए गए सर्वेक्षण में प्रति हजार पुरुषों पर 934 महिलाएँ थीं। यहाँ पुरुषों के मुकाबले महिलाओं की आबादी 0.4 प्रतिशत कम थी। पूरे देश में पुरुषों के मुकाबले महिलाओं की आबादी कम थी पर पिछले सालों से उच्चमध्यमवर्ग भी अब लड़की शिशु के प्रति उचित व्यवहार नहीं कर रहा है। इससे समाज के बुद्धिजीवी वर्ग में चिंता तेजी से बढ़ी है। इस बारे में आम नागरिक को शामिल

करके सोचा जाना चाहिए कि क्या किया जाए।

कन्या-भ्रूण परीक्षण के मामले में सुप्रीम कोर्ट ने कड़ा रुख अपनाते हुए एक महत्त्वपूर्ण आदेश में 11 प्रमुख राज्यों के स्वास्थ्य सचिवों को तलब किया। अल्ट्रासाउंड क्लीनिकों को पंजीकरण और भ्रूण लिंग परीक्षण करने वाले अस्पतालों की जाँच करने के अपने आदेशों का अनुपालन न होने के कारण सुप्रीम कोर्ट को यह कदम उठाना पड़ा। तलब किए गए स्वास्थ्य सचिव हरियाणा, पंजाब, उत्तर प्रदेश, गुजरात, महाराष्ट्र, आंध्रप्रदेश, केरल, राजस्थान और बंगाल व दो अन्य राज्यों के थे।

अदालत ने स्वास्थ्य सचिवों को स्वयं उपस्थित होकर प्री-नेटन डायग्रोस्टिक टेकनिक्स रेग्यूलेशन एण्ड प्रीवेन्शन एक्ट (पीएनडीटी) का दुरुपयोग रोकने के लिए उठाए गए कदमों की विस्तृत जानकारी देने के आदेश दिए। कानून को लागू करने में स्वास्थ्य अधिकारियों की इच्छा पर गंभीर सवाल उठाते हुए जस्टिस एम.बी. शाह, जस्टिस बी.एन. अग्रवाल और जस्टिस अरिजित पसायत की खंडपीट ने कहा कि यह राज्य सरकारों की विफलता का प्रतीक है।

राज्यों द्वारा दायर किए हलफनामों में इस बात के पुख्ता सबूत हैं कि इन राज्यों में बड़ी संख्या में अल्ट्रासाउंड क्लिनिक हैं, लेकिन उनमें बहुत कम ही पंजीकृत हैं और गैर पंजीकृत क्लीनिकों के खिलाफ भी कोई कार्रवाई नहीं की गई है। बहस का जवाब देते हुए केन्द्रीय स्वास्थ्य मंत्रालय के वकील ने कहा केन्द्र द्वारा जरूरी चेतावनी दिये जाने के बावजूद राज्यों के स्वास्थ्य विभागों ने कोई जवाब नहीं दिया और अदालत के आदेशों की अनुपालना में भी कोई रुचि नहीं दिखाई। अदालत ने 2001 की जनगणना में पुरुष महिला अनुपात में भारी असमानता पर गहरा क्षोभ जताते हुए भ्रूण हत्या रोकने में असफल रहने पर राज्यों और केन्द्रशासित प्रदेशों की खासी खिंचाई की।

कन्या भ्रूण हत्या : वैधानिक स्थिति

गर्भपात को वैधानिक मान्यता देने वाले एम.टी.पी.एक्ट के अनुसार गर्भपात तभी वैध है जब गर्भवती स्त्री के जीवन को खतरा हो अथवा होने वाले बच्चे के विकृत होने की आशंका हो। सरकार की कोई भी नीति ऐसी नहीं है जिसमें लिंग-भेद को बढ़ावा मिलता हो लेकिन फिर भी समाज में तेजी से स्त्रियो की संख्या में गिरावट आ रही है। देश में महिला-पुरुष अनुपात के घटने से हमारी संसद भी चिंतित है। इसलिए इसलिए उसने कन्या-भ्रूण हत्या को रोकने के लिए 'प्रीनेटल डायग्नोस्टिक टेक्निक्स (रेग्यूलेशन एंड प्रीवेन्शन ऑफ मिसयूज)' एक्ट, 1994 को मंजूरी दी और वर्ष1996 से यह महत्त्वपूर्ण अधिनियम लागू हो गया।

अधिनियम के मुख्य उद्देश्य

(1) पीएनडीपी यानी गर्भ सम्बन्धी तकनीकों का नियमन व इन्हें किस स्थिति में और कैसे इस्तेमाल किया जाए।

(2) पीएनडीटी का दुरुपयोग रोकना और यह सुनिश्चित करना कि लिंग निर्धारण में इस्तेमाल न हो सके।

नियमन

अनुच्छेद-2 के तहत व्यवस्था है कि कौन पीएनडीटी के इस्तेमाल के लिए शिक्षित है, इसका इस्तेमाल कहाँ और किस तरीके से किया जाए।

अनुच्छेद-3 के तहत प्रावधान है कि कोई केन्द्र, लैब या क्लिनिक पंजीकृत होने से पहले इस तरह के टैस्ट नहीं करेगी। साथ ही कोई चिकित्सक इस तरह के परीक्षण ऐसे स्थान पर नहीं करेगा, जो इस अधिनियम के तहत पंजीकृत न हो। अनुच्छेद 18, 19, 20 और 21 के तहत पीएनडीटी के इस्तेमाल के लिए जेनेटिक सेन्टर, लैब या क्लिनिक के पंजीकरण की प्रक्रिया निर्धारित की गई है। इसमें यह भी व्यवस्था है कि सक्षम प्राधिकारी किन परिस्थितियों में पंजीकरण रद्द कर सकता है। पंजीकरण हासिल किए बगैर किसी व्यक्ति को पीएनडीटी सम्बन्धी लैब या क्लीनिक खोलने की इजाजत नहीं है।

कौन से टैस्ट वैध है ?

इस कानून के तहत स्पष्ट है कि इसके अनुच्छेद-4 की धारा 2 के तहत परिभाषित कतिपय परिस्थितियों में सिर्फ निम्न परीक्षण किए जा सकते हैं-

(1) क्रोमोसोजल एनोमलीज

(2) जेनेटिक मेटाबोलिक डिसआर्डर्स

(3) हेमियोग्लोबिनोपैथेसिस

(4) सेक्स लिंक्ड जेनेटिक डिसीस

(5) सेन्ट्र सुपरवाइजरी बोर्ड द्वारा तय अन्य बीमारियाँ।

कब हो सकते हैं परीक्षण

कानून के तहत स्पष्ट किया गया है कि कोई भी प्रशिक्षित चिकित्सक निम्नलिखित परिस्थितियों में पीनएनडीपी परीक्षण की इजाजत नहीं देगा-

(1) महिला की उम्र 35 वर्ष से अधिक हो।

(2) गर्भवती महिला के दो या अधिक गर्भपात हो चुके हों।

(3) महिला किसी गंभीर बीमारी या संक्रमण से पीड़ित हो।

(4) गर्भवती महिला के परिवार में मानसिक या शारीरिक असामान्यता का इतिहास हो या फिर जेनेटिक बीमारी हो।

(5) केन्द्रीय सुपरवाइजरी बोर्ड द्वारा तय की गई अन्य परिस्थितियों में भी पीएनडीपी परीक्षण की इजाजत नहीं दी जानी चाहिए।

गुलामी की बेड़ियाँ

कुछ परम्परा, संस्कृति, सोच अथवा धार्मिक कर्मकाण्डों ने भी महिलाओं को एक तरह से गुलाम ही बनाया है।

1. पर्दा प्रथा—पर्दा वैसे मुस्लिम संस्कृति की देन माना जाता है परन्तु दीवारों के भीतर रहने अथवा पुरुष से मिलने-जुलने पर रोक मौर्यकाल से ही शुरू हो गई थी। उसका रूप अलग था। पर्दा प्रथा वैसे सामान्यत: उच्चवर्ग में प्रचलित थी जहाँ इसे सम्मान के रूप में देखा जा सकता था। कहते थे कि पुरुष की जितनी ऊँची स्थिति होगी उतनी ही ऊँची उसकी खिड़की होगी और उतनी ही दूर स्त्रियाँ रहेंगी। जबकि खेत, खलिहान अथवा घरों में मजूदरी करने वाली औरतें चाहे मुसलमान भी हों, घूँघट, बुरका या नकाब नहीं पहनती थीं। शायद वे परदे में रह भी नहीं सकती थीं, क्योंकि कमाती नहीं तो खाती क्या ? आज भी घूँघट, बुरका या पर्दा कमोवेश कई अलग-अलग रूपों में प्रचलित है।

2. अछूत का भाव—शिशु की उत्पत्ति की एक महत्वपूर्ण प्रक्रिया मासिक धर्म के समय महिला के साथ किया जाने वाला अछूतों जैसा व्यवहार अथवा शिशु के पैदा होने के बाद महीनों तक घर के एक कोने में पड़े रखने वाला तिरस्कृत व्यवहार भी एक तरह से महिला को गुलाम बनाने वाली सोच ही है और शायद प्रत्येक वर्ग में अलग-अलग रूप में मौजूद है। हिन्दू धर्म में तो वर्ण के आधार पर यहाँ भी हिस्से-बाँटे किए गए हैं अर्थात् बच्चे के जन्म के बाद ब्राह्मण औरत को 'सूतक' (पैदाइश के बाद अछूत का समय) आठ दिन, क्षत्रिय बारह, वैश्य के लिए पन्द्रह और शूद्र औरत के लिए बीस दिन तय किए गए थे।

3. यौन शुचिता का दबाव—इसके पीछे एक झूठी पवित्रता का भाव है जो पुरुष समाज द्वारा ही बनाई गई है। माना गया है कि शादी के समय लड़की एकदम अनछुई, कुँवारी हो, पहले उसका किसी से कोई सम्बन्ध न रहा हो। जबकि पुरुष की कोशिश होती है कि नित नई महिला के साथ सम्बन्ध बनाए। पर फिर भी उसकी शादी बड़ी धूम-धाम और शान से हो सकती है। सीता को पवित्रता के लिए अग्निपरीक्षा देनी पड़ी थी, क्या कभी राम (पुरुष) के कौमार्य की शुद्धता की परीक्षा किसी ने ली है ?

4. सुन्दरता एवं उसकी प्रतियोगिता—खूबसूरती अथवा सुन्दरता का दबाव भी पुरुष समाज की तरफ से आता है। ऐसा रंग, ऐसी नाक, कान, ऊँचाई, कमर, वजन, बोलचाल, कपड़े, जूते, शृंगार आदि सबके पैमाने तय हैं जिससे सुन्दरता तय होती है।

महिला इसी उधेड़-बुन में अपना बड़ा समय लगा देती है। वास्तव में मुख्यधारा से प्रवाहित ये मापदण्ड आयातित होते हैं जो महिला को सुन्दर की जगह फूहड़ ही बनाते हैं। उपभोक्ता संस्कृति में धीरे-धीरे इसका प्रभाव और बढ़ता जा रहा है। आज इस तथाकथित सुन्दरता ने प्रतियोगिता का रूप ले लिया है जो उपभोक्तावाद से प्रेरित है। आखिर कोई भी प्रतियोगिता में चुनी गई सुन्दरी का उपयोग किसी कम्पनी के माल बेचने में ही तो होता है। इस सुन्दरता को माध्यम बनाकर अन्य किसी को भी इसके जैसा बनने के लिए कम्पनी अपने सौन्दर्य प्रसाधान खरीदने पर जोर देती है। लोग इसके पीछे पागल हो जाते हैं। दूरदर्शन पर सुष्मिता सेन अपनी सुन्दरता और ताज के माध्यम से वंडर विंग्स नैपकिन का ही तो विज्ञापन करती है और किसी कम्पनी की तिजोरी भरती है। एक पक्ष शायद ऐसी प्रतियोगिता तथा सुन्दरता की भागदौड़ को महिला स्वतंत्रता जरूर मानता हो पर वास्तव में यह पुरुष को रिझाने अथवा आकर्षित करने या बड़ी-बड़ी कम्पनियों के लिए अपने आपको गुलाम बनाना ही है। आज का युवक इसी से तय करता है अपनी पत्नी की कल्पना। इस मापदण्ड पर खरी नहीं उतरीं ढेर सारी लड़कियाँ आज किस तरह जी रही हैं यह सोचने का प्रश्न है। क्या खेत-कारखानों में काम करने वाली मजदूर महिला सुन्दर नहीं है ? क्या उसके श्रम के पसीने से निकलने वाली गन्ध किसी सेन्ट से कम है ? काम करते उसके मजबूत हाथ सेक्स को उकसाने वाले किसी मॉडल के हाथ से क्या कम सुन्दर हैं ? वास्तविक सुन्दरता स्त्री के शरीर, अंग-प्रत्यंग में नहीं बल्कि उसके श्रम, मेधा एवं संघर्ष में होती है। उसका ही सम्मान होना चाहिए तथा महिला को भी अपने इन्हीं गुणों पर गर्व करना चाहिए।

5. व्रत अथवा उपवास—उपवास ज्यादातर हिन्दू संस्कृति में ही होते हैं। प्राय: पति की रक्षा में, बेटे के लिए, पिता या भाई के लिए महिलाएँ उपवास करती पाई जाती हैं। कभी नहीं सुना कि कोई पति, बेटा या भाई अपनी पत्नी, माँ या बहन की खुशहाली के लिए उपवास कर रहा है। करवा चौथ यदि पति के लिए तो अहोई अष्टमी संतान, सप्तमी पुत्र की उम्र बढ़ाने के लिए होते हैं। वास्तव में व्रत का अर्थ संकल्प या धार्मिक है पर आज यह डर, भय और गुलामी से जुड़ा है।

6. आभूषण—आभूषण लम्बी/परम्परा के पश्चात् आज भले ही श्रृंगार सुन्दरता या सुहाग चिह्न के रूप में जाने जाते हों पर इनमें भी महिला को गुलाम बनाए रखने की बू आती है। कहते हैं कि किसी समय के असुर विजेता या राक्षस अपनी जीती हुई शत्रु महिला के होठ, कान छेदकर या हाथों में बेड़ी डालकर ले जाते थे, जिसे किसी दौर में गहनों का नाम दिया गया। नथ (नाक का गहना) अरबों की नकेल (नाक की रस्सी) है जिससे वह जानवरों को नियंत्रित करता है। बाद में यही नारी पर पुरुष के अधिकार का द्योतक बना। अरबों ने भारतीय वधू को नथ दी, मुगलों ने बुलाक दिया (जो नाक के ऊपरी होठ में लटकाया जाता है)। कुल मिलाकर नारी के हर अंग को पुरुष ने गहने रूपी

हथकड़ी में जकड़ लिया। कितना मजेदार है कि पुरुषों को अपमानित करने के लिए चूड़ियाँ भेंट की जाती हैं ? और उसे कमजोर दुर्बल कहा जाता है। मतलब साफ है कि महिला का चूड़ी रूपी आभूषण कमजोरी की निशानी माना जाता है। आश्चर्य है कि औरत इन सब आभूषणों को सुहाग, सम्मान, सुन्दरता और गर्व के साथ पहनती है।

7. सुहाग चिह्न—सुहाग चिह्नों या प्रतीकों का तो सीधा मतलब ही है कि महिला किसी एक पुरुष के अधीन है। माथे पर बड़ा-सा टीका, माँग में सिन्दूर, गले में मंगलसूत्र या पैर की अँगुलियों में बिछिया पहनना शादी-शुदा महिला की निशानी क्यों हैं ? जबकि पुरुष या पति को ऐसा कुछ नहीं पहनना पड़ता। कहते हैं इन प्रतीकों को धारण करने से पति की उम्र बढ़ती है पर फिर वही सवाल कि पति उनके लिए क्या करता है ? आदिवासी समाज, ईसाई समाज या विदेशी समाजों में महिलाओं के लिए ऐसे कोई-प्रतीक चिह्न नहीं हैं।

8. वंश चलाने के लिए लड़का—सभी समाजों और धर्मों में वंश चलाने के लिए लड़के का होना जरूरी माना जाता है। उसी से कुल का या पति का नाम आगे बढ़ता है बल्कि पहला बच्चा लड़का हो इसको अच्छा और शुभ माना जाता है। कई बार देखने में आता है कि लड़के के चक्कर में लगातार चार-पाँच लड़कियाँ पैदा हो जाती हैं। पहले लड़के के जन्म के लिए धार्मिक कर्मकाण्ड, उपवास आदि किए जाते हैं। आज विज्ञान ने जिस 'गर्भजल परीक्षण' की नई तकनीक का विकास किया उससे लड़कियाँ पैदा होने के पहले ही मार दी जाती हैं। पिछले कुछ साल के आँकड़े इस बात के गवाह हैं कि जिन लाखों, करोड़ों, भ्रूणों को खत्म किया गया वे सब लड़कियाँ थीं। यही सब कारण हैं कि आज महिला-पुरुष की संख्या का अनुपात लगातार कम होता जा रहा है। पहले लड़कियों को जन्म के एकदम बाद गला दबाकर मार डालने की परम्परा राजपूत, ब्राह्मण एवं अन्य कई जातियों में थां आज भी कभी-कभी बिहार आदि जगह ऐसी घटनाएँ सुनने को मिल जाती हैं। पराया धन, पराया घर जैसे सम्बोधनों से सुशोभित होने वाली लड़कियाँ आखिर एक समय के बाद अपने माँ-बाप या कुल का नाम जिन्दा क्यों नहीं रख सकतीं ? वे अपने माँ-बाप की सेवा क्यों नहीं कर सकतीं ? आज विज्ञान के इस युग में जब लड़कियाँ किसी भी क्षेत्र में आगे बढ़ रही हों तब क्या वे अपने पिता या कुल का नाम जिन्दा नहीं रख सकतीं ? आखिर लड़की कुल का दीपक क्यों नहीं हो सकती ?

9. नाम परिवर्तन—परायेपन से जुड़ा हुआ मुद्दा शादी के बाद लड़की के नाम बदलने का भी है जिसमें उसे अपने पिता के उपनाम (सरनेम) की जगह पति का उपनाम प्रयोग करना होता है। अर्थात् दुबे, तिवारी, वर्मा, खान, डिसूजा, सैयद, ठाकुर, घोष आदि पिता से जुड़े शब्दों को बदलकर पति के नाम के साथ उपयोग किए जाने वाले शब्दों को लगाना प्रारम्भ करना होता है, इसी से उसकी पहचान बनती है जो कि शादी के बाद एकदम नई होती है। कई समाजों में तो अपना पूरा नाम ही लड़की को बदलना होता है।

नारी स्वतंत्रता के युग में कई क्रान्तिकारी महिलाएँ अपने नाम के साथ अपने पति के प्रथम नाम का ही उपयोग करने लगी हैं जो कि पुरुष की छत्र-छाया का और भी घिनौना रूप है। वह भी महिला बराबरी की बात करने वाली महिलाओं के द्वारा। क्या कभी इन नारीवादी महिलाओं ने अपने पति से कहा कि वे अपने नाम के साथ पत्नी के नाम का भी उपयोग करें। अगर जन्म से जो नाम और उपनाम उसे मिला है वह हमेशा चलता रहे तो इसमें क्या बुराई है ? जैसा कि पुरुषों का चलता है। अच्छा है कि कुछ महिलाएँ भी इस सोच को आगे बढ़ा रही हैं। वास्तव में मुद्दा नाम का नहीं, पुरुष के नियंत्रण का है जो चाहे पिता का हो या पति का। कुछ समाजों में माँ और पिता के नाम के साथ अपना नाम लिखने की परम्परा भी है, जो अच्छी बात है।

10. विधवा महिला—महिला के जीवन की सबसे दु:खदायी परम्परा अथवा रूढ़िवादिता यही है जिसमें उसे घर-सम्पत्ति, पहनना, ओढ़ना, खाना-पीना एवं उत्सवों में भागीदारी से दूर रखा जाता है। एक तरह से अशुभ और अछूत जैसा व्यवहार उसके साथ किया जाता है। कहते भी हैं कि पति की मृत्यु के पश्चात् जीवन नरक के समान हो जाता है। हालाँकि कई धर्म एवं संस्कृतियों में यह परम्परा नहीं है। विधवा स्त्री को सादा पहनना, सादा खाना, धन-सम्पत्ति का लालच नहीं करना उसे किसी भी पुरुष से रिश्ता तो दूर देखना भी पाप माना जाता है। ऐसा क्यों ? जबकि पुरुष पूरी सुख-सुविधा और भौतिक जीवन के साथ पत्नी की मृत्यु के पश्चात् भी जीता है, उसे देखकर क्या कभी अनुमान लगाया जा सकता है कि उसकी पत्नी मर चुकी है अथवा वह विधुर है ? वह प्राय: पूरे सम्मान के साथ किसी भी उम्र में दूसरी शादी करता है अथवा यौन सुख के लिए किसी महिला से सम्बन्ध बनाता है, जबकि महिला को विधवा विवाह का अधिकार मिलने के पश्चात् भी आज दुबारा शादी करना कठिन है। विधवा विभीषिका के साथ ही जुड़ा है डायन प्रथा का मुद्दा। कई आदिवासी दलित बल्कि मुख्यधारा के समाज में भी विधवा महिला की सम्पत्ति को हड़पने के लिए उसे डायन, भूतनी आदि बताकर मार डाला जाता है। उसके खिलाफ आरोप लगाए जाते हैं कि वह जादू-टोने, झाड़-फूँक के माध्यम से लोगों को मार डालती है। इस प्रकार लांछन लगाकर उसे प्रताड़ित किया जाता है।

भारतीय महिलाओं की पूरी जनसंख्या में 8 प्रतिशत महिलाएँ विधवा होने की पीड़ा झेल रही हैं। आखिर क्यों ? क्यों पीड़ित हैं विधवाएँ ? क्या वे अकेले अपनी नियति का सामना नहीं कर सकतीं ? क्या वे इतनी लाचार और बेबस हैं कि परिवार द्वारा हंकाल दी जाए वृंदावन के या बनारस के रास्तों पर ?

वृंदावन में विधवाओं की दारुण दशा देख मन विचलित हो उठता है। बार-बार मन में सवाल उठता है कि क्यों जाती हैं विधवाएँ वृंदावन या बनारस ? क्या उनका कोई परिवार नहीं ? या उन्हें बोझ समझकर घर से निकाल दिया जाता है ? या उनके मन में

सचमुच सांसारिक विषयों के प्रति विरक्ति आ जाती है और वे प्रभु की शरण में चली जाती हैं ? पर उन विधवाओं को देखकर ऐसा लगता तो नहीं। बल्कि वे तो चंद पैसों और मुट्ठी भर चावल या आटे के लिए पर्यटकों के पीछे भिखारिन सी लग जाती हैं।

भारत में तीन करोड़ विधवाएँ हैं। इनमें से दस हजार वृंदावन में रहती हैं। जनगणना के अनुसार, भारतीय महिलाओं की पूरी जनसंख्या में 8 प्रतिशत विधवा होने की पीड़ा झेल रही हैं। आखिर क्यों ? क्यों पीड़ित है विधवाएँ ? क्या वे अकेले नियति का सामना नहीं कर सकती हैं ? क्या वे इतनी लाचार और बेबस हैं कि परिवार द्वारा हंकाल दी जाएँ वृंदावन के या बनारस के रास्तों पर ?

आज जब इक्कीसवीं सदी के ग्लैमरस और सफलतम सोपानों को चढ़ती नारी हर क्षेत्र में अपना परचम लहा रही है तब पति की मृत्यु के बाद दुत्कार दी गई। विधवा की शक्ति क्यों चुक गई ? असल में तमाम--विकास और आधुनिकता के नारों के बीच सच्चाई यह है कि भारतीय समाज का एक बहुत बड़ा हिस्सा सामंती विचारों की गिरफ्त में है। इस समाज में विधवा सदैव से प्रताड़ना की शिकार है। उसे न ता माँगलिक कार्यों में शामिल किया जाता है, न ही कोई सामाजिक प्रतिष्ठा प्रदान की जाती है, बल्कि उसकी तो पहचान ही मिटा देने का प्रयास किया जाता है। इसलिए बड़ी संख्या में विधवाएँ अपने भाग्य को कोसती अपने परिवार समाज से दूर वृंदावन और बनारस के मंदिरों और धार्मिक संस्थाओं की शरण में चली जाती हैं। दुनिया मान लेती है कि बेचारी विरक्त होकर प्रभु की शरण में अपना लोक सुधार रही है पर हकीकत दिल दहला देने वाली है। ज्ञानी-संत कहते हैं कि नारी शरीर ही पाप की जड़ है। इन विधवाओं को धर्म और समाज सेवा के नाम पर तंग कोठरियों में रखा जाता है जहाँ वे पण्ड़ों, महन्तों, चेले-चपाड़ों की हवस का शिकार होती हैं। उन्हें अपनी रोटी भीख माँगकर या धर्म के ठेकेदारों की चाकरी करके खुद जुटानी पड़ती है और यौन-शोषण और तिरस्कृत जिन्दगी को ढोते हुए वे बस मौत का इन्तजार करती हैं।

भारत की विधवा समस्या अब अन्तर्राष्ट्रीय रूप लेती जा रही है। लंदन में 'लुम्बा ट्रस्ट' की स्थापना भी भारतीय विधवाओं के कल्याण के लिए की गई है। लुम्बा ट्रस्ट की अध्यक्ष हैं ब्रिटेन के प्रधानमंत्री टोनी ब्लेयर की पत्नी चेरी ब्लेयर। चेरी ब्लेयर ने यह घोषणा की है कि 23 जून अन्तर्राष्ट्रीय विधवा दिवस के रूप में मनाया जायेगा। ट्रस्ट को उम्मीद है कि इस तरह वह व्यक्तिगत रूप से अन्तर्राष्ट्रीय संस्थानों, सरकारी और स्वयंसेवी संस्थाओं का ध्यान विधवाओं की स्थिति की ओर खींच पायेगा और उनकी गरीबी, बीमारियों और परेशानियों को दूर कर पायेगा। लुंबा ट्रस्ट इस उम्मीद को लेकर 23 जून को विधवा दिवस के रूप में मनाने की गुहार दुनिया भर से कर रहा है कि इस अवसर पर उसे सब ओर से सहयोग मिलेगा और लोग 23 जून को कम से कम एक पौंड या अपना एक दिन का वेतन इस नेक कार्य के लिए दान करेंगे।

क्या वजह है कि विधवा दिवस मनाने के लिए 23 जून को ही चुना गया ? लुंबा ट्रस्ट की स्थापना ही विधवाओं की स्थिति के सुधार के उद्देश्य को सामने रखकर की गई है। राज लुंबा लंदन में भारतीय मूल के नागरिक हैं। उनकी माँ पुष्पावती लुंबा के पति का निधन 23 जून, 1954 को हुआ था। पुष्पावती एक जागरूक महिला थीं और जानती थीं कि भारत में विधवा स्त्री को कैसे-कैसे नारकीय अभिशाप झेलने पड़ते हैं। वे ऐसी लाचार स्त्रियों के लिए कुछ करना चाहती थीं। अप्रवासी व्यवसायी राज लुंबा ने माँ की इच्छा को मद्देनजर रखकर 1997 में लंदन में लुंबा ट्रस्ट की स्थापना की थी जिसका मकसद भारत की विधवाओं को आर्थिक सहयोग देकर शिक्षा और रोजगार या नौकरी दिलाना था ताकि वे सम्मानित जिन्दगी जी सकें। इस साल ट्रस्ट ने उत्तरांचल और जम्मू-कश्मीर की विधवाओं को आर्थिक सहयोग दिया।

विधवाओं की हालत से कौन परिचित नहीं है ? हमारे फिल्म-निर्माता भी कब पीछे रहे हैं इस समस्या को परदे पर उतारने में। फिल्म 'श्वेत' भी विधवा समस्या पर आाधरित है पर इसमें एक संदेश भी है। अलग-अलग परिवारों, परिस्थितियों से जूझती वृंदावन की शरण में आई विधवाएँ आरम्भ में तो शोषण का शिकार होती हैं, लेकिन बाद में मिलजुल कर एक क्लीनिक खोलकर सेवा की जिन्दगी जीने का प्रयास करती हैं।

यह ताकत, यह हौसला हर पीड़ित विधवा में होना चाहिए। खुद को अशक्त और अबला समझकर चुपचाप परिस्थितियों के आगे सिर झुकाना कायरता है। आज जब धार्मिक उपदेश देने का हक उन्हें मिल चुका है और वे धर्मगुरु बनकर अलख जगा रही हैं तब असहाय होकर धर्म की आड़ में शोषण का शिकार होना क्या उनकी अपनी कमजोरी नहीं ? आज तो महिलाओं को चर्च में पादरी और बिशप बनने तक की अनुमति मिल चुकी है- जबकि रूढ़िवादी विचारधारा वाले इसके घोर विरोध में थे पर आखिर में रूढ़िवादियों पर सुधारवादियों की विजय हुई और महिलाओं को बिशप बनने का अधिकार मिल गया। उधर पश्चिम बंगाल में देश की पहली महिला काजी शबनम आरा बेगम की नियुक्ति हुई है और यह पद उसे आसानी से नहीं मिला।

शरीयत में औरत को काजी बनाने का प्रावधान नहीं है। कहा जाता है कि इस्लाम इस बात की इजाजत नहीं देता कि जो काम मर्दों का है उसे औरतें करें पर शबनम अपने इरादे पर दृढ़ थी। उसने हर चुनौती का सामना किया। उसके पिता काजी थे और यही सपना 26 वर्षीया शबनम की आँखों में भी पल रहा था। वह अपने पिता की विरासत को आगे बढ़ाना चाहती थी लिहाजा उसने समाज से कठिन संघर्ष आरम्भ किया। आरम्भ में उसे तमाम विरोधों का सामना करना पड़ा, लेकिन अन्त में जीत उसी की हुई। अब वह बाकायदा कोलकाता से 160 मील के फासले पर स्थित नंदी ग्राम में काजी है और अब तक लगभग 150 निकाह करा चुकी है। साथ ही वह ग्रेजुएशन भी कर रही है। महिला काजी बनकर उसने मुस्लिम महिलाओं का मार्गदर्शन करने में जबरदस्त पहल की है।

यह पहल सभी शोषित, पीड़ित महिलाओं को करनी चाहिए क्योंकि शोषित होना और शोषण करना दोनों गुनाह है।

11. काम की जिम्मेदारी—घर का काम जिसकी कोई कीमत नहीं आँकी जाती और जिसके बारे में लगभग सभी समाज में यह स्पष्ट माना जाता है कि साफ-सफाई, खाना-बनाना, बच्चों को सँभालना, जरूरत के सामान लाना अथवा पति का ध्यान रखना मुख्यत: महिला की जिम्मेदारी है। यह एक परम्परा ही बन गई है जिसे प्राय: महिलाएँ भी अपनी जिम्मेदारी मानकर खुशी-खुशी करती हैं। प्राचीन समाज में माना जाता था कि पुरुष पैसा कमाता है इसलिए बाहर की जिम्मेदारी उसकी है। चूँकि वह थका-हारा घर आता है इसलिए घर के काम वह नहीं कर सकता। इतना ही नहीं पैसा कमाने को ज्यादा महत्त्व दिया जाता है और घर के काम को छोटा माना जाता है। जो मेहनत और समय महिला के काम में लगा उसका भी तो कोई मूल्य होना चाहिए। आज जब महिला भी बराबरी से नौकरी, धन्धा या खेती कर रही है तब भी महिला के घरेलू काम का बँटवारा नहीं हुआ। आश्चर्य है कि दोनों काम से घर आते हैं पर चाय, खाना या सफाई महिला को ही करनी पड़ती है। पुरुष मात्र आराम करता है या दूरदर्शन देखता है। आखिर ऐसा क्यों ? क्या मानवीयता या संवेदना भी इतनी नहीं होती कि अपनी खुद की महिला के काम में हाथ बँटा सके। घर में यह फर्क बच्चों में भी देखने को मिलता है। लड़की का काम घर के अन्दर है और लड़के का बाहर। वास्तव में यह परम्परा अत्यन्त अन्यायपूर्ण है जिसका टूटना आवश्यक है।

12. धर्म—धर्म चाहे कोई भी हो, उसने महिला को पुरुष से नीचा, उसके अधीन रहने के उपदेश दिए, हिदायत दी तथा एक सिद्धान्त ही गढ़ दिया जिससे पुरुष ही नहीं महिला भी काफी मजबूती से बँधी हुई है। वास्तव में धर्म को गढ़ने वाले, उसकी व्याख्या करने अथवा उसका नेतृत्व देने वाले सदैव पुरुष ही रहे। अत: उसने अपने फायदे-नुकसान के हिसाब से श्रद्धा, भक्ति, डर और भय को गढ़ा।

हिन्दू-धर्म के वर्तमान व्याख्याकार मनु महाराज एक पुरुष थे जिन्होंने स्पष्ट कहा था कि महिला को बचपन से पिता पर, जवानी में पति पर और बुढ़ापे में अपने बेटों पर निर्भर रहना चाहिए। पति चाहे अवगुणी, कामी, दुराचारी अथवा पागल हो पर पत्नी द्वारा उसे ईश्वर के समान पूजा जाना चाहिए। मनु की इन बातों, विश्वास और हिदायतों को चाहे तुलसीदास हो, रामकृष्ण हो या शंकराचार्य जैसे धर्म प्रचारक हो अथवा कोई भी हिन्दू-कानून या न्याय हो, आज तक न केवल मानता आया है बल्कि उसे और पुख्ता करता आया है।

इसी प्रकार मुस्लिम धर्म के पवित्र ग्रंथ 'कुरान शरीफ' में भी साफ कहा गया है कि आदमी का औरत पर अधिकार है क्योंकि अल्लाह (ईश्वर) ने पुरुष को ऊँचा बनाया है। वह स्त्री के रख-रखाव में पैसा खर्च करता है इसीलिए महिला को पुरुष के कहे अनुसार

चलना चाहिए। उसे आज्ञाकारी होना चाहिए, उसे अपने अंगों को छिपाकर रखना चाहिए और पति की सेवा करनी चाहिए। यदि वह इसका पालन न करे तो पुरुष को अधिकार दिया गया है कि उसे (महिला को) डाँटे, मारे, सजा दे और इसके बाद भी जरूरत पड़े तो तलाक दे दे। कुरान-शरीफ को लिखने वाले से लेकर आज तक के व्याख्याकार पुरुष हैं और वे उसका अथवा मुस्लिम धर्म का वही अर्थ बताते हैं जो उनके हित में हो। धर्म में तो महिला को मस्जिद जाने तक पर प्रतिबन्ध है। अब केरल की कुछ मुस्लिम प्रगतिशील महिलाओं ने इसके खिलाफ आवाज उठाई है।

ईसाई अथवा क्रिश्चियन धर्म के सम्बन्ध में हमारे समाज में प्राय: यह माना जाता है कि अंग्रेजों के द्वारा आया यह धर्म ज्यादा प्रगतिशील अथवा पुरुष-महिला को बराबर मानने वाला होगा। वास्तव में अन्य धर्म के समान अथवा कहीं-कहीं ज्यादा दकियानूसी लगता है ईसाई धर्म। केवल हमारे यहाँ ही नहीं, यूरोप, अमेरिका में भी धर्म की कट्टरता, पिछड़ापन साफ दिखाई देता है। ईसाई धर्म की पवित्र पुस्तक 'बाइबिल' में साफ कहा गया है कि महिला को पति के सामने झुकना चाहिए जैसे ईश्वर के सामने झुका जाता है। पति पत्नी का स्वामी है जैसे ईसा गिरजाघर (मंदिर) के स्वामी हैं अर्थात् जिस प्रकार गिरजाघर ईसा के अधीन है, उसी प्रकार पत्नी को पति के अधीन होना चाहिए। इस प्रकार आदमी के प्रति निष्ठावान रहना चाहिए।

धर्म और धर्मग्रंथों के उपर्युक्त विश्लेषण के अलावा यदि और सूक्ष्म मूल्याँकन हो तो महिला-पुरुष की गैर-बराबरी की ऐसी ढेरों बातें उजागर होंगी। परन्तु इसे एक संवेदनशील और भावनात्मक मुद्दा मानने के कारण इस पर अधिक बहस नहीं हो पाती।

13. रोना स्त्रियों का गुण है—प्राय: सुनने को मिलता है कि तुम तो बात-बात में औरतों जैसे रोने लगते हो। वास्तव में यह एक आम धारणा है कि रोना स्त्रियों का गुण है, मर्द नहीं रोते। यह पुरुष प्रधान सामाजिक ढाँचे में व्याप्त संवेदनहीनता और निर्ममता की एक सोच है जिसके पीछे यह व्याप्त है कि शासक को रोना नहीं चाहिए। रोने से उसकी कमजोरी सामने आ जायेगी और सत्ता कमजोर होगी। ऐसे ही पुरुष रोएगा तो औरत उससे डरना बंद कर देगी। फिर उसकी सत्ता कैसे स्वीकार करेगी ? वास्तव में यह पूरी धारणा स्त्री-पुरुष सम्बन्धों के शासक-शासित फ्रेम की बुनियाद पर खड़ी है। क्या रोना हमेशा ही कायरता है ? शायद ऐसा नहीं है। रोना घनीभूत दुख, पीड़ा, भावना और प्यार की एक सुखद अभिव्यक्ति भी है।

समाज में शुरू से ही बच्चों को रोने के बारे में प्रचलित धारणा से हम शिक्षित करते हैं और उसकी सहज भावनात्मक अभिव्यक्तियों की मज़ाक उड़ाते हैं। यदि वह लड़का है तो उसे स्त्री पर शासन करने वाले निरकुंश, निर्मम व्यक्ति के रूप में और लड़की है तो उसे पुरुष सत्ता को स्वीकार करने वाली हीन, कमजोर, दबी स्त्री के रूप में ढालने की कोशिश करते हैं। प्राय: यह भी माना जाता है कि ख्याल रखना, प्यार करना, सेवा करना,

मीठा बोलना भी स्त्री का ही गुण है। इस सोच के कारण भी पुरुष अपने आपको कई बातों से दूर कर लेता है और वह मात्र यह सोचता है कि सेवा करना स्त्री का धर्म है और स्त्री की रक्षा करना उसका। इसलिए कहा जाता है कि पुरुष इश्क (प्यार) का साकार रूप होता है और स्त्री हुस्न (सुन्दरता) का, और हुस्न प्यार नहीं करता, वह प्यार करने की वस्तु मात्र है।

दूसरी ओर लड़की (स्त्री) कोई बहादुरी का काम करेगी तो उसे मर्द की तरह बहादुर कहा जायेगा। खूब लड़ी मर्दानी...लड़की बहादुर है तो वह मर्दानी है क्यों कि बहादुरी या हिम्मत का काम तो पुरुषों के हिस्से में आता है। औरत का सहज गुण तो भीरुता (डरना) है। इसलिए जरूरी है कि तर्क, विज्ञान और समानता के आधार पर हम स्थापित मान्यताओं को परखें और जानें फिर रोना स्त्रियोचित क्यों हैं ?

❑❑❑

11

भारत में महिलाओं का संगठन

आज अनेक महिला संगठन व समूह हमारे देश में हैं। उनमें से कुछ के नाम नीचे दिए जा रहे हैं इनमें प्राय: हिन्दी भाषी क्षेत्र के संगठन, समूह संस्थाएँ ही हैं—

1. दिल्ली

ऑल इण्डिया डेमोक्रेटिक विमेन्स एसोसिएशन (1982) 23, विट्ठल भाई पटेलभवन, नई दिल्ली-110001

महिलाओं के रोजगार, शिक्षा और समाज में उनके दर्जे से सम्बन्धित सभी मुद्दों को उठाना। इनका कार्यालय हर राज्य में है।

2. ऑल इण्डिया विमेन्स कॉन्फ्रेन्स (1927)

(6, भगवान दास रोड, नई दिल्ली-110001)

कामकाजी महिलाओं का हॉस्टल, प्रिन्टिंग प्रेस आन्दोलनात्मक मुद्दों, महिलाओं के मसलों पर सरकार से सम्पर्क करना। इसी तरह के काम करने वाले इनके कार्यालय अन्य प्रान्तों में भी हैं।

3. भारतीय ग्रामीण महिला सभा

(9/104, जामनगर हटमेन्ट, ब्लॉक-11, मानसिंह रोड, नई दिल्ली-110001)

ग्रामीण महिलाओं में चेतना फैलाना, सरकार पर एक दबाव समूह के रूप में काम करना, योजनाबद्ध ग्राम विकास, हाऊसिंग ट्रेनिंग, महिला मण्डलों आदि को सहयोग देना।

4. सेन्टर फॉर विमेन्स डेवलपमेन्ट स्टडीज

(बी-43, पंचशील एन्क्लेव, नई दिल्ली-110017)

प्राथमिक रूप से महिलाओं पर अध्ययन व शोध कार्य, सेमीनार, कॉन्फ्रेन्स का आयोजन, डॉक्यूमेन्टेशन व सन्दर्भ सामग्री।

5. सहेली-विमेन्स रिसोर्स सेन्टर (1981)

(दुकान नं 105-108 के ऊपर, डिफेन्स कॉलोनी, फ्लाई ओवर मार्केट, नई दिल्ली- 110024)

काउन्सलिंग, कानूनी सलाह देना, वर्कशॉप, डॉक्यूमेन्टेशन, प्रदर्शनियाँ आयोजित करना, कैंपनिंग करना व दबाव समूह के रूप में काम करना।

6. यंग विमेन्स क्रिश्चियन एसोसिएशन (1961)

(अशोक रोड, नई दिल्ली-110001)

प्राय: प्रत्येक राज्य में शाखा। महिलाओं के लिए हॉस्टल, स्वास्थ्य कार्यक्रम, वोकेशनल ट्रेनिंग, कानूनी सलाह, सेमीनार, कॉन्फ्रेन्स इत्यादि का आयोजन करना।

7. सेवा दिल्ली

(के-31, जंगपुरा एक्सटेंशन, नई दिल्ली-110014)

स्वाश्रयी गरीब महिलाओं को संगठित करना और उनके हकों के लिए संघर्ष करना।

8. सामुदायिक स्वास्थ्य कार्यक्रम (1984)

(5/24, जंगपुरा-बी, नई दिल्ली-110014)

बस्तियों में 'सबला संघ' बनाना, स्वास्थ्य व बस्ती के अन्य मुद्दों पर जानकारी देना, जनचेतना फैलाना, परिवार व समाज द्वारा सताई महिलाओं की मदद करना व अन्य व्यापक मुद्दों जैसे साम्प्रदायिक, आवास इत्यादि पर अभियान चलाना।

9. शक्तिशालिनी (1987)

(48, बाजार लेन, भोगल, जंगपुरा, नई दिल्ली-110014)

परिवार में दहेज और दूसरे कारणों से सताई महिलाओं की मदद और उनके लिए आश्रय की व्यवस्था करना।

10. मोबाईल क्रेश फॉर वर्किंग मदर्स एण्ड चिल्ड्रन

(सेक्टर-4, राजा बाजार, टी.आई.जेड एरिया, नई दिल्ली)

निर्माण मजदूरों के बच्चों के लिए पालनाघर, बालबाड़ी चलाना, अनौपचारिक शिक्षा व प्रौढ़ शिक्षा की व्यवस्था।

11. कोआर्डिनेटिंग कमेटी ऑफ वर्किंग विमेन

(केयर सी.टू-3, विट्ठल भाई भवन, नई दिल्ली- 110001)

ट्रेड यूनियनों और दूसरे संगठनों में कामकाजी महिलाओं को एकत्रित करना, काम की जगह पर उनके फैसले लेने की ताकत को बढ़ाना तथा काम के हालातों को सुधारना।

12. इन्स्टीट्यूट ऑफ सोशल स्टडीज़ ट्रस्ट (1964)

(5, दीनदयाल उपाध्याय मार्ग, नई दिल्ली-110002)

महिलाओं से सम्बन्धित शोध व डॉक्यूमेन्टेशन, पुस्तकालय और सन्दर्भ सामग्री सेन्टर व सेमीनार आदि का आयोजन।

13. जागोरी-डॉक्यूमेन्टेशन सम्प्रेषण व प्रशिक्षण केन्द्र-1984

(बी-5, हाऊसिंग सोसाइटी साउथ एक्सटेंशन भाग, 1 नई दिल्ली-110049)

महिलाओं के मुद्दों पर सामग्री का एकत्रीकरण व वितरण, विभिन्न सम्प्रेषण माध्यमों का महिला जागरण के लिए उपयोग व ग्रामीण व गरीब शहरी इलाकों में काम करने वाली महिला कार्यकर्ताओं के लिए वर्कशॉप व ट्रेनिंग का आयोजन करना।

14. ज्वाइण्ट विमेन्स प्रोग्राम

(14, जंगपुरा-बी, मथुरा रोड, नई दिल्ली-110014)

महिलाओं के लिए आन्दोलन व एक्शन प्रोग्राम आयोजित करना।

15. कर्मिका-1982

(बी-26, गुलमोहर पार्क, नई दिल्ली)

काउन्सलिंग कानूनी सलाह, औरतों से सम्बन्धित मुद्दों पर जानकारी देना, औरतों की प्रतिष्ठा और हालत में सुधार के लिए सरकारी समितियों से सम्पर्क करना व उन पर दबाव डालना।

16. काली फॉर विमेन (1984)

(ए-34, गुलमोहर पार्क, नई दिल्ली-110049)

औरतों से सम्बन्धित सामान्य रुचि तथा नारीवादी किताबों के प्रकाशक।

17. महिला दक्षता समिति (1978)

(2, टेलीग्राफ लेन, नई दिल्ली-110017)

औरतों से सम्बन्धित मुद्दों पर विचार-विमर्श, सेमीनार, प्रोटेस्ट एक्शन व साथ ही उपभोक्ता हितों के लिए आन्दोलन करना।

18. मानुषी-(1979)

(सी-1/202, लाजपत नगर, नई दिल्ली-110024)

नारीवादी पत्रिका मानुषी का अंग्रेजी में प्रकाशन। सामूहिक विचार-विमर्श, कानूनी सलाह, शोधकार्य, आन्दोलन इत्यादि करना।

19. नारी रक्षा समिति

(राजनिवास मार्ग, सिविल लाइन्स, दिल्ली-110054)

कैंपनिंग व काउन्सलिंग।

20. नेशनल कान्उसलिंग ऑफ विमेन इन इण्डिया (1985)

शिक्षा, मेडिकल केयर, औरतों के लिए समान अधिकार व फैमिली प्लानिंग सेवाएँ प्रदान करना।

21. नेशनल फेडरेशन ऑफ इण्डियन विमेन (1954)

(1002, अंसल भवन, आठवीं मंजिल, कस्तूरबा गाँधी मार्ग, नई दिल्ली-110001)

प्रत्येक जिला, शहर, प्रान्त में शाखा, औरतों के साथ ट्रेड यूनियनों में काम करना, मीटिंग व विचार-विमर्श व आन्दोलन करना। सरकारी स्तर पर महिलाओं पर होने वाली चर्चाओं में भाग लेना। महिला दमन अत्याचार का विरोध और महिला संगठन का काम।

22. सेन्टर फॉर सोशल रिसर्च

(ई-79/9 किशनगढ़, नई दिल्ली-110030)

महिलाओं में जागृति लाना, प्रौढ़ शिक्षा व अन्य विकास कार्यक्रम चलाना।

23. एक्शन इण्डिया-महिला कार्यक्रम

(5/24, जंगपुरा-बी, राजपूत होटल के पीछे, नई दिल्ली-110014)

दिल्ली की गरीब बस्तियों की औरतों को सबला संघों में संगठित करना, चेतना जागृति और हिंसा के खिलाफ संघर्ष करना।

बिहार—

24. छात्र-युवा संघर्ष वाहिनी (1975)

(12, राजेन्द्र नगर, पटना, बिहार-800016)

भूमिहीन मजदूरों को संगठित करना व उनके हकों के लिए लड़ना, शिविरों और अनौपचारिक शिक्षा के माध्यम से औरतों को संगठित करना और उनमें चेतना जाग्रत करना।

25. भारती विकास मंच

(ग्राम बरहेटा, पोस्ट लहरिया सराय, जिला दरभंगा-846001)

बिहार मधुबनी परटिंग करने वाली महिलाओं का आर्थिक संगठन।

26. सेवा मिथिला

(मगरौनी रोड, हनुमान मन्दिर के पास, मधुबनी, बिहार-847221)

बिहार स्वाश्रयी दस्तकार महिलाओं का आर्थिक व सामाजिक संगठन।

27. महिला जागरण संस्थान

(प्रकाश बीज भण्डार, हाजीपुर, जिला वैशाली, बिहार)

महिलाओं के विकास व जागृति का काम

28. महिला जागृति केन्द्र

(पोस्ट-आई.ई. गोमिया, जिला गिरिडीह-829112, बिहार)

आदिवासी महिलाओं का संगठन, दहेज, बलात्कार, मारपीट आदि के सवालों पर चर्चा और उनका समाधान करना।

29. प्रगति-ग्रामीण विकास समिति

(पोस्ट अमरपुरा, नौबतपुरा, पटना, बिहार-801117)

ग्रामीण विकास, बच्चियों की शिक्षा व नारी जागरण का काम करना।

30. नारी विकास परिषद्

(छोटी कोठी लाल बाबू लेन, जयकृष्ण रोड, पोस्ट बेगमपुरा, जिला पटना)

शिविरों और अनौपचारिक शिक्षा के माध्यम से औरतों को संगठित करना और उनमें चेतना जाग्रत करना।

31. अखिल भारतीय प्रगतिशील महिला मंच

(द्वारा/कुमुदिनिपति (अध्यक्ष) मदनधारी भवन, एस.पी. वर्मा रोड, पटना-800001 बिहार)

महिला संगठन और संघर्ष।

गुजरात

32. आवाग

(5, प्रोफेसर्स कॉलोनी, अहमदाबाद-380009, गुजरात)

मीडिया में औरतों के नकारात्मक चित्रण के खिलाफ एक्शन, लैंगिक भेदभाव के खिलाफ नुक्कड़ नाटक, रेडियो व टेलीविजन प्रोग्राम तथा चेतना जागृति के लिए इन सभी विषयों पर प्रदर्शनी और अध्ययनों का प्रकाशन करना।

33. चिंगारी

(2, गाँधी बाग, पंकज लॉ कॉलेज के पीछे, अहमदाबाद-380006, गुजरात)

महिलाओं के मुद्दों पर जनचेतना, कैम्पैन व संघर्ष। नुक्कड़ नाटक के द्वारा नारीवादी विचारों को फैलाना।

34. सेवा

(विक्टोरिया गार्डन के सामने, भद्रा, अहमदाबाद-380001-गुजरात)

छोटे विक्रेता, मजदूर व दूसरी स्वाश्रयी महिलाओं को शोषण के विरुद्ध संगठित करना।

कच्चे माल व उपकरणों को दिलवाने में मदद करना, तैयार माल बेचने व अन्य आर्थिक मसलों पर शिक्षा देना, कानूनी मदद, पालना घर, स्वास्थ्य सुविधाएँ, साक्षरता,

डेयरी विकास व कर्जे की जरूरतों को करने के लिए महिलाओं का अपना को-ऑपरेटिव बैंक।

35. चेतना

(ड्राइव इन सिनेमा बिल्डिंग, दूसरी मंजिल थालटेज रोड, अहमदाबाद-380054, गुजरात)

महिला व बच्चों के स्वास्थ्य पर जानकारी, ट्रेनिंग व सामग्री बनाना।

36. सहयर

(सहकारी मण्डली पंचमुखी, महादेव नी-पोल, जुबली बाग के पास, बड़ौदा-390001, गुजरात)

महिलाओं में जागृति व अपने हक के लिए संघर्ष, कानूनी सलाह, नुक्कड़ नाटक, प्रदर्शनी व वर्कशॉप इत्यादि का आयोजन करना।

37. उद्‌गार

(ए-4, सरकारी क्वार्टर अथवा लाईन्स, सूरत-395007, गुजरात)

महिलाओं के सवालों पर आवाज उठाना, नाटक व अन्य माध्यमों द्वारा जनचेतना का काम करना।

38. महिला गृह उद्योग मण्डल लिज्जत पापड़ सोसायटी-(1968)

(वेडछी ग्रामोद्योग विकास केन्द्र, वालोद-349640, गुजरात)

पापड़ बनाने, अगरबत्ती व मसाले बनाने का काम करवाकर महिलाओं को रोजगार प्रदान करना।

39. स्वाश्रय

(माणिक लाव-अखाड़े के पास डांडीया बाजार)

महिलाओं के बीच संगठन और संघर्ष।

महाराष्ट्र

40. नारी अत्याचार विरोधी मंच-(1979)

(120, सफालय बिल्डिंग-2, पहली मंजिल करी रोड, मुम्बई-400012, महाराष्ट्र)

महिलाओं के साथ हो रहे अत्याचारों के खिलाफ व उनके हकों के लिए संघर्ष, अलग-अलग मुद्दों पर प्रदर्शन, कैंपैन, मीटिंग व वर्कशॉप आयोजित करना।

41. श्रमिक स्त्री मुक्ति संगठन

शाहदा मोयदे रोड, जिला धुलिया, महाराष्ट्र

आदिवासी महिलाओं में चेतना जागरण व अधिकारों के लिए निरन्तर लड़ाई।

42. स्त्री मुक्ति संगठन

(तिवासा, होम्योपैथिक कॉलेज, जिला अमरावती, महाराष्ट्र)

महिला जागरण व संघर्ष।

43. नारी केन्द्र-(1982)

(104, बी-सनराईज अपार्टमेन्ट्स, नेहरू रोड, वाकोली, सांताक्रुज (पूर्व), मुम्बई-400095, महाराष्ट्र)

काउन्सलिंग, कानूनी सलाह, आश्रय दिलाना, नारीवादी सोच का प्रसार व चेतना साधन जुटाने में औरतों की मदद व डॉक्यूमेन्टेशन आदि।

44. मैत्रिणी

(7-8, मंजरी मकरंद सोसायटी, वीर सावरकर मार्ग, महिम-मुम्बई-400016, महाराष्ट्र)

अनौपचारिक मीटिंग और विमर्श-विमर्श, औरतों की जिंदगी के अनुभवों व विचारों का आदान-प्रदान करना।

45. अन्नपूर्णा महिला मण्डल-(1976)

(न्यू मारूति रोड, मुम्बई-400028, महाराष्ट्र)

निम्न आय वर्ग की औरतों को संगठित करना, बैंक से कर्ज दिलवाना, महिलाओं में मैनेजमेन्ट के हुनर का विकास, साक्षरता कार्यक्रम और समाज कल्याण की दूसरी सुविधाएँ उपलब्ध कराना।

46. पूना विमेन्स काउन्सलिंग-(1924)

(5-ए, रोंउद्र सिंह रोड, पूना-411001, महाराष्ट्र)

स्वास्थ्य, शिक्षा, कल्याण व काउन्सलिंग कार्यक्रम, स्कूल, बालबाड़ी व पालनाघर परिवार नियोजन जानकारी का प्रसार व प्रचार, पर्यावरण जागरूकता इत्यादि।

47. सर्वहारा महिला अगाड़ी-(1979)

(नायक नगर, बंजारा कॉलोनी, औरंगाबाद-431001, महाराष्ट्र)

खानाबदोश आदिवासी व अनुसूचित जातियों की महिलाओं को पानी, रोजगार, समान व न्यूनतम मजदूरी, अत्याचार आदि मुद्दों पर संगठित करना।

48. स्त्री अत्याचार विरोधी परिषद्

(प्लाट नं. 17, गणेश कॉलोनी, रिंग रोड, राणा प्रताप नगर स्क्वेयर, नागपुर-440022, महाराष्ट्र)

दहेज व औरतों के साथ हो रही हिंसा के खिलाफ कैंपैन व संघर्ष, तलाक, खर्चा व जायदाद सम्बन्धी मसलों पर कानूनी सहायता आदि।

49. स्त्री कामगार कर्मचारी संगठन-(1982)

(शुक्रवार पेठ, भिडे-आले, पूना-411002, महाराष्ट्र)

मौजूदा ट्रेड यूनियनों में औरतों के हकों के लिए दबाव समूह की तरह काम करना।

50. स्त्री मुक्ति संगठन

(श्रमिक, विंसेट स्क्वेयर लेन नं. 3, दादर, मुम्बई-400014, महाराष्ट्र)

खास श्रमिक व खेत मजदूर-महिलाओं के लिए संघर्ष, नाटकों, जुलूसों इत्यादि में सहभाग।

51. स्त्री वाणी—विमेंस रिसर्च प्रोजेक्ट

(इशवानी केन्द्र, डोल पटेल रोड विन्यास विकास, पूना-411001, महाराष्ट्र)

महिलाओं के मुद्दों पर सहभागी शोध इत्यादि।

52. जागृति महिला केन्द्र-(1984)

(मोर्गाचीवाड़ी, पोस्ट पथरास, कर्जत तालुका, रायगढ़, जिला महाराष्ट्र)

व्यापक आन्दोलन के तहत आदिवासी महिलाओं के हकों के लिए लड़ना व उनके हक में बनी योजनाओं को लागू करने के लिए सरकार पर दबाव डालना। साथ ही अन्य विकास व सामाजिक, आर्थिक समस्याओं पर लोगों को संगठित करना।

53. समाजवादी महिला सभा-(1959)

(250 के, शनिवार पेठ, पूना-411030, महाराष्ट्र)

महिलाओं को पार्टटाइम काम देने वाले को-ऑपरेटिव, बालबाड़ी, कम्युनिटी सेंटर, पालनाघर, घरेलू औरतों के लिए कोर्स, आदिवासियों के लिए अनौपचारिक शिक्षा, राजनीतिक व कानूनी विषयों पर जानकारी, वोकेशनल ट्रेनिंग इत्यादि।

54. स्त्री आधार केन्द्र

(आनन्द क्लीनिक, हदापसर, पूना 411028 महाराष्ट्र)

महिला जागरण, पोस्टर निर्माण व प्रदर्शनियों का आयोजन।

55. आशा केन्द्र

(पुटम्बा तालुका, कोपरगाँव, जिला अहमदनगर-413707, महाराष्ट्र)

महिला समूह बनाना।

56. नारी आधार केंद्र

(केयर-नारी समता मंच, प्रफुल्ल देवधर मार्ग, डेकन जिमखाना, पुणे-411004, महाराष्ट्र)

मुफ्त कानूनी व स्वास्थ्य सहायता, महिलाओं के लिए शेल्टर की व्यवस्था, संघर्ष करना।

57. स्वाधर-(1983)

(केशव गोरे स्मारक ट्रस्ट, आरे रोड गोरेगाँव, मुम्बई, महाराष्ट्र)

परेशान औरतों को मदद देना, काउन्सलिंग, स्वास्थ्य व कानूनी सहायता, सुरक्षा व आश्रय प्रदान करना।

58. स्त्री हितकारिणी-(1964)

(लोकमान्य नगर कम्पाउण्ड गाडगिल रोड, दादर, मुम्बई, महाराष्ट्र)

गरीब बस्तियों में स्वास्थ्य शिक्षा, बालबाड़ी इत्यादि।

59. स्त्री मुक्ति संघर्ष

(कासे गाँव, जिला साँगली, महाराष्ट्र-415404)

औरतों को संगठित करना व उनमें चेतना जागृति का काम करना।

60. अभिव्यक्ति मीडिया फॉर डिवेलपमेन्ट

(41, आनन्द वन कॉलेज रोड, आनन्द वन कॉलोनी, नासिक, 422005, महाराष्ट्र)

विभिन्न सम्प्रेषण माध्यम खास तौर से फिल्मों के द्वारा जागृति।

छत्तीसगढ़

61. छत्तीसगढ़ महिला जागृति संगठन

(द्वारा सलाम 18/1422, न्यू शांतिनगर, पोस्ट समता नगर 492007)

ग्रामीण गरीब औरतों को संगठित करना और महिला आन्दोलन को सशक्त बनाना। महिलाओं की पत्रिका आवाज औरत को प्रकाशित करना।

62. महिला मुक्ति मोर्चा

(दिल्ली राजहरा, पोस्ट कोण्डे, दुर्ग-491228, छत्तीसगढ़)

चेतना जागरण व गरीब महिलाओं के हकों के लिए आन्दोलन।

मध्यप्रदेश

63. कस्तूरबा गाँधी नेशनल मेमोरियल ट्रस्ट-(1945)

(कस्तूरबा ग्राम इन्दौर-452020, मध्यप्रदेश)

ग्रामीण महिलाओं में चेतना व आत्मविश्वास, आत्मनिर्भर बनने के लिए प्रेरणा देना, स्वास्थ्य शिक्षा व बालबाड़ी प्रशिक्षण इत्यादि की सुविधाएँ देना।

64. महिला जागरण समिति

(ई घमापुर, निर्मला स्कूल कम्पाउण्ड, जबलपुर-482001, मध्यप्रदेश)

महिलाओं के लिए आर्थिक कार्यक्रम व महिला स्वास्थ्य व अन्य मुद्दों पर चेतना जागरण।

65. प्रसून

(एम.आई.जी. 75, हाऊसिंग बोर्ड, सर्वोदय कॉलोनी, खण्डवा, मध्यप्रदेश)

महिला समूह बनाना। पत्रिका प्रकाशन।

66. कस्तूरबा वनवासी कन्या आश्रय-(1953)

(निवाली, जिला-बडवानी, मध्यप्रदेश)

स्वास्थ्य, शिक्षा, रोजगार की ट्रेनिंग।

67. सेवा

(गाँधी भवन, श्यामला हिल्स, भोपाल-462002, मध्यप्रदेश)

स्वाश्रयी महिलाओं के साथ काम, गरीब बस्तियों में स्वास्थ्य सुविधा इत्यादि।

68. तक्षशिला

(द्वारा माया कोल, कसेरा मोहल्ला, होशंगाबाद)

महिला बैंक, बचत समूह महिला जागरूकता।

69. भारतीय ग्रामीण महिला संघ-1961

(314, जवाहर मार्ग, इन्दौर, मध्यप्रदेश)

दलित-पीड़ित औरतों को फिर से प्रतिष्ठा दिलाना, वोकेशनल ट्रेनिंग, पालनाघर, प्रौढ़ शिक्षा, स्वास्थ्य जानकारी प्रदान करना।

70. महिला समूह होशंगाबाद

(कसेरा मोहल्ला, होशंगाबाद, मध्यप्रदेश-461002)

महिला मुद्दों पर चर्चा, गोष्ठी, प्रकाशन आदि।

71. मध्यप्रदेश महिला फैडरेशन

(शाकिर सदन, भारत-टॉकिज के पास, भोपाल)

महिला संगठन, संघर्ष।

राजस्थान

72. सेन्टर फॉर विमेन्स स्टडीज

(डिपार्टमेन्ट ऑफ एडल्ट एण्ड कन्टीन्यूइंग एज्यूकेशन, राजस्थान यूनिवर्सिटी जयपुर-302204, राजस्थान)

रिसर्च, सेमीनार का आयोजन इत्यादि।

73. प्रयास

(गाँव देवगढ़ देवलिया, वाया प्रतापगढ़, चित्तौड़गढ़-312605, राजस्थान)

महिला विकास कार्यक्रम की शाखा राजस्थान के आठ-नौ अन्य जिलों में भी है।

74. इदारा राजस्थान

(7-ए, झालाना संस्थान क्षेत्र, जयपुर, राजस्थान-302004)

ग्रामीण महिलाओं में जागरण व संगठन, स्वास्थ्य व अन्य हकों के बारे में जानकारी इत्यादि।

75. आस्था

(109, खरोल कॉलोनी, पुराना फतेहपुरा, उदयपुर, राजस्थान, 313001)

महिला संगठन।

76. सेवा मन्दिर-महिला कार्यक्रम

(फतेहपुर, उदयपुर-313001, राजस्थान)

महिलाओं में चेतना जागृति, विकास, विचार-विमर्श, काउन्सलिंग व कानूनी सहायता प्रदान करना।

77. समाज कार्य एवं अनुसंधान केन्द्र

(तिलोनिया, मदनगंज, जिला अजमेर, 305812, राजस्थान)

महिला कार्यक्रम, ग्रामीण गरीब महिलाओं के समूह गठित कर उनमें चेतना जागृति लाना।

78. इन्स्टीट्यूट फॉर डिवेलपमेन्ट स्टडीज महिला विभाग

(बी-124-ए, मंगल मार्ग, बापू नगर, जयपुर-302015, राजस्थान)

महिलाओं पर अध्ययन व खोज डॉक्यूमेन्टेशन इत्यादि।

79. राजस्थान यूनिवर्सिटी विमेन्स एसोसिएशन

(यूनिवर्सिटी ऑफ राजस्थान, जयपुर-302015, राजस्थान)

रिसर्च, सेमीनार, गोष्ठी, विचार-विमर्श व महिला मुद्दों पर जागृति।

पंजाब

80. शैकल्स एण्ड विमेन

(न्यू हरिन्द्र नगर, फरीदकोट, पंजाब)

महिलाओं के मुद्दों पर प्रकाश डालने वाली पत्रिका का प्रकाशन।

81. यू.टी. विमेन्स वेलफेयर एसोसिएशन

(भौतिक शास्त्र प्रयोगशाला, गवर्नमेण्ट कॉलेज फॉर विमेन, सेक्टर-11, चण्डीगढ़, पंजाब)

82. वर्किंग विमेन्स को-आर्डिनेशन कमेटी

(आर-156, राजपुरा कॉलोनी, पटियाला, पंजाब)

विभिन्न ट्रेड यूनियनों में कामगार महिलाओं के हकों को उठाना।

83. शमशीर

(330, सेक्टर 33-ए, चण्डीगढ़, पंजाब)

नाटकों के माध्यम से चेतना जागृति।

उत्तर प्रदेश

84. दिशा-सामाजिक संस्थान

(सुल्तानपुर, चिलकाना, जिला सहारनपुर-247231, उत्तर प्रदेश)

ग्रामीण गरीब महिलाओं का संगठन, सामाजिक मुद्दों पर लड़ाई इत्यादि।

85. महिला मुक्ति मोर्चा

(सघन क्षेत्र विकास समिति, सेवापुरी, जिला वाराणसी-221403, उत्तर प्रदेश)

ग्रामीण महिलाओं का संगठन, गाँवों में बालबाड़ी, महिला स्वास्थ्य जागरण, शिक्षा कार्यक्रम व सामाजिक मुद्दों पर लड़ाई।

86. भुवनेश्वरी महिला आश्रम

(पोस्ट अंजनीसेण, जिला टिहरी गढ़वाल 249175, उत्तरांचल)

पहाड़ी-महिलाओं का संगठन व विकास कार्यक्रम।

87. महिला नव जागरण समिति

(चंबा, ब्लॉक रोड, टिहरी गढ़वाल, उत्तरांचल)

महिलाओं में जागरूकता का विकास कराना।

88. सेवा-लखनऊ

(भारत सदन, शिक्षा डिग्री कॉलेज के पास, सीतापुरा रोड, लखनऊ, उत्तर प्रदेश)

रसोई का काम करने वाली महिलाओं को रोजगार व उनका संगठन, स्वास्थ्य सुविधा, क्रेश व बच्चों की शिक्षा इत्यादि।

89. कस्तूरबा महिला उत्थान मण्डल लक्ष्मी आश्रम

(पोस्ट कौसानी, जिला अल्मोड़ा-263631, उत्तरांचल)

लड़कियों के लिए गाँधीवादी शिक्षा पर आधारित मूलभूत शिक्षा, पर्यावरण के सम्बन्ध में जागरूकता लाना।

90. सुरक्षा

(27, न्यू बेरी रोड, लखनऊ-226001, उत्तरप्रदेश)

कानूनी सलाह, केस लड़ने में मदद व अन्य जागृति कार्यक्रम, दहेज माँग विरोधी संस्था एवं परिवार कल्याण केन्द्र।

18 दिसम्बर, 1979 को संयुक्त राष्ट्र संघ की आम सभा द्वारा महिलाओं के लिए किसी भी प्रकार के भेदभाव को दूर करने हेतु समझौते को स्वीकार किया गया था। 3 सितम्बर, 1981 को जैसे ही 20 देशों ने इसके प्रति समर्थन व्यक्त किया, इसने अन्तर्राष्ट्रीय समझौते की तरह जोर-शोर से काम करना शुरू कर दिया। समझौते की दसवीं वर्षगाँठ 1989 पर करीब 100 राष्ट्र इसके अनुबंधों के प्रति सहमत हो गए।

संयुक्त राष्ट्र संघ द्वारा स्थापित महिलाओं की स्थिति कमीशन जो कि महिलाओं की स्थिति और उनके अधिकारों के लिए सन् 1946 में स्थापित किया गया था, उसी की लगातार 30 वर्षों की कड़ी मेहनत का परिणाम है यह समझौता। कमीशन का काम था महिलाओं के जीवन के उन सभी क्षेत्रों को उभारना जहाँ कि पुरुषों द्वारा उनके प्रति भेदभाव किया जाता है। महिलाओं की तरक्की के लिए किए गए इन सभी प्रयासों का नतीजा कई घोषणाएँ और समझौते हैं परन्तु इनमें महिलाओं के खिलाफ हर प्रकार के भेदभाव को समाप्त करने वाला समझौता मुख़्य और महिलाओं के अधिकारों का बोध कराने वाला प्रमुख दस्तावेज है।

अन्तर्राष्ट्रीय मानव अधिकारों हेतु हुए समझौतों में सीडा का मुख्य स्थान है जिसमें आधे से भी ज्यादा समाज का ध्यान मानवीय अधिकारों के लिए केन्द्रित किया गया है। समझौते की जान संयुक्त राष्ट्र संघ के लक्ष्यों में मूल रूप से निहित है जिसमें वह मानव अधिकारों के प्रति व्यक्ति के मानवीय मूल्य और गरिमा में तथा स्त्री व पुरुष के समान अधिकारों के प्रति विश्वास व्यक्त करता है। प्रस्तावित दस्तावेज बराबरी के अर्थ का खुलासा करता है और बताता है कि इसे कैसे प्राप्त किया जा सकता है। ऐसा करने में समझौता केवल महिलाओं के अधिकारों पर कार्य व पहल करने और उन्हें उपभोग करने की गारण्टी दिलाने के लिए मजबूर करता है।

महिलाओं के प्रति किसी भी प्रकार के भेदभाव को दूर करने के लिए समझौता, वास्तव में महिलाओं की विकास प्रक्रिया में भागीदारिता व उनके अधिकारों के ढाँचे का एक अन्तर्राष्ट्रीय बिल है। संयुक्त राष्ट्र महिला दशक के दौरान संयुक्त राष्ट्र कमीशन व अन्तर्राष्ट्रीय महिला संस्थाओं के अथक प्रयास, मेहनत के बाद महिलाओं की स्थिति पर संक्षिप्त तथा महत्त्वपूर्ण दस्तावेज तैयार हुआ। आज करीब नब्बे देशों ने मिलकर इसके प्रति विश्वास व समर्थन व्यक्त किया है। समझौता महिलाओं और पुरुषों में समानता प्राप्त करने के सिद्धान्तों तथा मानदण्डों की चर्चा को मद्देनजर रखते हुए किया गया है।

वैसे तो सम्मेलन की सहमति संयुक्त राष्ट्र संघ की आमसभा द्वारा 19 दिसम्बर, 1979 के दौरान ही हो गई थी परन्तु 3 दिसम्बर, 1981 के समझौते के पश्चात् ही इसने जोर-शोर से काम करना प्रारम्भ किया। 30 दिन के पश्चात् ही करीब 20 देशों के सदस्यों

ने इस समझौते के प्रति अपना विश्वास तथा समर्थन प्रकट किया। जुलाई, 1993 में 126 देशों ने भी इसके लिए समर्थन और विश्वास प्रकट किया तथा कई अन्य देशों ने इस वार्ता/समझौते के लिए हस्ताक्षर किए।

लगातार देशों द्वारा समझौते के प्रति रुझान और सहमति को देखते हुए सरकार को महिलाओं के प्रति भेदभाव को खत्म करने के लिए नीति बनाने पर बाध्य होना पड़ा। महिलाओं के प्रति भेदभाव दूर करने के लिए बनी संयुक्त राष्ट्र की कमेटी 'सीडा' को इसके लिए सुनवाई और विकास की जिम्मेदारी सौंपी गई। समर्थन प्राप्त होने के एक साल बाद ही राष्ट्रीय सरकारों से रिपोर्ट प्राप्त होगी। उसके बाद प्रत्येक चार वर्षों के पश्चात् वार्ता पर हस्ताक्षर करने के पश्चात् सरकारों का यह दायित्व हो जाता है कि बनाए गए नियमों व अनुच्छेदों का उल्लंघन न करें।

महिला भेदभाव दूर करने हेतु किए गए समझौते की शर्तों के अनुसार 23 सदस्यों की कमेटी सीडा का नामांकन हुआ तथा हस्ताक्षर करने वाले देशों की राष्ट्रीय कमेटी द्वारा सदस्यों को चुना गया। सीडा कमेटी का मुख्य उद्देश्य उन देशों की रिपोर्ट का मुआयना अथवा समीक्षा करना है, जो इस समझौते का समर्थन करती हैं। सीडा कमेटी की बैठक प्रतिवर्ष न्यूयार्क या वियना में उन सदस्यों के साथ होती है, जो चार वर्षों तक के लिए चुने गए हैं परन्तु सदस्यों का चुनाव दोबारा हो सकता है। चुने हुए सदस्य सरकार के प्रतिनिधि नहीं होते हैं बल्कि वे व्यक्तिगत तौर पर कमेटी से जुड़े होते हैं। सरकार की रिपोर्ट विश्लेषण करने के अलावा सीडा कमेटी के सदस्य कमेटी के सामने सरकार के उपस्थित सदस्यों से प्रश्न पूछते हैं तथा उसका पूर्ण ब्यौरा कमेटी के सामने पेश करते हैं।

सीडा कमेटी हर वर्ष अपनी समीक्षा के आधार पर एक वार्षिक रिपोर्ट प्रकाशित करती है और अपनी सलाह को संयुक्त राष्ट्र संघ के आधार पर विश्लेषण व अवलोकन कर देशों के समक्ष रख सकती है। वार्ता के दौरान तैयार 30 अनुच्छेदों को संक्षिप्त में दिया गया है परन्तु यदि आप समझौते के विषय में तैयार किए गए पूरे दस्तावेज संयुक्त राष्ट्र संघ द्वारा किसी भी भाषा में प्राप्त करना चाहते हैं तो संयुक्त राष्ट्र के न्यूयार्क अथवा वियना स्थित ऑफिस की किसी भी शाखा से इस विषय हेतु पूर्ण जानकारी प्राप्त कर सकते हैं।

वे सभी देश जो समझौते के समर्थक हैं महिलाओं पर होने वाले किसी भी तरह के भेदभाव के विरोध में एक ऐसी नीति को लागू करना चाहते हैं जो इन बुराइयों को दूर करे (अनुच्छेद-2)। समझौते के तहत तैयार किए गए पहले पाँच अनुच्छेदों में महिलाओं के साथ होने वाले भेदभाव के बारे में सामान्य जानकारी तथा राष्ट्रीय पार्टियों द्वारा उन्हें दूर करने के लिए सामान्य जिम्मेदारी को बताया है। शेष 13 अनुच्छेदों में महिलाओं के लिए गठित कमेटी के कार्य करने की शैली तथा प्रशासकीय ढाँचे की स्थापना के बारे में विस्तार से बताया गया है।

अनुच्छेद-1. भेदभाव की परिभाषा— ऐसी असमानता, जो कि महिला व पुरुष का लिंग आधार पर बहिष्कार करे तथा जिसका उद्देश्य व प्रभाव मानव जीवन के किसी भी क्षेत्र में उसके द्वारा प्रयोग किए जाने वाले मूल अधिकारों का हनन करना हो।

अनुच्छेद-2. भेदभाव रोकने के लिए नीति निर्धारण—राज्य संविधान के तहत समानता के सिद्धान्त को साकार रूप प्रदान करना, उसके लिए धारा तथा नियमों का समावेश करना तथ व्यापक तौर पर यह सुनिश्चित करना कि इनको लागू किया जाए। ऐसी संस्थाओं को आधार देना जो भेदभाव के विरुद्ध सुरक्षा दें। यह निश्चित हो कि सार्वजनिक तथा आधिकारिक संस्थाओं द्वारा पहले भेदभाव दूर हो। ऐसे सभी कानून, रीति-रिवाज तथा नियमों पर रोक लगाएँ जो महिलाओं के प्रति भेदभाव पैदा करें।

अनुच्छेद-3. पुरुषों के समान मूलभूत अधिकारों और स्वतन्त्रता की गारण्टी।

अनुच्छेद-4. समानता प्राप्त करने के लिए अस्थायी विशेष तरीके—अस्थायी विशेष तरीकों को अपनाएँ, परन्तु जैसे ही समानता प्राप्त हो जाए, उन्हें छोड़ दें।

मातृत्व की रक्षा के लिए विशेष तरीकों को भेदभाव से दूर रखा गया है।

किसी भी लिंग के प्रति (चाहे स्त्री या पुरुष) ऊँच-नीच की भावना को दूर करना। पारिवारिक शिक्षा तथा बच्चों की देखभाल में पुरुष और स्त्री दोनों की समान भागीदारी।

अनुच्छेद-5. स्त्री-पुरुष के कर्त्तव्य निर्वाह करने की एकरूपता—सांस्कृतिक व सामाजिक धारणाओं में स्त्रियों द्वारा ही घर सँभालना व पुरुषों द्वारा बाहर के कामों में भागीदारिता के चलते आए ढाँचे को तथा स्त्री-पुरुष के कर्त्तव्यों में भेदभाव को दूर करना। पारिवारिक शिक्षा का प्रारूप ऐसा देना होगा जो यह बताए कि पारिवारिक बढ़ोतरी व निर्वाह में पुरुष और स्त्री की जिम्मेदारी बराबरी की है।

अनुच्छेद-6. वेश्यावृत्ति—महिलाओं के अवैध देह व्यापार और वेश्यावृत्ति जैसे शोषण और दमन को रोकने के लिए उचित कदम उठाने होंगे।

अनुच्छेद-7. राजनैतिक व सामाजिक जीवन—सभी निर्वाचित निकायों में भागीदारी के लिए उपयुक्तता व चुनावों में मतदान करने का अधिकार। सरकार की नीति-निर्धारण प्रक्रियाओं में हिस्सा तथा सभी सरकारी स्तरों पर कार्यालयों में भागीदारी। गैर सरकारी संगठनों में भागीदारी।

अनुच्छेद-8. अन्तर्राष्ट्रीय स्तर पर भागीदारी—अपने देश का अन्तर्राष्ट्रीय स्तर पर प्रतिनिधित्व करने के लिए अवसर प्रदान करना साथ ही अन्तर्राष्ट्रीय संस्थाओं में भी भाग लेना।

अनुच्छेद-9. नागरिकता—नागरिकता को प्राप्त करने, रखने व बदलने का समान अधिकार। सन्तानों को नागरिकता से सम्बन्धित समान अधिकार।

अनुच्छेद-10. शिक्षा के समान अधिकार—शिक्षा तथा व्यावसायिक प्रशिक्षण के लिए समान अवसर, पढ़ाई के लिए प्रयोग किए जा रहे तरीकों तथा परीक्षाओं के लिए समान पाठ्यक्रम एवं सामग्री।

छात्रवृत्ति तथा अनुदान प्राप्त करने के लिए समान अवसर। पढ़ाई जारी रखने, यहाँ तक कि साक्षरता कार्यक्रमों में भी हिस्सा लेने के लिए समान अवसर।

शिक्षा व पाठ्य-पुस्तकों के चले आ रहे पारम्परिक ढाँचे को खत्म करना।

महिलाओं की शिक्षा पूरी न करने की प्रवृत्ति की दर को कम करने के उपाय। खेलों तथा शारीरिक अभ्यास के लिए समान अवसर। स्वास्थ्य एवं परिवार कल्याण जानकारी हेतु बराबर अवसर।

अनुच्छेद-11. रोजगार—पुरुषों के समान रोजगार के अवसर।

व्यवसाय, रोजगार तथा प्रशिक्षण को चुनने की स्वतन्त्रता, समान वेतन व लाभ, यहाँ तक कि किए गए काम के लिए बराबरी की सराहना सामाजिक सुरक्षा।

व्यावसायिक स्वास्थ्य तथा सुरक्षा संरक्षण।

वैवाहिक या गर्भावस्था की स्थिति में नौकरी से हटाए जाने पर रोक लगाना।

प्रसूतिकाल या गर्भावस्था के दौरान जोखिम वाले कामों के प्रति सुरक्षा के विशेष प्रावधान।

अनुच्छेद-12. स्वास्थ्य तथा परिवार नियोजन—स्वास्थ्य देखभाल और गर्भावस्था के दौरान उचित उपचार सुविधाएँ।

अनुच्छेद-13. आर्थिक व सामाजिक सुविधाएँ—पारिवारिक सुविधाओं के लिए कर्ज व उधार लेने के लिए समान अवसर।

खेलकूद, मनोरंजन व सांस्कृतिक कार्यकलापों में समान भागीदारी का अधिकार।

अनुच्छेद-14. ग्रामीण महिलाएँ—ग्रामीण महिलाओं की खास समस्याओं की समझ, उनके द्वारा परिवार की आर्थिक बढ़ोतरी की विशेष जिम्मेदारी तथा उसके द्वारा बिना मजदूरी के किए जाने वाले काम का आकलन। उनके द्वारा विकास में समान भागीदारी। विकास कार्यक्रमों तथा उनको लागू करने का अधिकार। स्वास्थ्य देखभाल व परिवार कल्याण नियोजन सहायता। सामाजिक सुरक्षा के सीधे फायदे के अधिकार। प्रशिक्षण व शिक्षा का अधिकार।

सहकारी तथा स्वयं के लिए सहायता प्रदान करने वाले समूहों को संगठित करने का अधिकार। समाज की सभी गतिविधियों तथा क्रियाकलापों में भागीदारी। उधार, कर्ज, विपणन और उचित तकनीक, जायदाद तथा भूमि सम्बन्धी समझौते का समान अधिकार। रहने के लिए जरूरी व पर्याप्त आवास की सुविधाओं जैसे—घर, स्वच्छता, पानी, बिजली, वाहन तथा संचार सुविधाओं के अधिकार।

अनुच्छेद-15. कानूनी समानता—पुरुषों के समान कानूनी हैसियत की गारण्टी जैसे—अनुबन्ध, जमीन, जायदाद का संचालन तथा कोर्ट के सामने सुनवाई के लिए प्रस्तुत होना। गतिविधियों के लिए स्वतन्त्रता तथा निवास चुनने का अधिकार। कानूनन पहुँच के लिए किसी भी प्रकार का अनुबन्ध तथा सार्वजनिक रोक लगाने पर पूर्ण पाबन्दी।

अनुच्छेद-16. विवाह और परिवार कानून—पुरुष के साथ विवाह तथा पारिवारिक जिम्मेदारी में दायित्वों के लिए बराबरी व अधिकार।

विवाह हेतु मनपसन्द पति/पत्नी चुनने का अधिकार। वैवाहिक जीवन को यापन करने और उसे भंग करने की समानता। बच्चों की संख्या और उनके बीच उम्र की दूरी रखने तथा उससे सम्बन्धित सूचना, शिक्षा एवं संसाधनों की पहुँच।

बच्चों को गोद लेने व अभिभावक का समान अधिकार। पति के समान ही व्यक्तिगत अधिकार चुनना। जैसे पारिवारिक नाम, पेशा व व्यवसाय का अधिकार। जमीन-जायदाद के दायित्व, प्रबन्धन, स्वामित्व और उसे बेचने के लिए समान अधिकार। शादी के लिए एक उचित उम्र निर्धारित करना और शादी का रजिस्ट्रेशन (पंजीकरण)।

अनुच्छेद-17 से 22.—सीडा कमेटी, अर्थात् महिला अत्याचार उन्मूलन कमेटी के विस्तृत कार्यों और व्यवस्थापन की जानकारी।

अनुच्छेद-23 से 30. सम्मेलन में प्रशासन की विस्तृत जानकारी—1985 नैरोबी में महिला वार्ता के दौरान होने वाली लगातार गोष्ठियों से द इन्टरनेशनल वीमेन्स राइट्स एक्शन वाच का जन्म हुआ। इवरो का मुख्य उद्देश्य अन्तर्राष्ट्रीय स्तर पर सक्रिय संगठनों का ऐसा नेटवर्क तैयार करना है जो समझौते की गतिविधियों के पालन का काम करे। इवरो एशिया प्रशान्त के उन देशों के लिए जिन्होंने वार्ता पर हस्ताक्षर किए हैं कार्ययोजना बनाने व उसे लागू करने में मदद करती है।

❑❑❑

12

भारत में गन्तव्य तलाशती संघर्षशील नारी

पृथ्वी कभी आग का गोला थी जिसे ठण्डा होने में वर्षों लगे होंगे। तब धरती पर कुछ भी नहीं था। जीव सृष्टि की उत्पत्ति भी नहीं थी। वैज्ञानिकों ने सृष्टि का कारण अणुओं का संघात बताया है। जीवसृष्टि की निरन्तर विकास यात्रा की पुष्टि की है। वहीं धर्मशास्त्रों की धारणा है कि पूरी सृष्टि शिव और शक्ति की लीला है। शिव में शक्ति है और शक्ति में शिव। दोनों का मिलन ही मंगलकारी है। शिव को इसीलिए अर्द्धनारीश्वर कहा है। धर्मशास्त्रों की यह भी धारणा है कि ईश्वर की एक से अनेक होने की चाहना का नाम सृष्टि है। ईश्वर ने त्रिदेव ब्रह्मा, विष्णु और महेश को प्रथम रचा तथा तीनों को सृष्टि रचने के लिये सरस्वती, लक्ष्मी और पार्वती शक्ति रूप में देकर ब्रह्मा को सृजन, विष्णु को पालन और शिव को विसर्जन का दायित्व दिया। त्रिदेव को पुरुष तथा त्रिदेवियों को प्रकृति कहा गया। प्रकृति को त्रिगुणात्मक कहा है। सत्व, रज, तम प्रकृति के गुण हैं जो सर्वव्यापक है। यह सृष्टि अद्भुत है, मनोहारी भी, वे तमाम शक्तियाँ जो ब्रह्माण्ड में हैं वे पिण्ड में भी हैं। ब्रह्माण्ड पिण्ड का ही विराट् रूप है जिसमें अनन्त शक्तियाँ हैं। वे सब जागृत हैं। वहाँ पिण्ड की शक्तियाँ सुप्त हैं, जिन्हें जागृत करना होता है। प्रकृति के तीनों गुण सम्पूर्ण सृष्टि का संचालन करते हैं। सत्व, रज, तम गुणों की क्रिया-प्रतिक्रिया होती है। हम सब क्रिया की प्रतिक्रिया करते है। हमें नहीं लगता कि सृष्टि को कोई चला रहा है और सत्य भी है कि सृष्टि क्रिया-प्रतिक्रिया रूप में स्वचालित है। हर पिण्ड में चेतन रूप पुरुष है तो जड़ रूप प्रकृति। यह सृष्टि जड़ चेतन का खेल है। अणु-परमाणुओं का संघात है। जड़ और चेतन का प्रकृति और पुरुष का मिलन ही जीवन तथा बिछुड़ना ही मौत है, और कुछ नहीं। प्रकृति का रज गुण क्रियाशील है, सत्व अच्छाई का प्रतीक तथा तम बुराई का प्रतीक है। सम्पूर्ण ब्रह्माण्ड में इसी प्रकृति और पुरुष का खेल है वैसे ही चौरासी लाख योनियों (पिण्डों) में भी उसी का खेला है। पिण्ड से लेकर ब्रह्माण्ड तक जड़-चेतन प्रकृति-पुरुष का संघात सर्वव्यापक है। हर एक पिण्ड एक जीव है, जितने पिण्ड उतने जीव। जीवों में श्रेष्ठ नर-नारी हैं जिनके पास सोचने की शक्ति है तथा काम करने के लिये मुक्त हाथ हैं। जो ब्रह्माण्ड में

शिव-शक्ति हैं, वे ही पिण्ड में नर नारी हैं। शिव शक्ति की शक्तियाँ जाग्रत एवं अपार हैं वहाँ नर-नारी की शक्तियाँ सुप्त एवं अल्प हैं। जिन्हें नर-नारी अपनी साधना से जगा कर शिव शक्ति तुल्य हो सकते हैं। सर्वशक्तिमान् को ही ईश्वर कहा है। धर्मशास्त्रों की धारणा है कि उस सर्वशक्तिमान् ने ही सृष्टि को रचा है। जिसमें नर-नारी की कोई बराबरी नहीं। सम्पूर्ण जीव सृष्टि में नर-नारी उसकी सर्वश्रेष्ठ रचना है। सम्पूर्ण सृष्टि का सृजन-विर्सजन इनकी मानसिकता के आस-पास घूमता है। नर-नारी जीवन की गाड़ी के दो ऐसे पहिये हैं जिन का सन्तुलन जीवन को अबाध गति से चलाता है। आत्मा के स्तर पर नर-नारी में कोई भेद नहीं है। इनके पास मन-बुद्धि की अकूत पूँजी है जिसके बल पर ये अपनी सुप्त शक्तियाँ जाग्रत कर ईश्वरत्व पा सकते हैं।

जीवन के लिये संतुलन और परस्पर सहयोग परम-आवश्यक है। असन्तुलन ही संकट पैदा करता है। असंतुलन का नाम ही प्रलय है। जीवन के लिये संतुलन ही मुख्य है। सन्तुलन में ही सृजन है और सृजन में सूनापन तोड़ने की क्षमता। इसलिये सृजन और जीवन ही श्रेष्ठ है। आदमी की जीवन यात्रा बड़ी लम्बी रही है। वह एक ही दिन में सभ्य और सुसंस्कृत नहीं हो गया। उसको हजारों वर्ष लगे होंगे। आज की स्थिति में आने के लिये। वह प्रारम्भ में एक जानवर से अधिक नहीं रहा होगा। कितनी बार उसकी आकृतियाँ बदली होंगी। किन किन परिस्थितियों से जूझता हुआ आगे बढ़ा होगा। उसका प्रकृति के साथ सदा संघर्ष रहा है। असमर्थ को मारना और लूटकर खाना आदमी की आदिम प्रवृत्ति रही है। आदिम जन्मजात प्रवृत्ति कभी नहीं मरती है। संस्कार रूप में पीढ़ी दर पीढ़ी चलती है। जब आदमी जानवर था तो झुण्ड बनाकर रहा होगा तब न परिवार की कल्पना रही होगी न माता-पिता, भाई-बहिन, सास-ससुर, पति-पत्नी का भाव ही। न मण्डप बनें होंगे और न फेरे पड़े होंगे। आदमी रहा होगा नंग-धड़ंग, ऐसे ही स्त्रियाँ बिना वस्त्रों के और नर-नारी का मिलन पाबन्दियों से रहित रहा होगा। गुफाओं में रहना और अपने से कमजोर को मार कर खा जाना धन्धा रहा होगा। जीव, जीव का भोजन रहा होगा और भूख मिटाने की सब से बड़ी चिन्तारही होगी।

प्रकृति के साथ आदमी के संघर्ष ने उसकी समझ को बड़ा तो किया पर उसकी हिंसक प्रवृत्ति न मिट पाई और न भीतर का जानवर ही मिट पाया। आदमी सफेद कपड़े पहनने और ईंट-पत्थर के मकानों में रहने से ही सभ्य नहीं हो जाता। आदमी के भीतर संवेदना का जगना और दूसरे की वेदना में पीड़ा का अनुभव करना ही आदमी को इन्सान बनाता है। आदमी के भीतर का जानवर आज भी कहाँ मरा है। जब तक भीतर का जानवर जिन्दा रहेगा, आदमी इन्सान नहीं हो सकता। आज भी समर्थ असमर्थ को खा रहा है, यह अलग बात है कि खाने के तरीके बदल गये है, विचारो का संघर्ष एवं द्वंद्व हर युग में चला है आज भी चल रहा है। विचारो का द्वंद्व ही संघर्ष की भूमिका रचता है और आदमी को संघर्ष के लिये तैयार करता है। यह एक ऐसी लड़ाई है जो कभी खत्म नहीं होगी क्योंकि उसमें आदमी के विकास की

संभावनाएँ छिपी हैं। यह द्वंद्व ही आदमी की प्रगति का आधार रहा है। जितने संघर्ष सत्य की खोज के लिये हुये उससे भी अधिक संघर्ष रोटी की तलाश में हुये। समय और परिस्थितियों ने आदमी को जीने की धीरे-धीरे तमीज दी। संस्कारित किया।

संस्कार वासना के सूक्ष्म रूप हैं जो शिव और सौन्दर्य से संचालित होकर मन की भावभूमि पर अपना रूप धारण करते हैं और परम्परागत होकर मानवीय जीवन को निर्देशित कर संस्कृति बनाते हैं। सभ्यता इसी संस्कृति का स्थूल रूप है। सभ्यता और संस्कृति को रूप धारण करने में वर्षों लगे हैं।

सिन्धु घाटी की सभ्यता के बाद ही आर्य सभ्यता का विकास है। वैदिक काल में पृथ्वी को माँ और आकाश को पिता कहा है तथा सूर्य, चन्द्र, इन्द्र को पुत्र। इसी काल में देव और असुर संस्कृतियाँ जन्म लेती हैं। देव संस्कृति के गुरू होते हैं बृहस्पति और असुर संस्कृति के गुरू शुक्राचार्य। दोनों संस्कृतियों के बीच की टकराहट दोनों गुरुओं के अहंकार वृत्तिकी उपज होती है। दोनों गुरु अपने-अपने शिष्यों को साम्राज्यवादी स्वप्न देते हैं। दोनों स्वच्छन्द आचरण के पोषक होते हैं। दोनों के पास भोगवादी दृष्टिकोण होता है। दोनों नारी को स्वच्छन्द भोगने की स्वीकृति देते हैं। जिसके कारण अतिचार बढ़ता है और देवासुर संग्राम होता है। वहीं तीसरी मानवीय संस्कृति का जन्म होता है। राजा दुष्यन्त की प्रखर बुद्धि एवं दूरदर्शिता ने मानवीय संस्कृति को आगे बढ़ाया तथा देव और असुर संस्कृति के बीच संतुलन कायम किया और मनु ने मानवीय संस्कृति को सुदृढ़ कर मनुस्मृति द्वारा व्यवस्था दी। मनुस्मृति उस काल का संविधान रहा है।

प्राचीन भारत में अनेक कबीले थे जो कालान्तर में जातियों में बदल गये। उस वक्त की प्रमुख जातियाँ थीं निषाद, द्रविड़, ग्रीक, शक, हूण जो शिकार की तलाश में जंगल-जंगल भटकती थीं। इनके कबीले होते थे। कबीलों के बीच अक्सर मुक्त विचरण और संघर्ष हुआ करते थे। जिसमें नारी को वस्तु की तरह छीन लेना आम बात थी। वैदिक काल की नारी पुरुषों की तरह विदुषी एवं संघर्ष के लिये हथियार उठा लेने में समर्थ थी। नारी का उस वक्त सम्मान था। वह संघर्ष में नर से आगे होती थी और अपने कबीले की सुरक्षा का दायित्व लेकर चलती थी। संकट में नर का मार्गदर्शन भी करती थी। तब मातृसत्तात्मक व्यवस्था थी। माँ का आदर था।

नर-नारी का परस्पर आकर्षण आदिम एवं प्राकृत रहा है, दोनों मिलकर हर युग में सृजन को सार्थक करते रहे हैं। नारी की सार्थकता माँ बनने में इसीलिये है कि वह सृजन का मूल है। उसी से सृष्टि चलती है। आज की तरह प्राचीन काल में अनेक जातियाँ नहीं थीं केवल जाति थी नर और नारी की। नारी अपने मन का नर चुन सकती थी और नर-नारी का वरण कर सकता था। कालान्तर में मनु ने इस स्वच्छन्दता को व्यवस्थित किया और नर-नारी को चार वर्णों में बाँट उनको अलग-अलग कर्म के दायित्वों में बाँधा। वे अपना कर्म बदलने में स्वतंत्र

थे। धीरे-धीरे इन वर्णों की जकड़ मजबूत होती गयी और वे क्षत्रिय-ब्राह्मण-वैश्य और शूद्र की पकड़ में बँधते गये और उनके अनुरूप ही जन्मजात वर्ण बनते गये और इस वर्ण-जातियों की संख्या बढ़ती गयी। हर युग में एक बात समय के केन्द्र में सदा से महत्वपूर्ण रही है। राजा मनु के समय में शास्त्र समय के केन्द्र में महत्वपूर्ण रहे और उसके अनुसार ही समाज की व्यवस्था रही फिर समय के केन्द्र में शस्त्र आये और सारे निर्णय युद्धों के माध्यम से होने लगे तब हारे हुए राज्यों से अन्य वस्तुओं की लूट के साथ नारी को भी लूट कर लाया जाने लगा तो नारी की स्थिति चिन्ताजनक हो गयी। उसकी नीलामी, बहुलता तथा सौन्दर्य देह व्यापार के कारण बने, वेश्यालय खुले किन्तु फिर भी उनका सम्मान था। तब नगर वधू थी चित्रलेखा, आम्रपाली, पर वे विदुषी थीं। संगीत और नृत्यकला में पारंगत। वे नगर वधूएँ ही नहीं शिक्षिका भी थीं तथा समाज को दिशा भी देती थीं।

युद्धों के खतरों से बचाने के लिये नारी को पर्दों में छिपा कर जब से घरों में रखा जाने लगा नारी दोयम दर्जे पर चली गयी और पुरुष की प्रधानता मुखर हो गयी। नारी ने सेविका, दासी का रूप धारण कर लिया वह घर के चूल्हे चौके से जुड़ गई और बन्दिनी की तरह घर की चारदीवारी में कैद हो गयी।

आज समय के केन्द्र में अर्थ है। अर्थ की जड़ मूलतः क्रय-विक्रय में है। लाभ लोभ में। आज के युग में नारी विज्ञापन का केन्द्र बन चुकी है। उसकी नंगी- अधनंगी तस्वीर का प्रदर्शन आम बात है। सभी वस्तुओं के विज्ञापन बिना नारी के अधूरे है। सभी टी.वी. चैनल इन विज्ञापनों के केन्द्र बन चुके हैं। विज्ञापन से कोई भी वस्तु सहज बिकने का अवसर तलाश लेती है। नारी की देह यष्टि और उसका विज्ञापन खरीददारों के मन में सहज लालसा जगाता हैं। आज देश में इस बढ़ते विज्ञापन के कारण बिकने वाली चीजों में शराब के बाद यदि कोई है तो वह नारी की देह है। जिसकी सब्जी व भेड़ बकरियों की तरह मण्डियाँ लगती हैं और नारी देह गोश्त तथा सब्जी से सस्ती बिकती है।

नारी उत्पीड़न और शोषण की कहानी बड़ी लम्बी और दर्दभरी है। त्रेतायुग में राम को विष्णु का अवतार कहा गया है। वहाँ पुरुषोत्तम भी कहा है। सीता उनकी पत्नी नारी का रूप है जो राजमहलों के सुख वैभव को छोड़ कर वन वन भटकती है। उसका रावण द्वारा हरण होता है। स्वीकार के पूर्व अग्निपरीक्षा होती है और उसके बाद एक अदने से धोबी के परिवाद पर घर से निष्कासन होता है। गर्भावस्था में उसे जंगल में निराश्रित छोड़ दिया जाता है। नारी के प्रति अवतारी राम की यह कैसी व्यावहारिकता और कैसी मर्यादा है? इसी युग में एक नारी का जन्म राजमहल में और विवाह तपस्वी के साथ जो भोग का अर्थ ही नहीं जानता, रात-दिन न्याय शास्त्र लिखने में व्यस्त रहने वाले ऋषि गौतम के साथ हुआ। उसने अहिल्या नारी के मन की पीड़ा कब जानी और जब उसका यौवन देवराज इन्द्र की बाँहों में मचल गया तो शापित कर दिया, उसे जड़ बना दिया गया। राजा जनक जिनको विदेह (आत्म रूप) कहा गया है अपने

राज्य में रहने वाली अहिल्या को क्या न्याय दे पाये? दमयन्ती नल को जंगल-जंगल जीवन भर ढूँढ़ती रही। यशोधरा ने सिद्धार्थ से क्या पाया? और उर्मिला का जीवन पूरा का पूरा विरह में क्यों कटा, द्वापर में द्रोपदी के साथ हुआ वैसा किसी भी युग की नारी के साथ नहीं हुआ। वह विवाहिता हुई अर्जुन की और पाण्डवों में बंटी। पाँच किसी वस्तु की तरह जुए में दाव पर लगा दी गई और हारने पर दुर्योधन के हाथों ऐसे सौंप दी गई जैसे किसी कसाई के हाथों बकरी सौप दी जाती है। उसे भरी सभा में दुःशासन द्वारा नंगी करने का प्रयास होता है। भीम, अर्जुन, भीष्म पितामह, गुरु द्रोण, धर्मराज युधिष्ठिर सब मूक होकर देखते हैं नारी के प्रति होते अन्याय को और देखते ही देखते इन सब का पौरुष नपुंशक हो जाता है। किसी भी वीर की बाँहे नहीं फड़कती अन्याय के विरुद्ध। द्रोपदी सम्पूर्ण नारी समाज की विवशता की कहानी है।

इस देश की नारी का सदा से ही दुर्भाग्य रहा कि उसे एक ओर देवी बना कर पूजा तो दूसरी ओर सेविका बनाकर शोषण किया। एक युग था जब नारी को पत्थर की मूर्तियों के भेंट चढ़ाया जाता था और अन्त में वेश्यालयों में बेच दिया जाता था। आज भी दक्षिण भारत में कुँआरी कन्या का विवाह पूर्व मन्दिरों में पण्डों द्वारा शोषण होता है, यह सब पुरुषप्रधान व्यवस्था के कारण है। पुरुष अपने स्वार्थ की पूर्ति के लिये नारी का उपयोग एक वस्तु की तरह करता आया है। अतिथि को देवता समझकर उसे भोजन और मदिरा की तरह रात को कुँआरी कन्या का सौंपना क्या था? इन सब के पीछे पुरुष की कामुक भावना और चतुराई काम करती आयी है।

पुरुष ने नारी को किसी भी युग में बराबरी का दर्जा नहीं दिया उसका उत्पीड़न और शोषण ही किया है। जबकि नारी नर के जीवन गाड़ी की महत्वपूर्ण धुरी है बिना नारी के नर का कोई अस्तित्व नहीं है। ऐसी स्थिति में आगे बढ़ती नारी को रोकना ठीक नहीं है। नारी है तो परिवार है बिना नारी के किसी भी परिवार की कल्पना करना व्यर्थ है। आज की नारी नर के साथ कदम मिलाकर चलना चाहती है। वह घर की चारदीवारी से बाहर निकलना चाहती है। वह घर के भीतर गुड़िया की तरह सजकर बैठना पसन्द नहीं करती। नारी के लिये यह सब से बड़ी त्रासदी है कि भारतीय समाज और उसका परिवेश परम्परा के नाम पर ऐसा करने की स्वतन्त्रता नहीं देता। समाज भारतीय नारी से अनेक अपेक्षाएँ करता है। नारी यदि नौकरी करती है तो नौकरी की सारी परेशानियाँ उसकी अपनी हैं। यदि वह बहू है तो घर की प्राथमिकता सबसे प्रथम है। वह अमेरिका तथा अन्य देशों की महिलाओं की तरह अपना जीवन स्वतन्त्र नहीं जी सकती। भारतीय नारी आधुनिकता एवं परम्पराओं के बीच खड़ी परिस्थितियों से जूझ रही है। नारी जब तक चारदीवारी के भीतर रही तब तक उसकी अपेक्षा रही कि पति की कमाई उसके हाथ में आती रहे और अब कामकाजी औरतों के पतियों की ये अपेक्षा हो गयी है कि उनकी पत्नियों की सम्पूर्ण कमाई उनके हाथ में आये और उधर कामकाजी स्त्रियों की अपेक्षायें हैं कि पति उनका हाथ धर के कामकाज में बँटाये। किन्तु नर भी नारी की अपेक्षायें कभी पूरी नहीं

कर सकता। वह न तो बच्चों के पोतड़े ही धो सकता है और न बर्तन ही माँज सकता है क्योंकि आज तक ये सारे काम भारतीय समाज में नारी की परम्परा में ही रहे है। ऐसी स्थिति में नौकरीपेशा नारी को दो पाटों के बीच पीसना पड़ रहा है। वह नौकरी भी करती है और घर भी सम्भालती है। उसे दोहरा संकट झेलकर भी पति के अधीन ही रहना पड़ता है पति की आज्ञा मानना उसकी नियति है। उसका अपना स्वतन्त्र अस्तित्व कोई नहीं है। कामकाजी नारियों की पीड़ा ये भी है कि वे जीवन में इतनी व्यस्त रहती हैं कि उन्हें पति-पत्नी वाला जीवन जीने और प्यार करने को समय ही नहीं मिलता। आज की नारी विशेष कामकाजी महिला अपने पति के प्रति पूर्ण समर्पित नहीं हो सकती जिसके कारण जीवन में कटुता घुलती है और परस्पर दूरियाँ बढ़ती जाती हैं।

पश्चिमी देशों की मान्यतायें एवं परम्परायें अलग हैं। वहाँ के पति-पत्नी रात को एक बिस्तर पर सो जायेंगे पर सुबह होटल में नाश्ते का बिल अलग अलग चुकायेंगे और बुरा भी नहीं मानेंगे। भारतीय समाज में ऐसा नहीं है यहाँ की मान्यताएं एवं परम्परायें अलग हैं। इस देश की संवेदना अभी पूर्ण रूप से मरी नहीं है, जिन्दा है। ये देश आज भी साथ जीने मरने की कल्पना करता है। सात फेरों का ही नहीं सात जन्मों तक साथ निभाने का वादा किया जाता है। यहाँ के लोग एक दूसरे का आदर करते हैं, प्यार करते हैं, एक-दूसरे के लिये जीते-मरते हैं किन्तु अब इस देश की संस्कृति में पश्चिम का अन्धेरा उतर रहा है। हवा में कटुता घुल रही है। हम दो हमारे दो के नारे में परिवार को छोटा करने की बात हो रही है पर इसके भीतर परिवार की परिभाषा में चार व्यक्ति ही आते हैं, माता-पिता, भाई-बहिन व परिजन गौण हो जाते हैं। ये पश्चिम की हवा ही है कि परिवार टूट रहे हैं, आदमी का मन बौना हो रहा है। लोग मशीन की तरह जीने लगे हैं। किसी से किसी का कोई वास्ता नहीं केवल अपनी धुरी पर घूमने वाला जीवन बनता जा रहा है और संवेदना मर रही है। आदमी से आदमी दूर भाग रहा है, रिश्तों में टूटन व्याप गयी है, यहाँ तक कि स्त्री-पुरुष का साथ रहना कठिन होता जा रहा है।

नारी को प्रकृति ने कोमल बनाया है और पुरुष को कठोर। नारी का हृदय पक्ष प्रबल है वहाँ पुरुष बुद्धिप्रधान है। हृदय में दया, करुणा, ममता अपनापन और समर्पण अधिक होता है वहाँ बुद्धि में चतुराई। नारी को प्रकृति ने श्रेष्ठ गुण दिये हैं। कहा जाता है पुरुष यदि नारी के गुणों को अपने भीतर उतार ले तो देवता हो जाता है। पर नारी यदि पुरुष की चतुराई अपने जीवन में उतार ले तो राक्षसी बन जाती है। इसलिये नारी को चाहिये कि वह प्रकृतिप्रदत्त अपने गुणों की रक्षा करे।

आज की नारी नर होना चाहती है। वह नर की पूरक होना ही नहीं चाहती है। वह बराबरी चाहती है। उसे सोचना चाहिये कि दो नर कब तक साथ निभा सकते हैं, क्या उनके अहं नहीं टकरायेंगे? उसे चिन्तन करना चाहिये कि ये माँस पिण्ड न नर है न नारी। पिण्ड में शिव की

प्रधानता ही नर है और पिण्ड में शक्ति की प्रधानता ही नारी। अर्थात्, नर के भीतर एक नर और नारी के भीतर एक नारी और है। भीतर की नारी को सदा भीतर के नर की तलाश रहती है और भीतर के नर को सदा भीतर की नारी की चाहत। यह चाहत ही ललक बन दोनों को मिलाती है। स्थूल देह के भीतर दोनों का अस्तित्व छिपा है, वे एक दूजे के लिये जीते हैं। नारी धरती पर आनन्द पाने नहीं, लुटाने आती है। पुरुष में आनन्द लूटने के लिये पौरुष चाहिये। नारी के सदा दो रूप रहें है, एक विवाहिता का तो दूसरा प्रेमिका का। नारी की वास्तविक पहचान उसका यौवन है। उसके सौन्दर्य में आँच है तो अमृत भी है। उसकी सफलता नर की प्यास बढ़ाने में है। नारी का रमणी रूप ही मोहक होता है। पुरुष को रमणीयता का स्वामी नहीं सेवक होना चाहिये। नर अपना सर्वस्व देकर ही नारी का सर्वस्व पाता है। प्रश्न केवल पहल का है। नर-नारी शिवशक्ति के ही रूप है और कुछ नहीं। रोटी-कपड़े और आश्रय की सुरक्षा के लिये नारी का विवाह उसका अपमान है। स्वामी और सेवक का भाव प्रेम को मार देता है। प्रेम में बराबर का भाव होना जरूरी है। वेश्या बनते ही औरत के भीतर की औरत मर जाती है। अतः जिन्दगी में प्रेम जीने के लिये एक का साथ ही काफी है और सहारे के लिये एक ही कन्धा काफी है। यह भारतीय संस्कृति का आदर्श रहा है जो बने रहना चाहिये। एक बार एक आधुनिक नारी ने महादेवी वर्मा से पूछा, 'नारी आपके समय में अधिक स्वतन्त्र थी कि आज'। महादेवी वर्मा का उत्तर था कि हमारे जमाने में नारी नारी हुआ करती थी। आजकल की नारी तो व्यंजन है उसे तो परोसा ही जाना है फिर चाहे पत्तल हो कि फाइव सितारा होटल या कोई फार्म हाउस क्या फर्क पड़ता है। अब वह जमाना लद गया जब कृष्ण द्रोपदी की लाज बचाने नंगे पांव दौड़े आये थे। किन्तु आज की द्रोपदियां तो स्वयं चीर हरण करवाने के लिए हर वक्त तैयार रहती हैं। वहाँ आज के कृष्ण चीर हरण से नारी को बचाते नहीं स्वयं आगे बढ़कर शील हरण को तैयार रहते हैं। आज सभ्यता के नाम पर जो कुछ हो रहा है सब पीड़ादायक है। दैनिक भास्कर 7 सितम्बर, 2004 के अनुसार अफीका महाद्वीप के ख्वाजी लेण्ड के राजा ने 20,000 हजार किशोरियों में से एक को 13वीं पत्नी के रूप में चुना है। पैसों के बल पर ऐसे घिनौने कार्य नारी के साथ कहाँ नहीं हो रहे। होटलों, क्लबों, कैफे हाउसों, ब्यूटी पार्लरों में ही नहीं, देह व्यापार के अड्डे अब गाँवो तक चल पड़े हैं। कॉल गर्ल के नाम से स्कूलों कालेजों में भी ये धन्धा बेतहाशा बढ़ रहा है। लड़के-लड़कियाँ देह को मजा लूटने का साधन मानने लगे हैं। लड़कियाँ अधनंगे तन लेकर आम सड़कों पर घूम-घूमकर क्या सन्देश देती हैं, क्या वे लड़को की उत्तेजना नहीं जगाती? क्या उनका ऐसा करना लड़कों को मौन निमन्त्रण नहीं देता? यह आधुनिकता के नाम पर कौन सी सभ्यता का नंगा प्रदर्शन है? हमारी संस्कृति और सभ्यता तो कभी ऐसी नहीं रही। क्यों आज के आदमी की मानसिकता विकृत होती जा रही है। वह क्यों नारी के जिस्म को उस शराब की बोतल के मानिन्द समझ रहा है जिसको पीकर फेंक दिया जाता है?

आज की नारी माँ से मादा बनती जा रही है, उसकी ममता खत्म होती जा रही है, अब वह बच्चे पैदा करने वाली मशीन रह गयी है। माँ के गुण बच्चों में नहीं उतर पा रहे हैं वह बच्चों को अपना दूध पिलाना भी पसन्द नहीं करती और न प्यार संस्कार ही देती है। ये ही कारण है कि माँ बेटा-बेटी नहीं जनती। वह टिन्टू-पिन्टू जानती है जो संवेदन व संस्कारहीन होते हैं फिर रिश्तों में टूटन व जिन्दगी बोझ जनती है नहीं बनेगी तो क्या बनेगी?

कालचक्र के साथ सब कुछ घूमता है। नारी स्वतन्त्रता की बातें होती हैं और ये बातें करने वाले लोग ही नारी का यौन शोषण करते हैं। चीन में नारी शोषण के बुरे हाल हैं। पग-पग शोषण के कारण दो लाख महिलायें प्रतिवर्ष आत्महत्यायें करती हैं। चीन में गरीबी है। जनसंख्या का बढ़ता सैलाब है और गाँव की किशोरियों को शहरी आकर्षण है। भूख और गरीबी उनको शहर की ओर पलायन करने को मजबूर करती है वें वहाँ नौकरी के लालच में ले जायी जाती हैं जहाँ लड़कियाँ बेचने वाले धन्धेबाजों के बड़े गिरोह हैं। सन् 1999 में वहाँ की पुलिस ने इन धन्धेबाजों के चंगुल से 88 हजार किशोरियों को मुक्त कराया था। जिनको प्रलोभन देकर शहर लाया गया था। यहाँ 43 हजार दलालों के विरूद्ध इस कुकर्म के लिये मुकदमे दायर हैं।

चीन की तरह भारत भी जनसंख्या की दृष्टि से बड़ा देश है! यहां भी देह व्यापार के अड्डे कम नहीं हैं। गाँवों में धन्धों के अभाव में गरीबी है और शहरों के प्रति आकर्षण बढ़ रहा है। लड़कियों की संख्या घट रही है। वहाँ पैसों का आकर्षण बढ़ रहा हैं इस देश में देह शोषण के अड्डो की भी कोई कमी नहीं है। दलालों के बाजार गर्म हैं। विदेशी मूल के लोग यहाँ आकर लड़कियों से शादी करते हैं। पैसों के आकर्षण में सब कुछ होता है। वे लोग यहाँ ऐश अय्याशी करने आते हैं और लौट जाते हैं। बहुत तो लौट कर ही नहीं आते और बहुतेरों की फोन पर बातें होती हैं। क्या यही जिन्दगी है। अकेले पंजाब में पन्द्रह हजार ऐसे मामले है जिसकी पीड़ा वहाँ की किशोरियाँ भोग रही हैं। नयेपन और वैभव के प्रति आकर्षण का यह नतीजा है कि वे उन पर कानूनी कार्यवाही करने विदेश भी नहीं जा सकती। उनसे उनको न छोड़ते बनता है न रखते। सुहाग के नाम पर पीड़ा भोगना उनकी नियति बन गई है। भारत में विवाह एक पवित्र बन्धन है जिसे संस्कार के रूप में ग्रहण किया जाता है और सम्बन्धों को जन्मों तक निभाने की प्रतीज्ञा की जाती है। विदेशों की तरह यहाँ हर दिन तलाक नहीं होता। पर विदेशी प्रभाव यहाँ भी काम करने लगा है। क्लबों की जिन्दगी जीने वाले लोगों पर उसका प्रभाव प्रबल है। वे सहज अपनी पत्नियाँ किताबों की तरह बदल लेते हैं केवल टेस्ट बदलने के नाम पर और इन सभ्य कहें जाने वाले पतियों को कोई ऐतराज भी नहीं होता। ये हमारी संस्कृति पर विदेशी प्रभाव ही नहीं प्रहार भी है। जो आगे नहीं बढ़ना चाहिये। ये सभ्यता के नाम पर पशुता का ही प्रचार-प्रसार है। इन सभ्य लोगों का तर्क हो सकता है कि हर कोई अपना जीवन अपने तरीके से जीने के लिए स्वतन्त्र है। आदमी को अपना जीवन पूरे मनोयोग से जीना चाहिये। उसे बन्धनों में क्यों बाँधा जाये। वह क्यों नहीं मुक्त होकर जीये पर ऐसी मुक्तता वासना भरी होती

है। नसों का नशा उतरते ही सब कुछ ढ़ीला पड़ जाता है अतः जो कुछ भी मर्यादा में हो तब ही शुभ है। हमारे यहाँ सारे सम्बन्ध आस्था और विश्वास पर टिके हैं। आस्था और विश्वास पर टिके संबंध होना सहज है पर तोड़ना कठिन। सभी रिश्ते मन की संवेदना से जुड़े हैं। इसलिये भारतीय संस्कृति में सम्बन्धों के निर्धारण में स्वभाव की सामंजस्यता को अधिक महत्व दिया गया है जिससे जीवन में कटुता न आ सके।

हमारे देश में पति-पत्नी के चयन का रिवाज बदल रहा है। कभी मध्यस्थता पुरोहित, नाई की होती थी अब सम्बन्धियों परिचितों की मध्यस्थता होती है। जिसमें व्यावहारिक दृष्टिकोण की जगह व्यापारिक दृष्टिकोण काम में लिया जाने लगा है जिसके चलते धोखे की गुंजाइश अधिक है। उस पर दहेज का दानव अधिक प्रबल है। चयन में गुण देखना शुभ है पर धन के सामने गुण भी सिर झुकाये है। इसलिये लड़की का विवाह इन दिनों पीड़ा का कारण बनता जा रहा है। लड़के लड़की का जीवन यन्त्रणा न बने इसके लिये जरूरी है कि विवाह दोनों की रजा से हो। आज के युग में विवाह के लिये विवेकपूर्ण निर्णय की आवश्यकता है जिससे दोनों प्रेम निमग्न जीवन जी सकें और कटुता दूर रहे। जीवन में आत्मविश्वास और आस्था जरूरी है जिसके अभाव में अक्सर लोग अधूरा प्यार जीते हैं। जो अधूरा प्यार जीते हैं उन्हीं के जीवन नें तीसरा आदमी आता है। नारी की प्यार भरी दृष्टि जब पुरुष प्रेमी पर पड़ती है तो वह धन्य हो जाता है और जब पुरुष रस भरी दृष्टि से अपनी पत्नी को निहारता है तो वह उससे चाँद-सितारे तक माँग सकती है। वह लाकर देगा ही। एक दूजे को प्यार के क्षणों में बाँध कर रखना ही स्त्री-पुरुष के जीवन जीने की सार्थकता देता है। ऐसे ही क्षणों में श्रृंगार शतक का जन्म होता है। प्यार के ऐसे क्षणों में तीसरा कोई बीच में नहीं आ सकता। सच्चा प्रेम सदा आत्मा तक उतरता है। शीरी-फरहाद, हीर-रांझा, लैला-मजनू ऐसे ही प्रेमी थे जिनका प्रेम आत्मा तक उतरा और मीरा ने भजन क्या गाया कृष्ण के प्रेम में स्वयं भजन हो गयी।

इस देश में विवाह एक मांगलिक अनुबंध है। अनुबन्ध में शर्तें होती है जिन्हें दोनों ओर से निभाना होता है। ये शर्तें सात फेरों के नाम अग्नि की साक्षी में होती हैं। ये शर्तें जहाँ कहीं भी टूटती हैं जीवन में कटुता आती है। पहली पत्नी और पहला प्यार ही श्रेष्ठ होता है फिर तो बिवियों से मन बहलाव की बातें हैं और आजकल तो लोग औरत को नींद की गोली की जगह काम में लेते हैं और छेड़खानी के बाद थककर सो जाते हैं। जहाँ स्त्री-पुरुष के जीवन में कड़वाहट होती है वहाँ कलह होती है। घर की कलह ही औरत की हत्या आत्महत्या का सबब बनती है। जिस पर ऐतबार हो आदमी उसी से प्यार करता है। पैसों के बल पर तन तो खरीदा जा सकता है पर मन नहीं और बिना मन के कोई प्यार नहीं होता। गरीबी कोई पसन्द नहीं करता, इस कारण गरीब कभी मनचाही महबूबा नहीं पा सकता।

प्रेम सदा समर्पण माँगता है। माँगता है एकाकार होना। नारी प्रेम के क्षेत्र में पुरुष से सदा आगे रही है। उसने सच्चे प्रेम को सदा स्वीकार किया है, किसी से डरी नहीं और प्रेम के क्षेत्र

में कभी हारी नहीं। ये ही कारण है कि प्रेमी युगल में उसका नाम सदा पहले आया है जैसे राधा-कृष्ण, लैला-मजनू, हीर-रांझा। प्रेम एक अनुभूति है तो सहानुभूति भी है। ये लौकिक है तो पारलौकिक भी है। प्रेम मनुष्य की धमनियों में रक्त शिरायें है जिनमें रक्त का प्रवाह है। बच्चा अज्ञ जन्म लेता है, उसे सब से पहले स्पर्श फिर देखने, सुनने और चखने का बोध होता है। धीरे-धीरे इन्द्रियाँ तैयार होती हैं और बुद्धि धारदार। तब जाकर पैगम्बरी आती है। विवेक जगता है। हलचल होती है। गतिशीलता आती है। विकास गति का ही तो नाम है। सतयुग में आदमी का मस्तिष्क अत्यधिक विकसित तथा विज्ञान अपने चरम पर था। धीरे-धीरे त्रेता, द्वापर और कलयुग में इसकी क्षमता घटती गयी, वैसे-वैसे नारी का आदर और महत्व घटता गया। वह एक उपभोग की वस्तु बन कर रह गयी। भर्तहरि के श्रृंगार शतक में नारी के सौन्दर्य का वर्णन है जिसमें नारी के केशों को साधु के संयम की, नेत्रों को वेदों की, स्तनों को अमृत कुण्डों की उपमा दी है तथा दाँतों को ब्राह्मण की तरह शुभ बताये हैं इन सब के होते हुये भी नारी हमें वैरागी नहीं अनुरागी बनाती है और मन में सम्भोग की अभिलाषा जगाती है।

नारी की सम्पूर्ण देह यष्टि को आध्यात्म से जोड़ा गया है। नारी के नाभि स्थल को कुण्डल कहा गया है जिसकी शक्ति को करतुरी और नाड़ियों का केन्द्र बिन्दु माना है। वैज्ञानिकों का कथन है कि नारी को सबसे अधिक प्रसव के वक्त पीड़ा होती है और आदमी को हृदयगति रूक जाने पर। नारी के माथे की बिंदिया को ध्यान केन्द्र कहा है जहाँ रूप, रस, गंध, शब्द और स्पर्श का बोध जागता है। उसका टीका तीसरे नेत्र का प्रतीक है। नारी की जहाँ माँग है उसे धर्मक्षेत्र कहा है, जहाँ ज्ञान शक्ति और शान्ति है। इसी प्रकार रीढ़ की हड्डी में पाँच ज्ञान तथा पाँच ब्रह्म गांठे हैं। रीढ़ को भी कुरूक्षेत्र कहा है जो नारी में देवत्व एवं सतीत्व पैदा करता है। इसी प्रकार अगूंठी, पायल, करधनी का भी वैज्ञानिक महत्व है। ये नारी को पशु प्रवृति से बचाते है। वहाँ ये आभूषण कई बीमारियों से भी बचाते हैं। चूड़ियों से ओज बढ़ता है। वाणी का दोष थमता है। पुराने समय में पुरुष बाजूबन्द इसी कारण बाँधते थे। नारी अपने भीतर सदा एक शक्ति पुंज रही है। वह आत्मा ज्ञान का दीपक है। उसकी देहयष्टि भगवान का मन्दिर है जिसके भीतर आत्म का दीप जलकर प्रकाश करता है। ऐसा पावन मन्दिर अपावन कैसे हो सकता है?

एक समय था जब योनि पूजा ही ईश्वर की आराधना थी। वाममार्गियों की दृष्टि में स्त्री पुरुष संभोग ही भौतिक जीवन का सबसे बड़ा सुख था और वासना सबसे बड़ी शक्ति। मन्दिरों में सम्भोग प्रतिमायें शुभ का संकेत थीं। लोगों की धारणा थी कि इनके होते कोई अनिष्ट नहीं होगा। इस कारण ऐसी प्रतिमाओं को माँगलिक माना गया। दसवीं शताब्दी में इसका बहुचलन हुआ और खजुराहो, कोणार्क मन्दिरों में इन मैथुनी प्रतिमाओं का निर्माण हुआ। गुप्तकाल सुरा और सुन्दरी का युग रहा। ऋग्वैदिक आर्य सोम रस पीते थे। वात्सायन के कामसूत्र में विलास के लिये एकान्त बगीचों का वर्णन है जहाँ कामक्रीड़ायें हुआ करती थी। प्रतिशोध के लिये नारी को उस जमाने में भी हथियार बनाया जाता रहा है। सुन्दर स्त्रियों को जहर पिलाकर अभ्यस्त

किया जाता था और वे जहरीली नागिन बन जाती थीं। ऐसी विषकन्याओं के काटने पर आदमी मर जाता था। पाँचवीं सदी गुप्तकाल के वैभव की थी। शाक्त मत में तान्त्रिक क्रियाओं के लिये नारी का भोग्या के रूप में उपयोग किया गया। इसके साथ ही माँस-मदिरा और मैथुन का प्रबल प्रचलन हो चला।

गुप्तकाल विलासिता का युग था। इस युग में नगर वधुओं का भी सम्मान था। एक ओर वे रसिको के आकर्षण का केन्द्र होती थी तो दूसरी ओर अभिजात कुलों के लड़के-लड़कियों को नृत्य-संगीत भी सिखाती थी। उनको पारंगत कर कला की ऊँचाइयों तक पहुँचाती थी। स्त्री पुरुष का आकर्षण नया नहीं अनादि काल से है। सौन्दर्य मोहक होता है, दोनों का सौन्दर्य ही एक दूसरे को आकर्षित करता है और दोनों के मिलन को भी सार्थक करता है। औरत को सदा एक अदद आदमी की जरूरत होती है वैसे ही आदमी को एक अदद औरत की। दोनों को एक-दूजे के लिये बराबर की तलब होती है। पूर्णता के लिये दोनों का मिलन जरूरी है। पति नारी के लिये सुरक्षा कवच है बिना उसके समाज में नारी की कोई गति नहीं, दोनों एक-दूजे के पूरक हैं। आदमी के लिये परिवार एक ऐसी संस्था है जिसके कारण प्रेम, विश्वास, आस्था और साथ मिलकर रहने की चाहत बढ़ती है। भारतीय समाज एवं परिवारों में पिछले दो दशकों में परिवर्तन आया है। रिश्ते दरके हैं तो परिवारों में टूटन आई है। तलाकों की संख्या बढ़ी है। परस्पर सहयोग, सहभागिता, प्रेम, विश्वास एवं आदमी की आस्था खण्डित हुई है। इन सब के पीछे आदमी का निजी स्वार्थ ही नजर आता है। वह लाभ लोभ के चक्कर में भटक कर अर्थ के व्यामोह में फँसा है। वैसे ही नारी भी अपने आप से लड़ रही है। नारी के पास दो मार्ग हैं एक समर्पण का तथा दूसरा इनकार का। इनकार करने पर जबरदस्ती करना ही बलात्कार है। बलात्कार देव संस्कृति में अपराध तथा मानव संस्कृति में जघन्य अपराध माना है किन्तु असुर संस्कृति में इसे बलात्कार नहीं माना अतः बलात्कार को आसुरी वृत्ति कहा है। यह काम किसी आदमी का नहीं किसी राक्षस का ही हो सकता है। ऐसा करना तामसी प्रवृत्ति है। लगता है धरती पर राक्षसों की संख्या बढ़ रही है।

प्रकृति-पुरुष के मिलन में पूरा ब्रह्माण्ड भावमय होता है यही क्रिया नर-नारी के पिण्ड मिलन में है। नारी को प्रकृति का वरदान माना है। वह पुरुष की प्रेरणाशक्ति है। उसके अभाव में सृष्टि की कल्पना नहीं की जा सकती। समर्पण से ही कुछ पाया जा सकता है दोनों ओर की मिलन कसक का नाम ही वासना है। नर-नारी मिलन की इस कसक के कारण ही मर्यादित नहीं रह पाते। भीतर उर्जा का ज्वालामुखी फूटता है। तब होता है एक-दूसरे का समर्पण। ये समर्पण प्रकृतिजन्य होता है। जिसमें नर नारी दोनों विवश होते हैं। नर-नारी का अलग होना ही सांसारिक समस्याओं का कारण है। प्रकृति-पुरुष का एक होना ही मोक्ष है। फिर नर-नारी का मिलन पाप कैसे हो सकता है। यह संभोग परिस्थितिजन्य होता है जो शक्ति के स्रोत का उद्‌गम है। दोनों का मिलन आनन्द का साधन है। आनन्द क्या? पदार्थ का ऊर्जा में रूपान्तरण

ही तो ऊर्जा सत्य है। शाश्वत है। नित्य है। यह ऊर्जा ही पुरुष है। ये ही आत्मा है। परमाणुओं का मिलना और अलग होना ही जीवन-मृत्यु है। हमारा शरीर परमाणुओं का पुंज है। वासना शारीरिक परमाणुओं को प्रकाश में बदलने की क्षमता रखती है। भौतिक सत्ता से मानसिक सत्ता अधिक प्रबल है। दोनों के बीच संतुलन जरूरी है तथा कल्याणकारी भी। लोक कल्याण के लिये त्याग चाहिये। नारी समाज की मूलभूत इकाई है। उसका उत्थान ही समाज का उत्थान है।

स्वच्छन्द यौनाचार पशुता है। स्त्री धरती, पुरुष बीज विवाह संस्कार सम्बन्धों का जनक है। भौतिक उन्नति का नाम सभ्यता तथा सभ्यता का परिष्कृत रूप ही संस्कृति है। संस्कृति में सौन्दर्यपरक दृष्टि होती है। सृष्टि परमाणुओं का संघात है और प्रकृति ब्रह्माण्ड का मूल आधार, और प्रज्ञा पिण्ड का मूल आधार है। वासना शरीर का धर्म और प्रेम का प्रथम् सोपान है। नारी अपने आप में एक चेतन सत्ता है। नारी के रूप पर रीझना आदमी की कमजोरी है जो जन्मजात है। नारी देह एक सृजन मन्दिर है। उसकी छुअन लोहे को सोना बना देती है लेकिन हर नारी को अपने पति से शिकायत रहती है तो हर नर को अपनी पत्नी पर अविश्वास जो दोनों के बीच टूटन जताती है।

सन्तों की दृष्टि में नारी काम कन्दरा, विष की बेल हैं। सन्तों ने कहा कि नारी की छाया से सर्प भी अन्धा हो जाता है और यह भी कहा है कि नारी बिना फन की नागिन है। तुलसीदास ने नारी और शूद्र को ताड़ने की बात कही है तो जयशंकर प्रसाद ने उसे श्रद्धा और शक्ति का दर्जा दिया है। कुछ भी हो नारी मानवी है और नर की तरह सुख-दुःख का अनुभव करती है। संवेदना जीती है। वह आदमी से ज्यादा संवेदनशील है तथा सब को अपनापन बाँटती है। उसके साथ भेदभाव का बर्ताव करना न्यायसंगत नहीं है जो हमारे समाज में आये दिन देखने को मिलता है।

नारी सृजन का मूल है। उसकी देह सामाजिक एवं आध्यात्मिक चेतना का केन्द्र-बिन्दु है। प्रेम की ऊर्जा उसकी रक्त धमनियों में निरन्तर बहती है, उसका प्रेममय अस्तित्व सुखद है। वह पुरुष की अर्द्धांगिनी है, उसका अस्तित्व पुरुष से है। इस बात को वह भली-भाँति जानती है कि वह पति की छाया में ही सुरक्षित रह सकती है। पति इसी कारण उसका संरक्षक है उसकी सन्तान का पालक भी है। नारी पुरुष को जन्म देती है तो वह पुरुष की अंकशायिनी भी होती है। सृजन के साथ वह पुरुष का सम्बल ढूँढ़ती है, उस पर निर्भर रहती हैं। पति को पाकर ही वह निडर होती है। नारी का मन पुरुष से अधिक संवेदनशील है। वह ममता बाँटती है। इसी कारण नारी है। उसका संवेदनहीन होना खतरा पैदा कर सकता है। उससे नारीत्व छिन सकता है। वह अपने मूल को खो सकती है। भारतीय समाज मर्यादाओं का समाज है जो अपने जीवन में सत् चित् आनन्द जीना चाहता है जो नर-नारी के मिलन सृजन में है। नारी का माँ रूप ही श्रेष्ठ है और उसी की समाज में पूजा होती रही है तथा उसकी ममता का आदर। उस नारी के साथ पुरुष प्रधान समाज में तिरस्कार, शोषण, हिंसात्मक व्यवहार मारपीट होना शुभ नहीं

कहा जा सकता। उसको शारारिक मानसिक पीड़ा पहुँचाना अपराध है तथा नारीत्व को नंगा करना है।

मनोवैज्ञानिक फ्राइड का कथन है कि व्यक्ति चेतना की तीन स्थितियाँ हैं चेतन, अर्द्ध चेतन और अवचेतन। आदमी के अवचेतन में अतृप्त इच्छाएँ रहती है। जो आदमी को तृप्ति के लिये प्रेरित करती हैं। आदमी उनकी पूर्ति के लिये काम ऐषणा से प्रेरित होकर विवेकहीन व्यवहार कर बैठता है, उसी जबर्दस्ती का नाम ही तो बलात्कार है जो नारी के साथ अक्सर होता है। यह एक मन की विकृति है जिसे विवाह के जरिये संयत किया जाता है। विवाह भारतीय समाज में एक अनुष्टान है। एक अनुबन्ध है जो पति -पत्नी के बीच होता है। यह दोनों की आवश्यकता की पूर्ति करता है व दोनों को प्यार के बंधन में बाँधता है। सुरक्षा भी देता है। यदि कभी प्यार और सुरक्षा में कमी आती है तो उसके पीछे कोई कारण आशंका या क्रोध जैसा ही होता है जो दोनों के जीवन में टूटन भर जाता है, फिर विवाह धार्मिक अनुष्ठान नहीं रहता, एक पीड़ादायक स्थिति बन जाती है।

नारी के साथ छेड़खानी के अनेक कारण हो सकते हैं जिनमें आर्थिक विषमता, कामुक साहित्य, गरीबी, सहशिक्षा, सहकर्म, उत्तेजक नृत्य, संगीत, ब्लू फिल्म, अधनंगे उत्तेजक शृंगार अकेले में घूमना मुख्य हैं जो कामुक आदमी के लिये खुला निमंत्रण है। कामुक आदमी पशुतुल्य होता है, वह अपने को नियन्त्रण में नहीं रख पाता और कामातुर होकर नारी के साथ जबरदस्ती कर बैठता है पर आदमी नारी की इच्छा के बिना कुछ भी नहीं कर सकता। आदमी की ये नैसर्गिक मनोवृत्ति होती है कि वह सौन्दर्य को भोगना चाहता है। कामेच्छा जन्मजात है, वह आदमी के साथ जन्म लेती है और उम्र के साथ कम, ज्यादा होती है। कामेच्छा एक ओर आदमी को ऊर्जा देती है तो दूसरी और मौत के करीब ले जाती है। औरत और मर्द के रिश्ते बड़े नाजुक हैं इनको समझ के साथ जीना होता है वर्ना जीवन में जहर घुलते देर नहीं लगती। नारी सदा आदमी से नहीं उसकी उदण्डता से डरती है और अपने आप को असुरक्षित महसूस करती है फिर भी उसे आदमी जात पर विश्वास करना होता है।

भारतीय संस्कृति के तीन सोपान हैं गंगा, गीता और नारी। नारी चरित्र भारतीय संस्कृति का दर्पण है। सम्पूर्ण साहित्य नर-नारी की मानसिकता का रचाव है। नर और नारी है तो सृष्टि है। दोनों के बिना सृष्टि का होना कोई अर्थ नहीं रखता। औरत और मर्द ही मिलकर सृष्टि के गौख बनते हैं और अलग होकर विकृतियाँ पैदा करते हैं। शीलवती नारी ही औरत है। वह वामा इसलिये है कि इन्कार से सौन्दर्य का सृजन करती है। नारी रम्भा है क्योंकि वह पुरुष को रिझाती है। वह पुरुष का भार वहन करती है इसलिये भार्या है। मन को मोहती है इस कारण रसिका है, वह दारा है। रमण में सहचरी है। तन्वंगी एवं कोमलांगी है। नारी ललना है, चपल है, चंचल है, तृष्णा-आकांक्षा है। नारी सागर के समान अथाह है पुरुष उसके मन की गहराइयों में डूब कर ही सुख पाता है। वह पुरुष की अर्द्धांगिनी पुरुष को धारण करके भी अबला है।

वह भारतीय संस्कृति की पोषक होकर भी रूढ़ियों की शिकार है। वह आज भी दूसरों पर आश्रित है। उसका धरती पर आना ही पीड़ा समझा जाने लगा है, उसकी पेट में ही भ्रूण हत्या कर दी जाती है उस नारी को धरती पर आने पर भी मार दिया जाता है जिसके कारण श्वासों में स्वप्न-पराग झरता है। मलय बयार चलता है। पग-पग संगीत उभरता है। उसके कारण ही जीवन में गति, सूने घर में भी प्रकाश है फिर भी उसे बुझा दिया जाता है। आखिर क्यों? उसका क्या दोष है। हर पुरुष दूसरी स्त्री के साथ सो सकता है पर कोई पुरुष नहीं चाहता है कि उसकी स्त्री किसी दूसरे पुरुष के साथ हो। पुरुष के चरित्र पर कोई प्रश्नचिह्न नहीं। सारे प्रश्नचिह्न नारी के लिये ही क्यों? विवाह जैसे धार्मिक अनुष्ठान को भी आजकल लोग पैसों से तौलने लगे हैं। जीवन ही जैसे व्यापार हो गया है। वरपक्ष की मानसिकता वधूपक्ष से दहेज के नाम से धन वसूलना सामाजिक शोषण नहीं है तो क्या है? क्या दहेज अमानवीय और पीड़ादायक नहीं? यदि दहेज पीड़ादायक नहीं होता तो नारी को आत्महत्या नहीं करनी पड़ती और न तन्दूर पर सिकना पड़ता। समाज के सामने क्यो औरत ही जलील होती है क्यों उसे आँसुओं का दरिया तैरना पड़ता है क्या कभी सोचा है हमने?

आज का आदमी लाभ लोभ की अधिक सोचने लगा है, वह मानव से दानव बनता जा रहा है, पैसों के लिये किसी भी स्तर पर उतर सकता है। नारी को दी जाने वाली तमाम यातनायें इसी प्रवृत्ति के कारण हैं। रसोई घर में सदा बहू ही क्यों जलती है? सास और ननद क्यों नहीं जलती। तमाम साजिशें इसी लोभ के कारण रची जाती हैं। ये साजिशें सदा योजनाबद्ध तरीकों से रचे जाने के कारण अपराधी सहज बच निकलता है और बहू की हत्या को आत्महत्या सिद्ध कर दिया जाता है। नारी सदा 'नीर भरी दुःख की बदरी' बनकर रह जाती है। आजकल तो विवाह बन्धन में बँधा जीवन भी एक अभिशाप बनकर रह गया है। सबसे बड़ी त्रासदी नारी के लिये यह है कि रक्षक ही भक्षक बनते जा रहे हैं तो ऐसी स्थिति में नारी कहाँ जाये।

हर नारी पिता के घर से एक स्वप्न सजाकर पति के घर आती है कि उसे पति के संग ही जीना मरना है पर पति के घर आकर वह क्या देखती है कि दहेज को लेकर पति का सम्पूर्ण घर उसका दुश्मन बन चुका है। उसके सास ससुर, ननदें ही नहीं, उसका पति भी जो सात फेरो में अग्नि के सामने वचन भरकर लाया है वह भी बदल गया है। नयी बहू अपने पिता के घर का वातावरण छोड़ कर पति के घर एक नये वातावरण में आती है तो उसे वहाँ प्यार और विश्वास की चाहत होती है, वह प्यार और विश्वास न मिलने पर उसका घुटन भरे वातावरण में जीना कठिन हो जाता है। अपने ससुराल के विकट वातावरण के कारण उसे चहूँ ओर अन्धेरा ही अन्धेरा नजर आने लगता है। अक्सर घर की कलह और वातावरण की घुटन ही नारी को आत्महत्या के लिये विवश करती है। इस तरह की हत्यायें, आत्महत्यायें कानून से नहीं, सामाजिक चेतना से ही रोकी जा सकती हैं।

विवाह के बाद झगड़े अक्सर अज्ञानतावश होते हैं अतः रिश्तों को सोच समझ कर करने की आवश्यकता है, रिश्ते वे ही ठीक होते हैं जो जीवन भर निभ सकें। अधिकतर घरों में झगड़े बहू के कामकाज को लेकर होते हैं बहुत से झगड़े नारी की सुन्दरता शिक्षित न होने तथा आर्थिक विषमता के कारण भी होते हैं। जिन पर ध्यान दिया जाना जरूरी है। आर्थिक आधार रिश्तों को ज्यादा स्थाई नहीं बना सकते अतः रिश्ते करते समय सोच-समझ लेना चाहिये कि आचरण और वातावरण भी महत्वपूर्ण हैं। विवाह शरीर का ही अनुबन्ध नहीं उसमें मन की भी अहं भूमिका है। आदमी में दया, करूणा, सहयोग, सहभागिता का भाव भी जरूरी है।

जबकि जीवन की गाड़ी खीचने एवं रिश्तों को जीने में आदमी की भी बराबर की भागीदारी है। अतः रिश्तों मे आदमी के भी गुण-दोष देखना बहुत जरूरी है। सम्बन्धों में केवल नारी के ही गुण-दोष देखे जाते हैं। अग्नि में अकेली नारी ही तपती है। सती नारी ही होती है पुरुष क्यों नहीं? यह सब पुरुष आचरण की चतुराई है जिसे नारी सदा से भोगती आई है। शौर्य और शक्ति भी एक-दूसरे के पूरक हैं। शक्ति में सौन्दर्य है और शौर्य सुन्दरता की रक्षा करता है। शौर्य ही शक्ति का आधार है। शौर्य की ज्योति बुझने पर शक्ति आधारहीन हो जाती है किन्तु शक्ति के बिना शौर्य भी कहाँ अस्तित्व में रह पाता है। वह भी शिव से शव हो जाता है। कल्याणकारी नहीं रहता। हमें याद रखना चाहिये कि नारी की सबसे बड़ी पीड़ा है पतिविहीन हो जाना और उससे भी अधिक पीड़ादायक है उसका यौवन में विधवा हो जाना। उससे ऐसा होने पर जीवन जीने का अधिकार ही छिन जाता है फिर दुनिया में उसका पक्षधर कोई नहीं रहता।

नारी और उसका बलिदान

पौराणिक काल में सती होने का अर्थ आग में जलना नहीं था उसका अर्थ था एक पुरुष में निष्ठा रखना। सतियों में सुलोचना, सीता, सावित्री, अनुसूया जैसी एकनिष्ठ नारियों ने ऐसे कर्म किये हैं जिनको इस धरती पर ही क्या तीनों लोकों में कोई नहीं कर सकता, एकनिष्ठता में बड़ा बल है। कालान्तर में अर्थी के पास लेटने का कर्मकाण्ड ब्राह्मणों ने रचा और सारे कर्मकाण्ड इन्हीं ब्राह्मणों के पेट भरने का साधन हैं। सती प्रथा का चलन सबसे पहले यूनान में हुआ जो राजाओं एवं सामन्तों तक ही सीमित था फिर ये भारत के बंगाल प्रदेश में आया और ये चलन कालान्तर में सम्पत्ति के अधिकार के साथ जुड़ गया। पौराणिक काल में राजा दक्ष की कन्या का सती होना बताया गया है जो शिव की पत्नी थी। उसने आत्मदाह दुःखी होकर किया था न कि शिव के मरने के बाद। सती प्रथा के पीछे मुख्य कारण विदेशी आक्रमण और नारी अस्मिता की रक्षा ही रहा जिसने राजपूत जाति की आन के साथ जुड़ कर सामूहिक आत्मदाह जौहर का रूप ले लिया। ये अग्नि स्नान कालान्तर में लोक प्रतिष्ठा बन गया। चित्तौड़ और जैसलमेर के जौहर ऐसी ही घटनायें थी। इन घटनाओं को उन्माद का कारण मानकर कानून बना और सती होना अपराध माना गया।

पुरुष की तरह नारी को भी अपना जीवन जीने का अधिकार है। वह उसका उपयोग अपने पति के जीवित रहने पर करती है तो उसके मरने के बाद क्यों न करे। भारतीय समाज विधवा नारी का सम्मान करना सीखे। ये ही सही अर्थों में सती का सम्मान है। भारतीय समाज पति धर्म निष्ठा जैसे गुणों पर टिका है जो भारतीय समाज की विशेषता है। पश्चिम के देशों में तलाक और बहु विवाह आये दिन की बात है। वहाँ के लोग संवेदना जैसी कोई चीज नहीं जीते वे केवल स्वार्थ से जुड़ते टूटते हैं, रिश्तों को जीते नहीं ढोते हैं। उन्हें प्रेम के स्फुरण का ध ही नहीं होता, साथ जीने मरने की बात तो अलग। वे रात को किसी होटल के कमरे में एक ही बिस्तर पर सों जायेंगे पर सुबह उठकर चाय-नाश्ते का बिल अपना अपना चुकायेंगे। अजनबी होकर जीयेंगे। क्या ये ही है जिन्दगी और उसका जीना। जबकि भारतीय संस्कृति में एक के बिना दूसरे का जीना कठिन तथा एक के इशारे पर दूसरे का सर्वस्व लुटा देना है। विदेशों में कोई अपना नहीं, सबके जीने के तरीके अपने है। संवेदनारहित चलते फिरते मशीनी मानव जबकि यहाँ चेतना का महत्व है। महत्व है एकात्मभाव का। अपने से अलग न समझने का। भारतीय संस्कृति सम्पूर्ण विश्व को परिवार की तरह से देखने की दृष्टि रखती है तथा अपनेपन का एहसास जगाती है जो भारतीय संस्कृति की व्यापकता एवं महानता है।

परिवर्तन के लिये सामाजिक चेतना जरूरी है। नारी उत्थान के लिये जरूरी है उसे आत्मनिर्भर बनाया जाये। स्वावलम्बी होकर ही वह आत्मगौरव का अनुभव कर सकेगी, उसके भीतर हीनभाव और पुरुष पर निर्भर करने की प्रवृत्ति से भी मुक्ति मिलेगी। आर्थिक सुरक्षा ही नारी को मानसिक सुरक्षा दे सकती है। सामाजिक सम्बन्धों का आधार आर्थिक आधार पर टिका है। विधवा का समाज में शोषण न हो, उसकी आवश्यकता के सन्दर्भ में आज उसका फिर से विवाह हो जाना उचित है, जिससे उसको फिर से जीने का सम्बल मिल सके और वह भटकन से बच सके। आज का सत्य शिवं सुन्दरम् में नहीं, रोटी, कपड़ा और मकान में है। आज के आदमी की पहली आवश्यकता रोटी है फिर कपड़ा और मकान। आज के सारे उत्थान अर्थ में निहित है। आज निम्न मध्यवर्ग की नारी खेत में आदमी की बराबर खटती है तब जाकर दो जून की रोटी पाती है। आज के युग में नारी का एकमात्र गुण उसका सुन्दर होना बचा है। सौन्दर्य पर सब मुग्ध होते हैं किन्तु सुन्दर होना नारी के अपने वश में नहीं है। कभी इस देश में शील को सौन्दर्य माना गया था। वह मापदण्ड अब नहीं रहा। आज नारी के भीतरी सौन्दर्य की कम परख होती है। जिसके चलते ही सारे संकट है। चरित्रवान महिला की तरफ आज भी कोई आँख उठा कर नहीं देख सकता, नारी अपराधों में केवल पुरुष ही अकेला दोषी नहीं है। इन सब के लिये नारी की भी बराबर की भागीदारी है। प्यार करने वाला केवल मन देखता है। जाति धर्म रंग नहीं। जो नारी देह का व्यापार करते हैं, वे नारी का अपहरण काम-क्रीडा, विवाह विक्रय के लिये करते हैं या फिर वेश्यावृत्ति तथा भिक्षावृत्ति के लिये करते हैं। इन सबके पीछे नारी से प्रतिशोध लेने का भाव छिपा हुआ है। नारी की विडम्बना यह है कि इस देश में एक ओर नारी को देवी के रूप में पूजा जाता है तो दूसरी ओर उसके साथ पशुतुल्य व्यवहार

किया जाता है । यह देश दोहरी मानसिकता का देश है। यहां पुरुष स्वच्छन्द रहना चाहता है तथा नारी पर सौ बन्धन जड़ना चाहता है। नारी जब पुरुष की बुरी आदतों का विरोध करती है तो उसे पीटा जाता है। घर में कलह होती है। समाज में सारे झगड़े आर्थिक विषमता के, दुर्व्यसनों के तथा स्वच्छन्द जीवन जीने की चाहत को लेकर होते हैं जिसके कारण आदमी का मानसिक संतुलन ही नहीं सामाजिक संतुलन भी बिगड़ता है।

हर औरत चाहती है कि लोग उसकी भावनाओं को समझें और उसके साथ अच्छा व्यवहार करें। किन्तु जब नर नारी की भावनाओं के विपरीत आचरण करता है तो झगड़े होते हैं और इन झगड़ो में नारी ही शिकार होती है, फिर वह पुरुष के अनुरूप ढ़लने का प्रयत्न करती है, उसका ऐसा करना उसकी मजबूरी होती है। उसे समाज परिवार के परिवेश को अपने में समेट कर चलना होता है। ऐसी स्थिति में नारी अपने व्यक्तित्व और अस्तित्व को जिन्दा रखने की जिद्द करती है वहाँ टकराहट होती है। पुरुष आक्रामक हो जाता है, नारी ऐसा कर नहीं पाती, इस कारण मार नारी को ही खानी होती है।

व्यक्ति की मानसिकता उसके संस्कारों की देन है। संस्कार ही व्यक्ति के व्यवहार की सीमाएँ निर्धारित करते हैं तथा जीवन शैली को प्रभावित करते हैं। व्यक्ति जैसे सामाजिक परिवेश में जीता है वैसा ही हो जाता है। भारतीय समाज में नारी स्वतन्त्र जीव नहीं है। वह बचपन से पिता के आश्रित, यौवन काल में पति सुरक्षिता तथा वृद्धावस्था में पुत्रों द्वारा पालिता हो जाती है। बचपन से किशोर अवस्था तक नारी पिता पर ऋण रूप होती है जिसे वह किसी पुरुष को विवाह अनुष्ठान में समर्पित कर उऋण होता है। जो व्यक्ति नारी का पाणिग्रहण करता है वह उसके तन मन का स्वामी हो जाता है और स्वामी को सारे अधिकार मिल जाते हैं फिर वह उस नारी का भौक्ता, स्वामी, संरक्षक सब कुछ हो जाता है। नारी अपने पति रूपी नये अनजान पुरुष के भरोसे जीवन नौका में बैठकर संसार सागर तैरने चल पड़ती है। एक विश्वास और समर्पण के साथ कि वह उसे डुबोये या पार लगाये। भारतीय समाज एक परम्पराबद्ध रूढ़िगत समाज है जिसमें सारी व्यवस्था पुरुष द्वारा तय की जाती है। उसके द्वारा ही संचालित तथा जीवित रखी जाती है जो पुरुष वर्चस्व की पोषक होती है। भारतीय समाज मूलतः पारिवारिक व्यवस्था है जो पिता के नाम पर चलती है, माता के नाम पर नहीं। पिता ही परिवार का कर्णधार होता है। पिता ही अधिशासी एवं सम्पूर्ण सत्ता का केन्द्र होता है। वही परिवार का पोषक एवं उपार्जन दायित्व का निर्वाहक होता है। वह खुले वक्ष कही भी घूम सकता है पर नारी नही घूम सकती, उसे घूँघट में रहना होता है। वह खुले वक्ष की बात तो दूर खुले मुँह तक नहीं रह सकती, उसके बोलने तक की भी सीमाएं बना दी गई हैं। उस पर ससुर व जेठ के सामने घूंघट के लिये ही नहीं, न बोलने के लिये भी पाबन्दी है। वह सीधे मुँह बात नहीं कर सकती इस प्रकार नारी को इस पुरुष प्रधान समाज में समता और समानता का अधिकार नहीं है। उसे सहचरी अथवा दासी बनकर ही जीना होता है। यही कारण है कि पुरुष का अहं नारी के प्रति

हिंसक हो जाता है। पुरुष भली प्रकार जानता है कि नारी उसके बिना अबला है। यदि पुरुष उसका परित्याग कर दें तो समाज की दृष्टि में वह कुलटा बन जाती है। समाज उसे सदा हेय दृष्टि से देखता है। नारी पराधीन है उसका अस्तित्व पुरुष के कारण है। बिना पुरुष उसके जीवन में पग-पग खतरे मँडराने लगते हैं बिना पुरुष के उसे कोई सुख नहीं मिलता। वह अपनी स्वतन्त्र आजीविका भी नहीं कमा सकती। जैसा उसका पति के साथ हँसना, खेलना, पुलकित होना अधिकार में है वैसे ही पुरुष के अत्याचारों में उसका रोना, क्रन्दन करना और पीड़ा भोगना नियति।

समाज स्नेह सम्बन्धों का ताना-बाना है। व्यक्ति समाज की इकाई है। व्यक्ति के भाव, विचार जीवन जीने की शैली अपनी है। उसका जीवन दर्शन अपना है। उसके सुख-दुःख भी अपने हैं। वह जो कुछ भी महसूस करता है या फिर सहन करता है वह स्वयं के किये का फल है। किसी की मानसिक शारीरिक वेदना में वह सलाह तो दे सकता है पर भोगने में सहयोग सहभागिता नहीं निभा सकता। अपनी पीड़ा आदमी को खुद भोगना होता है जिन्दगी है तो संघर्ष है। दुनिया में किसको अपना मन चाहा मिलता है। सभी को अपनी जिन्दगी जूझते हुये जीनी पड़ती है। हर सागर के भीतर एक ज्वालामुखी होता है तथा सबके पास अपने जीवन के खट्टे-मीठे अनुभव होते हैं। हम सामाजिक जीवन को ईश्वर की संरचना में विश्वास करके ही सफल बना सकते हैं जिसमें हमारा सबके साथ स्नेहशील होना आवश्यक है। उतना ही जरूरी है अपना दायित्व निभाना। समाज में रहकर हमारी इच्छापूर्ति के हमारे पास दो मार्ग है एक आत्म तुष्टि का तथा दूसरा प्रदर्शन का। हमारी आत्मतुष्टि में समाज का कल्याण है, वहाँ हमारे आत्म प्रदर्शन में समाज का कल्याण नहीं है। केवल हमारे अहं को तुष्टि मिलती है। तुष्टि केवल आदमी ही चाहता है ऐसी बात नहीं है। नारी भी सम्पूर्ण तुष्ट होना चाहती है उसकी मानसिकता आदमी से भिन्न नहीं है। वह भी बदले की भावना रखती है। नारी होकर नारी से बदला एवं पुरुष से बदला। नारी जब बदले की भावना से ग्रसित होती है तो जहरीली नागिन बन जाती है। वह निडर हो जाती है तथा किसी भी स्तर पर जा सकती है। रणचण्डी भी बन सकती है। वह द्रोपदी की भूमिका में महाभारत रच सकती है। प्रतिशोध की ज्वाला इसी प्रकार की होती है।

अक्सर नारी स्वभाव से सौम्य और सहनशील होती है। वह रचनात्मक मूल्यों में विश्वास करती है। वह सदा समाज और परिवार का शुभ ही सोचती है पर उसके स्वत्व पर कोई चोट करता है या आँच आती है या फिर उसको कोई अभीष्ट नहीं मिलता तो अपनी जान पर भी खेल जाती है। जब वह संवेगों में होती है तो तूफानी होती है जो सहज अपने तटबन्धों को तोड़ देती है। वह जब भी अपनी सीमा लाँघती है तो काल का रूप धारण कर सकती है। उसकी कोमल कलाइयों में सहज अपार शक्ति आ जाती है। वह किसी की हत्या भी कर सकती है तो आत्महत्या भी। वह अपने मेहन्दी लगाने वाले हाथों में तलवार कटार भी थाम सकती है। वह शरीर से पुरुष की तुलना में कमजोर हो सकती है पर संकल्प में पुरुष से कभी कमजोर नहीं

होती भावातिरेक के क्षणों में पुरुष और नारी में कोई भेद नहीं रहता। नारी अपने जीवन मरण के प्रश्न को सहज हल कर लेती है। वह मनोवैज्ञानिकता के क्षेत्र में पुरुष से आगे है। वह आदमी की नीयत को सहज समझ लेती है। दक्षिण भारत में देवदासियों का चलन है जहाँ कुँआरी कन्या को मन्दिर में नारियल की तरह चढ़ाने का रिवाज है। पुजारी उसे भोगते हैं फिर वेश्यालयों में बेच दी जाती है। नगरों व महानगरों में नारी देह व्यापार के अड्डे हैं जिन्हें देखकर लगता है आज भी नारी को अपनी देह अपने मन से जीने का अधिकार नहीं है। पुरुष वर्ग नारी को स्वतन्त्र जीने तथा बराबर के अधिकार देने की बात हजार बार करता है पर यथार्थ में नारी इस अर्थ युग में बिकने वाली चीज के अलावा कुछ नहीं है। आज भी अवैध सन्तान का बड़ा संकट है। वेश्यावृत्ति करने वाली औरतों के दिमाग में एक बात सदा कौंधती रहती है कि जब उनकी सन्तान उनसे पूछेगी कि उनका पिता कौन है तो वे क्या उत्तर देंगी। इसी डर से वे आये दिन अपना गर्भ गिराती हैं। ये पीड़ा हर युग में नारी को भोगनी पड़ी है। वह आज भी इस पीड़ा से मुक्त नहीं है।

प्रेम अन्धा होता है और प्रेमी युगल को अपनी गलतियों का एहसास नहीं होता, क्योंकि प्रेम सिर चढ़कर बोलता है। वो ऐसी गलतियाँ कर बैठते हैं जिन से जिन्दगी के सुख-चैन छिन जाते हैं और जीवन में एक कटुता एवं भटकन भर जाती है। आजकल तस्करी का कार्य नारियों द्वारा प्रतिपादित करवाया जा रहा है। सुन्दर नारियों को प्रलोभन का शिकार बना साजिशों में फँसा कर अपराध कराया जाता है। कोमलतम भावना एवं संवेदना रखने वाली नारी जब दलदल में फँसती है तो उसका मन शीशे की तरह टूटकर बिखर जाता है। हीरे, जवाहरात, सोना, शराब, मादक वस्तुओं की उन से तस्करी करवायी जाती है। कभी-कभी इन सुन्दर औरतों को बड़े अधिकारियों एवं नेताओं को भी परोसा जाता है। इन्हें कहीं प्रेमिका तो कहीं वेश्या जैसा कर्म करना पड़ता है। ये तस्करों के हाथों कठपुतलियों की तरह नाचती हैं। नाचना इनकी विवशता है। उन्हें देखकर लगता है नारी उपयोगिता का नाम है। ये हेरोईन, चरस, स्मैक जैसी घातक चीजों का स्वंय सेवन कर ग्राहकों को फँसाती हैं। विवाह विच्छेद भी नारी के लिये एक अभिशाप है जिसमें नारी का सब कुछ छिन जाता है। शील, सन्तान, दहेज कुछ भी उसके पास नहीं रहता। उसे अपने भाग्य से समझौता करना होता है। सन्तान होते हुये सन्तान से अलग होना नारी के लिये जीवन की सबसे बड़ी त्रासदी है और तो और, परित्यक्ता नारी पिता के घर भी नहीं रह सकती है और यदि रहती भी है तो दया का पात्र बनकर या फिर दासी बन कर। भारतीय हिन्दू कानून एक विडम्बना है जो न जीने देता है न मरने। तलाक के मंजूर होने में वर्षों लग जाते है। नारी क्या करें कहाँ जायें। न्याय की चौखट भी उस के लिये छोटी पड़ती है। आज की भौतिक संस्कृति एवं सम्बन्धों के तोड़ने में व तलाक के मामलो में भारत विदेशों से कहीं पीछे नहीं है। तलाक के कारण बनते है दहेज, पति से दूरी, पति का व्यसनी होना, नपुंसक होना, पर स्त्री गमन करना, स्त्री का पर पुरुष से संबंध होना, नशे का आदी होना, अनुचित हस्तक्षेप, संशय और आर्थिक शोषण आदि।

पुरुष अपने स्वार्थ के लिये नारी का उपयोग करता है। ऐसे स्वार्थी तत्वों के अन्तराष्ट्रीय गिरोह हैं जो सुन्दर नारियों को देह व्यापार के लिये मजबूर करते रहते हैं तथा कुरूप नारियों के हाथ पाँव तोड़ विकृत बना भिक्षावृत्ति के लिये तैयार करते हैं? नारी तमाम पीड़ायें सहन कर लेगी पर वह अपने पति का बँटवारा कभी सहन नहीं कर पाती। वह अपने पति को किसी अन्य स्त्री की बाँहों में देखना कभी पसन्द नहीं करती। पति को नारी के सिर का मोड़ (सेहरा) इसी कारण कहा है। नारी के पास से उसका पति छिन जाने के बाद शेष उसके पास बचता ही क्या है? नारी की दूसरी पीड़ा है उसका बाँझ रहना, माँ न बनना। नारी का वैभव ही माँ बनने में है। नारी के लिये जरूरी है आत्मविश्वास, आत्म अनुशासन और आत्म निर्भरता। वह गृहलक्ष्मी है तो उसे सरस्वती भी होना चाहिये। सन्तान को ज्ञानी गुणी बनाने के लिये वह समाज में सहज चेतना ला सकती है। परिवार को प्यार में बाँध कर रख सकती है। नारी के लिये चेतना, शिक्षा एवं वैज्ञानिक सोच बहुत जरूरी है क्योंकि उसे ही आदमी का संसार रचना है।

संसार में झगड़े की जड़ सम्पत्ति, भूमि और नारी को माना है। नारी रंगशाला की नायिका भी हो सकती और रणचण्डी भी। नारी पुरुष का सम्बल है। सच्चे प्रेम का मार्ग बड़ा टेढ़ा होता है जिसमें सुख से ज्यादा पीड़ा होती है। प्रेम जीवन की पूर्णता है जिसने मन से कभी किसी को नहीं चाहा, उसका जीवन व्यर्थ गया। प्रेम स्त्री-पुरुष के बीच एक ऐसा आकर्षण है जो दोनों को बाँध कर रखता है।

समाज में नारी का यथार्थ चित्र

नारी आज अल्पसंख्यक प्रजाति होती जा रही है। उसे जीने नहीं दिया जाता। उसके जीवन की यात्रा लम्बी और यातना से भरी है। जीवन के प्रथम दस वर्षों में उसे भाइयों जैसा भोजन शिक्षा व अन्य सुविधाएँ नहीं मिलती। वह केवल सेविका की भूमिका निभाती है। झाडू, चूल्हा चौका से उसकी यात्रा प्रारम्भ होती है और घर का छोटा-बड़ा काम उसे ही करना होता है। जैसे उसका सम्पूर्ण जीवन ही सेवा को समर्पित है। वह एक अधिकारविहीन बहिन, निःस्वार्थ माँ, आज्ञाकारी बेटी, बैल की तरह खटती पत्नी होती है उसका अपना अलग से कोई वजूद नहीं होता। यौवन आने पर वह काम पूर्ति का साधन बनती है और उसे बच्चे पैदा करने की मशीन बना दिया जाता है। वह जिन्दगी भर बन्धक मजदूर की तरह पिसती रहती है, दुनिया की उपलब्धियों से उसका कोई वास्ता नहीं रहता। भारतीय संस्कृति में नारी को लक्ष्मी सरस्वती दुर्गा कहा गया है लेकिन उसके साथ व्यवहार की कहानी कुछ ओर ही होती है। पिछले 20 वर्षों में महिलाओं के साथ हुये बलात्कारों में 40 प्रतिशत का इजाफा हुआ है और छेड़खानी में 60 प्रतिशत तथा दहेज को लेकर नारी मारे जाने की वारदातों में 50 प्रतिशत की वृद्धि हुई है। महिलाओं को पुरुषों ने दुष्चक्रों में फँसा रखा है। नारी के पास उतरदायित्व तो है, अधिकार जैसी कोई चीज नहीं है। पुरुष समाज की कुटिल व्यवस्था के कारण बेटी का जन्म माता पिता के लिये अभिशाप बनता जा रहा है। यही कारण है कि सन् 1901 में एक हजार पुरुषों के पीछे

972 महिलाएँ ही थीं जो 1991 में घटकर 918 रह गयी। यह एक चिन्तन और चिन्ता का विषय है कि लड़की की पेट में ही हत्या कर दी जाती हैं नारी की अपनी अलग कोई पहचान नहीं उसकी पहचान पुरुष से ही है। नारी पुरुष की छाया मात्र है। स्त्री विवाह हो जाने पर श्रीमती हो जाती है और पुरुष के नाम से पहचान पाती है। मनुष्य ने शास्त्र ही ऐसे बनाये हैं जिनमें कहा गया है कि लड़की की रक्षा उसका पिता करेगा और पत्नि की पति तथा माँ की रक्षा बेटा करेगा। शास्त्रों ने नारी को पुरुष की रक्षिता बना दिया। आज भी कोई लड़की बाजार में अकेली नहीं जाती, कोई न कोई घर का सदस्य साथ होता है। आज भी वह रक्षिता है और अपने को कमजोर मानती है। नारी को अपने भीतर की इस कमजोरी को निकालना होगा तथा आत्मबल जगाकर उसे आत्मनिर्भर बनना होगा। तब ही वह इस बदलते अर्थ युग में अपनी पहचान बना पायेगी।

आरम्भ में नारी रूप और यौवन का पाथेय लेकर यात्रा पर नहीं निकली थी उसने संसार को वह दिया जो पुरुष नहीं दे सकता था। अतः उसके अक्षय वरदान का व्यक्ति आज भी ऋणी है। समय बदला, समय के साथ परिस्थितियाँ बदली तो नारी में भी बदलाव आया। पश्चिम का दर्शन उसमें उतरा वह आधुनिक बनी पर कपड़े छोटे पहन लेने से या अंगों का प्रदर्शन कर लेने से कोई नारी आधुनिक नहीं बन जाती, उसके लिये तन की नहीं मन की मुक्ति चाहिये। पश्चिम के दर्शन में नारी पुरुष की पसलियों से बनी है जबकि भारतीय मिथक में वह शक्ति पुंज है। श्रद्धा से देखी जाती है। अपने शरीर को अपने हिसाब से जीने वाली नारी अधिक कुंठित लगती है। संसार में नारी का किसी न किसी रूप में शोषण होता रहा है। पश्चिम की नकल पर उपभोक्ता संस्कृति में स्त्री ने सौन्दर्य का ऐन्द्रजालिक बाजार खड़ा किया है जिसमें उसकी अन्तिम नियति भोग्या बनना है। उसको गरिमा देने वाले गुण नष्ट हो गये हैं। स्त्री मुक्ति के अनेक सवालों के बीच देह का विमर्श बहुत खौफनाक रूप में हमारे सामने आया। जिसके कारण बलात्कार में इजाफा हुआ। उसे गर्भपात का अधिकार मिल गया पर इससे समस्या का समाधान नहीं हो जाता। नारी को अशिक्षा, अन्धविश्वास और कुरीतियों के बीच आज भी जूझना पड़ रहा है। वह आज भी चूल्हे चौके और पर्दे से बाहर नहीं निकल पायी है। वह घर कानून, तलाक, नौकरी व देह की जकड़ में आज भी है। नारी के विवाह से ज्यादा हमें उसके विकास की चिन्ता होनी चाहिये। तब ही वह यौन संत्रास, घुटन टूटन से बाहर निकल सकती है। समाज और परिवार नारी के लिये समस्या और समाधान दोनों हैं। सौहार्द्र और सांमजस्य दोनों उसके लिये जरूरी हैं। नारी में परिस्थितियों के अनुसार ढलने की क्षमता है। उसे नंगे प्रदर्शन से बचना चाहिये। विज्ञापनों के माध्यमों ने नारी के देह सौष्ठव का बड़ा शोषण किया है। हर वस्तु पर उसकी देह का विज्ञापन देकर उसे बिकने वाली चीज बना दिया है जो समाज में नारी भावना के प्रति विकृति घोलता है।

औरतें पैदा नहीं होतीं बनाई जाती हैं, देह शोषण के लिये। पुरुष प्रधान समाज में आदमी अपने मन को स्वतन्त्र जी सकता है पर नारी अपने मन को स्वतन्त्र नहीं जी सकती। ऐसा करने पर उसे सहज में कुलटा कह दिया जाता है। नर मर्यादा में रहे या ना रहे नारी को मर्यादा में रहना है। मर्यादा सिर्फ नारी के लिये ही, है ऐसा क्यों? भावना के क्षेत्र में नारी पुरुष से आगे है फिर उसकी भावना को तोड़ उसे तलाक के लिये क्यों मजबूर किया जाता है? तलाक मुक्ति का साधन नहीं। ऐसी घटना सदा कुंठा देती है। हमारा समाज नारी को रूढ़ियों एवं परम्पराओं से मुक्त नहीं कर पाया है। नर भोगे और नारी भुगते इस स्थिति को आज भी नारी सहन नहीं कर पा रही है। वह अपने अस्तित्व को बचाने के लिये संघर्षशील है। आस्था बचाने के लिये प्रेम जरूरी है पर जहाँ प्रेम की जगह प्रताड़ना मिले तो आस्था कैसे बचे? प्रेम तो आत्मा की चीज है। आत्मा कहे आत्मा सुने। प्रेम महबूब को परमात्मा कहता है पर नारी को ऐसा प्रेम मिलता ही कहाँ है। उसको तन के स्तर पर जीया जाता है। यही तो शोषण है, आधुनिकता और संस्कृति के बीच कहीं भटकाव है। आज की मातृ-शक्ति भटकन में है। समाज में उसी का सारा संकट है।

ऐसी स्थिति में जिन्दगी का सही अर्थों में जीना कठिन हो गया है। स्त्री और पुरुष एक-दूसरे के पूरक होते हुए भी विपरीत दिशा मे चल रहे हैं। चहुंओर स्वार्थ के कारण टकराहट है। स्वार्थ से कोई मुक्त नहीं, इन सब के चलते तन्दूर पर सिकना, बलात्कार की पीड़ा भोगना और मौन रहना, बोलने पर मार देना आदि घटनाएँ होती हैं।

आज नारी नर की प्रतिस्पर्धा में खड़ा होना चाहती है पर उसकी राह स्पष्ट नहीं है। वह नर के विरूद्ध खड़ा होकर जीये तो कैसे जीये। समाज में गिद्धों की कमी नहीं है। वह अपनी अस्मिता कैसे बचाये? वह मात्र चीज बनकर रह गयी है जिसे खरीदा बेचा जा सकता है। स्त्री के लिये घर उतना ही जरूरी है जितना पुरुष के लिये। आवश्यकता है परस्पर सहयोग सहभागिता की। यहाँ हर कोई समझौते की जिन्दगी जीता है। समझौते में पाने के लिये कुछ खोना पड़ता है। भारतीय संस्कृति सभ्यता में नारी सदा श्रद्धा का केन्द्र रही है वाल्मीकि रामायण में लिखा है 'यत्र नार्यस्तु पूज्यते, रमन्ते तत्र देवता' किन्तु आधुनिक युग में नैतिकता और आधुनिकता के बीच द्वंद्व है। नारी भोग्या होती जा रही है। नारी का आर्थिक, मानसिक एवं शारीरिक शोषण होता जा रहा है। पति-पत्नी का तालमेल टूट रहा है। दाम्पत्य जीवन में कड़वाहट घुल रही है। यहाँ किसी को भी आत्मिक प्यार नहीं मिलता। समाज में लड़की होना बोझ समझा जाता हैं। लड़की के माता-पिता जीवन भर कुण्ठा में जीते हैं और सिर झुका कर चलते हैं तथा वर पक्ष के शोषण के शिकार होते हैं फिर भी उनकी बेटी सुखी नहीं रह पाती। जिसमें लड़की का कोई दोष नहीं पर सामाजिक बुराई को खत्म करने की हिम्मत भी किसी में नहीं।

लड़कियाँ भी माता-पिता की प्रतिष्ठा को आँच न आने देने की बात को लेकर सब सहन करती हैं। कामकाजी महिलाओं की तो और भी दुर्गति है वे दो मोर्चों पर लड़ती हैं और किसी

को सन्तुष्ट भी नहीं कर पाती। विवाह के बाद औरत पूरे परिवार के शिकारे की माँझी बन जाती है। वह अकेली चप्पू चलाती है और उसे जिम्दगी भर यों ही चलाना पड़ता है। घर पर चूल्हा चौका, बर्तन, कपड़े, घर की सफाई सब उसके नाम। थकान से चूर होकर भी सुबह-शाम यही काम। वह घर मे नौकरानी की तरह खटती है। क्षण को भी विश्राम नहीं और खाने को बचा खुचा, रूखा-सूखा। वह व्यर्थ का दायित्व उठा घाणी का बैल बन जाती है। घर का अर्थभाव तथा सारी जिम्मेदारियाँ अपने सिर पर सहज औढ़ लेती है। गाँव की औरतें तो आदमी से ज्यादा खेत में खटकर भी डाँट खाती हैं और उस पर अविश्वास की पीड़ा जीती हैं और यह उसकी नियति बन गयी है। इस धरती पर सब को जीने का समान अधिकार है। जीवन को अनुशासित रखना हर इन्सान का कर्त्तव्य है। नारी में भी पुरुष की तरह महत्वाकांक्षा है जो होनी भी चाहिये पर सब के साथ तालमेल जरूरी है जिससे जीवन सरस बन सके कटुता न घुले। आज की नारी पूरी तरह जकड़ में है वह कहीं भी मुक्त नहीं है। उसके भीतर तड़प है तो चेहरे पर पीड़ा जिसे ढकने के लिये घूँघट और नकाबें। चुपचाप जहर पीना ही उसका भाग्य हो गया है। समाज ने उसे भूखा और गूँगा बना दिया है। देह व्यापार के लिये मजबूर कर रखा है। नारी देह के स्तर पर कमर से ऊपर सौन्दर्य, करुणा, शील, संगीत है। भावमयी अमूर्त और महिमामयी है तो कमर से नीचे की नारी काम कन्दरा है। पुरुष के कसाव व शोषण से वह मुक्त होना चाहती है पर उसे रास्ता नहीं मिल पा रहा है जिसको उसे स्वयं तलाश करना है।

देश में वर्ष 2001 का वर्ष महिला सशक्तीकरण के रूप में मनाया गया पर उससे क्या हुआ? नारी आज भी दोयम दर्जे पर है। सत्ता की लोलुपता के कारण सरकारी नीतियों में जो भ्रष्ट मार्ग अपनाये जाते हैं उनमें अधिक नारी ही शिकार होती है। नारी को ही आर्थिक, सामाजिक व राजनैतिक मार झेलनी पड़ती है। आज भी भ्रूण हत्या रोकने में सरकारें सफल नहीं हैं। दिल्ली के एक सर्वेक्षण में बलात्कार के 36 मामले सामने आये जिनमें 331 आरोपी वे थे जो परिचित थे यानि कि नाते रिश्ते के लोग थे। महिलाओं एवं लड़कियों के लिये खतरे बाहर से ज्यादा भीतर हैं जिनमें मुँह बोले भाई, मामा, चाचा की बात तो दूर अब तो खून के रिश्ते भी खतरनाक व जानवरी हो गये हैं। सगे भाई और बाप भी कलंक से नहीं बच पाये। पश्चिमी दूरदर्शनी सभ्यता ने हमारे विश्वास की नींव को ही हिला दिया। दैव तुल्य पिता और पिता तुल्य भाई की नैतिकता भी विश्वास खो चुकी है तो फिर किसका विश्वास शेष रह गया? और तो और विवाह का बन्धन जो जीवन भर साथ निभाने का होता है वह भी तेजी से टूट रहा है। एक सर्वेक्षण के अनुसार देश में 45 लाख जोड़े इस टूटन के शिकार हैं जिनका असर बच्चों पर है। ऐसे मामले अदालतों में जाते हैं जहाँ दस पंद्रह वर्ष लगते हैं। इस अवधि में गलत फहमी अधिक बढ़कर जीवन में जहर घोलती हैं। शारीरिक एवं मानसिक तनाव झेलते हुये जिन्दगी जीना कितना कठिन होता है यह तो भुक्त भोगी ही जानते हैं। ये टूटन हिन्दू और सिक्खों में अधिक है।

महाभारत काल में नारी विद्रोह का स्वर द्रोपदी के माध्यम से फूटता है। ये स्वर नारी पर होने वाले अन्याय का प्रतिकार करता है। अतः द्रोपदी नारी समाज का प्रतिनिधित्व करने वाली पहली नारी है। वह भरी सभा में न्याय माँगती है। उसका विद्रोही स्वर गूँजता है। वह युधिष्ठिर द्वारा जुए में हार दी जाती है। वह हार कर दासी हो जाती है तब दुःशासन उसे केश पकड़ भरी सभा में नंगा करने ले जाता है तब द्रोपदी भीष्मपितामह, गुरूद्रोण व पाँचों पाण्डवों सहित सौ कौरवों से प्रश्न करती है कि युधिष्ठिर सबसे पहले अपने को हार कर दास बनते हैं, दास बनते ही उनके सारे अधिकार स्वतः ही समाप्त हो जाते हैं फिर द्रोपदी को दाव पर लगाने का और जुए में हारने का युधिष्टिर को क्या अधिकार रह जाता है फिर वह कोई वस्तु नहीं मानवी है। वह मानव के बराबर का अधिकार रखती है। अतः उसका दाव पर लगाया जाना संगत नहीं है। द्रोपदी के इस न्याय संगत प्रश्न का कोई उत्तर नहीं दे पाता है। सब की गर्दन झुक जाती है। तब वह दुःशासन के रक्त से अपने केश धोने की प्रतिज्ञा करती है। यहीं से महाभारत का प्रारम्भ होता है। जहाँ जब इस धरती पर नारी के साथ अन्याय हुआ है तब-तब धरती पर प्रलय हुआ है। महाभारत प्रतिशोध की कहानी है तथा अन्याय के विरूद्ध न्याय का खड़ा होना है। इसी प्रकार अहिल्या के भीतर की नारी भी विद्रोह करती है। अहिल्या अपूर्व सुन्दरी और राजकन्या पर ब्याही गयी एक तपस्वी गौतम के साथ जिसे न्याय शास्त्र लिखने के अतिरिक्त कुछ भी दिखाई नहीं देता था। अहिल्या के यौवन और सौन्दर्य को परखने और भोगने का समय गौतम के पास कहाँ? वह ठहरा तापसी और ऊपर से न्यायशास्त्र के लिखने की धुन। देवताओं का राजा इन्द्र गौतम से न्यायशास्त्र पढ़ने आता है उसके पास यौवन और वैभव दोनों। वह गौतम के आश्रम में रहकर गुरु पत्नी अहिल्या पर मुग्ध होता है तो गौतम के प्यार से उपेक्षित अहिल्या भी उसके आकर्षण में बन्ध जाती है। गौतम अहिल्या को अपने जीवन में कभी तृप्त नहीं कर पाये और अतृप्त नारी को सदा तीसरे की चाहत होती है। वह देवराज इन्द्र के संसर्ग की चाहत कर बैठी। वह एक उफनती नदी हो गयी और तट बन्ध तोड़ने का अपराध कर बैठी जिसे एक पुरुष का अहं सहन नहीं कर पाया और अहिल्या को पत्थर होना पड़ा। गौतम जनक के राज में रहते थे। सुरक्षित थे पर मन की सुरक्षा कैसे हो? अहिल्या अपने मन के हाथों विवश हो गयी और उसे शापित होना पड़ा। अहिल्या की तरह जो भी नारी अपने मन के सामने विवश हुयी उसे अपने युग में शापित होना ही पड़ा है।

भारतीय संस्कृति में नारी को सदा ऊँचा स्थान मिला है। नारी को मर्यादा के क्षेत्र में पुरुष से अधिक श्रेष्ट माना गया है। स्त्री और श्री में कोई भेद नही, जिस कुल में स्त्री का सम्मान होता है, वह कुल श्रेष्ठ होता है। गृहस्थ का मूलाधार नारी है तथा सुख समृद्धि का भी। जैसे गंगा स्नान कर आदमी पवित्र हो जाता है वैसे ही शीलवान पतिव्रता नारी के दर्शन कर आदमी पवित्र हो जाता है। नारी विधाता का अनुपम रत्न है। वह घर, घर नहीं होता जहाँ स्त्रियाँ नहीं रहती। स्त्री घर की पुजारिन है। वह नर की अर्द्धांग्नि है। दोनों के परस्पर सहयोग से ही जीवन

की गाड़ी भली प्रकार चलती है। जब कभी आदमी ने अपनी हिम्मत हारी है नारी ने उसको सम्बल दिया है। नर को नारी ने सदा ही कर्त्तव्य का बोध कराया है। परिवार को सुगठित रखने में नारी की महत्वपूर्ण भूमिका है। नारी की सबसे बड़ी कमजोरी है उसकी प्रशंसा। उसकी बड़ाई करके उसे कोई भी ठग लेता है। क्योंकि वह मन से भावुक होती है। उसमें बुद्धि की चतुराई नहीं होती। नारी को अनेक सामाजिक स्तरों से गुजरना पड़ा है उसने आग और पानी को समान रूप से लाँघा है। ऋग्वेद की नारी शक्ति और आदर्श की प्रतीक है। पिता की सम्पत्ति में उसका अधिकार है। वह अपना पति आप चुनती थी, वह गृह स्वामिनी होती थी तो पति के साथ युद्ध में भी जाती थी। शत्रु संहार करती थी तथा भाई की तरह घुड़सवारी तीर चलाना सीखती थी। वह ऋषि, कवयित्री और मन्त्र दृष्टा होती थी। वह ओज और ध्वनि की मूर्ति होती थी। कालान्तर में दस्यु शत्रुओं द्वारा धन माल की तरह स्त्रियों को लूट कर लाने के कारण समाज के चरित्र में विकृति आईं और औरत को सिक्कों की तरह जुए में दाव पर लगाये जाने लगा। द्रोपदी को जुए में हारना भी ऐसा ही था जिसके चलते नारियाँ बिकने लगीं। विचुम्बित होने लगी और गणिकाओं का वर्ग उठ खड़ा हुआ। नारी नर की कृपा पर जीने लगी। रामायण और महाभारत काल की नारी त्याग और सहिष्णुता की पराकाष्ठा थी। विदेशी आक्रमणों एवं आक्रामकों की संस्कृति ने भारतीय नारी को बड़ा आघात पहुँचाया। आयातित संस्कृति के कारण परिवार की मुखिया होने का उसका अधिकार छिन गया जिससे उसकी आर्थिक स्थिति दारुण हो गयी और उससे भी दारूण उसकी सामाजिक स्थिति हो गयी। सुरक्षा की दृष्टि से बाल विवाह का चलन हुआ। सती प्रथा तथा जौहर का विकट रूप समाज के सामने आया जिसको समाज ने उत्सव का रूप दिया। इस प्रकार भारतीय नारी अपने खून से शालीनता का इतिहास युगों से लिखती रही है।

हठ योग और नारी

हठ योग में मन्त्र और मैथुन को महत्व देकर नारी के माँ, बहिन, बेटी के रिश्तों को ही नकार दिया और नारी को मैथुनी बना डाला। वज्रयानी सिद्ध वासना के खुले उपासक थे। उन्होंने नारी को इन्द्रियों की अभितृप्ति का साधन बना डाला। ये सिद्ध अध्यात्म साधना के प्रकाण्ड पंडित होते थे। उनसे राजा भी डरता था। उनके माँगने पर राजा को भी अपनी बेटी, पत्नी इन सिद्ध फक्कड़ों को देनी होती थी। उड़ीसा बंगाल इनके केन्द्र थे जहाँ काम चिन्हित मन्दिर बने। इनके चंगुल से आसाम और आंध्र भी अछूता न रहा। उड़ीसा के मन्दिरों में काम चित्रों की बहुलता है। खजुराहो, ऐलोरा व काशी का नेपाली मन्दिर नग्न युग्म चित्रों से भरे पड़े हैं जहाँ यक्षणियों के नग्न चित्र हैं यक्षणियाँ काम वासना की प्रतीक थी। उत्तर पाषाण काल में समाज वर्गो में बँटा। जिसमें स्वामी और दास की प्रथा ने जन्म लिया। सत्ता जो माँ के हाथ में होती थी। पिता के हाथों में आ गयी । उस समय नर नारी पशु तुल्य ही थे। रिश्तों का जन्म नहीं हुआ था। माँ–बहिन के पावन रिश्ते नहीं थे। नारी केवल नारी थी जिसे पौरुष और बलवान भोगता था। इसी कारण

कहा गया कि धरती और नारी को वीर पुरुष ही भोगते हैं किन्तु इससे आगे के काल में कुछ कबीलों ने यह तय किया कि अपने रक्त तासीर की नारियों के संग मैथुन नहीं करेंगें तथा अन्य कबीलों से नारियाँ प्राप्त करेंगें। अतः नारियों को युद्धो में जीत कर लाया जाने लगा। इस प्रकार नारी उपभोग की वस्तु बन गयी और उसका उपभोग किया जाने लगा। लड़कियों को जन्म लेते ही मारने का चलन भी युद्धो के कारण ही हुआ। अल्लाऊद्दीन के समय में एक दासी साठ पैसे में खरीदी जा सकती थी तथा लड़का व रखैल तीस पैसे में। ब्राह्मणों ने अपने स्वार्थ के लिये सामाजिक समरसता में बड़ा जहर घोला है। राजपूत जाति पर उनका प्रहार प्रबल रहा। रक्त शुद्धता के नाम पर उन्होंने समाज को बाँटा तथा सारे सूत्र अपने हाथ में रखे। कर्ण, आल्हा-उदल, व्यास, विदुर अपने को कुलीन सिद्ध करने के लिये जीवन भर संघर्ष करते रहे।

द्रविड़ और आर्यों के बीच का संघर्ष, सुर और असुर के बीच का ही संघर्ष रहा। द्रविड़ असुर तो आर्य सुर थे। दोनों की संस्कृतियाँ अलग थीं। द्रविड़ विलासी तथा प्रबल थे। वीर बालाओं को सदा वीर पुरुषों की ही कामना रहती है। उन्हें कायरों का पड़ौस तक अच्छा नहीं लगता। सती का सही अर्थ सत्य पर स्थिर रहने वाली होता है आग में जलना नहीं। मध्यकाल में युद्धों का जोर था। शील और सतीत्व की रक्षा कठिन कर्म था। नारी का दूसरा क्षेत्र प्रेम है। प्रेम स्वाभाविक वृत्ति है पर उसमें भी नारी का आदर्श रहा। इस देश में मानवतावादी उदात्त भावना को ही अपना सम्बल माना और प्रेम अमर हो गया। ढोला-मारू, मूमल-महेन्द्र, बींजा-सौरठ, जेठवा-उजली ऐसे ही प्रेमी थे जिनके प्रेम को यह संसार कभी भूल न पा सकेगा। भारतीय नारी राजमहलों की भोग सामग्री ही नहीं थी, कला, संगीत, नृत्य में पारंगत होती थी। वे युद्धों के मोर्चे भी सम्भालती थी, तो शांत क्षणों में कला की साधना करती थी तथा पुरुषों को कर्त्तव्यों का बोध कराने के साथ जीवन को दिशा भी देती थी। पुत्रियाँ मर्यादित जीवन व सामाजिक आदर्श घर में ही सीख जाती थी। रूप सौन्दर्य से ज्यादा नारी के शील का अधिक मान था। रूप सौन्दर्य के अपने खतरे थे। उनसे बचने के लिये घूँघट की प्रथा चली। नारी के सम्मान का कारण उसकी चरित्र श्रेष्ठता थी। उस समय की नारी श्रमजीवी होती थी पर विधवा का जीवन तब भी कठोर था। नारी के विशेष गुणों में पतिव्रत धर्म, कुल मर्यादा, लज्जा, विनम्रता, संयम, समता, सेवा, सादगी, पर दुख कातरता, मृदुभाषिता, मितव्ययिता थे जिसके कारण नारी का समाज में सम्मान होता था। तो दूसरी ओर नारी देह शोषण भी कम नहीं होता था। इस देह शोषण को संयत करने के लिए ही आदि पुरुष मनु ने समाज को बाँधकर रखने की व्यवस्था दी। विवाह होने से आदमी का एक परिवार बनता है और उसके पालन की माता-पिता की जिम्मेदारी बनती है। कभी लोग कबीलों में रहा करते थे। समय के बदलाव के साथ आदमी में भी बदलाव आया। वह जानवर से सभ्य होकर आदमी होने लगा। उसकी समझ बड़ी होने लगी उसके भीतर संवेदना जगने लगी। कबीले मातृसत्तात्मक होते थे। विवाह प्रथा के बाद आदमी अपने आप को स्त्री का स्वामी समझने लगा उसमें अहं ने जन्म लिया जिससे परिवार

में पुरुष की आज्ञा ही सर्वोपरि हो गयी। लिंग भेद के कारण लड़के और लड़की में भेद किया जाने लगा। विवाह के कारण समाज में उच्छृंखलता तो कम हुई पर लड़की को पराया धन समझा जाने लगा। लड़की के होने की पीड़ा होने लगी उसके पालन-पोषण में लापरवाही बरती जाने लगी और उसे मारा जाने लगा। उसका होना झगड़े की जड़ समझा जाने लगा। नारी की उपेक्षा ने उसको समाज में कमजोर बनाया और उसे बेचने का धन्धा चल पड़ा। जगह-जगह देह व्यापार के अड्डे इसी कारण खुले। तलाक, बलात्कार की घटनायें बढ़ीं। सात से सत्तर वर्ष की स्त्रियों के साथ होने वाली बलात्कार की घटनाओं का बढ़ना दुखद है।

कबीले और परिवार आदमी के विकास में जहाँ सहायक बने वहाँ नारी शोषण के कारण भी बने। समाज नारी के प्रति उदार कम है वहाँ नारी-पुरुष में असमानता है तो शोषण और हिंसा भी है। परिवारों के नियम कायदे पुरुष प्रधानता के कारण स्त्री के पक्ष में कम फलदायक है। पारिवारिक परम्परा में अनेक रूढ़ियों की जकड़न है जैसे दहेज, बाल विवाह, विधवा का फिर से विवाह न होना। केवल लड़के के जन्म पर थाल का बजना और लड़की के जन्म पर मायूस होना। पिता की प्रधानता होना, चाहे पिता अविवेकी एवं शराबी, दुष्ट, दुराचारी पतित कैसा भी क्यों न हो। ये रूढ़ियाँ समाज मे आज भी पीड़ा का कारण बनी है। परिवार में पितृवंश चलता है नारी पिता के घर से पति के घर आती है तो उसे अपने माता-पिता के घर से नाता तोड़ना होता है जो लड़की अपने पिता के घर पंद्रह-सौलह वर्ष रही पली-पोषी, एक रागात्मक संबंध बना उसे तोड़ना कितना कठिन होता है। उसकी पीड़ा तो पिता का घर छोड़कर पति के घर जाने वाली लड़की ही जानती है। सास-ससुर के घर बहू बनकर आने वाली लड़की को ससुराल में भी कोई पहचान नहीं मिलती। उसे अनाश्रित अनाथ बनकर उनकी कृपा पर जीना होता है।

परिवार में पिता की आज्ञा ही सर्वोपरि होती है। उसकी आज्ञा न मानने पर दण्ड मिलता है। सबको राजा के सामने सिर झुका कर बैठना पड़ता है। उसकी आज्ञा का पालन करना होता है चाहे आज्ञा गलत ही क्यों न हो। राजा, राजा होता है, शेष सब प्रजा। राजा से कमतर सामन्तों ने अपनी कुंठा कम करने अपने परिवारों की यही स्थिति बनायी वे परिवारों के राजा बन बैठे और परिवार के अन्य सदस्यों को प्रजा बना लिया। जैसे राज्य के मन्त्री सेनापति राजा को सलाह तो दे सकते है पर आज्ञा नहीं। राजा सलाह माने या ना माने ये राजा का अधिकार क्षेत्र में है, ठीक वैसी ही स्थिति सामन्ती परिवारों की थी जो भारतीय परिवारों की कालान्तर में संस्कृति बन गयी। राजा न्याय-अन्याय कुछ भी कर सकता था। किसी की सुन्दर लड़की, स्त्री को उठा सकता था और अपने लिये प्राप्त कर सकता था। उसमें अहं था वही अहं परिवार के मुखिया आदमी में उतर गया। सामन्ती युग की ऐसी कहानियाँ माता-पिता अपने बच्चों को हजारों वर्षों से सुनाते आये हैं और उसकी मानसिकता इसी प्रकार की बनाते आये हैं। जो सदा से सामन्ती विचारधारा की ही पोषक रही। परिवार में राजा की तरह बड़ा बेटा पिता की मृत्यु के बाद स्वतः

अधिकार अर्जित कर लेता है। लोग आज भी धूमधाम से उसकी ताजपोशी करते हैं। इससे स्पष्ट होता है कि हमारे समाज परिवारों पर सामन्ती प्रभाव सदा से रहा है। आजादी के साठ वर्षों बाद भी स्थिति वैसी ही है, कुछ भी तो नहीं बदला। आज भी भारतीय परिवारों में पिता ही कमाकर लाता है और सब पर पिता का ही हुक्म चलता है। परिवार के सदस्यों को जो वह देता है वही लेना पड़ता है, जो खिलाता है वही खाना पड़ता है, महिलाओं के लिये तो परिवारों में इतने कानून कायदे बनें हैं जिनको तोड़ना कठिन है। तोड़ने पर पिता की प्रताड़ना सहनी पड़ती है। परिवार एक ऐसी सामाजिक व्यवस्था है जिसमें पुरुष की प्रधानता है जिसमें पुरुष महिलाओं पर शासन, शोषण और दमन करते हैं।

परम्परा से एक ही धारणा बनी चली आ रही है कि स्त्री-पुरुष से ज्यादा कोमल है अतः वह घर का काम ही ठीक तरह से देख सकती है। वह पुरुष जैसा कठोर श्रम नहीं कर सकती। इसी धारणा ने नारी के वेतन और काम में अन्तर किया। परिवार में लड़की को वह अधिकार नहीं दिया जाता जो लड़के को मिलता है। महिलाओं को पुरुषों की सम्पत्ति माना है। यही कारण है कि समाज ने पुरुष को उसका स्वामी, शौहर, मालिक, पति परमेश्वर, प्राणनाथ, देवता आदि सम्बोधन दिये जो एक तरह से स्त्री पर पुरुष को मालिकाना हक दिलाते हैं। पुरुष प्रधान समाज में स्त्रियों के लिये पर्दे का प्रयोग, पहनावा, साज वृंगार बात-चीत करने का अधिकार भी सामाजिक मान्याताएँ ही तय करती हैं। अधिकांश परिवारों में आज भी महिलाओं को पुरुषों से पहले भोजन करने का अधिकार नहीं है। कई प्रजातियों में आज भी प्रचलन है कि पत्नी पति का जूठन 'प्रसाद' के रूप में पाती है। इसी प्रकार भारतीय समाज में लड़कियों को लड़कों की तरह न सुविधा मिलती है न घूमने फिरने की आजादी। यदि कोई लड़की खाने पीने का हक भाई के बराबर माँगती है तो कह दिया जाता है वह लड़का है तू क्यों उसकी बराबरी करती है। जब माँ ही लड़के और लड़की में भेद करने लगे तो लड़की कहाँ जायें। माँ तो माँ होती है, उसके पास भेददृष्टि नहीं होनी चाहिये। उसे लड़की और लड़के में भेद नहीं करना चाहिये, पर भारतीय समाज में सबसे ज्यादा माँ ही लड़के और लड़की का भेद पनपाती है इसी कारण कहा गया कि औरत ही औरत की दुश्मन होती है सास बहू के सारे झगड़े भेददृष्टि के कारण ही होते है सास अपनी बहू को बेटी जैसा प्यार कभी नहीं देती। घर के काम में हाथ बटाना लड़की के लिये अनिवार्य है लड़का घर के बाहर खेलता कूदता मस्ती छानता है और लड़की अपने घर में माँ के साथ बचपन से ही खटने लगती है। यदि कोई लड़का कभी घर के काम में माँ का हाथ बटायें तो लोग कहने लगते हैं क्या तू लड़की है जो घर के काम में पिल रहा है। हमारे परिवारों का वातावरण ही ऐसा बना दिया गया है जिसमें लड़की की उपेक्षा और लड़के को बचपन से ही अधिक महत्व दिया जाता है। समाज में लड़के-लड़की के इस भेद को सहज आत्मसात कर स्वीकार लिया है और इस असमानता को लड़की की नियति मान लिया है।

पितृसत्तात्मक समाज में महिलाओं एवं लड़कियों का कार्य निर्धारण भी पुरुष ही करता है। बच्चों का पालन, बर्तन, चूल्हा-चौका, झाड़ू-सफाई, कपड़े धोना तथा परिवार की अन्य सेवा करना गृहिणी का काम है। गाँवों में घरेलू कामों के अलावा महिलाओं एवं लड़कियों को खेतों में भी खटना पड़ता है। उसके साथ लकड़ी काटना, घास लाना, मवेशी चराना जैसे काम भी करने पड़ते हैं। महिलाओं एवं लड़कियों के इन कामों का कोई आर्थिक मूल्यांकन नहीं होता क्योंकि इन कामों के बदले उसे रोटी कपड़ा और सुरक्षा जो मिलती है। पुरुष तो खेत से लौटकर कह देता है कि थक गया हूँ आराम करूँगा पर नारी को पल भर विश्राम कहाँ। वह खेत से लौटकर परिवार के लिये भोजन बनाने में जुट जाती है। कोई महिला घर से बाहर यदि काम करने जाती है तो पुरुष ही तय करेगा कि उसे कौनसा काम करना है या नहीं करना है, और तो और उसको मिलने वाली मेहनत मजूरी भी पुरुष ले लेता है। बाहर मजूरी के लिये जाना न जाना भी पुरुष की मानसिकता पर ही निर्भर करता है। उदाहरण के रूप में घर में किसी बच्चे के बीमार होने पर पुरुष उसकी देखभाल नहीं करेगा। नारी को ही काम से छुट्टी लेकर घर रहकर बच्चे की देखभाल करनी होगी। कामकाजी महिलाओं की अक्सर यह शिकायत रहती है कि उसका पति निठल्ला तो फिर लेगा पर बच्चे की देखभाल व घर के कामों की ओर ध्यान नहीं देता। पुरुष की लापरवाही के कारण ही अक्सर परिवारों में कड़वाहट घुलती है।

पुरुष प्रधान युग में नारी का माँ बनना भी पुरुष की इच्छा पर निर्भर करता है। उसकी इच्छानुसार ही बच्चे पैदा करने पड़ते हैं। सैक्स संबंध स्थापित करने में भी पुरुष की ही मर्जी चलती है। महिला को यह अधिकार नहीं होता कि वह चाहे तो गर्भ धारण न करें। इस प्रकार पुरुष सत्ता अपनी इच्छा से नारी को माँ बनने को मजबूर करती है। वहीं वह मातृत्व की स्थितियों का भी निर्धारण करती है। मातृत्व के कारण महिला को घर रहकर बच्चे को पालने की विवशता होती है। वह घर से बाहर नहीं निकल पाती। इस कारण उसको पुरुष पर ही आश्रित रहना पड़ता है। पिता की सम्पति में पुत्री का कोई हिस्सा नहीं होता जबकि कानून उसे अधिकार देता है किन्तु संबंधों में कड़वाहट होने के डर से ऐसा होता नहीं है। धर्म, नैतिकता, आचार व्यवहार और कानून आदि का निर्धारण भी पुरुषों द्वारा किया जाता है। वहाँ नारी का मन जानने की कोई आवश्यकता नहीं समझी जाती। इस प्रकार परिवार एवं समाज में नारी का शरीर शोषण ही नहीं मानसिक शोषण भी होता है।

लोक मान्यता के अनुसार लड़के को कुल दीपक के रूप में समझा जाता है। उसका लालन-पालन लड़की से ज्यादा देखभाल के साथ होता है। जबकि लड़की पर माँ-दादी-नानी उतना ध्यान नहीं देती। उसे पराया धन कहा जाता है। क्या बहिन के घर जाने से भाई कुत्ता हो जाता है? क्या पिता का पुत्री के घर भोजन करना पाप है? क्या उसके लाड़ के साथ पली पुत्री पति के घर जाकर अछूत हो जाती है? ये सब गलत धारणायें है जो बेटी को पिता भाई से अलग करती है। सम्बन्धों की डोरी काटती है। आत्मीयता खत्म करती है। समाज में इस

प्रकार की टूटन देख क्या नहीं लगता लड़की होना पाप हो गया है? वह इन सब आत्मियजनों से कटकर कैसे जिन्दा रहे? कैसे उसका वजूद जिन्दा रहे? सदियों से समाज में लड़की को हेय दृष्टि से देखा गया है क्या यह उसके प्रति अन्याय नहीं है। उसके जीवन में कहीं दिन का प्रकाश दिखाई नहीं देता, रात का अन्धेरा पुरुष प्रधान युग ने ऐसा भरा है कि उसका वजूद खत्म हो गया है। उसके लिये समाज ने कुछ ऐसी ही बेतुकी कहावतें गढ़ ली हैं कि उसके जन्म पर कहा जाता है पत्थर पैदा कर दिया, चोर आ गया, बेटी पालना पराये पेड़ को पानी देना है ऐसी गलत धारणायें समाज ने बनाकर प्रचार-प्रसार किया जिससे समाज में भय और लड़की के प्रति पीड़ा का वातावरण तैयार हुआ। लोकगीतों में भी लड़की के होने को दुर्भाग्यपूर्ण रचा तथा उसका होना मातम की तरह माना गया वहाँ लड़के का जन्म शुभ और त्योहार की तरह मनाया गया। आज भी आधुनिक सभ्य युग में भी ऐसा ही होता है और सभ्य कहे जाने वाले लोग भी ऐसा करते हैं तो क्या नहीं लगता आदमी समझ से दिवालिया हो गया है।

विज्ञान ने यह सिद्ध कर दिया है कि लिंग का निर्धारण माँ के द्वारा नहीं पिता द्वारा ही होता है फिर समाज सबकुछ नारी के सिर मढ़कर उसे यातना क्यों देता है? ''एक कहावत है बाप के बेटी, गुदड़ लपेटी'' यानि कि बेटी बाप के घर से सब समेट कर ले जायेगी और पिता के लिये सिर्फ गुदड़ी लपेटने को छोड़ेगी पर किस लड़की ने कब अपने पिता से ऐसा करने को कहा। कब उसने धन दौलत पिता से माँगा? ये सब सामाजिक बुराई है जिसको लड़की के सिर मढ़ा गया है। इसमें लड़की क्या करे, क्या दोष है उसका? आदमी अपने अहं एवं झूठे मानप्रतिष्ठा के लिये समाज में हेकड़ी दिखाने के लिए कर्ज लेकर दिखावा करता है इसमें लड़की क्या करे? वह तो आज भी भारतीय संस्कृति की शालीनता बनाये हुये है। अच्छी लड़की आज भी अपने पिता की आज्ञा का उल्लंघन नहीं करती। परिवार की प्रतिष्ठा के लिये सब सहन करती है और उसे पग-पग अन्याय की पीड़ा झेलनी पड़ती है वह भी मौन होकर चुप्पी साधे जहर की तरह सब पीती है। ऐसा करना उसकी विवशता हो गयी है।

एक मान्यता के अनुसार दामाद अपने ससुर की अर्थी को कंधा देने का अधिकार नहीं रखता और बेटी अपने बाप का अन्तिम संस्कार नहीं कर सकती। ऐसी मान्यतायें पुरुष प्रधान समाज ने अपने स्वार्थ के लिये तैयार कर लीं ताकि दामाद और बेटी को सम्पत्ति के अधिकार से वंचित किया जा सके तथा उसका सामाजिक सरोकार न रहे। यह एक साजिश है, इसी प्रकार 'कन्यादान' भी साजिश, क्या कोई पिता अपनी आत्मजा का दान कर सकता है? दान तो सदा वस्तु का होता है। क्या कन्या कोई वस्तु है जिसका दान सहज कर दिया जाये? इस देश में एक ओर लड़की को अनेक प्रकारों से कोसा जाता है वहीं नवरात्र के दिनों में देवी के रूप में पूजा जाता है। यह देश अन्धविश्वासों का देश है, यहाँ सारे अन्धविश्वास स्वार्थी लोगों ने खड़े किये हैं। समाज का यह कैसा ढकोसला है कि साल भर में जिस लड़की को भर पेट भोजन नहीं दिया जाता उसको देवी का रूप मान नवरात्रा में पकवान परोसे जाते हैं। चरण छूए जाते हैं। ये दोहरे मानदण्डों का देश है जिसमें त्याग से ज्यादा स्वार्थ पनप गया है। बहुतेरे लोग

कन्या के विवाह के बाद गंगा स्नान को जाते हैं और लड़की के विवाह के बाद कहते हैं लो गंगा नहाये हो गये जैसे किसी पाप से उनको मुक्ति मिल गयी हो। अपनी आत्मजा को अपने से दूर कर पराया कर देना कौन सा पुण्य का कर्म हो गया। ऐसी धारणाओं एवं मान्यताओं के षड्यंत्रों ने नारी के साथ कभी न्याय नहीं होने दिया।

बालिकाओं की भ्रूण हत्याओं के कारण भारतीय समाज में औरतों की संख्या निरन्तर घट रही है। भारत में प्रति एक हजार पुरुषों पर केवल 933 औरतें हैं। प्रकृति सदा अपना संतुलन बना कर रखती है, स्त्री-पुरुष का अनुपात सदा बराबर रखती आई है और शिव के अर्द्धनारीश्वर के सिद्धान्त को सदा प्रतिपादित करती आई है, किन्तु वह भी आदमी की नीयत का क्या करे जिसने प्रकृति का संतुलन बिगाड़ रखा है। प्रकृति के नियम अटल हैं, समय पर सूरज निकलता है। समय पर रात होती है। ऋतुएँ बदलती हैं। समय पर यौवन आता है और शरीर में बदलाव भी समय पर होते हैं, किन्तु आदमी ने सभ्यता के नाम पर प्रकृति का दोहन किया है, उसका संतुलन बिगाड़ा है। ब्रह्माण्ड में ओजोन परत का फटना, जंगल का कटना, सीमेन्ट, लौह, पत्थर के जंगल खड़े करना आदमी की शरारत भरी भूख नहीं तो क्या है। उस भूख का यदि समय रहते निराकरण नहीं हुआ तो एक दिन धरती पर जंगलराज होगा और प्रलय नारी ही प्रकृति का रूप है जिसका संतुलन सदा पुरुष बिगाड़ता आया है। जिसके कारण पूरे देश में पुरुषों से औरतें सवा दो करोड़ कम हैं। इसका अर्थ है सवा दो करोड़ औरतों की हत्या किसी न किसी रूप में पुरुष ने की है। जिन प्रान्तों में औरतों की संख्या निरंतर घट रही है उनमें हरियाणा, पंजाब, राजस्थान, बिहार, उत्तर प्रदेश, जम्मूकश्मीर मुख्य हैं। हरियाणा में प्रति हजार पुरुषों पर 870 औरतें हैं, पंजाब में 879, उत्तर प्रदेश में 885 और राजस्थान में 911 औरतें हैं। यदि ये घटत इसी प्रकार जारी रही तो देश में समाज का संतुलन बिगड़ जायेगा और अराजकता मनमानी बढ़ जायेगी जिसके भयंकर दुष्परिणाम होंगे।

लड़की को माता-पिता तथा अभिभावक सदा यही सलाह देते हैं कि तुम्हें सहनशील होना है। जुल्म-अत्याचार सहकर भी तुम्हें मुँह नहीं खोलना हैं। मन में सदा दूसरों के प्रति समर्पण एवं सेवा का भाव लेकर रहना है तथा घर में जो मिले उसे ही स्वीकार करना है, उससे ज्यादा पाने या माँगने का तुम्हें अधिकार नहीं है। इस प्रकार के सामाजिक व्यवहार में पलने वाली लड़की को न भरपेट खाना मिलता है और न उसका स्वास्थ्य ही ठीक रह पाता है। एक सर्वेक्षण के अनुसार लड़कियों से ज्यादा पौष्टिक भोजन लड़कों को तथा स्त्रियों से ज्यादा पौष्टिक भोजन पुरुषों को मिलता है। लड़कियों एवं स्त्रियों को तो घर में जो शेष रहता है उसी पर संतोष करना होता है। समाज में एक और भी मान्यता है कि लड़की को अच्छा भोजन दिया गया तो शीघ्र जवान हो जायेगी तथा एक बोझ के नीचे जल्द दबना पड़ेगा। कुछ लोगों की यह भी धारणा है कि लड़की घास की तरह बढ़कर जल्द तैयार होती है। एक धारणा यह भी है कि लड़की को ज्यादा खिलाने से वह मोटी हो जायेगी ओर मोटी बीवी को कोई पसन्द नहीं करता, उसका

कनकछड़ी बने रहना ही ठीक है अतः लड़की को कम खाने की सीख दी जाती है तथा कम खाने का अभ्यास कराया जाता है।

भारत में हर वर्ष एक करोड़ पचास लाख लड़कियाँ पैदा होती हैं पर अच्छा भोजन न मिलने के कारण कुपोषण का शिकार हो जाती हैं और जवान होने से पहले ही मर जाती है। हमारे देश में लड़कों की तुलना में तीन लाख लड़कियाँ प्रतिवर्ष अधिक मरती है। राजस्थान के एक गाँव में पिछले पचास वर्ष में एक भी बरात नहीं आई। इसके पीछे एक ही कारण है कि वे लड़के वालों के सामने झुकने से ज्यादा महत्व लड़की को मार देने में देते हैं। उन्होंने लड़की को अपनी आन पर सदा आँच समझा और लड़की को जिन्दा ही मारकर जघन्य अपराध पचास वर्षों से करते रहे हैं और कानून चुप रहा। ऐसी संवेदनशून्यता का कानून के पास कोई इलाज नहीं। इसका इलाज केवल है तो समाज में चेतना एवं संवेदना जगाना है जिससे आदमी के भीतर का आदमी जागे और मन की करुणा कुकृत्य करने से रोके।

आजकल विज्ञान के बढ़ते प्रयोगों ने यह प्रकट कर दिया है कि पेट में भ्रूण लड़के का है अथवा लड़की का, यह जान लेने के बाद स्वार्थी जन लड़की को धरती पर आने ही नहीं देता और औरत के पेट में ही कन्या भ्रूण को नष्ट कर दिया जाता है और कन्या की हत्या हो जाती है। एक अध्ययन के अनुसार सन् 1984 में अकेले बॉम्बे शहर में लगभग 40 हजार कन्याओं की भ्रूण हत्या को कानूनी अपराध घोषित कर दिया किन्तु कानून इस समस्या का समाधान कभी नहीं ढूँढ़ सकता, केवल उसका इलाज जन जागरूकता है, शिक्षा और संवेदना है। जिससे अज्ञानता व अन्धविश्वासों का अन्धेरा छट सकता है।

भारतीय साहित्य और नारी

भारतीय साहित्य ने भी नारी के साथ न्याय नहीं किया। नारी की प्रस्तुति एक अबला के रूप में की। उसे भोग की सामग्री, सेविका एवं सम्पत्ति के रूप में चित्रित किया। शेर से सिर्फ लड़का ही लड़ सकता है लड़की नहीं, बन्दूक केवल लड़का ही चला सकता है, लड़की नहीं घोड़े की सवारी, युद्ध कला सीखने में उसे कमजोर ही माना उसे कभी पुरुष जैसा करने का अधिकार दिया ही नहीं। पाठ्यपुस्तकों में भी लड़कों से लड़कियों के चरित्र को कम करके दिखाया गया है। अतः मानसिक तौर से लड़की प्रारम्भ में ही अपने को लड़के से कमजोर समझने लगती है। संविधान ने उसे जीवन जीने के लिये बराबर का अधिकार तो दे दिया किन्तु यथार्थ में ये सब किताबी बातें है। संसद में जब नारी के आरक्षण की बात चलती है तो पुरुष समाज के सांसद लोग क्यों बौखला उठते हैं? न्यायसंगत बात को क्यों नहीं स्वीकारते? उनके कान क्यों खड़े हो जाते हैं? कोई पुरुष नहीं चाहता कि नारी उसके साथ कदम से कदम मिलाकर चले। चार फेरों में तीन फेरे नारी आगे चलकर खाती है आदमी सात वचन साथ चलने, साथ निभाने, रक्षा करने, विश्वास कायम रखने के भरता है और जीवन के यथार्थ में निभाना एक नहीं चाहता

और नहीं चाहता एक निष्ठ होकर जीवन जीना। आखिर क्यों उसने अपने ही स्वार्थ को इतना बड़ा कर लिया और क्यों नारी को इतना गौण कर दिया? अभी भारतीय नारी को अपने व्यक्तित्व को बनाने जैसी आजादी ही नहीं मिली है। आज भी उसका बनना न बनना उसके माता-पिता अभिभावकों पर ही निर्भर करता है। लड़की के लिये ऊँचे स्वर में बोलने, खुल कर गाने पर, आज भी पाबंदियाँ है, उसका किसी के साथ खुशियाँ बाँटना व हँसना अच्छा नहीं माना जाता। कुछ दिनों से छोटी-छोटी लड़कियों के साथ बलात्कार की घटनायें बढ़ी हैं जो समाज के लिये चिन्ताजनक हैं। आदमी का वहशी होना समाज के लिये ठीक नहीं कहा जा सकता है। कई घटनाओं में पिता-भाई तक वहशी हो जाते हैं, जो दुखद है। बढती गुण्डागर्दी, अपराध और हिंसा के कारण समाज में असुरक्षा का माहौल बना है जिसके कारण लड़कियों को स्कूलों-कॉलेजों में भेजते हुए माता-पिता डरने लगे हैं।

हमारी राजनीति से भी सेवा का भाव गायब है। वहाँ भी गुण्डागर्दी और तस्करी का बोलबाला है तथा अपराधियों को राजनीतिज्ञों द्वारा संरक्षण दिया जाता है, जिसके कारण मनमाने अपराध बढ़े हैं जिसमें सबसे ज्यादा पीड़ा दायक स्थित लड़कियों एवं महिलाओं के साथ है जिनको उठाकर कभी भी कहीं भी ले जाया जा सकता है। महिलाओं के साथ पिछले दशकों में जुल्म बढ़े हैं। उनके साथ सामूहिक बलात्कार होते हैं और उनकी सुनवाई कहीं नहीं होती। मानवीय मूल्यों का क्षरण हो रहा है और उससे अपराधियों का मनोबल बढ़ रहा है जो देश और समाज के लिये शुभ नहीं है। समाज में वेश्यावृत्ति की समस्या समाप्त होने की जगह निरंतर बढ़ती जा रही है। लाखों लड़कियाँ इस देह व्यापार में ढकेली जा चुकीं है। कई गरीब माँ-बाप उन्हे देह व्यापार के लिये बेच देते हैं तथा बहुत सी लड़कियाँ अन्य किन्हीं विवशताओं में अपना शरीर वेचती हैं। वहाँ बहुतेरी लड़कियों को लालच में फँसाकर या उनका अपहरण कर उनसे वेश्यावृत्ति कराई जाती है। जब उनको एड्स जैसा रोग हो जाता है तो तिल तिल मरना होता हैं इन सबके लिये पुरुष प्रधान समाज ही उत्तरदायी है। बदलती उम्र व किशोरावस्था के साथ ही शरीर में एक अद्‌भुत परिवर्तन होता है ऐसी उम्र में लड़की का आकर्षण लड़के के प्रति तथा लड़के का आकर्षण लड़की के प्रति बढ़ना सहज होता है। लाज-शर्म, सहेलियों में विशेष बातचीत, वेश-भूषा पर विशेष ध्यान, माता-पिता से एक प्रकार का अलगाव, मूड का बिगड़ना, अपनी मनमर्जी करने की चाह इस किशोर अवस्था के लक्षण है। लड़की में दस ग्यारह वर्ष की उम्र में शारीरिक बदलाव तेज गति से होते हैं। वजन और लम्बाई के साथ-साथ भूख बढ़ जाती है। शरीर के कुछ हिस्सों में माँस बढ़ने लगता है जैसे स्तनों पर, पुट्‌ठों पर, जांघों पर, बगल की काँख पर और जाँघों के बीच बाल आने लगते हैं और मन उड़ा-उड़ा फिरता है। दिन में चैन और रात को नींद नहीं आती ऐसे दिन ही जवानी के दिन होते हैं ये उम्र मदहोशी की तथा भटक जाने की होती है। इसमें संभल कर चलना जरूरी है क्योंकि किशोर अवस्था होती ही ऐसी है। इस उम्र के जहन

में अपने भविष्य के बारे में अनेक प्रश्न उठने लगते हैं। मैं बड़ी हो रही हूँ ? मेरा भविष्य क्या होगा? क्या मैं अच्छी लगती हूँ ? मैं कुछ बनना चाहती हूँ। मुझे कुछ करना चाहिये आदि आदि।

लड़कियों का इस रहस्यपूर्ण बदलाव पर कोई नियंत्रण नहीं रहता। ये बदलाव प्रकृतिजन्य होता है जो स्वाभाविक है। वैज्ञानिक कई सदियों से शरीर के इस रहस्यपूर्ण बदलाव पर खोज कर रहे हैं पर इस बदलाव का रहस्य उनकी पकड़ में नहीं आ रहा है और वे न ही इस बदलाव पर नियंत्रण कर पा रहे हैं। मनुष्य का मस्तिष्क और शरीर के विभिन्न अंग और उनके बीच की क्रिया-प्रतिक्रिया ही इस बदलाव के लिये जिम्मेदार है। शरीर की अन्तःस्रावी ग्रंथियाँ जिन्हें हारमोन्स कहा जाता है वे ही शारीरिक परिवर्तन का कार्य करतें हैं। बचपन व किशोर अवस्था के दौरान होने वाले बदलाव, माहवारी की शुरुआत, उसका बन्द होना सब हारमोन्स पर ही निर्भर करता है। मस्तिष्क में पाई जाने वाली पीयूष ग्रन्थियाँ व अण्डकोश इनमें प्रमुख भूमिका निभाते हैं महावारी एक प्राकृत प्रक्रिया है इसके साथ छूत-अछूत की बात कहाँ से जुड़ गयी। महावारी के दिनों में बहुत से घरों में नारी को कुछ भी छूने नहीं दिया जाता। उसकी इस अवस्था को इतना हीन बता दिया कि उसकी छाया पड़ने पर सर्प अन्धा हो जाता है फिर नर के संसर्ग में आने पर कैसी गति होगी क्या नारी की परछाई इतनी जहरीली है कि जहरीले सर्प भी अन्धे हो जाते हैं? माहवारी तो स्त्री के लिये प्रजनन शक्ति का प्रतीक है वह भला जीवन की विडम्बना कैसे हो सकती है। माहवारी में खून निकलता है जिससे नारी में खून की कमी आ जाती है और चक्कर आने लगते हैं, भूख कम लगने लगती है तब उसको पौष्टिक भोजन की आवश्यकता है जिससे वह अपने स्वास्थ्य के प्रति सजग एवं आत्म विश्वासी हो सके।

हमारे देश में नारी शिक्षा पर कभी ध्यान ही नहीं दिया गया यह सोचकर कि उसे कौन से दफ्तर जाना है आखिर काम तो घर का ही करना है फिर नारी पढ़ जायेगी तो अधिकार की बात करेगी अतः उसका अनपढ़ रहना ही ठीक है। खुली हवा में जायेगी तो मनमौजी होकर बिगड़ जायेगी। सामाजिक मान्यताओं के कारण परिवारों में लडकियों को पढ़ने से वंचित ही रखा। समाज ने लड़की को पिछले जन्म का पाप माना, उसे अपने पर कर्ज तथा पराया धन कहकर पुकारा। बहुत से घरों में माँ ने अपना दूध तक नहीं पिलाया और न भर पेट खाना ही दिया, तो फिर शिक्षा देने का सवाल कहाँ पैदा होता है? आजादी के पचास वर्ष बाद भी आदमी की मानसिकता नहीं बदली। आज भी सरकार के लाख प्रयत्नों के बाद भी लड़कियों को स्कूल कॉलेजों में कहाँ भेजते हैं। बहुत से लोग गरीबी के कारण रोटी की तलाश में रहते हैं, और उनकी लड़कियों को पढ़ने के लिये समय नहीं मिलता फिर भी शहरों व गाँवों में लड़कियों की शिक्षा के लिये सरकार प्रयत्नशील है। राष्ट्रीय शिक्षा नीति में छात्राओं की संख्या बढ़ाने पर जोर है तथा दोपहर का भोजन देशव्यापी कार्यक्रम चला कर पढ़ने की ओर रुझान बढ़ाने का भी प्रयास चल रहा है। लड़कियों को कक्षा 12 तक पुस्तकें निःशुल्क उपलब्ध करायी जाती हैं।

आज के जमाने में निरक्षर रहना सबसे बड़ी कमजोरी है। निरक्षरता का मतलब है मोहताज होकर जीना। आज के युग में ताकतवर वही है जिसके हाथ में कलम है। विकास के लिये शिक्षित होना आवश्यक है। उसमें लड़की का शिक्षित होना और भी जरूरी है, लड़के से एक ही परिवार सुधरता है जबकि लड़की के शिक्षित होने से दो परिवारों का सुधार होता है। लड़की का प्रभाव मायके और ससुराल दोनों जगह होता है, वह दो परिवारों का मार्गदर्शन करेगी तथा दो परिवारों का सम्बल भी बनेगी। इसलिये लड़की का पढ़ना लड़के से भी अधिक महत्वपूर्ण है। लड़की को शिक्षित करना आज के समाज की आवश्यकता है जिससे वह जागरूक हो सके, अपना भला-बुरा सोच सके तथा मक्कार दुनिया के षड्यंत्रों से बच सके।

आज पुरुषों के अनुपात में नारी की संख्या निरंतर घटती जा रही है। उस पर समाज को चिन्तन करना चाहिये और लड़कों के बराबर ही लड़कियों को समझा जाना चाहिये विचार होना चाहिए कि नारी के साथ होने वाले उत्पीड़न जैसे कुपोषण, हत्या, कम उम्र में शादी को कैसे रोका जाये जिससे उनमें आत्मविश्वास जगे और आत्मनिर्भर बनें। सरकार कई योजनाएँ बनाकर नारी उत्थान के प्रयास कर रही है इनमें एक है बालिका समृद्धि योजना जिसका लाभ गरीबी रेखा से नीचे जीने वाले परिवारों को मिलता है जिसमें लड़की की माँ को पाँच सौ रुपये दिये जाते हैं और दूसरी लड़की होने पर यह लाभ फिर मिलेगा किन्तु यह लाभ 15 अगस्त, 1997 के बाद की सन्तानों को ही देय होगी क्योंकि योजना लागू ही 15 अगस्त, 1997 से ही हुई है। सरकार लड़कियों को छात्रवृत्तियाँ भी देती है जिसके कारण उनकी पढ़ाई में कोई बाधा न आये। वे आगे पढ़ सकें। इसके अलावा नारी उत्थान व बचत के लिये नारी समृद्धि योजना, प्रशिक्षण तथा रोजगार कार्यक्रम राष्ट्रीय महिला कोष, आदि की भी स्थापना की है राष्ट्रीय महिला आयोग द्वारा राष्ट्रीय स्तर पर महिलाओं की समस्याओं का समाधान ढूँढ़ कर उन्हें हल करने के प्रयत्न किये जाते हैं।

बच्चों की सुरक्षा एवं पालन-पोषण की जिम्मेदारी माता-पिता दोनों की है। उनको चाहिये कि वे अपना दायित्व पूरी सजगता से निभायें और यदि उनमें दायित्व निभाने की क्षमता नहीं है तो धरती पर इनकी संख्या न बढ़ायें। अपना जीवन संयत होकर जीयें। बच्चे राष्ट्र की भी सम्पत्ति हैं, उसके जीवन की रक्षा करना, उसके स्वास्थ्य एवं विकास की चिन्ता करना सरकार का भी दायित्व बनता है। देश की जनसंख्या बेतहाशा बढ़ रही है। बढ़ती जनसंख्या पर नियंत्रण अकेली सरकार नहीं कर सकती। इसलिये समाज में जागृति लाने की आवश्यकता है। वक्त की नाजुक स्थिति की ओर सब का ध्यान जाना भी जरूरी है।

देश में नारी देह व्यापार एक विकट समस्या है यह आदमी की मनोवृत्ति का एक अंग है। जो हर युग में रहा है, पर उसे धन्धे के रूप में विस्तार देना पीड़ादायक है। देश में देह व्यापार के कितने अड्डे हैं और देह बेचने वाली वेश्याओं की कितनी संख्या है कोई नहीं बता सकता। क्योंकि देह बेचने का धन्धा गोपनीय है। महिला वेश्याओं की संख्या का पता लगा पाना कठिन

है तो बाल वेश्याओं की संख्या का पता लगा पाना तो और भी कठिन है। कर्नाटक, महाराष्ट्र और आंध्रप्रदेश में निम्न सामाजिक आर्थिक वर्गों की बाल देव दासियों एवं जोगनियों का शोषण सामाजिक स्वीकृति पाकर परम्परागत रूप से होता आ रहा है। राष्ट्रीय महिला आयोग ने बाल वेश्याओं के पुनर्वास के उपाय खोजने के लिये एक विशेष समिति बनायी है जिसके लिये पुलिस तथा न्यायाधीशों से भी सलाह ली जा रही है। वेश्यावृत्ति के सबसे ज्यादा दुष्परिणाम भोगते हैं वेश्याओं के बच्चे जिनके लिये सरकार के पास कोई योजना एवं कार्यक्रम नहीं है। ये जन्म से ही अभिशापित होते हैं। असल में बच्चों का समाजीकरण तो उसके परिवार में ही होता है। गन्दे माहौल में पले बच्चे शराबी, जुआरी और गुण्डे बनते हैं ये वेश्याओं के बच्चे खटियाओं के नीचे सोने को मजबूर होते हैं और खटिया के ऊपर वह ग्राहक को खुश करती है। बच्चे जग जाने पर सब देखते हैं और पीड़ा से भर कर आक्रोशित होते हैं और बड़े होकर समाज से बदला लेने के लिये तस्कर बनते हैं। ये वेश्यायें रात भर ग्राहकों को निपटाने के कारण भोर को थककर सो जाती हैं। बच्चों की ओर ध्यान नहीं दे पाती, बच्चे उपेक्षित एवं निरक्षर रह जाते हैं। वेश्यायें लड़कों से ज्यादा लड़कियों को पसंद करती हैं क्योंकि जवान होकर वे ही उसके बुढ़ापे का सहारा बनती हैं।

वेश्याओं की सन्तानें एक तरह से अपने आप के लिये तथा समाज के लिये अभिशाप हैं। जबकि वेश्याओं के बच्चों का उनके घर जन्म लेना कोई अपराध नहीं। वह समाज के किसी न किसी बीज से पैदा हुआ है फिर समाज उसे क्यों नहीं स्वीकारता? इसमें बच्चे का क्या दोष। वेश्या की लड़की वेश्या ही बने ऐसा क्यों? क्या वह स्वतन्त्र और स्वच्छ जीवन जीने की अधिकारी नहीं और वेश्या का लड़का अपराधी ही क्यों बने, क्यों नहीं एक अच्छा नागरिक बन जीने का उसे अधिकार दिया जाता? समाज उसे प्रताड़ित क्यों करता है? एक अनुमान के अनुसार देश भर में 17 लाख वेश्याएँ हैं जो देह व्यापार करती हैं जिनके बच्चों की संख्या 47 लाख है। इस व्यवसाय में प्रतिवर्ष 60 से 70 हजार नयी महिलाएँ आती हैं। क्या सरकार का दायित्व नहीं बनता कि वेश्याओं एवं उनकी लड़कियों को तस्करों, शराबियों, गुण्डों एवं दलालों के चंगुल से निकाल उनका पुनर्वास करें। एक ओर देश की बालनीति में जाति, धर्म, लिंग भेद के बिना सभी बच्चों को समान रूप में विकास व पोषण का अधिकार दिया है तो दूसरी ओर वेश्याओं के बच्चों के साथ अघोषित दुर्व्यवहार होता है, उन्हें जीवन जीने के साधन एवं अच्छे नागरिक बनने के अधिकार नहीं मिलते हैं।

मानसिक सामाजिक बदलाव एक दिन में सम्भव नहीं है पर इस बढ़ती दुष्प्रवृत्ति पर कहीं तो अंकुश लगना ही चाहिये। विश्वस्तर पर जारी किये आँकड़े चौंकाने वाले हैं। विश्व में 20 लाख लड़कियाँ 5 से 15 साल उम्र की प्रति वर्ष वेश्यावृत्ति के लिये मजबूर की जाती है तथा 32 करोड़ पुरुषों की तुलना में 60 करोड़ महिलाएँ अशिक्षित हैं। अफ्रीका में यौनांग काटने की प्रथा आज भी है और वहाँ एक अरब बीस करोड़ महिलाएँ आज भी यौनांग के काटे जाने की

पीड़ा भोग रही हैं तथा इसी प्रकार करीब 20 लाख लड़कियों के गुप्तांग प्रतिवर्ष काट दिये जाते हैं। दूर संचार व्यवस्था इस स्थिति को उजागर कर मदद कर सकती है। हिंसा, यौन, भय और झड़प को महिमामंडित करने वाली सामग्री से बच्चों को दूर रखा जाना चाहिये। बच्चों के लिये विशेष कार्यक्रम तैयार करने चाहिये जो उनका शारीरिक, मानसिक, सामाजिक, नैतिक एवं अध्यात्मिक विकास करें। दूरसंचार का यह दायित्व बनता है कि वह बाल विवाह, दहेज प्रथा, महिलाओं और बच्चों के शोषण में नारी की छवि एक वस्तु के रूप में सेक्स के प्रति आकर्षण पैदा करने वाली बनाकर प्रस्तुत करने की प्रवृति पर रोक लगाये दूरसंचार अक्सर सामाजिक मुद्दों को उठाने में कतराते हैं। क्योंकि इससे उनको कोई आर्थिक लाभ नहीं होता। किन्तु उन्हें नहीं भूलना चाहिये कि उनका सामाजिक दायित्व भी है। दूरसंचार का कथन है कि वे व्यवसाय करते हैं और व्यवसाय का धर्म है पैसा कमाना। यही बात अखबारों की है। इस व्यावसायिक युग में सब कुछ बिक रहा है, खरीदने वाला चाहिये। ऐसी स्थिति में इस बुराई को कोई जन आन्दोलन ही रोक सकता है। हमें बेटा-बेटी के भेद को भूलना चाहिये और लड़कों की तरह लड़कियों को स्कूल भेजना चाहिये। बाल विवाह पर रोक लगाना जरूरी है। यौन शोषण की तरह बाल विवाह भी कानूनी अपराध हैं पर नारी शोषण की तरह बाल विवाह रोकना कठिन हो रहा है। बाल विवाह सामाजिक बुराई है जो सामाजिक चेतना से ही रुक सकती है। परिवार में बालिका को सम्मान दें। परिवार में सबको बराबर समझें तथा एक-दूसरे को प्यार दें तब ही परिवार होने की सार्थकता है। प्रेम और समानता के भाव सदा परिवार से ही मिलते हैं।

लड़कों की उद्दण्डता को देखते हुये माता-पिता की मानसिकता बदल रही है। लोग सोचने लगे हैं कि उनकी इकलौती सन्तान बेटी ही हो और यदि दो सन्तानें हों तो उनमें एक बेटी हो क्योंकि लड़कियाँ अपने अभिभावकों के प्रति अधिक संवेदनशील होती हैं। उनका लगाव माता-पिता के प्रति ज्यादा होता है। लड़कियों में सामाजिक समरसता बनाने की अद्भुत क्षमता होती है। लड़कियाँ लड़कों से ज्यादा भावुक होती है। उनमें करुणा स्नेह अधिक होता है। लड़कियाँ औरतों का पहला पायदान भी हैं लड़कियाँ होंगी तो ही औरत बनेगी, वह औरत का रूप और आधार है। उसका शिक्षित एवं संस्कारित होना जरूरी है। बचपन का सीखा हुआ ही यौवन में काम आता है।

इतिहास गवाह है कि रानी दुर्गावती ने मुगल सेना को किस प्रकार त्रस्त किया, लक्ष्मी बाई अंग्रजों से लड़ी, नूरजहाँ, लोपमुद्रा, गार्गी, मैत्रेय, पन्ना, हाड़ी आदि ने जाने किन-किन क्षेत्रों में अपने कीर्ति ध्वज गाड़े हैं। आज भी लड़कियों में कुछ कर गुजरने की प्रतिभा एवं हिम्मत कम नहीं है पर उन्हें अच्छा वातावरण नहीं मिल पा रहा जो देने की आवश्यकता है। मातृशक्ति को हमारे आदिम समाज ने बहुत पहले ही समझ लिया था ये हमारे समाज की विडम्बना रही है कि वह जैसे जैसे विकास के पथ पर बढ़ता गया वैसे-वैसे अतीत से दूर होता गया। उत्तर पूर्व के आदिवासी समाजों में आज भी मातृसत्तात्मक व्यवस्था है और वे अपने परिवारों को

चलाने में सक्षम हैं। हमारे देश में लड़कियों की शिक्षा पर सदा से कम ध्यान दिया गया है जो दिया जाना चाहिये। इन्दिरा गाँधी, किरण बेदी, अरून्धतिराय, मेधा पाटकर, सन्तोष यादव जैसी आधुनिक नारियाँ शिक्षा व प्रतिभा के बल पर ही आगे बढ़ी हैं और विश्व में देश का सिर ऊँचा किया है। लड़कियों के पास भी लड़कों जैसा ही दिल दिमाग है। उसका मूल्यांकन होना चाहिये। संविधान ने भी लड़की को लड़के जैसे ही अधिकार दिये हैं। मुगलकाल में लड़की के जन्म लेते ही पलंग के नीचे पटक कर मार देने की प्रथा थी वह अब न रही तो भ्रूण जाँच व भ्रूण हत्या का चलन भी अब बंद हो जाना चाहिये तथा लड़की को भी लड़के की तरह से ही धरती पर आने देना चाहिये, उसका वैसे ही पालन-पोषण एवं शिक्षा का प्रबन्ध होना चाहिये तथा बेटी के जन्म को अभिशाप के रूप में नहीं लेना चाहिये।

एक सर्वे के अनुसार भारत में प्रतिवर्ष जन्मी एक करोड़ बीस लाख लड़कियाँ कुपोषण का शिकार होती हैं और पंद्रह वर्ष की उम्र के पहले ही मर जाती है। बहुतेरी लड़कियों की शादी कम उम्र में कर दी जाती है जो माता बनने के पूर्व ही प्रजनन के वक्त मर जाती हैं। प्रजनन से प्रतिवर्ष एक लाख महिलाएँ मौत की शिकार होती हैं। गरीब परिवारों में जन्मी अधिकतर लड़कियाँ शहरों में घरेलू नौकरी करती हैं। जहाँ उनकी देह का शोषण होता है, ये शोषण या तो मालिक करता है या फिर कोई और नौकर और शोषित लड़की कुछ बोल भी नहीं सकती। एक ओर उसको उसकी गरीबी मजबूर करती है तो दूसरी ओर बदनामी का डर रहता है कि एक बार बदनाम होने पर अन्य जगह काम नहीं मिलेगा। ये ही पीड़ा ईंट भट्टों पर काम करने वाली औरतों व लड़कियों की भी है। वहाँ पर होने वाली घटनाओं के बारे में कहीं कोई सुनवाई नहीं होती। ये ही हाल भिखारी लड़कियों का है, वे अक्सर दलालों के चक्कर में चढ़ जाती हैं। अकेले बम्बई में तीस हजार से ज्यादा लड़किया भीख माँगती हैं जिन्हें सडकों के किनारे सोना होता है। इन लड़कियों को विकृत कर भीख माँगने को मजबूर किया जाता है। दलाल इन्हें भर पेट भोजन भी नहीं देते और इन्हें अनेक यातनायें भोगनी होती है। भगोड़ी लड़कियाँ सड़क किनारे रहने से कतराती हैं और दलालों के हत्थे चढ़ जाती हैं। जिन्हें दलाल देह व्यापार के अड्डों पर बेच आते हैं।

बंगाल के गाँवों से लाकर सन् 1993 से 1998 के बीच बम्बई में सात हजार लड़कियाँ बेची गई। इसी प्रकार अनेक शहरों में देह व्यापार के अनेक अड्डे चलते हैं जिनमें गरीब परिवारों की लड़कियों को नौकरी का प्रलोभन देकर यहाँ लाया जाता है और थोक के भाव से बेचा जाता है देह व्यापार एक ऐसा अनैतिक धन्धा है जिसके सामने सरकार ने भी हथियार डाले है। ये प्रकृति अकेले भारत की समस्या नहीं पूरे विश्व की है जहाँ लड़कियों के साथ वेश्यावृत्ति होती है।

हमारा देश कृषि प्रधान देश है जिसमें 80 प्रतिशत लोग खेती से जुड़े हैं। खेती के बाद देश में यदि कोई धन्धा पनपा है तो वह नारी की देह का व्यापार है जिसे लोग उद्योग-धन्धों की

तरह करते हैं। इस धन्धे में राष्ट्रीय अन्तर्राष्ट्रीय गिरोह काम कर रहे हैं। ये गिरोह एक देश की लड़कियाँ अन्य देशों में भेजने तक का काम करते हैं। करीब 6 करोड़ की संख्या वाला देश थाईलेण्ड जिसमें आठ लाख युवतियाँ वेश्यावृत्ति से अपनी आजीविका कमा रही हैं जिनमें दो लाख अस्सी हजार लड़कियाँ कम उम्र की हैं। थाईलेण्ड देह व्यापार का बड़ा केन्द्र बनता जा रहा है। सन् 1989 में अकेले कम्बोडिया में 17 हजार वेश्यायें थीं।

भारत में भी देह व्यापार के अनेक अड्डे हैं। यहाँ भी किशोरियों को घर और बाहर दोनों जगह हिंसा का सामना करना पड़ता है। दक्षिण एशिया किशोर सम्मेलन में विजय भास्कर ने चौंकाने वाले आँकड़े प्रस्तुत किये हैं। उसके अनुसार भारत में 24 प्रतिशत बलात्कार 10 से 16 की उम्र की लड़कियों के साथ होते हैं और ये अपराध 1995 के बाद बढ़कर 26 प्रतिशत हो गया जो शुभ नहीं कहा जा सकता। इन बलात्कारियों में ज्यादातर घर परिवार के लोग हैं या फिर परिचित रिश्तेदार लोग हैं। उन्होंने 6 महानगरों की सर्वे रिर्पोट के आधार पर कहा कि वेश्यावृत्ति में 24.5 प्रतिशत वेश्यायें किशोर अवस्था की हैं। इस देश में 21 लाख से ऊपर शादियाँ 13 वर्ष की उम्र के करीब हुई तथा 36 प्रतिशत किशोरियाँ माँ बन जाती हैं।

लडकियाँ इस बीच पीड़ा को झेलने से अच्छा मरना समझ कर आत्महत्यायें करने लगी हैं। बेनीगंज उत्तरप्रदेश के एक घर में तीन अर्थियाँ एक साथ उठीं। तीन कुँआरी बहिनों पूनम (22), उपासना (20) , वन्दना (18) ने पिता के हालात पर तरस खाकर कीटनाशक दवा खा ली तथा पत्र लिखकर छोड़ दिया कि वे स्वयं जिम्मेदार हैं और किसी को जिम्मेदार न ठहरायें। इन लड़कियों की मौत का सबब दहेज था जो इन लड़कियों के पिता राम दुलारें जुटा पाने में असमर्थ थे। समाज को सोचना चाहिये कि इस घटना में ये लड़कियाँ कहाँ दोषी हैं। दहेज सामाजिक बुराई है, उसे क्यों नहीं खत्म किया जाये? रामदुलारे जैसे इस देश में कई पिता हैं और उनके अभावग्रस्त घर हैं जिनमें क्या ऐसी घटनाओं को देखकर नहीं लगता कि समाज में लड़की का होना पाप हो गया है।

लड़कियों की हत्यायें और आत्महत्यायें हो जाती हैं और कोई कुछ नहीं बोलता। मानवाधिकार वाहियों के नथुने नहीं फड़कते हैं और आधी दुनिया के हक की लड़ाई के झण्डा बरदार कहलाने वाले महिला संगठनों की ज़ुबान क्यों बन्द हो जाती है? उनकी अन्तरात्मा क्यों सो जाती है? कहीं कोई प्रतिक्रिया स्पन्दन क्यों नहीं होता? इन सबको देखकर क्या यह नहीं लगता नारी जागरण के लिये आन्दोलन करना तथा न्याय दिलाने की लम्बी चौड़ी बातें केवल ढकोसला मात्र हैं। देश में रामदुलारे की पुत्रियों की एक साथ आत्महत्या पहली घटना नहीं है। ऐसी घटनायें इस देश में कई बार हो चुकी हैं। एक छत के नीचे से कई बार जवान लड़कियों की अर्थियाँ उठ चुकी हैं। सन् 1996 में कानपुर की तीन सगी बहनें उच्च शिक्षित नीलम, बीना और आरती ने पिता को दहेज की पीड़ा से मुक्त करने के लिये फाँसी खा छत से लटक कर मरने के प्रयास में दो मर गयी एक को बचा लिया गया। इसी प्रकार कानपुर में ही एक सिख परिवार की चार

लड़कियों ने पिता की आर्थिक तंगी से परेशान होकर आत्महत्या करने का प्रयत्न किया था। देश में कोई राज्य ऐसा नहीं है जिसमें दहेज को लेकर हत्या या आत्महत्या न हुयी हो। लड़कियाँ असम से लेकर अंडमान द्वीप तक इसी दहेज की वेदी पर चढ़ाई जा रही है कहीं लड़कियाँ स्वयं संवेदनशील हो आत्महत्या कर लेती हैं तो कहीं माँ-बाप की मजबूरी के कारण मर जाती हैं या किसी दलाल के हाथों बिक जाती हैं। कहीं गरीबी के कारण मर जाती हैं, ऐसी लड़कियों को विवाह के लाल जोड़े की जगह कफन मिलता है।

भारतीय धर्म एवं दर्शन शास्त्र में विवाह को परम् उदात्त दर्जा दिया गया है। वेदवाणी में वधू के बारे में कहा गया है तुम ससुराल में रहो अलग मत होना, पूर्णायु भोगो तथा पुत्र पौत्रों के साथ आनन्द से रहो। गुरुग्रंथ में स्त्री-पुरुष को एक ज्योति के दो रूप कहा है। लेकिन इस अर्थ युग में इस पवित्र संस्था का भी व्यवसायीकरण हो गया है सिर्फ लेन-देन की सौदेबाजी मिलती है। शादी-ब्याह किसी भी परिवार का अपना निजी मामला होता है। अतः इस पर किसी भी तरह से टीका टिप्पणी करना उचित नहीं रहता। लेकिन वही विवाह शादी जब सामाजिक मर्यादाओं की सभी सीमाओं को लाँघ कर जायज नाजायज तरीके से कमाई गई दौलत के भौंड़े प्रदर्शन का माध्यम मात्र बनकर रह जाये तथा कुँआरी बेटियों के गरीब फटेहाल माँ-बाप को भीतर तक साल जायें और उनमें आत्मघाती कुण्ठा पैदा कर जाये तो भी क्या आप उसे सामाजिक अपराध कहने से परहेज करेंगे? बढ़ते शहरीकरण और उपभोक्तावाद की फैलती विषबेल और चरम पदार्थवाद का धुआँधार प्रचार-प्रसार करते मीडिया के विस्तार के चलते बाकी बचे समुदाय भी दहेज रूपी दानव की गिरफ्त में पूरी तरह से आ चुके हैं, जिनकी शादियाँ कभी बिना कुछ दिये-लिये बेहद सादगी से हो जाया करती थीं वे अब बहुत महँगी हो गयी हैं। ये शादियाँ उच्च वर्ग के लिये ही नहीं निम्न वर्ग के लिये भी पीड़ादायक बन गयी हैं । शादियों में आडम्बर और दिखावा सातवें आसमान को छूने लगे हैं ये आरोप कि महँगी शादियाँ अरबपतियों एवं धनाढ्य लोगों के लिये हैं असत्य है क्योंकि अब तो इन महँगी शादियों के लिये सभी वर्ग के लोग बराबर के दोषी हैं। गरीब लोग जिनके लिये दो जून की रोटी जुटाना कठिन है उनके लिये देखा-देखी में महँगी शादी करना आत्महत्या करने जैसा ही है। गरीबी में महँगी शादी न कर पाने की विवशता के कारण बहुतेरी लड़कियाँ जिन्दगी भर कुँआरापन भोगती हैं। या फिर किसी बुढ्ढे के पल्ले बाँधी जाती हैं या फिर मौत से नाता जोड़ लेती हैं। पिछले दो दशकों में विवाह को लेकर लेन-देन का धन्धा खूब बढ़ा है। लड़की वालों को ब्याह से पहले भी कई किश्तों में लूटा जाता है। तीलक, अंगूठी, शगुन, दूध पिलाना, चुन्नी ओढ़ाना आदि रस्मों के निभाने के बहाने लड़की वालों को घर बुलाकर लूटने के नये-नये तरीके इजाद किये गये हैं आजकल साधारण से विवाह में दो तीन लाख रूपयों से कम खर्च नहीं होता और गरीब के लिये इतना पैसा जुटा पाना सहज नहीं होता। अधिकांश राशि तो फिजूलखर्ची में जाती है जैसे टेन्ट लगाना, रोशनी करना, बैण्ड, घोड़ी, ढ़ोल ढमाकों का थोथा प्रदर्शन लड़की के पिता की जान ले लेता है। रईस लोगों के पास तो

अकूत धन होता है पर देखा देखी में निम्न मध्यमवर्ग अधिक मरता है। लोक लाज के लिये उसे कर्जा लेना होता है और फिर आय के स्रोत न होने पर कर्ज का चुका पाना कठिन हो जाता है। कर्ज का ब्याज ही चुका पाना कठिन हो जाता है तो फिर मूल कैसे चुके। कई बार लड़की को कुपात्र के गले मढ़ दी जाती है और उसे तिल तिल मरना होता है। देश में उड़ीसा पहला राज्य है जिसने महँगी शादियों पर पाबंदी जड़ी है। वहाँ वैवाहिक खर्च अधिकतम 25 हजार तथा बराती 50 से अधिक नहीं हो सकते इससे ज्यादा को अपराध माना है जिसमे 6 महिने की सजा तथा पाँच हजार का जुर्माना तय है। ऐसा प्रयास अन्य राज्यों में भी होना चाहिये। सन् 2001 में दिल्ली के चौहानपुर में एक गरीब औरत को नंगा कर इसलिये घुमाया गया कि एक अमीर लड़की को उसके प्रेमी के साथ भगाने में उसका हाथ था। जबकि वह लड़की अपने प्रेमी के साथ स्वयं भागी थी। आरोपी अमीर लोग थे। नंगी घूमायी जाने वाली गरीब असमर्थ औरत के पक्ष में कोई नहीं बोला और मीडिया बोला तो चुप कर दिया गया किन्तु पीड़ा उस अकेली औरत को झेलनी पड़ी उसे किराये के मकान से निकाल दिया गया। वह सब्जी बेचती थी, अब वह सब्जी की दुकान पर भी नहीं बैठ पा रही थी। उस पर लोगों की बदली हुई नजरें उठती थी और अनेक व्यंग बाणों का शिकार होना पड़ता था। इसमें उस गरीब औरत का क्या दोष पर कमजोर को धरती पर कोई जीने नहीं देता फिर गरीब औरत का जीना तो और भी मुश्किल। ऐसे में औरत कहाँ जाये। समाज में कौन जिम्मेदार है इन विकृतियों का, कितनी ही ऐसी लड़कियाँ है जो समाज के सामने कुछ भी न कहने की स्थिति में हैं। जो दिन-रात केवल अपने भाग्य को कोसती रहती हैं। यह समाज ही है, जो लड़कियों को दोराहे पर लाकर खड़ा करता है। कोई किसी लड़की की मदद नहीं करता। केवल सब मदद का नाटक करते हैं और अवसर पाकर सब वहशी हो जाते हैं। मदद के बदले उनसे सब उनकी देह माँगते हैं। आदमी की यह कैसी मानसिकता है?

जे.बी. रोड़ पर देह व्यापार के अड्डों में 60 प्रतिशत किशोरियाँ हैं। जिन्हें डरा धमका कर इस नरक में ढकेला गया है। हाल यह है कि यहाँ रहने वाले साढ़े चार हजार बच्चों का भविष्य अन्धेरे में है। श्रीमती वन्दना का कथन है कि यहाँ साढ़े पाँच हजार औरतें देह व्यापार से जुड़ी हैं यह भी पता चला है कि करीब ढ़ाई हजार औरतें बाहर से आकर रोज इन अड्डों पर देह व्यापार करती हैं और दलालों को उनका कमीशन चुकाती हैं। ऐसी औरतों में ज्यादातर गरीब तबके की होती हैं जिनको रोटी का जुगाड़ करना होता है। श्रीमती वन्दना ने यह भी बताया कि बहुत सी औरतों के परिवार वर्षों से इसी धन्धे की कमाई खाते हैं। उसने बताया कि उसने अपनी लड़की को भी इसी धन्धे में धकेल दिया है और लड़का दलाली करता है, जो अपनी बहिनों के लिये ग्राहक ढूँढ़ता है। उसका यह भी कहना है कि देह बेचना वहाँ की औरतों की मजबूरी है क्योंकि इन औरतों के पास पेट भरने का और कोई जरिया नहीं। उसका यह भी कथन है कि इन अड्डों में नेपाल, बिहार, आन्ध्र प्रदेश से लड़कियों को भगाकर लाया जाता

है। उसके कहने के अनुसार धन्धे में बढ़ावे का कारण है अश्लील फिल्में, केबरे, विज्ञापन आदि। अब इस धन्धे की जड़ें शहरों से गाँवो तक पहुँच गयी तथा गाँवों में भी दलाल पनपने लगे हैं। आज के युग में नारी कहीं सुरक्षित नहीं है। वैसे हर युग में नारी का शोषण हुआ है।

इस कविता में नारी पीड़ा का सम्पूर्ण इतिहास है तथा कवि के अन्तस् की पीड़ा है जो निश्चय ही पाठक के मन में एक संवेदना जगाती है। माना कि नारी आदमी की आवश्यकता है और नारी की आवश्यकता आदमी। दोनों के बीच संतुलन और वफादारी ही सुखी जीवन का निर्माण कर सकते हैं। आज जो नर नारी के जीवन में असंतुलन आ रहा है और दोनों के बीच टकराहट बढ़ रही है वह शुभ नहीं है। वहाँ उद्दण्डता एवं अन्य को पीड़ा पहुँचाने की वृत्ति को ठीक नहीं कहा जा सकता। लड़कियों पर तेजाब फेंकना उनको जबरदस्ती उठा ले जाना और जिस्मफरोशी करना फिर मार देना मानवीय संस्कृति नहीं कहा जा सकता, ये आसुरी वृत्ति है जो निरंतर बढ़ रही है ऐसे लोगों को कानून का भी कोई डर नहीं रहा क्योंकि इनको राजनितिज्ञों का संरक्षण मिला हुआ है। प्रभावी व्यक्ति इनकी पीठ पर रक्षा को तत्पर रहते हैं। ऐसे अपराधी लोग अक्सर स्कूल कॉलेजों के आस पास मंडराते रहते हैं और अवसर की तलाश में होते हैं, लड़कियों को जबरदस्ती उठाकर ले जाने पर भी प्रेमी के साथ भाग जाने का प्रचार-प्रसार किया जाता है। ये गुण्डे तत्व अपनी औकात दिखाने में कहीं भी बाज नहीं आते आज 8 वर्ष से लेकर 60 वर्ष तक की नारी कहीं भी सुरक्षित नहीं है। वे जब घर से निकलती हैं तो उनके घर लौट आने की कोई गारंटी नहीं रहती उनके साथ कब कौनसी घटना घट जाये कोई नहीं जानता। अराजकता अपनी चरम सीमा पर है नारी के लिये पग-पग पर खतरे हैं कोई किसी की सुनने वाला नहीं, उत्पीड़न की इतनी घटनाएँ आये दिन होती है आखिर नारी कहाँ जाये? किससे गुहार करे?

राष्ट्रीय अपराध ब्यूरो के अनुसार महिलाओं के साथ होने वाले अपराधों की संख्या 2004 में एक लाख तेंतीस हजार आठ सौ पेसठ थी। इस प्रकार देश में हर घण्टे 15 महिलायें इन अपराधों की शिकार होती हैं तथा 22 महिलायें प्रतिदिन दहेज की बलिवेदी पर चढ़ती हैं तथा हर 30 मिनट के बाद एक लड़की के साथ बलात्कार होता है और यह अपराध 20 प्रतिशत प्रतिवर्ष बढ़ जाता है। राजधानी दिल्ली में शायद ही कोई ऐसा दिन निकलता होगा जिस दिन कोई ऐसी घटना न घटी हो। आश्चर्य की बात तो यह है कि सन् 2004 में अकेले दिल्ली में 14 कलयुगी पिताओं ने अपनी बेटियों की इज्जत लूटी। बहुचर्चित इमराना की तर्ज पर चार कामांध ससुरों ने अपनी पुत्रवधुओं के साथ बलात्कार किया और हवस का शिकार बनाया तथा नाजुक रिश्तों को तारतार कर दिया। रिश्तेदारों के खतरों को क्या कहा जाये। नारी के लिये पग-पग दरिंदे खड़े हैं। आदमी है कि प्रतिदिन खूँखार होता जा रहा है। बलात्कार के नब्बे मामलों में अस्सी बरी हो जाते हैं जिससे अपराधियों का मनोबल बढ़ता है और इन अपराधियों के विरुद्ध मुकदमा दर्ज कराने वालों को निराशा हाथ लगती है। यदि कानून ही इन अपराधियों को सजा

नहीं दे सकता तो फिर कौन देगा इन्हें सजा कौन करेगा इन्हें दण्डित? यह एक विचारणीय प्रश्न है क्योंकि चार स्तम्भों में जन का यदि कहीं विश्वास टिका है तो न्यायपालिका पर है वह भी बिकने लगी है तो फिर इस अराजकता का कौन इलाज करेगा?

पंजाब केसरी 9 नवम्बर 2005 के अनुसार अपहरण के मामले में तेजी से बढ़ोतरी हो रही है जिसमें उत्तर प्रदेश शिर्ष पर है। अपहरण पर हुये सर्वे के अनुसार अपहरण के मामले 2004 में 14 प्रतिशत बढ़े हैं। उत्तर प्रदेश, बिहार और राजस्थान में यह बढ़ोतरी अधिक है अपहरण के मामलों का 37 प्रतिशत इन्हीं तीन राज्यों में है। पुलिस में दर्ज रिर्पोट के अनुसार देशभर में 22,835 मामले दर्ज हुये। आँकड़े बताते हैं कि सन् 2004 में 15,252 किशोरियों एवं महिलाओं का अपहरण कर उन्हें वेश्यालयों में बेचा गया। आँकड़े ये भी बताते हैं कि अपहरण के मामले उत्तरप्रदेश में 3,337, बिहार में 2,922 तथा राजस्थान में 2,384 पुलिस थानों में दर्ज हुए हैं। इन तीन राज्यों के अलावा असम में 1,096, आंध्र में 1,526, पश्चिमी बंगाल में 1200, दिल्ली में 1209, गुजरात में 1133 और महाराष्ट्र में 1045 मामले दर्ज हुये हैं। इन आँकड़ों को देखते हुये क्या वह नहीं लगता कि समाज में लड़की होना अपराध हो गया है और औरत होना पाप, अभिशाप।

दैनिक भास्कर 23 दिसम्बर 2005 के अनुसार पुष्पक एक्सप्रेस के एक द्वितीय श्रेणी के डिब्बे में एक युवती के साथ मध्यप्रदेश विदिशा में सामूहिक बलात्कार हुआ और रक्षा के लिये कोई आगे नहीं आगा। वीर गंज नेपाल से एक औरत ने अपने प्रेगी के लिये पति को मार डाला। ऐसी घटनायें निरन्तर बढ़कर क्या बीमार मानसिकता का परिचय नहीं देती। ऐसी घटनायें सामाजिक समरसता तोड़ने के साथ उच्छ्रंखलता को ही बढ़ावा देंगी जिन पर समय रहते अंकुश लगना जरूरी है।

समाजशास्त्री एवं पत्रकार शुक्ला रुद्र के अनुसार अन्य वस्तुओं की तरह लड़कियों के क्रय-विक्रय का धन्धा जोरों पर है, इनकी भेड़-बकरियों की तरह जगह-जगह पर मण्डियाँ लगती हैं। लगभग एक लाख नेपाली लड़कियों को चोरी छुपे भारत लाया जाता है और उनका विक्रय होता है तथा वेश्यालयों में भेज दिया जाता है। लड़कियों के बड़े विक्रय केन्द्र धौलपुर, राजस्थान, बम्बई, हैदराबाद, पुणे, मुज्जफरपुर, भुवनेश्वर आदि हैं। श्रीमती शुक्ला रुद्र के शोध पत्र के अनुसार बम्बई में 35 प्रतिशत किशोरियाँ अपहरण कर लाई गयी। जिनमें 15 प्रतिशत किशोरियाँ देवदासियाँ हैं। भारत में 70 प्रतिशत वेश्याओं से जबरदस्ती धन्धा कराया जाता है। वेश्यावृत्ति को रोकने के लिये जरूरी है नागरिकों की आर्थिक स्थिति में सुधार हो। उनको रोजगार मिले जिससे रोटी का प्रबन्ध हो। बहुतेरी औरतों की आर्थिक स्थिति कमजोर होने के कारण उन्हें रोटी के लिये मजबूरी में देह बेचना होता है। सरकार उनके लिये रोटी कपड़ा और मकान की व्यवस्था कर दे तो यह समस्या नहीं आ सकती है। कोई भी अपनी देह का सौदा यों ही नहीं करता। देह बेचने के पीछे औरत की कोई न कोई मजबूरी होती हैं। सरकार को चाहिये कि

वह अपहरण को रोकने और अपराधियों को दण्डित करने के लिये पुलिस के विशेष दस्ते तैयार करे जिससे इस धन्धे में लगे लोगों को दण्डित किया जा सके।

राजस्थान पत्रिका 20 अक्टूबर 2005 में छपे बसन्तीलाल बाबेल के लेख के अनुसार बलात्कार के मामले में अभी उच्चतम न्यायालय के फैसले मे पीड़ित महिला के बयानों को पर्याप्त मानते हुए फैसला दिया है जो शुभ का संकेत है। बलात्कार एक गोपनीय अपराध है जो एकान्त में होता है। उसका साक्षी कोई नहीं होता। भूपेन्द्र शर्मा विरुद्ध स्टेट ऑफ हिमाचल प्रदेश, नागराज विरुद्ध स्टेट ऑफ तमिलनाडु इसी प्रकार स्टेट ऑफ राजस्थान बनाम ओम प्रकाश के मामलों में फैसले हुए हैं जिनमें पीड़ित महिलाओं के बयानों को सत्य मानते हुए साक्षी को गोण रखा गया है। न्यायालय ने बलात्कार को प्राण एवं दैहिक स्वतंत्रता के मूल अधिकार का उल्लंघन माना है।

भारतीय संस्कृति में जीवन के लिये विवाह को मांगलिक माना है जिसमें स्त्री-पुरुष एक सूत्र में बन्धते हैं तथा तन व मन के क्षेत्र में दोनों अपनी आवश्यकताओं की पूर्ति करते हैं। हमारे देश में इसे क्षण दो क्षण का साथ नहीं, जीवन भर का भी नहीं, सात जन्मों का साथ माना है, लेकिन पश्चिम की हवा ने इन पावन सम्बन्धों को सूखे पत्तों की तरह तोड़ने और उड़ाने का प्रयास किया है। नयी सभ्यता और आधुनिकता के नाम पर रिश्तों में भयंकर टूटन व्यापी है। स्त्री और पुरुष के सम्बन्ध भी इस टूटन से अलग नहीं रहे। पश्चिम की तरह तलाक आम बात होने लगी है जिसमें नारी को पीड़ा से बचाने तथा उसे निर्वहन भत्ता दिलाने की सहज प्रक्रिया बनाते हुए विवाह को पंजीकृत करवाने का प्रावधान रखा है। जिससे नारी को पुरुष द्वारा त्यागे जाने पर सहज निर्विघ्न भत्ता मिल सके। हमारे देश में सदा से सम्बन्धों का आधार आस्था, विश्वास रहा है जिसमें प्रेम जुड़कर सम्बन्ध को चिरंजीवी करता है। आदमी क्रोधी एवं शंकालु वृत्ति का होता है, वह संयम कम रख पाता है इसलिये जीवन में टूटन भर लेता है। विवाह परिवार का आधार है और परिवार परस्पर सहयोग सहभागिता का नाम। अतः परिवार की सुख समृद्धि के लिये स्त्री-पुरुष का मिलकर चलना और एक-दूसरे का सहयोग करना परम् आवश्यक है, वहाँ जीवन संतुलन का नाम है। लड़का-लड़की प्रकृति पुरुष की नियामत है जो पिण्ड में नर-नारी द्वारा सृजित होती है। भाव के स्तर पर इन में कोई भेद नहीं होता, सारे भेद आदमी द्वारा अपने स्वार्थ के लिये रचे हुये हैं। समय की माँग है कि इस भेद दृष्टि का अब समापन हो जाना चाहिये तथा नारी को भी अपने प्राकृत गुणों की रक्षा करनी चाहिये। शान्ति और चैन की नींद के लिये पुरुष का पूरक होना चाहिये और उसे सही दिशा एवं सुसंस्कार देना चाहिये क्योंकि यह काम नारी सहजता से कर सकती है। उसमें ऐसा करने की क्षमता है।

नयेपन की धुन तथा आधुनिकता के नाम पर स्वच्छन्द होना और ये कहना कि ये शरीर उसका है जब पुरुष अपने शरीर को मनमाने ढंग से जी सकता है तो नारी क्यों नहीं यह एक उदण्ड पुरुष के विरूद्ध नारी का आक्रोश हो सकता है संस्कार नहीं। वह पुरुष की बराबरी

में खड़ी होकर, पुरुष बन कर नहीं जी सकती। उसका ऐसा करना उसे जीवन में टूटन ही देगा। अतः उसे समरसता की बात करनी चाहिये और समाज में समरसता एवं सहयोग के वातावरण का निर्माण करना चाहिये उसे अपनी लड़की को अपने लड़के से ज्यादा महत्व देना चाहिये। उसे शिक्षित कर उसके भीतर का डर निकालना चाहिये तथा उसे बहादुर, निडर लड़की बनने के संस्कार देकर आत्मनिर्भर बनाना चाहिये। यह दायित्व हर माँ का है कि वह अपनी लड़की को दिशा देकर जिजीविषा जगाये और निराश होने व आत्महत्या करने से बचाये, जीवन अमूल्य है। आदमी को उसे जीने की कला आनी चाहिये। लड़की धरती पर भार नहीं, धरती का श्रृंगार है। उसे विकृत होने से रोका जाना चाहिये। वह सृष्टि में अभिशाप नहीं सृजन का वरदान है।

❑❑❑